スピード合格!
よくわかる中国語検定 3 級
〈リスニング篇〉

監修

斎藤　敏康

編著

文　　楚雄

陳　　敏

郁　文　堂

> **CD A02** このマークがついている箇所が、付録のCDに録音されています。数字は頭出しの番号です。

表紙・カバー装幀：伊勢　功治

まえがき

　中国語検定試験（中検）は1981年から始まり、今年で33周年を迎え、日本で最も歴史のある中国語の検定試験の1つである。中検は級に分けて実施されるので、日ごろの学習の成果を段階的にチェックする手段として大いに利用することをお勧めできる。また、中検対策の勉強を系統的にやることは、自身の実力の更なるレベルアップにも繋がる。

　3級は、基本的な中国語の文章を読み書きできることや日常会話レベルの中国語を聞きとれること、話せることが求められている。本書は3級のリスニングに合格することをめざして編集したものである。中検3級のリスニング対策として使えるだけでなく、普通の聴解力アップの勉強用教材としても有用である。

　中検は2014年3月まで通算82回行われた。途中、個別の試験方式を多少変えたこともあったが、大枠としては大きく変わっていない。本書は、第57〜77回までの20回分の3級リスニング過去問題の内容や特徴について研究分析し、方式ごとにテーマで分類を行い、項目を立て難易度を徐々に引き上げながら対策や訓練を行う。

　一般的に中国語検定試験3級に挑戦するには、学習時間が200〜300時間必要と言われているが、リスニングの訓練は学習の早い段階から始めることが大事で、入門を終えたばかりの方でも、本教材にチャレンジできる。本書をきちんと学習し終えれば、中検3級リスニング合格の可能性は非常に高くなる。

　最後に、郁文堂の皆さんには多大な助言、協力を頂き、心から感謝の意を表したい。

2014年8月

編著者一同

▶中国語検定試験 3 級について◀
〈リスニング篇〉

● 出題方式

　3級のリスニング問題は2部から構成されている。第1部ではAB問答形式、ABA対話形式がそれぞれ5問ずつ出題されている。第2部では会話体長文、記述体長文が1篇ずつ出題され、各長文に対して5問ずつ設問がある。リスニング全体では合計20問が出題され、100点を満点とし、65点を合格基準点としている。

　第1部 AB問答形式は、Aの問いに対して、Bの答えとして4つの選択肢を提示し、その中から最も適当なものを選ぶ方式をとっている。ABA対話形式は、AとBの会話に対してAの返答を4つの選択肢から選ぶ形式である。

　音声は、最初にAB問答形式ではAの問いが、ABA対話形式ではABの対話が流れ、その後、4つの選択肢が読まれる。1題ごとに2回読まれる。

　AB問答形式では、Aの発話に"吗"が付く一般疑問文と疑問詞が付く疑問詞疑問文はそれぞれ全体の半分近くを占める。主語、述語、目的語などすべての内容を聞き取れる必要がある。特に一般疑問文においては、選択肢には最初に「はい」や「いいえ」の返答の後に展開文が続くものが多い。展開の文はAの発話に関連性があるかどうかを注意して聞かなければならない。Aの一部分が聞き取れるだけで正解を選べない場合が多い。ABA対話形式では、ABの対話についてよく理解し、その次のAの発話がBの発話に相応しい返答であるかどうか、話題が一致しているかどうかなどを注意しなければならない。

　第2部は、会話体長文と記述体長文に対して、それぞれ5問を設け、長文の内容に合ったものを4つの選択肢から選ぶという方式となっている。音声は最初に長文、その次に質問文、4つの選択肢の順に2回流れる。会話体長文は面と向かって交わす会話が多いが、電話での会話も少なくない。友人間の会話が最も多い。記述体の長文は人を紹介する文章が最も多く見られる。

　長文の長さについては、会話体の文章では2人の会話は15句以上、記述体の文章は300〜400字前後での構成が多い。長文は情報量が多く、前後の関係からある程度内容を推測することができる。人物、テーマ、会話の流れを把

握しておけば、聴解しやすい面がある。しかし、その代わりに聞き取れなければならない単語量も多くなる。また、複数の人物や事柄が出て、混乱させるように作られているので、情報を整理してメモすることがとても重要である。

会話体長文は問題用紙に印字が一切ないが、記述体長文では設問文だけが問題用紙に印刷される場合がある。設問文が問題用紙に印刷されている場合は、聞く前に目を通し、テーマなどを把握しておけば、正解しやすくなる。

● **試験の内容**

▶ 1. 単語と発音

3級のリスニングは、日常的な中国語会話を聞いて理解できるかどうかをはかるテストである。別の言い方をすれば、日常的なあらゆる場面の中国語会話を理解することが求められている。

聞き取れるべき語彙については、明確な数はないが、検定協会の説明によれば、3級全体は1000〜2000語を基準にしている。そのため、基本会話に使用される出現率の高い語彙を覚えておく必要がある。また、ピンインなしで音読できるようにしなければならない。正しく音読できない単語は聞き取れないからである。

また、発音が似ている語彙にも注意を払う必要がある。3級リスニングの問題は、混同しやすい音声の単語の聞き分けが4級ほど多くはないが、依然として出題されている。

▶ 2. 語順

3級も4級と同様に基本的な文構造の理解が聴解の内容となっている。つまり主語、述語、目的語、定語（連体修飾語）、状語（連用修飾語）の位置や語順を理解しておく必要がある。定語に関しては構造助詞「的」の理解、状語に関しては、時間詞、副詞、前置詞句、方法を表す動詞句などの理解が必要である。

4級が質問文に出る語句をそのまま同じ文の要素として答えに使うことが多いのに対して、3級は同じ語句ではなく、違う語句で答える場合がよくある。例えば、

　　A：你喜欢看什么样的书？　　　　　　　　　　　　　（第78回）
　　　　あなたはどのような本を読むのが好きですか？

B：我<u>爱</u>看历史书。
　　　　私は歴史書物を読むのが好きです。
　答えは"喜欢"の代わりに"爱"を使っている。
　また、質問文の他の要素を省略して答える場合も多い。例えば、
　　A：你去过几次美国？　　　　　　　　　　　　　　　　（第79回）
　　　　あなたは何回アメリカに行ったことがありますか？
　　B：中学毕业的时候去过一次。
　　　　私は中学校を卒業した時に1回行ったことがあります。
　質問の"去过几次"に対して時間詞を付けて答え、主語と目的語を省略している。
　さらに、全く質問文の単語を使わない形で答える場合もある。例えば、
　　A：你知道山本的电话号码吗？　　　　　　　　　　　　（第79回）
　　　　山本さんの電話番号を知っていますか？
　　B：请等一下，我手机里有。
　　　　ちょっとお待ちください。私の携帯にはあります。
　4級なら、この場合は"知道"或いは"不知道"で答えるが、3級では「携帯にある」と答えている。すなわち「知っている、知りたいですね、ではお待ちください、調べてあげますから」と言った感じで、質問者の意図を先取りした答え方となっている。答えの文が質問文とほぼ同じ形で作られる4級の形式と違うため、選択肢も語順や意味をしっかり聞き取らなければならない。

目　次

まえがき ……………………………………………………………………… iii
中国語検定試験3級について …………………………………………… iv

第1章　会話のリスニング問題

1　ＡＢ問答式 ……………………………………………………………… 2
1-1　非疑問詞疑問文 …………………………………………………… 3
　① "吗"を伴う一般疑問文 ………………………………………… *3*
　　① "能"と"可以"を用いた状況確認の表現　② 予定や旅行に関する表現　③ 勉強と個人生活に関する表現　④ 経験と完了に関する表現
　② 肯定否定の述語を伴う反復疑問文 …………………………… *29*
　③ 推測、勧誘、命令の意味を表す"吧"を伴う疑問文 ……… *39*
　④ その他の疑問文（1）
　　「Ａ，还是Ｂ？」、「～，你呢？」、「～，好吗？」 ……… *45*
　⑤ その他の疑問文（2）
　　返答を必要とする非疑問文 …………………………………… *51*
1-2　疑問詞疑問文 ……………………………………………………… 54
　① 方法を問う疑問詞疑問文 ……………………………………… *54*
　② 理由を問う疑問詞疑問文 ……………………………………… *61*
　③ 数量を問う疑問詞疑問文（1） ………………………………… *67*
　④ 数量を問う疑問詞疑問文（2） ………………………………… *72*
　⑤ 様態と意思を問う疑問詞疑問文 ……………………………… *79*
　⑥ いつ、なに、どんなを問う疑問詞疑問文 …………………… *86*
　⑦ 場所を問う疑問詞疑問文 ……………………………………… *94*
　リハーサル ………………………………………………………… *98*
　受験テクニック …………………………………………………… *99*

2　ＡＢＡ対話式 …………………………………………………………… 102
　① 友達との日常会話（1） ………………………………………… *103*

②	友達との日常会話（2）	*115*
③	食事	*124*
④	余暇	*137*
⑤	趣味	*146*
⑥	買物	*156*
⑦	勉強	*165*
⑧	初対面の会話・電話	*177*
⑨	天気・病気	*186*
⑩	道を尋ねる。部屋を予約する	*197*

リハーサル ……………………………………………… *204*
受験テクニック ………………………………………… *205*

第2章　長文のリスニング問題

1 会話体の文章 …………………………………………… 208

①	家族	*209*
②	近況	*221*
③	伝言	*234*
④	電話	*245*
⑤	お伴を頼む	*257*
⑥	食事に誘う	*269*
⑦	勉学と就職	*281*
⑧	予定	*293*

リハーサル ……………………………………………… *305*
受験テクニック ………………………………………… *307*

2 記述体の文章 …………………………………………… 310

①	自己紹介	*311*
②	先生	*321*
③	友達	*333*
④	留学	*345*
⑤	趣味	*357*
⑥	余暇	*369*
⑦	旅行	*381*

8	勉学と仕事 ……………………………………… *393*
9	子供 …………………………………………… *405*
10	思い出 ………………………………………… *416*

リハーサル ……………………………………………… *428*
受験テクニック ………………………………………… *430*

リハーサルの解説と解答 ………………………………… 433

第1章
会話のリスニング問題

　3級の会話のリスニング問題は、毎回A問B答のAB問答式の問題が5つ、AとBの会話に対しAの返答を問うABA対話式の問題が5つ出題されている。各問題には4つの選択肢があり、その中から正解を1つ選ぶという形式となっている。

　試験問題は会話そのものや選択肢が印字されておらず、音声のみとなっている。聞く時は、どんなテーマか、どんな人物が登場しているかも注意して聞かなければならない。

　本章では、2005年11月の第57回～2012年6月の第77回までの6年間20回分の会話のリスニング試験問題を網羅し、テーマごとに整理分類した上、訓練を行う。

第1章 会話のリスニング問題

1 ＡＢ問答式

　３級の AB 問答式のリスニング問題は、A の質問に対して B の返答を４つの選択肢から選ぶという形式の問題である。試験問題には質問文も答えの文も一切印字されておらず、音声だけで正しい解答をしなければならない。

　58 回までは４級と同じで、この形式の問題は 10 問出題されていたが、59 回からはこの形式の問題は５問に留まり、後の５問は ABA 対話式に変更されている。

　本節では、2005 年 11 月の 57 回〜 2012 年 6 月の 77 回までの６年間 20 回分のリスニング試験 AB 問答式問題を網羅し、研究分析を行った上、非疑問詞疑問文と疑問詞疑問文に分類し、さらに、非疑問詞疑問文は、"吗"疑問文、反復疑問文、"吧"疑問文、その他、疑問詞疑問文は、方法を聞く疑問文、理由を聞く疑問文、数量を聞く疑問文、様態を聞く疑問文、"什么"疑問文、"哪儿"疑問文に小分けした。それぞれの特徴や解答の仕方を解説し、その問題形式に慣れることを狙う。

　トレーニングは難易度を段階的に上げながら、繰り返しにより定着をはかる。トレーニング A は、質問文を伏せ、答えの選択肢を印字して提示する。トレーニング B は、質問文を印字して提示し、選択肢を伏せる。その後、腕試しは本番通りに質問文も答えの選択肢も印字なしで行う。

1-1 非疑問詞疑問文

　文中に疑問詞を使った疑問文を疑問詞疑問文とし、そうでない疑問文を非疑問詞疑問文とする。非疑問詞疑問文の中には、文末に"吗"を使う疑問文、述語の肯定否定を並べる反復疑問文、推測・勧誘の意味を表す"吧"疑問文などがある。
　4級では、正解となる選択肢は質問文の要素で作られた陳述文が多いが、3級では答えの選択肢は、質問文の要素を省略して作ったり、最初に簡単な返答をした後に関連性のある展開会話を付けたり、あるいは婉曲的に答えたりするように変わっている。例えば以下のようである。
　4級では、　A：你会开车吗？（あなたは運転ができますか？）
　　　　　　B：不会，我不会开车。（いいえ、私は運転ができません。）
　3級では、　A：你会开车吗？（あなたは運転ができますか？）
　　　　　　B：我正在学呢。（私は今習っているところです。）
　よって、3級のリスニングでは、選択肢は単純に質問文と対応しているかどうかを聞くのではなく、関連性のある内容となっているかどうかを注意して聞く必要がある。

1　「吗」を伴う一般疑問文

　"吗"を伴う一般疑問文は、第57回から77回までの20回の内41問もあり、ほぼ毎回出題されている。
　3級は、4級の「A：你去吗？（あなたは行きますか？）」「B：对，我去。（はい、私は行きます。）」といったような単純なパターンから脱出して、「A：你去吗？（あなたは行きますか？）」、「B：对，我正好有时间。（はい。私はちょうど時間があるから。）」、あるいは「B：我明天要开会。（私は明日会議があります。）つまり、私は行きません。」といったように、後半は質問文の繰り返しで作った陳述文ではなく、展開性のある答えとなっている。故に、「はい」と「いいえ」の部分のみならず、後続文は質問文と関連性のあるものかどうかを聞き分ける必要がある。また、前の肯定、否定と矛盾しているかどうかも注意しなければならない。

1 ＡＢ問答式

「はい」や「いいえ」の返答がない場合は、正解の主語、述語、目的語は、質問文との一致対応が求められるが、「はい」や「いいえ」の返答があった場合は、一致しないケースが多い。

"吗"を伴う一般疑問文の出題回数は"能、可以"を用いて相手の許可や状況を尋ねる話題が８問、旅行関連が６問、勉強関連が５問、個人生活が４問、予定が３問、過去の経験や動作完了の話題が５問となっている。

また、３級では、初対面時によく出てくる個人情報を聞く会話がかなり少なくなり、知り合いの間で交わされる会話が増えている。

1 "能"と"可以"を用いた状況確認の表現

トレーニング

A (1)〜(7)の中国語を聞き、答えとして最も適当なものを、それぞれ①〜④の中から一つ選びなさい。　　　　　　　　　　　　　　CD A02

(1) _____?　　（第77回）
① 能，他离黑板很近。　　② 我写得不整齐，不好看。
③ 我听得非常清楚。　　　④ 大字看得清，小字看不清。

(2) _____?　　（第75回）
① 别担心！我还不会开车。　② 放心吧！没问题。
③ 放心吧！我会开车了。　　④ 别担心，我没有车。

(3) _____?　　（第74回）
① 行啊，我帮您照。　　② 照一照镜子再去。
③ 我找到照相机了。　　④ 不行，这儿不能交钱。

(4) _____?　　（第59回）
① 星期一我不在家。　　　　② 她星期一走。
③ 我白天要上班，晚上能去。④ 我星期二不行。

(5) _____? (第72回)
① 我不想在这儿买东西。
② 这些东西不是我的，是小刘的。
③ 这些东西不能吃，吃了会生病的。
④ 不行，请到那个房间里去吃吧。

(6) _____? (第69回)
① 欢迎，欢迎！　　　　　② 哪里，哪里！
③ 对不起，我不能走。　　④ 当然会同意的了。

(7) _____? (第63回)
① 可以，请随便试吧　　　② 可以，请尝尝吧。
③ 对不起，这里不是贸易公司。　④ 这不是那位小姐的毛衣。

B (1)～(7)の中国語を聞き、答えとして最も適当なものを、それぞれ①～④の中から一つ選びなさい。
CD A02

(1) 铃木，你能看清黑板上的字吗？　(第77回)
　　① 　　② 　　③ 　　④

(2) 你今天太累了，还能开车吗？　(第75回)
　　① 　　② 　　③ 　　④

(3) 不好意思，能帮我照张相吗？　(第74回)
　　① 　　② 　　③ 　　④

(4) 你星期一能来我家吗？　(第59回)
　　① 　　② 　　③ 　　④

(5) 这儿可以吃东西吗？　(第72回)
　　① 　　② 　　③ 　　④

(6) 我也可以参加吗？　(第69回)
　　① 　　② 　　③ 　　④

1 ＡＢ問答式

(7) 小姐，这件毛衣我可以试一下吗？　　　　　　　　　　（第63回）

　　　　　①　　　　　　②　　　　　　③　　　　　　④

腕試し

(1)～(7)の中国語を聞き、答えとして最も適当なものを、それぞれ①～④の中から一つ選びなさい。　　　CD A02

(1) ①　　　　　②　　　　　③　　　　　④

(2) ①　　　　　②　　　　　③　　　　　④

(3) ①　　　　　②　　　　　③　　　　　④

(4) ①　　　　　②　　　　　③　　　　　④

(5) ①　　　　　②　　　　　③　　　　　④

(6) ①　　　　　②　　　　　③　　　　　④

(7) ①　　　　　②　　　　　③　　　　　④

解 説　Ａ・Ｂ・腕試し　共通

(1) 铃木，你能看清黑板上的字吗？
　　Língmù, nǐ néng kànqīng hēibǎn shang de zì ma?
　　鈴木さん、黒板の字がはっきり見えますか。
　① 能，他离黑板很近。　Néng, tā lí hēibǎn hěn jìn.
　　見えます。彼は黒板に近いから。
　② 我写得不整齐，不好看。　Wǒ xiě de bù zhěngqí, bù hǎokàn.
　　私はちゃんと書いていません。きたないです。
　③ 我听得非常清楚。　Wǒ tīng de fēicháng qīngchu.
　　はっきり聞こえています。
　❹ 大字看得清，小字看不清。　Dàzì kàn de qīng, xiǎozì kàn bu qīng.
　　大きい字ははっきり見えますが、小さい字ははっきり見えません。
　④が正解。①の最初の返答はよいが、後続文の主語が間違っている。②と③は質問文と関連性のない文である。

(2) 你今天太累了，还能开车吗？　Nǐ jīntiān tài lèi le, hái néng kāichē ma?
　　今日、あなたはとても疲れていますが、まだ運転できますか。
　① 别担心！我还不会开车。　Bié dānxīn! Wǒ hái bú huì kāichē.
　　心配しないで。私はまだ運転ができないのです。
　❷ 放心吧！没问题。　Fàngxīn ba! Méi wèntí.
　　ご安心ください。問題はありません。
　③ 放心吧！我会开车了。　Fàngxīn ba! Wǒ huì kāichē le.
　　ご安心ください。私は運転できるようになりました。
　④ 别担心，我没有车。　Bié dānxīn, wǒ méiyǒu chē.
　　心配しないで。私は車を持っていません。
　②が正解。質問文からＢは車を持っているし、運転技能もすでに身につけていると考えられる。①③④の後続文は質問と合わない。

(3) 不好意思，能帮我照张相吗？
　　Bù hǎoyìsi, néng bāng wǒ zhào zhāng xiàng ma?
　　すみませんが、写真を撮っていただけますか。
　❶ 行啊，我帮您照。　Xíng ā, wǒ bāng nín zhào.
　　いいですよ。撮ってあげます。
　② 照一照镜子再去。　Zhào yi zhào jìngzi zài qù.
　　鏡を見てから行きます。

1 ＡＢ問答式

③ 我找到照相机了。　Wǒ zhǎodào zhàoxiàngjī le.
　　私はカメラを見つけました。
④ 不行，这儿不能交钱。　Bùxíng, zhèr bù néng jiāo qián.
　　だめです。ここでは支払うことができません。

　①が正解。"照相""照镜子""找""照相机""交"の発音が近い。聞き間違いやすい問題である。

(4) 你星期一能来我家吗?　Nǐ xīngqīyī néng lái wǒjiā ma?
　　あなたは月曜日に私の家に来ることができますか。
① 星期一我不在家。　Xīngqīyī wǒ bú zài jiā.
　　月曜日、私は家にいません。
② 她星期一走。　Tā xīngqīyī zǒu.
　　彼女は月曜日に出発します。
❸ 我白天要上班，晚上能去。　Wǒ báitiān yào shàngbān, wǎnshang néng qù.
　　昼間は仕事なので、行けませんが、夜は行けます。
④ 我星期二不行。　Wǒ xīngqī'èr bùxíng.
　　私は火曜日がだめです。

　③が正解。①は述語が質問文と対応していない。②は主語や述語が質問文と対応していない。④は時間が質問文と対応していない。

(5) 这儿可以吃东西吗?　Zhèr kěyǐ chī dōngxi ma?
　　ここでものを食べてもいいですか。
① 我不想在这儿买东西。　Wǒ bù xiǎng zài zhèr mǎi dōngxi.
　　私はここで買い物をしたくありません。
② 这些东西不是我的，是小刘的。
　　Zhèxiē dōngxi bú shì wǒ de, shì XiǎoLiú de.
　　これらのものは私のではなく、劉さんのです。
③ 这些东西不能吃，吃了会生病的。
　　Zhèxiē dōngxi bù néng chī, chī le huì shēngbìng de.
　　これらのものは食べてはいけません。食べたら病気になります。
❹ 不行，请到那个房间里去吃吧。
　　Bù xíng, qǐng dào nàge fángjiān li qù chī ba.
　　だめです。あの部屋に行って食べなさい。

　④が正解。①②③は主語、述語が質問文と対応していない別文である。質問文の主語"这儿"と選択肢の主語"这些～"の違いに注意すること。

(6) 我也可以参加吗？　Wǒ yě kěyǐ cānjiā ma?
　　 私も参加できますか。

　　① 欢迎，欢迎！　Huānyíng, huānyíng!
　　　 大歓迎です。

　　② 哪里，哪里！　Nǎli, nǎli!
　　　 まだまだです。

　　③ 对不起，我不能走。　Duìbuqǐ, wǒ bù néng zǒu.
　　　 すみません。私はここから離れてはいけません。

　　④ 当然会同意的了。　Dāngrán huì tóngyì de le.
　　　 当然賛成してくれるはずだと思います。

①が正解。②は褒められた場合の返答。③は後続文の主語が質問文と対応していない。④の"会〜的"は推測や可能性を表している表現である。

(7) 小姐，这件毛衣我可以试一下吗?
　　 Xiǎojiě, zhè jiàn máoyī wǒ kěyǐ shì yíxià ma?
　　 すみません、このセーターを試着してもいいですか。

　　① 可以，请随便试吧。　Kěyǐ, qǐng suíbiàn shì ba.
　　　 いいです。ご自由に試着してください。

　　② 可以，请尝尝吧。　Kěyǐ, qǐng cháng chang ba.
　　　 いいです。食べてみてください。

　　③ 对不起，这里不是贸易公司。　Duìbuqǐ, zhèli bú shì màoyì gōngsī.
　　　 すみませんが、ここは貿易会社ではありません。

　　④ 这不是那位小姐的毛衣。　Zhè bú shì nà wèi xiǎojiě de máoyī.
　　　 これはあの女性のセーターではありません。

①が正解。②の後続文は述語が質問文と対応していない。③は"毛衣"と"贸易"の発音の違いに注意を払う必要がある。④は"试一下（毛衣）"と"是〜毛衣"の発音の違いに注意。

　(1) ④　　(2) ②　　(3) ①　　(4) ③
　　　　(5) ④　　(6) ①　　(7) ①

1 ＡＢ問答式

2 予定や旅行に関する表現

―― トレーニング ――

A (1)～(9)の中国語を聞き、答えとして最も適当なものを、それぞれ①～④の中から一つ選びなさい。　　　　　　　　　　　　　　CD A03

(1) ＿＿＿＿＿＿＿＿＿＿＿＿？　　　　　　　　　　　　　　（第72回）
① 对，我参加昨天的考试了。　② 对，我准备参加明天的考试。
③ 不，我明天不去老师家。　　④ 不，老师明天不打算来。

(2) ＿＿＿＿＿＿＿＿＿＿＿＿？　　　　　　　　　　　　　　（第66回）
① 对，我还打算去西安留学。　② 对，今年暑假我想去西安留学。
③ 不，我还想去西安看朋友。　④ 不，寒假我不想去西安旅游。

(3) ＿＿＿＿＿＿＿＿＿＿＿＿？　　　　　　　　　　　　　　（第62回）
① 我哥哥也想买一辆新车。　　② 田中也来中国留学了。
③ 不，我打算明年去留学。　　④ 不，我打算去南方旅游。

(4) ＿＿＿＿＿＿＿＿＿＿＿＿？　　　　　　　　　　　　　　（第77回）
① 对不起，我对北京也不太熟。② 地图不要钱，您可以随时来拿。
③ 等一下，我回房间去拿地图。④ 昨天已经买了几本书。

(5) ＿＿＿＿＿＿＿＿＿＿＿＿？　　　　　　　　　　　　　　（第76回）
① 是的，我很害怕坐飞机。　　② 是的，我得坐两个小时飞机。
③ 别着急！我还没到机场呢。　④ 别着急！还有两个小时呢。

(6) ＿＿＿＿＿＿＿＿＿＿＿＿？　　　　　　　　　　　　　　（第58回）
① 前面就有一家。　　　　　　② 这里离我们学校很远。
③ 往右拐，就到车站了。　　　④ 这附近没有饭店。

(7) ＿＿＿＿＿＿＿＿＿＿＿＿？　　　　　　　　　　　　　　（第58回）
① 这里的秋天不冷也不热。　　② 今天没有雨。
③ 这里的春天很暖和，不常下雨。④ 昨天天气很不错。

(8) _____?　　　　　　　（第71回）

　　① 我先走。你还再学习吗？　　② 不买了。回家吧。
　　③ 我的病好多了。你放心吧。　　④ 不要了。我自己买。

(9) _____?　　　　　　　（第66回）

　　① 我想吃北京烤鸭。　　② 我不想喝牛奶。
　　③ 我什么也没吃。　　④ 我什么也没喝。

B (1)～(9)の中国語を聞き、答えとして最も適当なものを、それぞれ①～④の中から一つ選びなさい。　　CD A03

(1) 你打算参加明天的考试吗？　　（第72回）
　　①　　　②　　　③　　　④

(2) 山田，今年寒假还去西安留学吗？　　（第66回）
　　①　　　②　　　③　　　④

(3) 暑假你打算回国吗？　　（第62回）
　　①　　　②　　　③　　　④

(4) 请问，服务台卖北京市地图吗？　　（第77回）
　　①　　　②　　　③　　　④

(5) 十点钟的飞机，我们来得及吗？　　（第76回）
　　①　　　②　　　③　　　④

(6) 请问，这附近有书店吗？　　（第58回）
　　①　　　②　　　③　　　④

(7) 这里的春天怎么样？雨多吗？　　（第58回）
　　①　　　②　　　③　　　④

(8) 你还想买点儿什么吗？　　（第71回）
　　①　　　②　　　③　　　④

◆ 1 ＡＢ問答式

(9) 你想吃点儿什么吗?　　　　　　　　　　　　　　　　　(第66回)

　　　①　　　　　　②　　　　　　③　　　　　　④

1

会話のリスニング問題

腕試し

(1)～(9)の中国語を聞き、答えとして最も適当なものを、それぞれ①～④の中から一つ選びなさい。
　　　　　　　　　　　　　　　　　　　　　　　　　CD A03

(1) ①　　　　　②　　　　　　③　　　　　　④

(2) ①　　　　　②　　　　　　③　　　　　　④

(3) ①　　　　　②　　　　　　③　　　　　　④

(4) ①　　　　　②　　　　　　③　　　　　　④

(5) ①　　　　　②　　　　　　③　　　　　　④

(6) ①　　　　　②　　　　　　③　　　　　　④

(7) ①　　　　　②　　　　　　③　　　　　　④

(8) ①　　　　　②　　　　　　③　　　　　　④

(9) ①　　　　　②　　　　　　③　　　　　　④

解　説　A・B・腕試し　共通

(1) 你打算参加明天的考试吗？　Nǐ dǎsuan cānjiā míngtiān de kǎoshì ma?
　　あなたは明日の試験を受けるつもりですか。

　① 对，我参加昨天的考试了。　Duì, wǒ cānjiā zuótiān de kǎoshì le.
　　はい、昨日の試験を受けました。

　❷ 对，我准备参加明天的考试。　Duì, wǒ zhǔnbèi cānjiā míngtiān de kǎoshì.
　　はい、明日の試験を受けるつもりです。

　③ 不，我明天不去老师家。　Bù, wǒ míngtiān bú qù lǎoshī jiā.
　　いいえ、明日は先生の家に行きません。

　④ 不，老师明天不打算来。　Bù, lǎoshī míngtiān bù dǎsuan lái.
　　いいえ、先生は明日来ないつもりです。

　②が正解。質問文の"明天"は未来の予定である。①は"昨天"に終わったこととなっている。③の後続文は述語や目的語が質問文と対応していない。④は後続文は質問文と関連性がない文である。

(2) 山田，今年寒假还去西安留学吗？
　　Shāntián, jīnnián hánjià hái qù Xī'ān liúxué ma?
　　山田さん、今年の冬休み、また西安へ留学に行きますか。

　❶ 对，我还打算去西安留学。　Duì, wǒ hái dǎsuan qù Xī'ān liúxué.
　　はい、また西安へ留学に行くつもりです。

　② 对，今年暑假我想去西安留学。
　　Duì, jīnnián shǔjià wǒ xiǎng qù Xī'ān liúxué.
　　はい、今年の夏休み、西安へ留学に行きたいです。

　③ 不，我还想去西安看朋友。　Bù, wǒ hái xiǎng qù Xī'ān kàn péngyou.
　　いいえ、私はまた西安へ友人を訪ねに行きたいです。

　④ 不，寒假我不想去西安旅游。　Bù, hánjià wǒ bù xiǎng qù Xī'ān lǚyóu.
　　いいえ、冬休みは西安へ旅行に行きたくありません。

　①が正解。②は時間詞が質問文と対応していない。③は「いいえ」で返答したので、後続文の副詞"还"と矛盾している。④は「いいえ」で返答し、後続文も否定なので、動詞は質問文と対応して"留学"でなければならない。

(3) 暑假你打算回国吗？　Shǔjià nǐ dǎsuan huíguó ma?
　　夏休み、国に帰るつもりですか。

　① 我哥哥也想买一辆新车。　Wǒ gēge yě xiǎng mǎi yí liàng xīn chē.
　　兄も新しい車を買いたいです。

1 ＡＢ問答式

② 田中也来中国留学了。 Tiánzhōng yě lái Zhōngguó liúxué le.
田中さんも中国へ留学に来ました。

③ 不，我打算明年去留学。 Bù, wǒ dǎsuan míngnián qù liúxué.
いいえ、私は来年、留学に行くつもりです。

❹ 不，我打算去南方旅游。 Bù, wǒ dǎsuan qù nánfāng lǚyóu.
いいえ、私は南の方へ旅行に行くつもりです。

　④が正解。①②は主語、述語などが質問文と対応していない。③は時間詞が質問文と対応していない。

(4) 请问，服务台卖北京市地图吗？ Qǐngwèn, fúwùtái mài Běijīng shì dìtú ma?
お尋ねしますが、フロントでは北京市の地図を売っていますか。

① 对不起，我对北京也不太熟。 Duìbuqǐ, wǒ duì Běijīng yě bú tài shú.
すみません。私も北京にはあまり詳しくありません。

❷ 地图不要钱，您可以随时来拿。 Dìtú bú yào qián, nín kěyǐ suíshí lái ná.
地図はお金が要りません。いつ取りに来てもよろしいです。

③ 等一下，我回房间去拿地图。 Děng yíxià, wǒ huí fángjiān qù ná dìtú.
少々お待ちください。地図を取りに部屋へ戻ります。

④ 昨天已经买了几本书。 Zuótiān yǐjīng mǎi le jǐ běn shū.
昨日、すでに数冊の本を買いました。

　②が正解。地図は売っていないが、無料のものが置いてある。質問文の内容と合っている。①③④の後続文は質問文と関連性がない。

(5) 十点钟的飞机，我们来得及吗？ Shí diǎnzhōng de fēijī, wǒmen láidejí ma?
10時の飛行機ですが、私たちは間に合いますか。

① 是的，我很害怕坐飞机。 Shì de, wǒ hěn hàipà zuò fēijī.
そうです。私は飛行機に乗るのがとても怖いのです。

② 是的，我得坐两个小时飞机。 Shì de, wǒ děi zuò liǎng ge xiǎoshí fēijī.
そうです。私は2時間飛行機に乗らなければならないのです。

③ 别着急！我还没到机场呢。 Bié zhāojí! Wǒ hái méi dào jīchǎng ne.
焦らないでください。私はまだ空港に着いていないですよ。

❹ 别着急！还有两个小时呢。 Bié zhāojí! Hái yǒu liǎng ge xiǎoshí ne.
焦らないでください。まだ2時間もありますよ。

　④が正解。①②の後続文は質問文と関連性がない。③は、空港に着いていないのだから普通は焦ることになるので、矛盾している。

1 ＡＢ問答式

(6) 请问，这附近有书店吗？　Qǐngwèn, zhè fùjìn yǒu shūdiàn ma?
お尋ねしますが、この近くには本屋がありますか。

　❶ 前面就有一家。　Qiánmiàn jiù yǒu yì jiā.
　　すぐ前に1軒あります。

　② 这里离我们学校很远。　Zhèli lí wǒmen xuéxiào hěn yuǎn.
　　ここは学校から遠いです。

　③ 往右拐，就到车站了。　Wǎng yòu guǎi, jiù dào chēzhàn le.
　　右に曲がったら、すぐ駅に着きます。

　④ 这附近没有饭店。　Zhè fùjìn méiyǒu fàndiàn.
　　この近くにはホテルがありません。

①が正解。②は介詞"离"の後の場所は質問文と対応していない。③④は目的語の場所が質問文と対応していない。

(7) 这里的春天怎么样？雨多吗？　Zhèli de chūntiān zěnmeyàng? Yǔ duō ma?
ここの春はどうですか。雨が多いですか。

　① 这里的秋天不冷也不热。　Zhèli de qiūtiān bù lěng yě bú rè.
　　ここの秋は寒くも暑くもないです。

　② 今天没有雨。　Jīntiān méiyǒu yǔ.
　　今日は雨が降りません。

　❸ 这里的春天很暖和，不常下雨。
　　Zhèli de chūntiān hěn nuǎnhuo, bù cháng xiàyǔ.
　　ここの春は暖かくて、あまり雨が降りません。

　④ 昨天天气很不错。　Zuótiān tiānqì hěn búcuò.
　　昨日の天気は良かったです。

③が正解。①②④は時間詞が質問文と対応していない。

(8) 你还想买点儿什么吗？　Nǐ hái xiǎng mǎi diǎnr shénme ma?
ほかに何か買いたいものはありますか。

　① 我先走。你还再学习吗？　Wǒ xiān zǒu. Nǐ hái zài xuéxí ma?
　　私は先に帰りますが、あなたはさらに勉強を続けますか。

　❷ 不买了。回家吧。　Bù mǎi le. Huíjiā ba.
　　もう買わないことにします。帰りましょう。

　③ 我的病好多了。你放心吧。　Wǒ de bìng hǎo duō le. Nǐ fàngxīn ba.
　　私の病気はだいぶ良くなりました。ご安心ください。

　④ 不要了。我自己买。　Bú yào le. Wǒ zìjǐ mǎi.

会話のリスニング問題

🍃 1 ＡＢ問答式

　　　　もう要りません。私は自分で買います。
　②が正解。①③は質問文と関連性がない。④の後続文は前の返答と矛盾している。

(9) 你想吃点儿什么吗？　Nǐ xiǎng chī diǎnr shénme ma?
　　　何か食べたいですか。
　　❶ 我想吃北京烤鸭。　Wǒ xiǎng chī Běijīng kǎoyā.
　　　北京ダックを食べたいです。
　　② 我不想喝牛奶。　Wǒ bù xiǎng hē niúnǎi.
　　　牛乳を飲みたくありません。
　　③ 我什么也没吃。　Wǒ shénme yě méi chī.
　　　何も食べませんでした。
　　④ 我什么也没喝。　Wǒ shénme yě méi hē.
　　　何も飲みませんでした。
　①が正解。②は述語が対応していない。③④は過去のこととなっている。

　(1) ②　　(2) ①　　(3) ④　　(4) ②　　(5) ④
　　　　(6) ①　　(7) ③　　(8) ②　　(9) ①

3 **勉強と個人生活に関する表現**

トレーニング

A (1)～(9)の中国語を聞き、答えとして最も適当なものを、それぞれ①～④の中から一つ選びなさい。　CD A04

(1) _____? 　（第77回）
① 当然记得，去年我们还见过面。
② 怎么能不记得呢? 我这就给你背一遍。
③ 记得，记得，你不是小张吗?
④ 一点儿也没忘，他是班长。

(2) _____? 　（第75回）
① 我觉得汉语很有意思。　② 我很喜欢学习汉语。
③ 我已经学了两年半了。　④ 我觉得汉语太难了。

(3) _____? 　（第63回）
① 我现在不用，你用吧。　② 对，我会用电脑。
③ 我觉得挺好用。　　　　④ 不，我没有电脑。

(4) _____? 　（第63回）
① 不，小李不是学生。
② 他不住在学校附近，住在车站附近。
③ 对，我父亲也在学校工作。
④ 对，我家离学校只有二百米。

(5) _____? 　（第57回）
① 她星期六没有课。　　② 我星期五有两节汉语课。
③ 我五点以后没有空儿。④ 我一个星期有五节课。

(6) _____? 　（第61回）
① 不，我常给朋友发短信。　② 对，我常给家里打电话。
③ 不，我昨天没给你打电话。④ 对，她昨天给朋友发邮件了。

1 ＡＢ問答式

(7) ＿＿＿＿＿＿＿＿＿＿＿＿＿＿＿＿＿＿？　　　　　　　　　（第61回）
　　① 我正在学。　　　　　　　② 我是坐电车来的。
　　③ 对不起，我不会喝酒。　　④ 我每天都骑自行车去学校。

(8) ＿＿＿＿＿＿＿＿＿＿＿＿＿＿＿＿＿＿？　　　　　　　　　（第57回）
　　① 我不常去那儿吃。　　　　② 对，我爱看中国电影。
　　③ 不，我不喜欢喝红茶。　　④ 我特别喜欢吃中国菜。

(9) ＿＿＿＿＿＿＿＿＿＿＿＿＿＿＿＿＿＿？　　　　　　　　　（第57回）
　　① 她比我高一点儿。　　　　② 我比我姐姐小三岁。
　　③ 对，我哥哥比我高。　　　④ 对，富士山很高。

B (1)～(9)の中国語を聞き、答えとして最も適当なものを、それぞれ①～④の中から一つ選びなさい。　　　　　　　　　　　　　　　CD A04

(1) 你还记得咱们小学的张老师吗？　　　　　　　　　　　　　（第77回）
　　　①　　　　　②　　　　　③　　　　　④

(2) 你觉得汉语好学吗？　　　　　　　　　　　　　　　　　　（第75回）
　　　①　　　　　②　　　　　③　　　　　④

(3) 这台电脑好用吗？　　　　　　　　　　　　　　　　　　　（第63回）
　　　①　　　　　②　　　　　③　　　　　④

(4) 小李，你住在学校附近吗？　　　　　　　　　　　　　　　（第63回）
　　　①　　　　　②　　　　　③　　　　　④

(5) 小林，你星期五有课吗？　　　　　　　　　　　　　　　　（第57回）
　　　①　　　　　②　　　　　③　　　　　④

(6) 你常给朋友打电话吗？　　　　　　　　　　　　　　　　　（第61回）
　　　①　　　　　②　　　　　③　　　　　④

(7) 杨林，你会开车吗？　　　　　　　　　　　　　　　　　　（第61回）
　　　①　　　　　②　　　　　③　　　　　④

(8) 你喜欢吃中国菜吗? （第57回）

① ② ③ ④

(9) 你姐姐比你高吗? （第57回）

① ② ③ ④

腕試し

(1)～(9)の中国語を聞き、答えとして最も適当なものを、それぞれ①～④の中から一つ選びなさい。

CD A04

(1) ① ② ③ ④

(2) ① ② ③ ④

(3) ① ② ③ ④

(4) ① ② ③ ④

(5) ① ② ③ ④

(6) ① ② ③ ④

(7) ① ② ③ ④

(8) ① ② ③ ④

(9) ① ② ③ ④

1 ＡＢ問答式

解説　Ａ・Ｂ・腕試し　共通

(1) 你还记得咱们小学的张老师吗?
　　Nǐ hái jìde zánmen xiǎoxué de Zhāng lǎoshī ma?
　　あなたはまだ私たちの小学校の張先生を覚えていますか。

　❶ 当然记得，去年我们还见过面。
　　Dāngrán jìde, qùnián wǒmen hái jiàn guo miàn.
　　もちろん覚えています。昨年も先生にお会いしたことがあります。

　② 怎么能不记得呢? 我这就给你背一遍。
　　Zěnme néng bú jìde ne? Wǒ zhè jiù gěi nǐ bèi yíbiàn.
　　覚えていないわけはないよ。今でも暗誦して見せます。

　③ 记得，记得，你不是小张吗?　Jìde, jìde, nǐ bú shì XiǎoZhāng ma?
　　覚えています。あなたは張さんではありませんか。

　④ 一点儿也没忘，他是班长。　Yìdiǎnr yě méi wàng, tā shì bānzhǎng.
　　全然忘れていません。彼は学級委員でした。

　①が正解。②③④の最初の返答はどれもよいが、後続文は②は覚えているのが文章であり、人ではない。③は覚えているのが第三者ではなく、相手となっている。④は覚えているのが質問文の先生ではなく、学級委員となっている。

(2) 你觉得汉语好学吗?　Nǐ juéde Hànyǔ hǎoxué ma?
　　中国語は学びやすいと思いますか。

　① 我觉得汉语很有意思。　Wǒ juéde Hànyǔ hěn yǒu yìsi.
　　中国語はとても面白いと思います。

　② 我很喜欢学习汉语。　Wǒ hěn xǐhuan xuéxí Hànyǔ.
　　私は中国語の勉強が大好きです。

　③ 我已经学了两年半了。　Wǒ yǐjīng xué le liǎng nián bàn le.
　　私はもう2年半習いました。

　❹ 我觉得汉语太难了。　Wǒ juéde Hànyǔ tài nán le.
　　中国語はとても難しいと思います。

　④が正解。"太难了"はイコール"不好学"。①は目的語となる文の述語が質問文と対応していない。②③は述語や目的語が質問文と対応していない。

(3) 这台电脑好用吗?　Zhè tái diànnǎo hǎo yòng ma?
　　このパソコンは使いやすいですか。

　① 我现在不用，你用吧。　Wǒ xiànzài bú yòng, nǐ yòng ba.
　　私は今使わないので、使ってください。

② 对，我会用电脑。　Duì, wǒ huì yòng diànnǎo.
はい、私はパソコンができます。
❸ 我觉得挺好用。　Wǒ juéde tǐng hǎo yòng.
私は使いやすいと思います。
④ 不，我没有电脑。　Bù, wǒ méiyǒu diànnǎo.
いいえ、私はパソコンを持っていません。

　③が正解。自分の意見を述べるために"我觉得"を加えた答え方である。①②④は主語や述語が質問文と対応していない。

(4) 小李，你住在学校附近吗？　XiǎoLǐ, nǐ zhù zài xuéxiào fùjìn ma?
李さん、あなたは学校の近くに住んでいますか。

① 不，小李不是学生。　Bù, XiǎoLǐ bú shì xuésheng.
いいえ、李さんは学生ではありません。
② 他不住在学校附近，住在车站附近。
Tā bú zhù zài xuéxiào fùjìn, zhù zài chēzhàn fùjìn.
彼は学校の近くではなく、駅の近くに住んでいます。
③ 对，我父亲也在学校工作。　Duì, wǒ fùqin yě zài xuéxiào gōngzuò.
はい、私の父親も学校で働いています。
❹ 对，我家离学校只有二百米。　Duì, wǒjiā lí xuéxiào zhǐ yǒu èrbǎi mǐ.
はい、私の家は学校から200メートルしか離れていません。

　④が正解。質問文の"小李"は呼びかけなので、本当の主語は"你"であり、①②③は主語が合わない。

(5) 小林，你星期五有课吗？　Xiǎolín, nǐ xīngqīwǔ yǒu kè ma?
小林さん、あなたは金曜日には授業がありますか。

① 她星期六没有课。　Tā xīngqīliù méiyǒu kè.
彼女は土曜日に授業がありません。
❷ 我星期五有两节汉语课。　Wǒ xīngqīwǔ yǒu liǎng jié Hànyǔ kè.
私は金曜日に中国語の授業が2コマあります。
③ 我五点以后没有空儿。　Wǒ wǔ diǎn yǐhòu méi yǒu kòngr.
私は5時以降空いていません。
④ 我一个星期有五节课。　Wǒ yí ge xīngqī yǒu wǔ jié kè.
私は1週間に5コマ授業があります。

　②が正解。①は主語、時間詞が合わない。③は時間詞、目的語が合わない。"课"と"空儿"の発音を区別しよう。④は時間詞が合わない。

1 ＡＢ問答式

(6) 你常给朋友打电话吗？　Nǐ cháng gěi péngyou dǎ diànhuà ma?
　　あなたはよく友人に電話を掛けますか。

　❶ 不，我常给朋友发短信。　Bù, wǒ cháng gěi péngyou fā duǎnxìn.
　　　いいえ、私はよく友人にショートメールを送ります。
　② 对，我常给家里打电话。　Duì, wǒ cháng gěi jiāli dǎ diànhuà.
　　　はい、私はよく家に電話を掛けます。
　③ 不，我昨天没给你打电话。　Bù, wǒ zuótiān méi gěi nǐ dǎ diànhuà.
　　　いいえ、私は昨日あなたに電話を掛けませんでした。
　④ 对，她昨天给朋友发邮件了。　Duì, tā zuótiān gěi péngyou fā yóujiàn le.
　　　はい、彼女は昨日友人にメールを送りました。

　質問文にある"常"は「常に」という意味を表す時間副詞。①が正解。②は介詞"给"の後の対象が質問文のそれと対応していない。③は過去の時間詞となっている。④の後続文は別文である。

(7) 杨林，你会开车吗？　Yáng Lín, nǐ huì kāichē ma?
　　楊林さん、あなたは車の運転ができますか。

　❶ 我正在学。　Wǒ zhèngzài xué.
　　　私は今習っているところです。
　② 我是坐电车来的。　Wǒ shì zuò diànchē lái de.
　　　私は電車で来たのです。
　③ 对不起，我不会喝酒。　Duìbuqǐ, wǒ bú huì hējiǔ.
　　　すみません、私はお酒が飲めません。
　④ 我每天都骑自行车去学校。　Wǒ měitiān dōu qí zìxíngchē qù xuéxiào.
　　　私は毎日自転車で学校へ行きます。

　①が正解。「現時点ではまだできない」の意味である。②は技能についての内容ではない。かつ過去の話となっている。③は述語が合わない。④は質問の答えになっていない。

(8) 你喜欢吃中国菜吗？　Nǐ xǐhuan chī Zhōngguó cài ma?
　　あなたは中華料理が好きですか。

　① 我不常去那儿吃。　Wǒ bù cháng qù nàr chī.
　　　私はあまりそちらへ食べに行きません。
　② 对，我爱看中国电影。　Duì, wǒ ài kàn Zhōngguó diànyǐng.
　　　はい、私は中国映画が好きです。
　③ 不，我不喜欢喝红茶。　Bù, wǒ bù xǐhuan hē hóngchá.

いいえ、私は紅茶が好きではありません。
❹ 我特别喜欢吃中国菜。　Wǒ tèbié xǐhuan chī Zhōngguó cài.
私は中華料理が大好きです。

④が正解。①は述語が合わない。②の後続文は質問文と関連性がない。③は後続文の述語、目的語が合わない。

(9) 你姐姐比你高吗?　Nǐ jiějie bǐ nǐ gāo ma?
お姉さんはあなたより背が高いですか。

❶ 她比我高一点儿。　Tā bǐ wǒ gāo yìdiǎnr.
彼女は私より少し高いです。
② 我比我姐姐小三岁。　Wǒ bǐ wǒ jiějie xiǎo sān suì.
私は姉より3歳年下です。
③ 对，我哥哥比我高。　Duì, wǒ gēge bǐ wǒ gāo.
はい、兄は私より背が高いです。
④ 对，富士山很高。　Duì, Fùshìshān hěn gāo.
はい、富士山は高いです。

①が正解。②は述語と補語が合わない。③④の後続文は主語が違う。

 解答　(1) ①　(2) ④　(3) ③　(4) ④　(5) ②
(6) ①　(7) ①　(8) ④　(9) ①

1 ＡＢ問答式

4 経験と完了に関する表現

―――――― トレーニング ――――――

A (1)～(5)の中国語を聞き、答えとして最も適当なものを、それぞれ①～④の中から一つ選びなさい。　　　CD A05

(1) ＿＿＿＿＿＿＿＿＿＿＿＿＿？　　（第74回）
　① 我家有很多猫。　　② 他不喜欢熊猫。
　③ 我还没去看呢。　　④ 我没看见那个帽子。

(2) ＿＿＿＿＿＿＿＿＿＿＿＿＿？　　（第70回）
　① 看过，但是没有吃过。　　② 不是，我不是大学生。
　③ 没有，我对足球不感兴趣。　　④ 很想看，我很喜欢打棒球。

(3) ＿＿＿＿＿＿＿＿＿＿＿＿＿？　　（第72回）
　① 我吃过午饭了。　　② 对，他感冒了，所以今天没来。
　③ 不，他不喝酒，也不抽烟。　　④ 还没呢，我现在就去医院。

(4) ＿＿＿＿＿＿＿＿＿＿＿＿＿？　　（第67回）
　① 还没做完呢，有一句话我不太明白。
　② 还没坐过呢，我很想坐一次试试。
　③ 他已经回家了，你明天再来吧。
　④ 我已经看完了，你拿去看吧。

(5) ＿＿＿＿＿＿＿＿＿＿＿＿＿？　　（第58回）
　① 我已经看了两遍了。　　② 这句话的意思我也不明白。
　③ 那本书我还没看完。　　④ 这个电视剧没有什么意思。

B (1)～(5)の中国語を聞き、答えとして最も適当なものを、それぞれ①～④の中から一つ選びなさい。　　　CD A05

(1) 听说那个动物园有熊猫，你看过吗?　　（第74回）
　①　　②　　③　　④

1 ＡＢ問答式

(2) 你看过大学生足球比赛吗? (第70回)
　　① ② ③ ④

(3) 你好像感冒了，去医院了吗? (第72回)
　　① ② ③ ④

(4) 西村，昨天的英语作业你做完了吗? (第67回)
　　① ② ③ ④

(5) 听说这个电影很有意思，你看了吗? (第58回)
　　① ② ③ ④

腕試し

(1)～(5)の中国語を聞き、答えとして最も適当なものを、それぞれ①～④の中から一つ選びなさい。　CD A05

(1) ① ② ③ ④

(2) ① ② ③ ④

(3) ① ② ③ ④

(4) ① ② ③ ④

(5) ① ② ③ ④

◆ 1 ＡＢ問答式

解説 Ａ・Ｂ・腕試し 共通

(1) 听说那个动物园有熊猫，你看过吗？
　　Tīngshuō nàge dòngwùyuán yǒu xióngmāo, nǐ kàn guo ma?
　　あの動物園にはパンダがいるそうですが、見たことがありますか。

　① 我家有很多猫。　Wǒjiā yǒu hěn duō māo.
　　私の家には猫がたくさんいます。

　② 他不喜欢熊猫。　Tā bù xǐhuan xióngmāo.
　　彼はパンダが嫌いです。

　❸ 我还没去看呢。　Wǒ hái méi qù kàn ne.
　　私はまだ見に行っていないですよ。

　④ 我没看见那个帽子。　Wǒ méi kànjiàn nàge màozi.
　　私はあの帽子を見かけたことがないです。

　③が正解。①は関係のない別文である。②は主語が違う。④は述語や目的語が対応していない。"熊猫"と"帽子"の発音の違いに注意しよう。

(2) 你看过大学生足球比赛吗？　Nǐ kàn guo dàxuéshēng zúqiú bǐsài ma?
　　大学生のサッカーの試合を見たことがありますか。

　① 看过，但是没有吃过。　Kàn guo, dànshì méiyǒu chī guo.
　　見たことはありますが、食べたことはありません。

　② 不是，我不是大学生。　Bú shì, wǒ bú shì dàxuéshēng.
　　いいえ、私は大学生ではありません。

　❸ 没有，我对足球不感兴趣。　Méiyǒu, wǒ duì zúqiú bù gǎn xìngqu.
　　いいえ、私はサッカーには興味がありません。

　④ 很想看，我很喜欢打棒球。　Hěn xiǎng kàn, wǒ hěn xǐhuan dǎ bàngqiú.
　　とても見たいです。私は野球が大好きです。

　③が正解。①の後続文は合わない。②は最初の返答から間違っている。経験文の否定は"没有"を使う。④の後続文は質問文と対応していない。

(3) 你好像感冒了，去医院了吗？　Nǐ hǎoxiàng gǎnmào le, qù yīyuàn le ma?
　　あなたは風邪を引いたようですが、病院に行きましたか。

　① 我吃过午饭了。　Wǒ chī guo wǔfàn le.
　　私は昼ご飯を食べました。

　② 对，他感冒了，所以今天没来。　Duì, tā gǎnmào le, suǒyǐ jīntiān méi lái.
　　はい、彼は風邪を引いたので、今日来ていないです。

　③ 不，他不喝酒，也不抽烟。　Bù, tā bù hējiǔ, yě bù chōu yān.

いいえ、彼はお酒も飲まず、たばこも吸いません。

❹ 还没呢，我现在就去医院。 Hái méi ne, wǒ xiànzài jiù qù yīyuàn.
まだです。今から病院に行きます。

④が正解。完了を表す"了"の否定は"没有"を使う。①は述語、目的語が合わない。"去医院"と"吃午饭"の発音の違いに注意しよう。③は最初の返答から間違っている。

(4) 西村，昨天的英语作业你做完了吗?
Xīcūn, zuótiān de Yīngyǔ zuòyè nǐ zuòwán le ma?
西村さん、昨日の英語の宿題は終えましたか。

❶ 还没做完呢，有一句话我不太明白。
Hái méi zuòwán ne, yǒu yíjù huà wǒ bútài míngbai.
まだ終わっていません。一箇所分からないところがあるので。

② 还没坐过呢，我很想坐一次试试。
Hái méi zuò guo ne, wǒ hěn xiǎng zuò yí cì shìshi.
まだ乗ったことがありません。ぜひ１度乗ってみたいです。

③ 他已经回家了，你明天再来吧。 Tā yǐjīng huíjiā le, nǐ míngtiān zài lái ba.
彼はもう家に帰ったので、明日また来てください。

④ 我已经看完了，你拿去看吧。 Wǒ yǐjīng kànwán le, nǐ náqu kàn ba.
私はもう見終わったので、持っていって見てください。

①が正解。②の"坐"と"做"は発音が同じだが、うしろの要素が質問文に合っていない。また完了を表す質問文の"了"に対して、経験文で答えるのはおかしい。③④は関連のない別文である。

(5) 听说这个电影很有意思，你看了吗?
Tīngshuō zhège diànyǐng hěn yǒu yìsi, nǐ kàn le ma?
この映画はとても面白いのだそうです、見ましたか。

❶ 我已经看了两遍了。 Wǒ yǐjīng kàn le liǎng biàn le.
私はすでに２回も見ました。

② 这句话的意思我也不明白。 Zhè jù huà de yìsi wǒ yě bù míngbai.
この文の意味は私も分かりません。

③ 那本书我还没看完。 Nà běn shū wǒ hái méi kàn wán.
あの本は、私はまだ読み終わっていません。

④ 这个电视剧没有什么意思。 Zhège diànshìjù méiyǒu shénme yìsi.
このテレビドラマはあまり面白くありません。

◆ 1 ＡＢ問答式

①が正解。②③④は主語が質問文と対応していない。

解答 (1) ③　　(2) ③　　(3) ④　　(4) ①　　(5) ①

2 肯定否定の述語を伴う反復疑問文

　述語の肯定と否定をセットにして構成する反復疑問文は、57回から77回までの20回の内、それほど多く出題されておらず、12問に留まっている。述語が動詞である反復疑問文は3問で、全て過去形、つまり"～没～""～没～过""～没有？"の形となっている。

　助動詞が付く反復疑問文の場合は、反復するのは動詞ではなく、助動詞である。たとえば"会不会～""能不能～""想不想～"。助動詞反復の問題は4回出題されている。

　"是不是～"構文は1問、形容詞述語の反復は4問となっている。

　反復疑問文に返答する時には、普通は述語の肯定形あるいは否定形のどちらかで答える。ただ"能不能～"は「～していただけませんか？」の意味があり、その返答は"好""可以""行""不行""対不起"でもよい。"是不是～"は"対""不対"でも答えられる。

トレーニング

A (1)～(12)の中国語を聞き、答えとして最も適当なものを、それぞれ①～④の中から一つ選びなさい。　　CD A06

(1) ＿＿＿＿＿＿＿＿＿＿＿＿＿＿？　　（第77回）
① 没带，不过用手机也可以照哇！
② 劳驾，可以帮我们照张相吗？
③ 可不是嘛，他也没带相机。
④ 带来了，你看，这是我的照片。

(2) ＿＿＿＿＿＿＿＿＿＿＿＿＿＿？　　（第75回）
① 不对，我没去中国旅游。　　② 对，我一次也没去过。
③ 我前几年去过一次。　　　　④ 我听说他去过两次。

(3) ＿＿＿＿＿＿＿＿＿＿＿＿＿＿？　　（第71回）
① 去过，在那儿住了一个星期。　② 没去过。我没有在那儿游过泳。
③ 去过。味道还可以。　　　　　④ 没去过。我没在那儿买过东西。

1 ＡＢ問答式

(4) ＿＿＿＿＿＿＿＿＿＿＿＿＿＿＿＿＿＿？　　　（第72回）
① 当然会用，我每天都用电脑。　② 我家没有电话。
③ 我不会说德语，会说英语。　　④ 我不爱看电视。

(5) ＿＿＿＿＿＿＿＿＿＿＿＿＿＿＿＿＿＿？　　　（第64回）
① 我会踢，不过踢得不好。　　　② 我不会喝酒。
③ 会喝是会喝，可是喝不多。　　④ 我不太会打网球。

(6) ＿＿＿＿＿＿＿＿＿＿＿＿＿＿＿＿＿＿？　　　（第68回）
① 当然可以。您要谁的？　　　　② 对不起，我今天没带。
③ 好，一张五块。我也买您的。　④ 您的名片真漂亮，哪儿印的？

(7) ＿＿＿＿＿＿＿＿＿＿＿＿＿＿＿＿＿＿？　　　（第63回）
① 他上星期回来了？我还没见到他呢。
② 我不想去美国。
③ 想见啊，我都五年没见他了。
④ 对，山田想见你。

(8) ＿＿＿＿＿＿＿＿＿＿＿＿＿＿＿＿＿＿？　　　（第64回）
① 那当然，春节热闹极了。　　　② 不，我老家春天不太热。
③ 对，我老家春天特别热。　　　④ 不，我家附近很热闹。

(9) ＿＿＿＿＿＿＿＿＿＿＿＿＿＿＿＿＿＿？　　　（第74回）
① 今天很凉快。　　　　　　　　② 不贵，很便宜。
③ 我喜欢吃面包。　　　　　　　④ 这个书包比那个贵。

(10) ＿＿＿＿＿＿＿＿＿＿＿＿＿＿＿＿＿＿？　　　（第72回）
① 好，咱们去吃饭吧。　　　　　② 我不去打工，去学校上课。
③ 有点儿累，不过挺开心的。　　④ 对，那家饭馆儿味道还可以。

(11) ＿＿＿＿＿＿＿＿＿＿＿＿＿＿＿＿＿＿？　　　（第68回）
① 原来是这样！我一直以为很近。
② 车站附近没有学校。
③ 走五分钟就到了。
④ 可能有公共汽车，很方便。

1 ＡＢ問答式

(12) _____?　　　　　　　　　　(第57回)
　　① 这儿离南京大学很近。　　② 不远，东京大学就在前面。
　　③ 不太远，要走十五分钟吧。　　④ 我家离京都大学很远。

B (1)～(12)の中国語を聞き、答えとして最も適当なものを、それぞれ①～
　　④の中から一つ選びなさい。　　　　　　　　　　　　　CD A06

(1) 这儿的风景真漂亮，你带没带相机?　　　　　　　　　(第77回)
　　①　　　②　　　③　　　④

(2) 你去没去过中国旅游?　　　　　　　　　　　　　　　(第75回)
　　①　　　②　　　③　　　④

(3) 马路对面那个餐厅，你去过没有?　　　　　　　　　　(第71回)
　　①　　　②　　　③　　　④

(4) 你会不会用电脑?　　　　　　　　　　　　　　　　　(第72回)
　　①　　　②　　　③　　　④

(5) 你会不会踢球?　　　　　　　　　　　　　　　　　　(第64回)
　　①　　　②　　　③　　　④

(6) 不好意思，能不能把您的名片给我一张?　　　　　　　(第68回)
　　①　　　②　　　③　　　④

(7) 山田下星期从美国回来，你想不想见见他?　　　　　　(第63回)
　　①　　　②　　　③　　　④

(8) 你老家春节是不是很热闹?　　　　　　　　　　　　　(第64回)
　　①　　　②　　　③　　　④

(9) 一个面包两块，贵不贵?　　　　　　　　　　　　　　(第74回)
　　①　　　②　　　③　　　④

会話のリスニング問題

1 ＡＢ問答式

(10) 在饭馆儿打工累不累？　　　　　　　　　　　　　　　　（第72回）

　　① 　　　　② 　　　　③ 　　　　④

(11) 学校离车站远不远？　　　　　　　　　　　　　　　　　（第68回）

　　① 　　　　② 　　　　③ 　　　　④

(12) 这儿离北京大学远不远？　　　　　　　　　　　　　　　（第57回）

　　① 　　　　② 　　　　③ 　　　　④

腕試し

(1)～(12)の中国語を聞き、答えとして最も適当なものを、それぞれ①～④の中から一つ選びなさい。　　　　　　　　　　　　　　CD A06

(1) ① 　　　　② 　　　　③ 　　　　④

(2) ① 　　　　② 　　　　③ 　　　　④

(3) ① 　　　　② 　　　　③ 　　　　④

(4) ① 　　　　② 　　　　③ 　　　　④

(5) ① 　　　　② 　　　　③ 　　　　④

(6) ① 　　　　② 　　　　③ 　　　　④

(7) ① 　　　　② 　　　　③ 　　　　④

(8) ① 　　　　② 　　　　③ 　　　　④

(9) ① 　　　　② 　　　　③ 　　　　④

(10) ① 　　　　② 　　　　③ 　　　　④

(11) ① ② ③ ④

(12) ① ② ③ ④

1 ＡＢ問答式

解説 Ａ・Ｂ・腕試し 共通

(1) 这儿的风景真漂亮，你带没带相机？
　　Zhèr de fēngjǐng zhēn piàoliang, nǐ dài méi dài xiàngjī?
　　ここの景色は本当に綺麗ですね。カメラを持ってきていますか。

　❶ 没带，不过用手机也可以照哇！
　　Méi dài, búguò yòng shǒujī yě kěyǐ zhào wā!
　　持ってきていませんが、携帯でも撮れるじゃないですか。

　② 劳驾，可以帮我们照张相吗？
　　Láojià, kěyǐ bāng wǒmen zhào zhāng xiāng ma?
　　すみませんが、写真を撮っていただけますか。

　③ 可不是嘛，他也没带相机。 Kěbúshì ma, tā yě méi dài xiàngjī.
　　そうですよ。彼もカメラを持ってきていません。

　④ 带来了，你看，这是我的照片。 Dàilai le, nǐ kàn, zhè shì wǒ de zhàopiàn.
　　持ってきましたよ。見て、これが私の写真です。

　①が正解。②は最初の返答が間違っている。"劳驾"は人に頼む時に使う挨拶語。③の最初の返答は相手の発話に賛同している時に使う言葉である。④の後続文は質問文と対応していない。

(2) 你去没去过中国旅游？ Nǐ qù méi qù guo Zhōngguó lǚyóu?
　　中国へ旅行に行ったことがありますか。

　① 不对，我没去中国旅游。 Bú duì, wǒ méi qù Zhōngguó lǚyóu.
　　いいえ、私は中国へ旅行に行きませんでした。

　② 对，我一次也没去过。 Duì, wǒ yí cì yě méi qù guo.
　　はい、私は1度も行ったことがありません。

　❸ 我前几年去过一次。 Wǒ qián jǐ nián qù guo yí cì.
　　私は何年か前に1回行ったことがあります。

　④ 我听说他去过两次。 Wǒ tīngshuō tā qù guo liǎng cì.
　　彼は2回行ったことがあると聞いています。

　③が正解。"是不是～"以外の反復疑問文は"对""不对"で答えない。述語の肯定か否定で返答するのが一般的である。よって①②の返答は間違っている。④は述語の"听说"が質問文と対応していない。

(3) 马路对面那个餐厅，你去过没有？
　　Mǎlù duìmiàn nàge cāntīng, nǐ qù guo méiyǒu?
　　道の向かい側のレストランには行ったことがありますか。

① 去过，在那儿住了一个星期。 Qù guo, zài nàr zhù le yí ge xīngqī.
行ったことがあります。そこで1週間泊まりました。

② 没去过。我没有在那儿游过泳。
Méi qù guo. Wǒ méiyǒu zài nàr yóu guo yǒng.
行ったことがありません。あそこで泳いだことはありません。

❸ 去过。味道还可以。 Qù guo. Wèidao hái kěyǐ.
行ったことがあります。味は悪くないと思います。

④ 没去过。我没在那儿买过东西。
Méi qù guo. Wǒ méi zài nàr mǎi guo dōngxi.
行ったことがありません。あそこで買い物をしたことはありません。

③が正解。"去过没有"は"去过没有去过"の省略型。質問文はレストランのことについてであるが、①②④の後続文はそれぞれホテル、プール、商店となっている。

(4) 你会不会用电脑？ Nǐ huì bu huì yòng diànnǎo?
あなたはパソコンを使えますか。

❶ 当然会用，我每天都用电脑。
Dāngrán huì yòng, wǒ měitiān dōu yòng diànnǎo.
もちろん使えます。私は毎日パソコンを使っています。

② 我家没有电话。 Wǒjiā méiyǒu diànhuà.
私の家には電話がありません。

③ 我不会说德语，会说英语。 Wǒ bú huì shuō Déyǔ, huì shuō Yīngyǔ.
私はドイツ語ができません。英語ができます。

④ 我不爱看电视。 Wǒ bú ài kàn diànshì.
私はテレビが好きではありません。

①が正解。②③④は質問文と関連性がない。

(5) 你会不会踢球？ Nǐ huì bu huì tī qiú?
サッカーはできますか。

❶ 我会踢，不过踢得不好。 Wǒ huì tī, búguò tī de bù hǎo.
できますが、あまり上手ではありません。

② 我不会喝酒。 Wǒ bú huì hējiǔ.
私はお酒が飲めません。

③ 会喝是会喝，可是喝不多。 Huì hē shì huì hē, kěshì hē bù duō.
飲めることは飲めますが、たくさん飲むことはできません。

1 ＡＢ問答式

1 会話のリスニング問題

1 ＡＢ問答式

④ 我不太会打网球。　Wǒ bú tài huì dǎ wǎngqiú.
　　私はあまりテニスができません。

①が正解。②④は述語や目的語が質問文と対応していない。③は述語が違う。

(6) 不好意思，能不能把您的名片给我一张？
　　Bù hǎoyìsi, néng bu néng bǎ nín de míngpiàn gěi wǒ yì zhāng?
　　すみませんが、あなたの名刺を1枚いただけませんか。

① 当然可以。您要谁的？　Dāngrán kěyǐ. Nín yào shéi de?
　　もちろんいいです。誰のものがほしいですか。

❷ 对不起，我今天没带。　Duìbuqǐ, wǒ jīntiān méi dài.
　　すみませんが、私は今日持ってきていません。

③ 好，一张五块。我也买您的。　Hǎo, yì zhāng wǔ kuài. Wǒ yě mǎi nín de.
　　はい、1枚5元です。私もあなたのを買います。

④ 您的名片真漂亮，哪儿印的？　Nín de míngpiàn zhēn piàoliang, nǎr yìn de?
　　あなたの名刺は綺麗ですね。どこで印刷したのですか。

②が正解。"能不能"の返答は"可以"や"好""行""不行""对不起"などである。①の後続文は質問文と矛盾している。③の後続文は名刺のことではなく、買い物の話となっている。④は相手の名刺をもらった時の褒め言葉である。

(7) 山田下星期从美国回来，你想不想见见他？
　　Shāntián xià xīngqī cóng Měiguó huílai, nǐ xiǎng bu xiǎng jiàn jian tā?
　　山田さんは来週アメリカから帰ってきますが、会いたいですか。

① 他上星期回来了？我还没见到他呢。
　　Tā shàng xīngqī huílai le? Wǒ hái méi jiàndào tā ne.
　　彼は先週帰ってきたの？私はまだ彼に会っていないです。

② 我不想去美国。　Wǒ bù xiǎng qù Měiguó.
　　私はアメリカに行きたくありません。

❸ 想见啊，我都五年没见他了。　Xiǎngjiàn ā, wǒ dōu wǔ nián méi jiàn tā le.
　　会いたいですね。私はもう5年も彼に会っていないです。

④ 对，山田想见你。　Duì, Shāntián xiǎng jiàn nǐ.
　　そうです。山田さんはあなたに会いたいです。

③が正解。①の時間詞が質問文と合わない。"想不想"に答えていない。②は述語、目的語が質問文と対応していない。④は最初の返答から間違っている。後続文も主語や目的語が違う。

1　ＡＢ問答式

(8) 你老家春节是不是很热闹？　Nǐ lǎojiā Chūnjié shì bu shì hěn rènao?
あなたの故郷の春節は賑やかでしょうね。

❶ 那当然，春节热闹极了。　Nà dāngrán, Chūnjié rènao jíle.
それはそうですよ。春節はとても賑やかです。

② 不，我老家春天不太热。　Bù, wǒ lǎojiā chūntiān bú tài rè.
いいえ、私の故郷の春はあまり暑くありません。

③ 对，我老家春天特别热。　Duì, wǒ lǎojiā chūntiān tèbié rè.
はい、私の故郷の春はとても暑いです。

④ 不，我家附近很热闹。　Bù, wǒjiā fùjìn hěn rènao.
いいえ、私の家の近くはとても賑やかです。

①が正解。②③の後続文の主語や述語が質問文と対応していない。④の後続文の主語が違う。

(9) 一个面包两块，贵不贵？　Yí ge miànbāo liǎng kuài, guì bu guì?
パン1つ2元ですが、高いですか。

① 今天很凉快。　Jīntiān hěn liángkuai.
今日は涼しいです。

❷ 不贵，很便宜。　Bú guì, hěn piányi.
高くはない、安いです。

③ 我喜欢吃面包。　Wǒ xǐhuan chī miànbāo.
私はパンが好きです。

④ 这个书包比那个贵。　Zhège shūbāo bǐ nàge guì.
このかばんはあのかばんより高いです。

②が正解。①③④は主語が違う。"面包"と"书包"の発音の違いにも注意しよう。

(10) 在饭馆儿打工累不累？　Zài fànguǎnr dǎgōng lèi bu lèi?
レストランでのバイトは疲れますか。

① 好，咱们去吃饭吧。　Hǎo, zánmen qù chīfàn ba.
はい、食事に行きましょう。

② 我不去打工，去学校上课。　Wǒ bú qù dǎgōng, qù xuéxiào shàngkè.
私はバイトに行くのではなく、学校へ授業に行きます。

❸ 有点儿累，不过挺开心的。　Yǒudiǎnr lèi, búguò tǐng kāixīn de.
ちょっと疲れます。でもとても楽しいです。

④ 对，那家饭馆儿味道还可以。　Duì, nà jiā fànguǎnr wèidao hái kěyǐ.

そうです。あのレストランの料理はまあまあ美味しいです。

③が正解。①と④は最初の返答から間違っている。②は質問に対して答えていない。

(11) 学校离车站远不远？　Xuéxiào lí chēzhàn yuǎn bu yuǎn?
学校は駅から遠いですか。
① 原来是这样！我一直以为很近。
Yuánlái shì zhèyàng! Wǒ yìzhí yǐwéi hěn jìn.
そういうことですか。私は近いとずっと思っていました。
② 车站附近没有学校。　Chēzhàn fùjìn méiyǒu xuéxiào.
駅の近くには学校がありません。
❸ 走五分钟就到了。　Zǒu wǔ fēnzhōng jiù dào le.
5分歩けば着きます。
④ 可能有公共汽车，很方便。　Kěnéng yǒu gōnggòng qìchē, hěn fāngbiàn.
バスがあるかもしれません。とても便利です。

③が正解。別文で「遠くない」の意味を表している。①の最初の返答は、わからなかったことに対してやっとわかった時に使うことばである。④は質問文と関連性がない。

(12) 这儿离北京大学远不远？　Zhèr lí Běijīng dàxué yuǎn bu yuǎn?
ここは北京大学から遠いですか。
① 这儿离南京大学很近。　Zhèr lí Nánjīng dàxué hěn jìn.
ここは南京大学にとても近いです。
② 不远，东京大学就在前面。　Bù yuǎn, Dōngjīng dàxué jiù zài qiánmian.
遠くないです。東京大学はすぐ前にあります。
❸ 不太远，要走十五分钟吧。　Bú tài yuǎn, yào zǒu shíwǔ fēnzhōng ba.
それほど遠くなく、歩いて15分ぐらいかかると思います。
④ 我家离京都大学很远。　Wǒjiā lí Jīngdū dàxué hěn yuǎn.
私の家は京都大学から遠いです。

③が正解。①は介詞"离"の後の大学名が対応していない。②も大学名が質問文のそれと対応していない。④は別文である。

解答　(1) ①　(2) ③　(3) ③　(4) ①　(5) ①　(6) ②
(7) ③　(8) ①　(9) ②　(10) ③　(11) ③　(12) ③

3 推測、勧誘、命令の意味を表す"吧"を伴う疑問文

　第57回から77回までの20回の内、"吧"を使った疑問文は7問出題されている。

　推測を表すのは3問、勧誘を表すのは3問、命令を表すのは1問となっている。推測を表す場合は"是的""对""是""不""不对"で返答できる。勧誘を表す場合の返答は"好""行""可以""对不起"などとなる。よって、"吧"疑問文の"吧"はどの意味で使われているかを注意して聞く必要がある。

トレーニング

A (1)～(7)の中国語を聞き、答えとして最も適当なものを、それぞれ①～④の中から一つ選びなさい。　CD A07

(1) ＿＿＿＿＿＿＿＿＿＿＿＿＿＿？　　（第76回）
① 我已经告诉她了。　　② 我知道她刚买了手机。
③ 她知道你的手机号码。　　④ 她还没有告诉我呢。

(2) ＿＿＿＿＿＿＿＿＿＿＿＿＿＿？　　（第64回）
① 对，这个句子比那个句子容易。
② 不，这两个句子一样难。
③ 对，这种橘子比那种橘子便宜得多。
④ 不，这种橘子没有那种橘子甜。

(3) ＿＿＿＿＿＿＿＿＿＿＿＿＿＿？　　（第60回）
① 小张只会说英语。　　② 这就是小张的英语书。
③ 我只会说一些简单的。　　④ 她也能说一些汉语。

(4) ＿＿＿＿＿＿＿＿＿＿＿＿＿＿？　　（第76回）
① 是的，我不去看足球比赛。　　② 我没有时间，你自己去吧。
③ 我知道你想去看足球比赛。　　④ 那后天我先去买两张门票。

1 ＡＢ問答式

(5) _____? （第 58 回）

① 好啊，我正想去一趟银行。　　② 好啊，你想去哪儿？
③ 是吗？你什么时候去的？　　④ 是吗？你去了几天？

(6) _____? （第 61 回）

① 我买的香蕉很便宜。　　② 我喜欢吃苹果，不喜欢吃桔子。
③ 五块钱两斤，怎么样？　　④ 你买的衣服不算贵。

(7) _____? （第 60 回）

① 哟，他走得很快。　　② 他每天都迟到十分钟。
③ 我晚了一个小时。　　④ 哟，快五点啦！走吧。

B (1)〜(7)の中国語を聞き、答えとして最も適当なものを、それぞれ①〜④の中から一つ選びなさい。　　**CD A07**

(1) 你一定知道她的手机号码吧？　　（第 76 回）
　　①　　②　　③　　④

(2) 这种橘子比那种橘子便宜吧？　　（第 64 回）
　　①　　②　　③　　④

(3) 小王，你会说英语吧？　　（第 60 回）
　　①　　②　　③　　④

(4) 明天我去看足球比赛，你也一起去吧。　　（第 76 回）
　　①　　②　　③　　④

(5) 寒假咱们一起去旅行吧。　　（第 58 回）
　　①　　②　　③　　④

(6) 太贵了，再便宜点儿吧。　　（第 61 回）
　　①　　②　　③　　④

(7) 快走吧，不然就晚了。　　（第 60 回）
　　①　　②　　③　　④

1　ＡＢ問答式

腕試し

(1)〜(7)の中国語を聞き、答えとして最も適当なものを、それぞれ①〜④の中から一つ選びなさい。

CD A07

(1) ①　　②　　③　　④

(2) ①　　②　　③　　④

(3) ①　　②　　③　　④

(4) ①　　②　　③　　④

(5) ①　　②　　③　　④

(6) ①　　②　　③　　④

(7) ①　　②　　③　　④

◆ 1 AB問答式

解説 A・B・腕試し 共通

(1) 你一定知道她的手机号码吧？ Nǐ yídìng zhīdao tā de shǒujī hàomǎ ba?
　　あなたはきっと彼女の携帯番号を知っているでしょう。

　① 我已经告诉她了。　Wǒ yǐjīng gàosu tā le.
　　私はすでに彼女に教えました。

　② 我知道她刚买了手机。　Wǒ zhīdao tā gāng mǎi le shǒujī.
　　私は、彼女が携帯を買ったばかりなのを知っています。

　③ 她知道你的手机号码。　Tā zhīdao nǐ de shǒujī hàomǎ.
　　彼女はあなたの携帯番号を知っています。

　❹ 她还没有告诉我呢。　Tā hái méiyǒu gàosu wǒ ne.
　　彼女はまだ私に教えていません。

④が正解。質問文の"吧"は推測を表す。婉曲に知らないと答えている。①は述語や目的語が質問文に対応していない。②は目的語が対応していない。③は主語や目的語が違う。

(2) 这种橘子比那种橘子便宜吧？ Zhè zhǒng júzi bǐ nà zhǒng júzi piányi ba?
　　このみかんはあのみかんより安いですか。

　① 对，这个句子比那个句子容易。　Duì, zhège jùzi bǐ nàge jùzi róngyì.
　　はい、この文はあの文より易しいです。

　② 不，这两个句子一样难。　Bù, zhè liǎng ge jùzi yíyàng nán.
　　いいえ、この２つの文は同じように難しいです。

　❸ 对，这种橘子比那种橘子便宜得多。
　　Duì, zhèzhǒng júzi bǐ nàzhǒng júzi piányi de duō.
　　はい、このみかんはあのみかんよりだいぶ安いです。

　④ 不，这种橘子没有那种橘子甜。
　　Bù, zhè zhǒng júzi méiyǒu nà zhǒng júzi tián.
　　いいえ、このみかんはあのみかんほど甘くありません。

③が正解。質問文の"吧"は推測を表す。①と②は主語や述語が質問文と対応していない。"橘子"と"句子"の発音が近いので、要注意。④は述語が質問文と対応していない。

(3) 小王，你会说英语吧？ XiǎoWáng, nǐ huì shuō Yīngyǔ ba?
　　王さん、あなたは英語が話せますか。

　① 小张只会说英语。　XiǎoZhāng zhǐ huì shuō Yīngyǔ.
　　張さんは英語しか話せません。

② 这就是小张的英语书。　Zhè jiùshì XiǎoZhāng de Yīngyǔ shū.
これは張さんの英語の本です。
❸ 我只会说一些简单的。　Wǒ zhǐ huì shuō yìxiē jiǎndān de.
私は簡単なものしかしゃべれません。
④ 她也能说一些汉语。　Tā yě néng shuō yìxiē Hànyǔ.
彼女もすこし中国語がしゃべれます。

　③が正解。質問文の"吧"は推測を表す。①は主語が違う。②は関係のない別文である。④は主語や目的語が違う。

(4) 明天我去看足球比赛，你也一起去吧。
Míngtiān wǒ qù kàn zúqiú bǐsài, nǐ yě yìqǐ qù ba.
私は明日サッカーの試合を見に行きますが、一緒に行きませんか。
① 是的，我不去看足球比赛。　Shì de, wǒ bú qù kàn zúqiú bǐsài.
そうです。私はサッカーの試合を見に行きません。
❷ 我没有时间，你自己去吧。　Wǒ méiyǒu shíjiān, nǐ zìjǐ qù ba.
私は時間がないので、あなたは一人で行ってください。
③ 我知道你想去看足球比赛。　Wǒ zhīdao nǐ xiǎng qù kàn zúqiú bǐsài.
私は、あなたがサッカーの試合を見に行きたいことを知っています。
④ 那后天我先去买两张门票。　Nà hòutiān wǒ xiān qù mǎi liǎng zhāng ménpiào.
それでは、あさって私は先に入場券2枚を買いに行きます。

　②が正解。質問文の"吧"は勧誘を表す。①誘うの"吧"に対して、"是的"で答えられない。"好""行""可以"などはよい。③④は誘いに対して答えていない。

(5) 寒假咱们一起去旅行吧。　Hánjià zánmen yìqǐ qù lǚxíng ba.
冬休みは一緒に旅行に行きましょうか。
① 好啊，我正想去一趟银行。　Hǎo ā, wǒ zhèng xiǎng qù yí tàng yínháng.
いいですよ。ちょうど銀行に行きたいところです。
❷ 好啊，你想去哪儿?　Hǎo ā, nǐ xiǎng qù nǎr?
いいですよ。どこへ行きたいですか。
③ 是吗? 你什么时候去的?　Shì ma? Nǐ shénme shíhou qù de?
そうですか。いつ行ったのですか。
④ 是吗? 你去了几天?　Shì ma? Nǐ qù le jǐ tiān?
そうですか。何日間行きましたか。

　②が正解。質問文の"吧"は勧誘を表す。①の最初の返答はよいが、後続文

1 ＡＢ問答式

の目的語が質問文と対応していない。③④は最初の返答から間違っている。質問文の"吧"は誘う意味を表しているのだから。

(6) 太贵了，再便宜点儿吧。 Tài guì le, zài piányi diǎnr ba.
　　高すぎます。もう少し安くしてください。
　① 我买的香蕉很便宜。　Wǒ mǎi de xiāngjiāo hěn piányi.
　　私が買ったバナナはとても安いです。
　② 我喜欢吃苹果，不喜欢吃桔子。　Wǒ xǐhuan chī píngguǒ, bù xǐhuan chī júzi.
　　私はリンゴが好きです。みかんは嫌いです。
　❸ 五块钱两斤，怎么样？　Wǔ kuài qián liǎng jīn, zěnmeyàng?
　　5元1キロ、どうですか。
　④ 你买的衣服不算贵。　Nǐ mǎi de yīfu bú suàn guì.
　　あなたが買った服は高いとは言えません。

　③が正解。質問文の"吧"は軽い命令で、値切る時の決まり文句である。①②④は質問文とは関連性がない。

(7) 快走吧，不然就晚了。 Kuài zǒu ba, bùrán jiù wǎn le.
　　はやく行きましょう。でないと遅刻します。
　① 哟，他走得很快。　Yō, tā zǒu de hěn kuài.
　　あら、彼は歩くのが早いですね。
　② 他每天都迟到十分钟。　Tā měitiān dōu chídào shí fēnzhōng.
　　彼は毎日10分間遅刻しています。
　③ 我晚了一个小时。　Wǒ wǎn le yí ge xiǎoshí.
　　私は1時間遅れました。
　❹ 哟，快五点啦！走吧。　Yō, kuài wǔ diǎn la! Zǒu ba.
　　あら、もうすぐ5時ですね。行きましょう。

　④が正解。質問文の"吧"は勧誘を表す。質問文は主語を省略しているが、我たちと分かる。後半は仮説の構文であり、既に終わったことではない。①は後続文の主語が合わない。②は関係のない別文である。③は主語が違うし、完了を表わす文型になっている。

解答　(1) ④　　(2) ③　　(3) ③　　(4) ②
　　　　(5) ②　　(6) ③　　(7) ④

4 その他の疑問文（1）
「A，还是B？」、「～，你呢？」、「～，好吗？」

「A，还是B？」の構文は選択疑問文という。選択肢のAかBで答えるのが一般的である。第57回から77回までの20回の内、この種類の問題は3問出題されている。その内の2問はAかBで答えるのではなく、質問文に直接答えない形の返答が正解となっている。

「～，你呢？」の表現は、先行文の述語や目的語などの部分が省略された省略疑問文という。答える時には、先行文と関連させて答えなければならない。第57回から77回までの20回の内、この種類の問題は2問出ている。

「～，好吗？」の表現は、相手の同意を求める疑問文である。2問出題され、誘うのが1問、頼むのが1問となっている。返答する時には"好""可以""行""不行"などを使う。

トレーニング

A (1)～(7)の中国語を聞き、答えとして最も適当なものを、それぞれ①～④の中から一つ選びなさい。　　　　　　　　　　　CD A08

(1) _____? （第70回）
　① 他没来过我们家。　　　　② 我也正想问你呢。
　③ 明天他们也都不去。　　　④ 我们都很想去你家。

(2) _____? （第60回）
　① 咱们再商量一下吧。
　② 因为老师反对，我们明天不去了。
　③ 有人说去上海，有人说去北京。
　④ 我去问问老师吧。

(3) _____? （第58回）
　① 我也喜欢这个颜色。　　　② 我的爱好是听音乐。
　③ 我买的大衣八百块钱。　　④ 我打算买白色的。

1 ＡＢ問答式

(4) ＿＿＿＿＿＿＿＿＿＿＿＿＿＿＿＿＿＿？　　　　　　　　　　　(第77回)

① 我也不要咖啡。　　　　　　② 我什么都可以。
③ 原来你喜欢冰咖啡呀！　　　④ 没有热水，有凉水。

(5) ＿＿＿＿＿＿＿＿＿＿＿＿＿＿＿＿＿＿？　　　　　　　　　　　(第65回)

① 我还没吃完呢。　　　　　　② 我也想去中国。
③ 我想吃饺子。　　　　　　　④ 我在学习汉语。

(6) ＿＿＿＿＿＿＿＿＿＿＿＿＿＿＿＿＿＿？　　　　　　　　　　　(第74回)

① 对不起，我不走。　　　　　② 很好，我要一个。
③ 吃吧，多吃点儿。　　　　　④ 好，下课我等你。

(7) ＿＿＿＿＿＿＿＿＿＿＿＿＿＿＿＿＿＿？　　　　　　　　　　　(第61回)

① 不行，这儿不能抽烟。　　　② 可以，你的相机怎么用？
③ 好，我们再联系吧。　　　　④ 对，这张相照得真不错。

B (1)〜(7)の中国語を聞き、答えとして最も適当なものを、それぞれ①〜④の中から一つ選びなさい。　　　　　　　　　　　　　　　CD A08

(1) 明天你去好，还是我去好？　　　　　　　　　　　　　　　　(第70回)

　　　①　　　　　②　　　　　③　　　　　④

(2) 老师，您对这件事是同意，还是反对？　　　　　　　　　　　(第60回)

　　　①　　　　　②　　　　　③　　　　　④

(3) 你想买黑色的，还是白色的？　　　　　　　　　　　　　　　(第58回)

　　　①　　　　　②　　　　　③　　　　　④

(4) 我要一杯热咖啡，你呢？　　　　　　　　　　　　　　　　　(第77回)

　　　①　　　　　②　　　　　③　　　　　④

(5) 今天晚上我想吃面条，你呢？　　　　　　　　　　　　　　　(第65回)

　　　①　　　　　②　　　　　③　　　　　④

(6) 中午我们一起去食堂吃饭，好吗？　　　　　　　　　　　　（第74回）
　　　①　　　　　　②　　　　　　③　　　　　　④

(7) 麻烦您帮我照张相，好吗？　　　　　　　　　　　　　　（第61回）
　　　①　　　　　　②　　　　　　③　　　　　　④

腕試し

(1)～(7)の中国語を聞き、答えとして最も適当なものを、それぞれ①～④の中から一つ選びなさい。　　　　　　　　　　　　　　　　CD A08

(1) ①　　　　　　②　　　　　　③　　　　　　④

(2) ①　　　　　　②　　　　　　③　　　　　　④

(3) ①　　　　　　②　　　　　　③　　　　　　④

(4) ①　　　　　　②　　　　　　③　　　　　　④

(5) ①　　　　　　②　　　　　　③　　　　　　④

(6) ①　　　　　　②　　　　　　③　　　　　　④

(7) ①　　　　　　②　　　　　　③　　　　　　④

1 ＡＢ問答式

解　説　Ａ・Ｂ・腕試し　共通

(1) 明天你去好，还是我去好？　Míngtiān nǐ qù hǎo, háishi wǒ qù hǎo?
明日、あなたが行ったほうがいいですか、それとも私が行ったほうがいいですか。

① 他没来过我们家。　Tā méi lái guo wǒmen jiā.
彼は私たちの家に来たことがありません。

❷ 我也正想问你呢。　Wǒ yě zhèng xiǎng wèn nǐ ne.
私もあなたに聞こうと思っているところです。

③ 明天他们也都不去。　Míngtiān tāmen yě dōu bú qù.
明日、彼らもみんな行きません。

④ 我们都很想去你家。　Wǒmen dōu hěn xiǎng qù nǐ jiā.
私たちはあなたの家に行きたいです。

②が正解。選択疑問文の選択肢のどれも使わず、直接質問に答えていないが、聞き返しの返答となっている。①③④は質問文に関係のない別文である。

(2) 老师，您对这件事是同意，还是反对？
Lǎoshī, nín duì zhè jiàn shì shì tóngyì, háishi fǎnduì?
先生はこのことについて賛成ですか、それとも反対ですか。

❶ 咱们再商量一下吧。　Zánmen zài shāngliang yíxià ba.
私たちはもう少し検討してみましょう。

② 因为老师反对，我们明天不去了。
Yīnwèi lǎoshī fǎnduì, wǒmen míngtiān bú qù le.
先生が反対しているので、私たちは明日行かないことにしました。

③ 有人说去上海，有人说去北京。
Yǒurén shuō qù Shànghǎi, yǒurén shuō qù Běijīng.
上海へ行くと言った人もいれば、北京へ行くと言った人もいます。

④ 我去问问老师吧。　Wǒ qù wènwen lǎoshī ba.
私は先生に聞きに行きましょう。

①が正解。直接質問に答えるのを避けた言い方。②は聞かれた先生の答えではない。③④は関係のない別文である。

(3) 你想买黑色的，还是白色的？　Nǐ xiǎng mǎi hēisè de, háishi báisè de?
黒いのを買いたいですか、それとも白いのを買いたいですか。

① 我也喜欢这个颜色。　Wǒ yě xǐhuan zhège yánsè.
私もこの色が好きです。

② 我的爱好是听音乐。　Wǒ de àihào shì tīng yīnyuè.

私の趣味は音楽を聞くことです。
③ 我买的大衣八百块钱。　Wǒ mǎi de dàyī bā bǎi kuài qián.
私が買ったコートは800元です。
❹ 我打算买白色的。　Wǒ dǎsuan mǎi báisè de.
私は白いのを買うつもりです。
　④が正解。①は目的語が違う。②③は関係のない別文である。

(4) 我要一杯热咖啡，你呢?　Wǒ yào yìbēi rè kāfēi, nǐ ne?
　　私はホットコーヒーにしますが、あなたは?
　① 我也不要咖啡。　Wǒ yě bú yào kāfēi.
　　私もコーヒーは要りません。
　❷ 我什么都可以。　Wǒ shénme dōu kěyǐ.
　　私は何でもいいです。
　③ 原来你喜欢冰咖啡呀！　Yuánlái nǐ xǐhuan bīng kāfēi ya!
　　アイスコーヒーが好きなのですか。
　④ 没有热水，有凉水。　Méiyǒu rèshuǐ, yǒu liángshuǐ.
　　お湯はないが、水があります。
　②が正解。質問文の後半は省略疑問文である。答える時には前半の文章と関連させなければならない。①は"也"を使っているが、後の否定と矛盾している。③は主語が違う。④は質問文の答えではない。

(5) 今天晚上我想吃面条，你呢?　Jīntiān wǎnshang wǒ xiǎng chī miàntiáo, nǐ ne?
　　今晩、私は麺を食べたいですが、あなたは?
　① 我还没吃完呢。　Wǒ hái méi chī wán ne.
　　私はまだ食べ終わっていません。
　② 我也想去中国。　Wǒ yě xiǎng qù Zhōngguó.
　　私も中国へ行きたいです。
　❸ 我想吃饺子。　Wǒ xiǎng chī jiǎozi.
　　私は餃子を食べたいです。
　④ 我在学习汉语。　Wǒ zài xuéxí Hànyǔ.
　　私は中国語を勉強しています。
　③が正解。食べたいものについての質問だから。また、"吃"と"去"の発音の違いにも注意しよう。①は質問文の答えになっていない。②④は関連のない内容となっている。

1 ＡＢ問答式

(6) 中午我们一起去食堂吃饭，好吗？
　　Zhōngwǔ wǒmen yìqǐ qù shítáng chīfàn, hǎo ma?
　　昼、一緒に食堂で昼ごはんを食べませんか。

　① 对不起，我不走。　Duìbuqǐ, wǒ bù zǒu.
　　すみません、私は行かないです。

　② 很好，我要一个。　Hěn hǎo, wǒ yào yí ge.
　　いいです。1つもらいます。

　③ 吃吧，多吃点儿。　Chī ba, duō chī diǎnr.
　　食べてください、たくさん食べてください。

　❹ 好，下课我等你。　Hǎo, xià kè wǒ děng nǐ.
　　いいよ。授業終了後、あなたをお待ちします。

　④が正解。"一起〜，好吗"は誘う場合の決まり文句。①は、最初の返答はよいが、後半の述語は合わない。②も最初の返答はよいが、後半は質問文に対応していない。③は最初から間違っている。

(7) 麻烦您帮我照张相，好吗？　Máfan nín bāng wǒ zhào zhāng xiàng, hǎo ma?
　　すみません、写真を撮っていただけますか。

　① 不行，这儿不能抽烟。　Bùxíng, zhèr bù néng chōu yān.
　　だめです。ここではたばこを吸ってはいけません。

　❷ 可以，你的相机怎么用？　Kěyǐ, nǐ de xiàngjī zěnme yòng?
　　いいです。あなたのカメラはどう扱いますか。

　③ 好，我们再联系吧。　Hǎo, wǒmen zài liánxì ba.
　　はい、また連絡しましょう。

　④ 对，这张相照得真不错。　Duì, zhè zhāng xiàng zhào de zhēn búcuò.
　　はい、この写真は本当によく撮れていますね。

　質問文は人に頼む場合の"好吗？"となっている。②が正解。①②③は、選択肢の最初の返答はどれもよい。ただ①③の後半は質問文に合っていない。④は最初から間違っている。

解答　(1) ②　(2) ①　(3) ④　(4) ②
　　　　(5) ③　(6) ④　(7) ②

5 その他の疑問文（2）
返答を必要とする非疑問文

日常的なコミュニケーションの中で、挨拶文などのように、疑問文ではないけれども、それに対する返答が必要となる文がある。この種の文を非疑問文に分類する。第57回から77回までの20回の内、この種類の問題は2問出ている。

―― トレーニング ――

A (1)～(2)の中国語を聞き、答えとして最も適当なものを、それぞれ①～④の中から一つ選びなさい。　　　　　　　　　　　　　CD A09

(1) ＿＿＿＿＿＿＿＿＿＿＿＿＿＿＿＿？　　　　　　　（第62回）

① 谢谢，那我就收下了。　　② 对不起，我又来晚了。
③ 没关系，我们也刚到。　　④ 不谢，有事儿再来找我。

(2) ＿＿＿＿＿＿＿＿＿＿＿＿＿＿＿＿？　　　　　　　（第57回）

① 两张车票六块钱。　　　　② 一共六块，找您四块。
③ 这儿不卖电影票。　　　　④ 对不起，不能便宜。

B (1)～(2)の中国語を聞き、答えとして最も適当なものを、それぞれ①～④の中から一つ選びなさい　　　　　　　　　　　　　CD A09

(1) 真不好意思，让你们久等了。　　　　　　　　　　　（第62回）

①　　　　②　　　　③　　　　④

(2) 小姐，我买两张三块钱的邮票。　　　　　　　　　　（第57回）

①　　　　②　　　　③　　　　④

◆ 1 ＡＢ問答式

【腕試し】

（1）〜（2）の中国語を聞き、答えとして最も適当なものを、それぞれ①〜④の中から一つ選びなさい。　　　　　　　　　　　　　　　CD A09

（1）①　　　　　②　　　　　③　　　　　④

（2）①　　　　　②　　　　　③　　　　　④

1 ＡＢ問答式

解　説　　Ａ・Ｂ・腕試し　共通

(1) 真不好意思，让你们久等了。　Zhēn bù hǎoyìsi, ràng nǐmen jiǔ děng le.
　　本当に申し訳ございません。お待たせしました。

　① 谢谢，那我就收下了。　Xièxie, nà wǒ jiù shōuxia le.
　　　ありがとう。それでは、お受け取りいたします。

　② 对不起，我又来晚了。　Duìbuqǐ, wǒ yòu lái wǎn le.
　　　すみません。また遅くなってしまいました。

　❸ 没关系，我们也刚到。　Méi guānxi, wǒmen yě gāng dào.
　　　大丈夫です。私たちも来たばかりです。

　④ 不谢，有事儿再来找我。　Bú xiè, yǒu shìr zài lái zhǎo wǒ.
　　　どういたしまして、ご用の時にまた来てください。

　③が正解。謝りの文に対しての返答は"没关系"がよく使われる。

(2) 小姐，我买两张三块钱的邮票。
　　Xiǎojiě, wǒ mǎi liǎng zhāng sān kuài qián de yóupiào.
　　すみません、3元の切手を2枚ください。

　① 两张车票六块钱。　Liǎng zhāng chēpiào liù kuài qián.
　　　乗車券2枚、6元です。

　❷ 一共六块，找您四块。　Yígòng liù kuài, zhǎo nín sìkuài.
　　　全部で6元です。4元のおつりです。

　③ 这儿不卖电影票。　Zhèr bú mài diànyǐngpiào.
　　　ここでは映画のチケットを販売していません。

　④ 对不起，不能便宜。　Duìbuqǐ, bù néng piányi.
　　　すみませんが、安くすることはできません。

　②が正解。①③は"邮票"のことではない。④は値切られた時の返答である。

解答　(1) ③　　(2) ②

1 ＡＢ問答式

1-2 疑問詞疑問文

　文中に疑問詞が使われている疑問文は本書では疑問詞疑問文と呼ぶ。第57回から77回までの20回の内、疑問詞疑問文は48問あり、ほぼ毎回2・3問が出題されている。

　方法と理由を聞く"怎么"（どうやって、どうして）はそれぞれ8問と7問で、合わせれば15問となり、疑問詞疑問文においては最も多い。

　数量を聞く問題は全部で14問出題され、そのうち"几"（いくつ）は6問、"多少钱"（いくら）は3問、"多少"（どれぐらい）は3問、"多高"（どれぐらい高い）と"多长"（どれぐらい長い）はそれぞれ1問となっている。

　"什么"を用いた疑問文は8問出題され、そのうち"什么时候"（いつ）は3問、"什么"（なに）は3問、"什么～"（どんな～）は2問となっている。

　様態や意思を問う疑問詞"怎么样"（どう）は6問、場所を聞く"哪儿"（どこ）の出題は最も少なく、5問しか出ていない。

　疑問詞疑問文の返答においては、疑問詞に対応した正しい内容で答えているかどうかが最も重要なポイントとなる。質問文の要素に合っているかどうかも考慮しなければならない。また、"A：「这个字怎么念？」"（この字はどう読みますか）、B：「我也不会念。」（私も読めません）"のように、質問に直接答えない正解も多くなっている。これは3級の特徴とも言える。

1 方法を問う疑問詞疑問文

　疑問詞"怎么"は方法（どうやって）を問う時に使う疑問詞である。答える時には動詞文を用いて答えるのが一般的である。質問文の要素を使わずに答える場合も多い。よって、返答は、質問文の要素に合っているかどうかよりも、適切な内容で答えているかどうかが重要である。また"（是）～的"（～したのです）の構文と一緒に使われたりする。この場合は過去のことについての表現となるので、過去の時間詞が必要となる場合がある。

1 ＡＢ問答式

トレーニング

A (1)〜(7)の中国語を聞き、答えとして最も適当なものを、それぞれ①〜④の中から一つ選びなさい。　　　　CD A10

(1) ＿＿＿＿＿＿＿＿＿＿？　　　　　　　　　　　　　　（第76回）
① 这个字我不会念。　　　　② 这个字写得真漂亮。
③ 这个字不难写吧。　　　　④ 这个字我不想写。

(2) ＿＿＿＿＿＿＿＿＿＿？　　　　　　　　　　　　　　（第67回）
① 你给我介绍一下好吗?　　② 我每个星期都给家里打电话。
③ 我昨天去你家找你了。　　④ 你给我发短信吧。

(3) ＿＿＿＿＿＿＿＿＿＿？　　　　　　　　　　　　　　（第66回）
① 我明天不去博物馆。　　　② 我们学校在市中心。
③ 一直往前，走十分钟就到了。④ 博物馆里有很多名画儿。

(4) ＿＿＿＿＿＿＿＿＿＿？　　　　　　　　　　　　　　（第65回）
① 我骑自行车来。　　　　　② 山下不会开车。
③ 明天我坐电车去。　　　　④ 山下家离学校很远。

(5) ＿＿＿＿＿＿＿＿＿＿？　　　　　　　　　　　　　　（第64回）
① 我上午有课，所以来了。　② 我昨天坐电车来的。
③ 我前天没来学校。　　　　④ 我骑自行车来的。

(6) ＿＿＿＿＿＿＿＿＿＿？　　　　　　　　　　　　　　（第60回）
① 你就坐公共汽车去吧。　　② 咱们就坐出租车去吧。
③ 咱们就再去一次吧。　　　④ 你不会开公共汽车吧?

(7) ＿＿＿＿＿＿＿＿＿＿？　　　　　　　　　　　　　　（第59回）
① 一直往前走就到了。　　　② 车站离这儿不太远。
③ 我每天骑自行车去车站。　④ 车站的附近没有医院。

1 ＡＢ問答式

B (1)～(7)の中国語を聞き、答えとして最も適当なものを、それぞれ①～④の中から一つ選びなさい。　　　　　　　　　　　CD A10

(1) 请问，这个字怎么念？　　　　　　　　　　　　　　　　（第76回）
　　　①　　　　　　②　　　　　　③　　　　　　④

(2) 我怎么跟你联系呢？　　　　　　　　　　　　　　　　　（第67回）
　　　①　　　　　　②　　　　　　③　　　　　　④

(3) 小张，去博物馆怎么走？　　　　　　　　　　　　　　　（第66回）
　　　①　　　　　　②　　　　　　③　　　　　　④

(4) 山下，你每天怎么来学校？　　　　　　　　　　　　　　（第65回）
　　　①　　　　　　②　　　　　　③　　　　　　④

(5) 你今天怎么来学校的？　　　　　　　　　　　　　　　　（第64回）
　　　①　　　　　　②　　　　　　③　　　　　　④

(6) 公共汽车已经开走了，怎么办？　　　　　　　　　　　　（第60回）
　　　①　　　　　　②　　　　　　③　　　　　　④

(7) 请问，去车站怎么走？　　　　　　　　　　　　　　　　（第59回）
　　　①　　　　　　②　　　　　　③　　　　　　④

腕試し

(1)～(7)の中国語を聞き、答えとして最も適当なものを、それぞれ①～④の中から一つ選びなさい。　　　　　　　　　　　CD A10

(1) ①　　　　　　②　　　　　　③　　　　　　④

(2) ①　　　　　　②　　　　　　③　　　　　　④

(3) ①　　　　　　②　　　　　　③　　　　　　④

(4) ①　　　　　　②　　　　　　③　　　　　　④

1 ＡＢ問答式

(5) ① ② ③ ④

(6) ① ② ③ ④

(7) ① ② ③ ④

1 ＡＢ問答式

解説　Ａ・Ｂ・腕試し　共通

(1) 请问，这个字怎么念？　Qǐngwèn, zhège zì zěnme niàn?
　　お尋ねしますが、この字はどう読みますか。

　　❶ 这个字我不会念。　Zhège zì wǒ bú huì niàn.
　　　この字、私は読めません。
　　② 这个字写得真漂亮。　Zhège zì xiě de zhēn piàoliang.
　　　この字は本当に綺麗に書いてありますね。
　　③ 这个字不难写吧。　Zhège zì bù nán xiě ba.
　　　この字は書きにくくないでしょう。
　　④ 这个字我不想写。　Zhège zì wǒ bù xiǎng xiě.
　　　この字は書きたくないです。

　①が正解。方法を問うているのに対して、質問に答えられないという返答である。②③④は方法を答えていない。

(2) 我怎么跟你联系呢？　Wǒ zěnme gēn nǐ liánxì ne?
　　私はどのようにあなたと連絡したらいいですか。

　　① 你给我介绍一下好吗？　Nǐ gěi wǒ jièshào yíxià hǎo ma?
　　　ちょっと私に紹介してくれませんか。
　　② 我每个星期都给家里打电话。　Wǒ měige xīngqī dōu gěi jiāli dǎ diànhuà.
　　　私は毎週家に電話をしています。
　　③ 我昨天去你家找你了。　Wǒ zuótiān qù nǐ jiā zhǎo nǐ le.
　　　昨日私はあなたを訪ねにお宅に行きました。
　　❹ 你给我发短信吧。　Nǐ gěi wǒ fā duǎnxìn ba.
　　　私にショートメールを送ってください。

　質問文は連絡の方法を問うている。④が正解。①は連絡の方法ではない。②は毎週の行動である。③は過去のことである。

(3) 小张，去博物馆怎么走？　XiǎoZhāng, qù bówùguǎn zěnme zǒu?
　　張さん、博物館へはどう行きますか。

　　① 我明天不去博物馆。　Wǒ míngtiān bú qù bówùguǎn.
　　　明日私は博物館に行きません。
　　② 我们学校在市中心。　Wǒmen xuéxiào zài shì zhōngxīn.
　　　私達の学校は市の中心部にあります。
　　❸ 一直往前，走十分钟就到了。　Yìzhí wǎngqián, zǒu shí fēnzhōng jiù dào le.
　　　この先をまっすぐ10分ほど歩けば着きます。

④ 博物馆里有很多名画儿。　Bówùguǎn li yǒu hěn duō mínghuàr.
博物館には名画がたくさんあります。

質問文は行き方を問うている。③が正解。

(4) 山下，你每天怎么来学校?　Shānxià, nǐ měitiān zěnme lái xuéxiào?
山下さん、あなたは毎日どうやって学校に来ますか。

❶ 我骑自行车来。　Wǒ qí zìxíngchē lái.
私は自転車で来ます。

② 山下不会开车。　Shānxià bú huì kāichē.
山下さんは車の運転ができません。

③ 明天我坐电车去。　Míngtiān wǒ zuò diànchē qù.
明日私は電車で行きます。

④ 山下家离学校很远。　Shānxià jiā lí xuéxiào hěn yuǎn.
山下さんの家は学校から遠いです。

①が正解。質問文の本当の主語は"山下"ではなく、"你"であることに注意して、②④は選ばないこと。③の時間詞の"明天"と"每天"の発音の違いに注意しよう。

(5) 你今天怎么来学校的?　Nǐ jīntiān zěnme lái xuéxiào de?
今日あなたはどうやって学校に来たのですか。

① 我上午有课，所以来了。　Wǒ shàngwǔ yǒu kè, suǒyǐ lái le.
午前は授業があるので、それで来たのです。

② 我昨天坐电车来的。　Wǒ zuótiān zuò diànchē lái de.
昨日私は電車で来たのです。

③ 我前天没来学校。　Wǒ qiántiān méi lái xuéxiào.
私は一昨日学校に来ませんでした。

❹ 我骑自行车来的。　Wǒ qí zìxíngchē lái de.
私は自転車で来たのです。

方法を聞く質問である。④が正解。①は理由を答えている。②は時間詞が質問文の時間詞と合わない。③は時間詞が違うだけではなく、方法を答えていない。

(6) 公共汽车已经开走了，怎么办?　Gōnggòng qìchē yǐjīng kāi zǒu le, zěnme bàn?
バスはもう行ってしまいました。どうしましょう。

① 你就坐公共汽车去吧。　Nǐ jiù zuò gōnggòng qìchē qù ba.

1 ＡＢ問答式

　　　それでは、バスに乗って行ってください。
　❷ 咱们就坐出租车去吧。　Zánmen jiù zuò chūzūchē qù ba.
　　　それでは、タクシーで行きましょうか。
　③ 咱们就再去一次吧。　Zánmen jiù zài qù yícì ba.
　　　それでは、もう１度行きましょうか。
　④ 你不会开公共汽车吧？　Nǐ bú huì kāi gōnggòng qìchē ba?
　　　バスの運転はできないでしょう。
②が正解。"开走"が聞き取れることがカギになる問題である。

(7) 请问，去车站怎么走？　Qǐngwèn, qù chēzhàn zěnme zǒu?
　　　お尋ねしますが、駅へはどう行けばいいですか。
　❶ 一直往前走就到了。　Yìzhí wǎngqián zǒu jiù dào le.
　　　まっすぐ行けば着きます。
　② 车站离这儿不太远。　Chēzhàn lí zhèr bú tài yuǎn.
　　　駅はここからそれほど遠くありません。
　③ 我每天骑自行车去车站。　Wǒ měitiān qí zìxíngchē qù chēzhàn.
　　　私は毎日自転車で駅に行きます。
　④ 车站的附近没有医院。　Chēzhàn de fùjìn méiyǒu yīyuàn.
　　　駅の近くには病院がありません。
①が正解。方法を答えている。②④は方法ではない。③は毎日の行動である。

解答　(1) ①　　(2) ④　　(3) ③　　(4) ①
　　　　(5) ④　　(6) ②　　(7) ①

2 理由を問う疑問詞疑問文

疑問詞"怎么"は理由を聞く時にも使う。この場合は過去形の構文が多い。もし文中に"没"や"了"が付いているのなら、これは理由を聞いている疑問文と見てよいであろう。過去を表す時間詞も伴われたりするので、時間詞にも注意して正解を選ぼう。また、質問文の要素を使わずに答える場合がほとんどである。

トレーニング

A (1)～(6)の中国語を聞き、答えとして最も適当なものを、それぞれ①～④の中から一つ選びなさい。　　　CD A11

(1) _____ ?　　　（第74回）
　① 我上午一直在开会。　　② 今天可能要关门。
　③ 我下午给你打电话。　　④ 很简单，这样关。

(2) _____ ?　　　（第71回）
　① 对不起，我把时间记错了。　　② 我姓田中，请多关照！
　③ 因为明天得加班，去不了了。　　④ 对呀，我是一个人来的。

(3) _____ ?　　　（第67回）
　① 我昨天没赶上车，所以迟到了。
　② 昨天我有一节汉语课，一节体育课。
　③ 昨天小王没有课，所以他没来学校。
　④ 我昨天有点儿不舒服，在家休息了。

(4) _____ ?　　　（第66回）
　① 我已经吃过午饭了。　　② 我昨天没吃晚饭。
　③ 我肚子早就饿了。　　④ 我肚子有点儿不舒服。

(5) _____ ?　　　（第59回）
　① 今天我去上班了。　　② 我出去了。
　③ 早上我不在家。　　④ 他去出差了。

1 ＡＢ問答式

(6) _____ ？　　　　　　　　（第58回）

① 我去书店买几本杂志。　　② 我常常骑自行车去。

③ 我感冒了，头疼。　　　　④ 这本书是在东京买的。

B (1)〜(6)の中国語を聞き、答えとして最も適当なものを、それぞれ①〜④の中から一つ選びなさい。　　　CD A11

(1) 上午我给你打电话，你的手机怎么关了？　　　　　　（第74回）
　　　　①　　　　　　②　　　　　　③　　　　　　④

(2) 田中，你昨天怎么没来？　　　　　　　　　　　　　（第71回）
　　　　①　　　　　　②　　　　　　③　　　　　　④

(3) 田中，你昨天怎么没来上课？　　　　　　　　　　　（第67回）
　　　　①　　　　　　②　　　　　　③　　　　　　④

(4) 这么晚了，你怎么还没吃晚饭？　　　　　　　　　　（第66回）
　　　　①　　　　　　②　　　　　　③　　　　　　④

(5) 我昨天晚上给你打电话，你怎么不在？　　　　　　　（第59回）
　　　　①　　　　　　②　　　　　　③　　　　　　④

(6) 你怎么了？哪儿不舒服吗？　　　　　　　　　　　　（第58回）
　　　　①　　　　　　②　　　　　　③　　　　　　④

腕試し

(1)〜(6)の中国語を聞き、答えとして最も適当なものを、それぞれ①〜④の中から一つ選びなさい。　　　CD A11

(1) ①　　　　　　②　　　　　　③　　　　　　④

(2) ①　　　　　　②　　　　　　③　　　　　　④

(3) ①   ②   ③   ④

(4) ①   ②   ③   ④

(5) ①   ②   ③   ④

(6) ①   ②   ③   ④

1 ＡＢ問答式

> **解 説**　Ａ・Ｂ・腕試し　共通

(1) 上午我给你打电话，你的手机怎么关了？
　　Shàngwǔ wǒ gěi nǐ dǎ diànhuà, nǐ de shǒujī zěnme guān le?
　　午前、あなたの携帯に電話しましたが、なぜ電源をオフにしていたのですか。

　❶ 我上午一直在开会。　Wǒ shàngwǔ yìzhí zài kāihuì.
　　午前はずっと会議をしていました。
　② 今天可能要关门。　Jīntiān kěnéng yào guānmén.
　　今日は閉店するかもしれません。
　③ 我下午给你打电话。　Wǒ xiàwǔ gěi nǐ dǎ diànhuà.
　　午後、あなたに電話します。
　④ 很简单，这样关。　Hěn jiǎndān, zhèyàng guān.
　　とても簡単です。このように切ります。

　①が正解。理由を聞く問題である。動詞"关"の意味が聞き取れることが重要。"关"は窓、ドアを閉める、電化製品の電源を切るなどの時に使う。②③は理由にならない。④は電源を切る方法を答えている。

(2) 田中，你昨天怎么没来？　Tiánzhōng, nǐ zuótiān zěnme méi lái?
　　田中さん、あなたはなぜ昨日来なかったのですか。

　❶ 对不起，我把时间记错了。　Duìbuqǐ, wǒ bǎ shíjiān jì cuò le.
　　すみません。私は時間を覚え間違いました。
　② 我姓田中，请多关照！　Wǒ xìng Tiánzhōng, qǐng duō guānzhào!
　　私は田中と申します。どうぞ宜しくお願いします。
　③ 因为明天得加班，去不了了。　Yīnwèi míngtiān děi jiābān, qùbuliǎo le.
　　明日は残業しなければならないので、行けなくなりました。
　④ 对呀，我是一个人来的。　Duì ya, wǒ shì yíge rén lái de.
　　そうですよ。私は1人で来たのです。

　①が正解。②は理由ではない。③は時間詞が質問文の時間詞と合わない。④は方法を答えている。

(3) 田中，你昨天怎么没来上课？　Tiánzhōng, nǐ zuótiān zěnme méi lái shàngkè?
　　田中さん、昨日あなたはなぜ授業に来なかったのですか。

　① 我昨天没赶上车，所以迟到了。
　　Wǒ zuótiān méi gǎnshang chē, suǒyǐ chídào le.
　　昨日電車に間に合わなかったので、遅刻してしまいました。
　② 昨天我有一节汉语课，一节体育课。

1 ＡＢ問答式

Zuótiān wǒ yǒu yì jié Hànyǔ kè, yì jié tǐyùkè.
昨日、中国語の授業が１コマ、体育の授業が１コマがありました。

③ 昨天小王没有课，所以他没来学校。
Zuótiān XiǎoWáng méiyǒu kè, suǒyǐ tā méi lái xuéxiào.
王君は昨日授業がなかったので、学校に来なかったのです。

❹ 我昨天有点儿不舒服，在家休息了。
Wǒ zuótiān yǒudiǎnr bù shūfu, zàijiā xiūxi le.
昨日私はちょっと体調が悪いので、家で休んでいました。

④が正解。学校に行かなかった理由である。①は遅刻の理由である。②は理由ではない。③は王君の理由である。

(4) 这么晚了，你怎么还没吃晚饭？　Zhème wǎn le, nǐ zěnme hái méi chī wǎnfàn?
こんなに遅くなったのに、なんでまだ晩ご飯を食べていないのですか。

① 我已经吃过午饭了。　Wǒ yǐjīng chī guo wǔfàn le.
私はもう昼ご飯を食べました。

② 我昨天没吃晚饭。　Wǒ zuótiān méi chī wǎnfàn.
私は昨日晩ご飯を食べませんでした。

③ 我肚子早就饿了。　Wǒ dùzi zǎojiù è le.
私はとっくにお腹が空いています。

❹ 我肚子有点儿不舒服。　Wǒ dùzi yǒudiǎnr bù shūfu.
私はお腹の調子がちょっと悪いです。

④が正解。①②③は晩ご飯を食べていない理由にはならない。

(5) 我昨天晚上给你打电话，你怎么不在？
Wǒ zuótiān wǎnshang gěi nǐ dǎ diànhuà, nǐ zěnme bú zài?
昨夜、あなたに電話しましたが、どうして留守でしたか。

① 今天我去上班了。　Jīntiān wǒ qù shàngbān le.
今日私は仕事に出かけました。

❷ 我出去了。　Wǒ chūqu le.
私は外出しました。

③ 早上我不在家。　Zǎoshang wǒ bú zài jiā.
朝、私は家にいませんでした。

④ 他去出差了。　Tā qù chūchāi le.
彼は出張に行きました。

②が正解。①③は時間詞が質問文の時間詞と合わない。④は主語が合わない。

🔊 1 ＡＢ問答式

(6) 你怎么了？哪儿不舒服吗？　Nǐ zěnme le? Nǎr bù shūfu ma?
どうしたのですか。どこか調子が悪いのですか。

① 我去书店买几本杂志。　Wǒ qù shūdiàn mǎi jǐ běn zázhì.
私は本屋へ雑誌を何冊か買いに行きます。

② 我常常骑自行车去。　Wǒ chángcháng qí zìxíngchē qù.
私はいつも自転車で行きます。

❸ 我感冒了，头疼。　Wǒ gǎnmào le, tóuténg.
風邪を引きまして、頭が痛いのです。

④ 这本书是在东京买的。　Zhè běn shū shì zài Dōngjīng mǎi de.
この本は東京で買ったのです。

　③が正解。"舒服"と①の"书店"の発音の違いに注意しよう。②は方法を答えている。④は"哪儿"に答えているが、調子の悪いところではない。

解答　(1) ①　　(2) ①　　(3) ④　　(4) ④　　(5) ②　　(6) ③

3 数量を問う疑問詞疑問文（1）

疑問詞"几"を使って数量を聞く質問文の場合は"几"の後に助数詞や名詞がくるのが一般的で、名詞が省略される場合もある。聞く時には助数詞や名詞でどのような数量を聞いているのかを適切に判断しなければならない。また、質問文の要素が答えの文に使われたりする場合は、その要素に対応しているかどうかも確認すべきである。

トレーニング

A (1)～(5)の中国語を聞き、答えとして最も適当なものを、それぞれ①～④の中から一つ選びなさい。　CD A12

(1) _____？　（第76回）
① 我学汉语学了两年多了。　② 我每天都学一个半小时。
③ 我以前学过两年多汉语。　④ 我还打算学习三年汉语。

(2) _____？　（第75回）
① 我每天一两点睡觉。　② 我昨天十一点就睡了。
③ 我很忙，只能睡五个小时。　④ 我昨天睡了十个小时。

(3) _____？　（第65回）
① 明天六月二十三号，星期四。　② 六点半，行吗？
③ 我打算去五天。　④ 现在三点了。

(4) _____？　（第57回）
① 我明天八点去。　② 我每天八点吃早饭。
③ 我明天打算六点起床。　④ 我每天六点起床。

(5) _____？　（第58回）
① 我今年二十一了。　② 我住在二零一号房间。
③ 我的生日是二月十一号。　④ 一个月要几百块钱。

1 ＡＢ問答式

B (1)〜(5)の中国語を聞き、答えとして最も適当なものを、それぞれ①〜④の中から一つ選びなさい。　　　　　　　　　　　CD A12

(1) 你学了几年汉语了？　　　　　　　　　　　　　　　　　(第76回)
　　① 　　　　　② 　　　　　③ 　　　　　④

(2) 你每天睡觉睡几个小时？　　　　　　　　　　　　　　　(第75回)
　　① 　　　　　② 　　　　　③ 　　　　　④

(3) 明天咱们几点出发？　　　　　　　　　　　　　　　　　(第65回)
　　① 　　　　　② 　　　　　③ 　　　　　④

(4) 你每天早上几点起床？　　　　　　　　　　　　　　　　(第57回)
　　① 　　　　　② 　　　　　③ 　　　　　④

(5) 请问，你住在几号房间？　　　　　　　　　　　　　　　(第58回)
　　① 　　　　　② 　　　　　③ 　　　　　④

腕試し

(1)〜(5)の中国語を聞き、答えとして最も適当なものを、それぞれ①〜④の中から一つ選びなさい。　　　　　　　　　　　CD A12

(1) ① 　　　　② 　　　　③ 　　　　④

(2) ① 　　　　② 　　　　③ 　　　　④

(3) ① 　　　　② 　　　　③ 　　　　④

(4) ① 　　　　② 　　　　③ 　　　　④

(5) ① 　　　　② 　　　　③ 　　　　④

解 説 A・B・腕試し 共通

(1) 你学了几年汉语了？　Nǐ xué le jǐ nián Hànyǔ le?
あなたは中国語を何年間習いましたか。

- ❶ 我学汉语学了两年多了。　Wǒ xué Hànyǔ xué le liǎng nián duō le.
私は中国語を 2 年間習いました。
- ② 我每天都学一个半小时。　Wǒ měitiān dōu xué yí ge bàn xiǎoshí.
私は毎日 1 時間半勉強しています。
- ③ 我以前学过两年多汉语。　Wǒ yǐqián xué guo liǎng nián duō Hànyǔ.
私は以前 2 年間あまり中国語を勉強したことがあります。
- ④ 我还打算学习三年汉语。　Wǒ hái dǎsuan xuéxí sān nián Hànyǔ.
私は中国語をさらに 3 年間習うつもりです。

①が正解。"几年"（具体的な年数）を聞いている。質問文には"了"を動詞の後と文末に 2 回使っている。これは現在まで何年間習ってきたかというニュアンスになる。つまり、今も勉強し続けている。②は時間数で答えている。③は経験文となっている。今はもう続けていない。④はこれからの予定である。

(2) 你每天睡觉睡几个小时？　Nǐ měitiān shuìjiào shuì jǐge xiǎoshí?
あなたは毎日何時間睡眠を取っていますか。

- ① 我每天一两点睡觉。　Wǒ měitiān yī liǎng diǎn shuìjiào.
私は毎日 1 時か 2 時に寝ます。
- ② 我昨天十一点就睡了。　Wǒ zuótiān shíyī diǎn jiù shuì le.
私は昨日 11 時にもう寝ました。
- ❸ 我很忙，只能睡五个小时。　Wǒ hěn máng, zhǐ néng shuì wǔ ge xiǎoshí.
私は忙しいから、5 時間しか寝られないです。
- ④ 我昨天睡了十个小时。　Wǒ zuótiān shuì le shí ge xiǎoshí.
私は昨日 10 時間寝ました。

③が正解。"几个小时"は何時間の意味で、時間数を答えるべきである。①は時刻である。②は時間詞が質問文のそれと合わない。また、時間数ではなく、時刻で答えている。④は時間詞が合わない。

(3) 明天咱们几点出发？　Míngtiān zánmen jǐ diǎn chūfā?
明日私達は何時に出発しますか。

- ① 明天六月二十三号，星期四。　Míngtiān liùyuè èrshísān hào, xīngqīsì.
明日は 6 月 23 日で、木曜日です。

1 ＡＢ問答式

❷ 六点半，行吗？　Liù diǎn bàn, xíng ma?
６時半、いいですか。

③ 我打算去五天。　Wǒ dǎsuan qù wǔ tiān.
５日間行く予定です。

④ 现在三点了。　Xiànzài sān diǎn le.
今、３時になりました。

②が正解。①は何時について答えていない。③は何日間について答えている。④は出発時刻ではなく、今の時刻である。

(4) 你每天早上几点起床？　Nǐ měitiān zǎoshang jǐ diǎn qǐchuáng?
あなたは毎朝何時に起きますか。

① 我明天八点去。　Wǒ míngtiān bā diǎn qù.
私は明日８時に行きます。

② 我每天八点吃早饭。　Wǒ měitiān bā diǎn chī zǎofàn.
私は毎日８時に朝ごはんを食べます。

③ 我明天打算六点起床。　Wǒ míngtiān dǎsuan liù diǎn qǐchuáng.
私は明日６時に起きるつもりです。

❹ 我每天六点起床。　Wǒ měitiān liù diǎn qǐchuáng.
私は毎日６時に起きます。

④が正解。質問文の要素に対応して答えている。①は時間詞や述語が質問文のと合わない。②は述語や目的語が質問文と合わない。③は時間詞が合わない。予定となっている。

(5) 请问，你住在几号房间？　Qǐngwèn, nǐ zhù zài jǐhào fángjiān?
お尋ねしますが、何号室に泊まっていますか。

① 我今年二十一了。　Wǒ jīnnián èr shí yī le.
私は今年21歳になりました。

❷ 我住在二零一号房间。　Wǒ zhù zài èr líng yāo hào fángjiān.
私は201号室に泊まっています。

③ 我的生日是二月十一号。　Wǒ de shēngrì shì èryuè shí yī hào.
私の誕生日は２月11日です。

④ 一个月要几百块钱。　Yíge yuè yào jǐ bǎi kuài qián.
一ヶ月に数百元かかります。

部屋番号を聞いている。②が正解。①は年齢。③は誕生日。④は価格。

1 ＡＢ問答式

解答 (1) ①　　(2) ③　　(3) ②　　(4) ④　　(5) ②

1 ＡＢ問答式

4　数量を問う疑問詞疑問文（2）

　"多少＋名詞"で数量を聞く場合は名詞の助数詞がよく省略されるが、返答の際は適切な助数詞を付け加えなければならない。また"多少钱"は価格を問う疑問詞であるが、答える時にはお金の単位を正しく付けているかどうかをチェックしよう。"多＋形容詞"で数量を聞く場合も答えに適切な単位を伴っているかどうかに留意しよう。また、"多长时间"は時間数について聞いているので、答えには時間を数える助数詞が必要である。

トレーニング

A　(1)～(8)の中国語を聞き、答えとして最も適当なものを、それぞれ①～④の中から一つ選びなさい。　　　CD A13

(1) ＿＿＿＿＿＿＿＿＿＿＿？　　　（第70回）
　① 五百块，很便宜。　　　　　② 太贵了，我不买。
　③ 您看，这张桌子很便宜。　　　④ 还有四把，一共有十二把。

(2) ＿＿＿＿＿＿＿＿＿＿＿？　　　（第68回）
　① 十五块钱一条。　　　　　　② 很贵，我根本买不起。
　③ 菠菜比葱还便宜。　　　　　④ 不是我买的，大概三块钱左右吧。

(3) ＿＿＿＿＿＿＿＿＿＿＿！　　　（第62回）
　① 十块钱一斤。　　　　　　　② 我也不知道，是我姐姐送给我的。
　③ 三百块钱一张，明天中午的。　④ 是在上海买的。

(4) ＿＿＿＿＿＿＿＿＿＿＿？　　　（第69回）
　① 打工的学生很多。　　　　　② 经济不好，没多少人。
　③ 我今天上两节课。　　　　　④ 可能会来三四个客人。

(5) ＿＿＿＿＿＿＿＿＿＿＿？　　　（第60回）
　① 大概有三十来层吧。　　　　② 大约一共有三十多人吧。
　③ 买三十个够了吧。　　　　　④ 至少有三十多天吧。

1 ＡＢ問答式

(6) _____?　　　　　　　　　　　(第59回)

① 我家有六口人。　　　　　② 我们学校学生很多。
③ 我们班有两个姓田中的学生。　④ 大概有三十个左右吧。

(7) _____?　　　　　　　　　　　(第69回)

① 很大，比我还大。　　　　② 我有三个姐姐呢。
③ 差点儿就一米七了。　　　④ 那么高吗？没想到。

(8) _____?　　　　　　　　　　　(第58回)

① 我明天下午没有时间。　　② 我每天都能见到他。
③ 一个星期吃一次。　　　　④ 看一、两个小时。

Ｂ (1)～(8)の中国語を聞き、答えとして最も適当なものを、それぞれ①～
④の中から一つ選びなさい。　　　　　　　　　　　　CD A13

(1) 请问，这把椅子多少钱？　　　　　　　　　　　(第70回)
　　① 　　② 　　③ 　　④

(2) 你买的白菜多少钱一斤？　　　　　　　　　　　(第68回)
　　① 　　② 　　③ 　　④

(3) 你这件旗袍多少钱买的？真漂亮！　　　　　　　(第62回)
　　① 　　② 　　③ 　　④

(4) 店长，今天来了多少客人？　　　　　　　　　　(第69回)
　　① 　　② 　　③ 　　④

(5) 这座大楼一共有多少层？　　　　　　　　　　　(第60回)
　　① 　　② 　　③ 　　④

(6) 田中，你们班有多少学生？　　　　　　　　　　(第59回)
　　① 　　② 　　③ 　　④

(7) 她姐姐个子有多高？　　　　　　　　　　　　　(第69回)
　　① 　　② 　　③ 　　④

◆ 1 ＡＢ問答式

　(8)　你每天看多长时间电视？　　　　　　　　　　　　　　（第58回）

　　　　　①　　　　　②　　　　　③　　　　　④

1

会話のリスニング問題

腕試し

(1)～(8)の中国語を聞き、答えとして最も適当なものを、それぞれ①～④の中から一つ選びなさい。

CD A13

(1)　①　　　　　②　　　　　③　　　　　④

(2)　①　　　　　②　　　　　③　　　　　④

(3)　①　　　　　②　　　　　③　　　　　④

(4)　①　　　　　②　　　　　③　　　　　④

(5)　①　　　　　②　　　　　③　　　　　④

(6)　①　　　　　②　　　　　③　　　　　④

(7)　①　　　　　②　　　　　③　　　　　④

(8)　①　　　　　②　　　　　③　　　　　④

解説　Ａ・Ｂ・腕試し　共通

(1) 请问，这把椅子多少钱？　Qǐngwèn, zhè bǎ yǐzi duōshao qián?
    お尋ねしますが、この椅子はいくらですか。

- ❶ 五百块，很便宜。　Wǔ bǎi kuài, hěn piányi.
    500元です。安いですよ。
- ② 太贵了，我不买。　Tài guì le, wǒ bù mǎi.
    高すぎます。私は買いません。
- ③ 您看，这张桌子很便宜。　Nín kàn, zhè zhāng zhuōzi hěn piányi.
    ご覧ください。このテーブルは安いです。
- ④ 还有四把，一共有十二把。　Hái yǒu sì bǎ, yígòng yǒu shí'èr bǎ.
    さらに4脚あります。全部で12脚です。

①が正解。価格を答えている。

(2) 你买的白菜多少钱一斤？　Nǐ mǎi de báicài duōshao qián yì jīn?
    あなたが買った白菜は一斤（500g）いくらですか。

- ① 十五块钱一条。　Shíwǔ kuài qián yì tiáo.
    15元で1本です。
- ② 很贵，我根本买不起。　Hěn guì, wǒ gēnběn mǎibuqǐ.
    高すぎてとても買えないです。
- ③ 菠菜比葱还便宜。　Bōcài bǐ cōng hái piányi.
    ほうれん草は葱よりも安いです。
- ❹ 不是我买的，大概三块钱左右吧。　Bú shì wǒ mǎi de, dàgài sān kuài qián zuǒyòu ba.
    私が買ったものではないが、おおよそ3元ぐらいでしょう。

④が正解。先ず質問文の主語の修飾語について否定し、その後に価格について答えている。①は助数詞が違う。②の後半は質問文の修飾語と矛盾している。③は主語が質問文の主語と合っていない。

(3) 你这件旗袍多少钱买的？真漂亮！
    Nǐ zhè jiàn qípáo duōshao qián mǎi de? Zhēn piàoliang!
    あなたのこのチャイナドレスはいくらで買ったのですか。綺麗ですね。

- ① 十块钱一斤。　Shí kuài qián yì jīn.
    1斤（500g）は10元です。
- ❷ 我也不知道，是我姐姐送给我的。
    Wǒ yě bù zhīdao, shì wǒ jiějie sònggěi wǒ de.

1 ＡＢ問答式

　　　　私も知らないです。姉が私にくれたのです。
　　③ 三百块钱一张，明天中午的。
　　　　Sān bǎi kuài qián yì zhāng, míngtiān zhōngwǔ de.
　　　　1枚は300元で、明日昼のです。
　　④ 是在上海买的。　Shì zài Shànghǎi mǎi de.
　　　　上海で買ったのです。
　②が正解。いくらと問われて分からないと答えており、正解である。①③は助数詞が違う。④はいくらではなく、場所を答えている。

(4) 店长，今天来了多少客人？　Diànzhǎng, jīntiān lái le duōshao kèrén?
　　店長、今日、どのぐらいのお客さんが来ましたか。
　　① 打工的学生很多。　Dǎgōng de xuésheng hěn duō.
　　　　バイトする学生が多いです。
　　❷ 经济不好，没多少人。　Jīngjì bù hǎo, méi duōshao rén.
　　　　経済の状況はよくないので、お客さんは少なかったです。
　　③ 我今天上两节课。　Wǒ jīntiān shàng liǎng jié kè.
　　　　私は今日2コマの授業があります。
　　④ 可能会来三四个客人。　Kěnéng huì lái sān sì ge kèrén.
　　　　3、4人のお客さんがくるかと思います。
　②が正解。"没多少"は大した数がないという意味。①は名詞が違う。③の"课"と"客人"の発音の違いに注意しよう。④の"会"は可能性を表しているので、質問文の"了"（過去）に合わない。

(5) 这座大楼一共有多少层？　Zhè zuò dàlóu yígòng yǒu duōshao céng?
　　このビルは全部で何階ありますか。
　　❶ 大概有三十来层吧。　Dàgài yǒu sān shí lái céng ba.
　　　　おそらく30階ぐらいあるでしょう。
　　② 大约一共有三十多人吧。　Dàyuē yígòng yǒu sān shí duō rén ba.
　　　　全部で30人あまりいるかと思います。
　　③ 买三十个够了吧。　Mǎi sān shí ge gòu le ba.
　　　　30個買えば足りるでしょう。
　　④ 至少有三十多天吧。　Zhìshǎo yǒu sān shí duō tiān ba.
　　　　少なくとも30数日あるかと思います。
　①が正解。②③④の助数詞は質問文の助数詞と合わない。

1 ＡＢ問答式

(6) 田中，你们班有多少学生？　Tiánzhōng, nǐmen bān yǒu duōshao xuésheng?
田中さん、あなたのクラスには学生が何人いますか。
　① 我家有六口人。　Wǒjiā yǒu liù kǒu rén.
　　私の家は家族が6人です。
　② 我们学校学生很多。　Wǒmen xuéxiào xuésheng hěn duō.
　　私たちの学校は学生が多いです。
　③ 我们班有两个姓田中的学生。
　　Wǒmen bān yǒu liǎng ge xìng Tiánzhōng de xuésheng.
　　私たちのクラスには田中という名前の学生が2人います。
　❹ 大概有三十个左右吧。　Dàgài yǒu sān shí ge zuǒyòu ba.
　　30人ぐらいいるかと思います。
　④が正解。人を数える助数詞は"个"である。①は主語が違う。②は主語が違うし、数を答えていない。③は目的語に新たな修飾語が入っている。

(7) 她姐姐个子有多高？　Tā jiějie gèzi yǒu duōgāo?
彼女の姉の身長はどのぐらいですか。
　① 很大，比我还大。　Hěn dà, bǐ wǒ hái dà.
　　大きいです。私よりも大きいです。
　② 我有三个姐姐呢。　Wǒ yǒu sān ge jiějie ne.
　　私は姉が3人います。
　❸ 差点儿就一米七了。　Chàdiǎnr jiù yī mǐ qī le.
　　もうすこしで170センチになります。
　④ 那么高吗？没想到。　Nàme gāo ma? Méi xiǎngdào.
　　そんなに高いですか。思いもしませんでした。
　質問文の"多高"は高さについて聞く疑問詞で、ここでは人の身長を聞いている。③が正解。①は身長を答えていない。また形容詞は身長を形容するものではない。②は主語が違うし、数字も身長を表すものではない。④は身長について答えていない。

(8) 你每天看多长时间电视？　Nǐ měitiān kàn duōcháng shíjiān diànshì?
あなたは、毎日テレビを見る時間はどのぐらいですか。
　① 我明天下午没有时间。　Wǒ míngtiān xiàwǔ méiyǒu shíjiān.
　　私は明日の午後時間がありません。
　② 我每天都能见到他。　Wǒ měitiān dōu néng jiàndào tā.
　　私は毎日彼に会えます。

1 ＡＢ問答式

③ 一个星期吃一次。　Yí ge xīngqī chī yí cì.
週1回食べます。

❹ 看一、两个小时。　Kàn yī、liǎng ge xiǎoshí.
1～2時間ぐらい見ます。

④が正解。時間数について答えている。①②③は時間数を答えていない。"毎天"と"明天"の発音の違いにも注意しよう。③は回数を答えている。

解答　(1) ①　　(2) ④　　(3) ②　　(4) ②
　　　　(5) ①　　(6) ④　　(7) ③　　(8) ④

5 様態と意思を問う疑問詞疑問文

　第57回から77回までの20回の内、疑問詞"怎么样"で様態を問う問題が6問、意志を問う問題が3問出題されている。様態の場合は適切な形容詞で答えることが求められる。意志の場合は最初に"好""行""可以""不行""对不起"などで返答する場合が多い。

―――― トレーニング ――――

A (1)～(8)の中国語を聞き、答えとして最も適当なものを、それぞれ①～④の中から一つ選びなさい。　　　CD A14

(1) ＿＿＿＿＿＿＿＿＿＿＿＿＿＿＿＿？　　（第70回）
　① 很有意思，我想再看一遍。　② 还可以，但是觉得越学越难。
　③ 挺好看，你汉字写得很工整。　④ 太好了，我也想学太极拳。

(2) ＿＿＿＿＿＿＿＿＿＿＿＿＿＿＿＿？　　（第69回）
　① 不清楚，你去看报纸吧！　② 雨停了再走吧！
　③ 明天他在那儿等我们。　④ 你是怎么知道的呢？

(3) ＿＿＿＿＿＿＿＿＿＿＿＿＿＿＿＿？　　（第68回）
　① 上了大学才开始学钢琴。
　② 小王比小李聪明得多。
　③ 我觉得还可以，最近他挺认真的。
　④ 他不打算学，因为他不喜欢弹钢琴。

(4) ＿＿＿＿＿＿＿＿＿＿＿＿＿＿＿＿？　　（第67回）
　① 挺好吃的，下次还来这儿吃吧。
　② 我觉得挺好的，就买这件吧。
　③ 我觉得颜色挺好，就是贵了点儿。
　④ 便宜是便宜，就是颜色不太好。

1 ＡＢ問答式

(5) ＿＿＿＿＿＿＿＿＿＿＿＿＿＿＿＿？ （第64回）
　　① 我还没做完呢。　　　　　　② 玩儿得很开心。
　　③ 我打算下星期去上海。　　　④ 对，我今天晚上去上海。

(6) ＿＿＿＿＿＿＿＿＿＿＿＿＿＿＿＿？ （第75回）
　　① 好啊，叫田中也一起去吧。　② 是的，田中喜欢看电视。
　　③ 没有，我没看过电影。　　　④ 是的，昨天的电影太有意思了。

(7) ＿＿＿＿＿＿＿＿＿＿＿＿＿＿＿＿？ （第71回）
　　① 好，叫小李也一起去吧。　　② 对，她唱得非常好听。
　　③ 不，我不是一个人去的。　　④ 没有，我没有听过他的歌。

(8) ＿＿＿＿＿＿＿＿＿＿＿＿＿＿＿＿？ （第63回）
　　① 好啊，我一直想去四川呢。　② 真的？那我太高兴了。
　　③ 对不起，今天我没时间。　　④ 是吗？我也没吃过四川菜。

B (1)～(8)の中国語を聞き、答えとして最も適当なものを、それぞれ①～④の中から一つ選びなさい。　　　CD A14

(1) 最近你汉语学得怎么样？ （第70回）
　　　①　　　　　②　　　　　③　　　　　④

(2) 明天那儿的天气怎么样？ （第69回）
　　　①　　　　　②　　　　　③　　　　　④

(3) 小李最近钢琴学得怎么样？ （第68回）
　　　①　　　　　②　　　　　③　　　　　④

(4) 今天的菜味道怎么样？ （第67回）
　　　①　　　　　②　　　　　③　　　　　④

(5) 你在上海玩儿得怎么样？ （第64回）
　　　①　　　　　②　　　　　③　　　　　④

1 ＡＢ問答式

(6) 星期天我们去看电影，怎么样？　　　　　　　　　　　（第75回）

　　　① 　　　　　② 　　　　　③ 　　　　　④

(7) 今晚我们一起去唱卡拉OK，怎么样？　　　　　　　　（第71回）

　　　① 　　　　　② 　　　　　③ 　　　　　④

(8) 明天我请你吃四川菜怎么样？　　　　　　　　　　　　（第63回）

　　　① 　　　　　② 　　　　　③ 　　　　　④

腕試し

(1)～(8)の中国語を聞き、答えとして最も適当なものを、それぞれ①～④の中から一つ選びなさい。　　CD A14

(1) ①　　　　　②　　　　　③　　　　　④

(2) ①　　　　　②　　　　　③　　　　　④

(3) ①　　　　　②　　　　　③　　　　　④

(4) ①　　　　　②　　　　　③　　　　　④

(5) ①　　　　　②　　　　　③　　　　　④

(6) ①　　　　　②　　　　　③　　　　　④

(7) ①　　　　　②　　　　　③　　　　　④

(8) ①　　　　　②　　　　　③　　　　　④

🔊 1 ＡＢ問答式

解　説　Ａ・Ｂ・腕試し　共通

(1) 最近你汉语学得怎么样？　Zuìjìn nǐ Hànyǔ xué de zěnmeyàng?
　　最近中国語の学習はどうですか。

　　① 很有意思，我想再看一遍。　Hěn yǒu yìsi, wǒ xiǎng zài kàn yí biàn.
　　　 とても面白いです。私はもう1度見たいです。
　　❷ 还可以，但是觉得越学越难。　Hái kěyǐ, dànshì juéde yuè xué yuè nán.
　　　 まあまあですが、ますます難しくなってきたと感じます。
　　③ 挺好看，你汉字写得很工整。　Tǐng hǎokàn, nǐ Hànzì xiě de hěn gōngzhěng.
　　　 とても綺麗です。あなたの漢字は綺麗に書いてあります。
　　④ 太好了，我也想学太极拳。　Tài hǎo le, wǒ yě xiǎng xué tàijíquán.
　　　 いいですね。私も太極拳を習いたいです。

②が正解。"还可以"は「まあまあ」という意味で、どんな様子の答えにもなれる。①③の形容詞は学習の様子を形容できない。④の"太～了"は感嘆を表す時に使う表現。自分の学習の様子には普通使わない。

(2) 明天那儿的天气怎么样？　Míngtiān nàr de tiānqì zěnmeyàng?
　　明日、あちらの天気はどうですか。

　　❶ 不清楚，你去看报纸吧！　Bù qīngchu, nǐ qù kàn bàozhǐ ba!
　　　 分かりません。新聞で確かめてください。
　　② 雨停了再走吧！　Yǔ tíng le zài zǒu ba!
　　　 雨が止んでから出発しましょう。
　　③ 明天他在那儿等我们。　Míngtiān tā zài nàr děng wǒmen.
　　　 明日、彼はそこで私たちを待っています。
　　④ 你是怎么知道的呢？　Nǐ shì zěnme zhīdao de ne?
　　　 あなたはどのようにして知ったのですか。

①が正解。直接質問に答えていないが、会話として成立している。

(3) 小李最近钢琴学得怎么样？　XiǎoLǐ zuìjìn gāngqín xué de zěnmeyàng?
　　最近、李さんのピアノの学習はどうですか。

　　① 上了大学才开始学钢琴。　Shàng le dàxué cái kāishǐ xué gāngqín.
　　　 ピアノの学習は大学に入ってから始めたのです。
　　② 小王比小李聪明得多。　XiǎoWáng bǐ XiǎoLǐ cōngmíng de duō.
　　　 王さんは李さんよりだいぶ頭がいいです。
　　❸ 我觉得还可以，最近他挺认真的。
　　　 Wǒ juéde hái kěyǐ, zuìjìn tā tǐng rènzhēn de.

1 ＡＢ問答式

まあまあだと思います。最近、彼はすごくまじめにやっています。
④ 他不打算学，因为他不喜欢弹钢琴。
Tā bù dǎsuan xué, yīnwèi tā bù xǐhuan tán gāngqín.
彼は習うつもりがありません。彼はピアノが嫌いだからです。

③が正解。"我觉得"を付け加えている。これは答える人の意見を述べる時によく使われる表現である。

(4) 今天的菜味道怎么样？ Jīntiān de cài wèidao zěnmeyàng?
今日の料理の味はどうですか。
❶ 挺好吃的，下次还来这儿吃吧。 Tǐng hǎochī de, xiàcì hái lái zhèr chī ba.
美味しいです。次回もまたここに食べに来ましょう。
② 我觉得挺好的，就买这件吧。 Wǒ juéde tǐng hǎo de, jiù mǎi zhè jiàn ba.
いいと思います。これを買いましょう。
③ 我觉得颜色挺好，就是贵了点儿。
Wǒ juéde yánsè tǐng hǎo, jiùshì guì le diǎnr.
色がとてもいいと思いますが、ちょっと高いですね。
④ 便宜是便宜，就是颜色不太好。 Piányi shì piányi, jiùshì yánsè bú tài hǎo.
安いは安いですが、色はあまり良くないですね。

①が正解。料理の味は"好吃"で表す。②の後半は料理のことを言っていないし、助数詞の"件"も料理には使わない。③は色についての話。④は値段のこと。

(5) 你在上海玩儿得怎么样？ Nǐ zài Shànghǎi wánr de zěnmeyàng?
上海はいかがでしたか。
① 我还没做完呢。 Wǒ hái méi zuòwán ne.
私はまだやり終えていないです。
❷ 玩儿得很开心。 Wánr de hěn kāixīn.
とても楽しく遊びました。
③ 我打算下星期去上海。 Wǒ dǎsuan xiàxīngqī qù Shànghǎi.
私は来週上海へ行く予定です。
④ 对，我今天晚上去上海。 Duì, wǒ jīntiān wǎnshang qù Shànghǎi
はい、私は今夜上海へ行きます。

②が正解。「楽しい」という中国語の表現については"开心""愉快""好"などがある。①は質問と違う話になる。③は予定について述べている。④の"对"は疑問詞疑問文の時には使わない。

1 ＡＢ問答式

(6) 星期天我们去看电影，怎么样?
　　Xīngqītiān wǒmen qù kàn diànyǐng, zěnmeyàng?
　　日曜日、私たちは映画を見に行きませんか。

❶ 好啊，叫田中也一起去吧。　Hǎo ā, jiào Tiánzhōng yě yìqǐ qù ba.
　　いいですね。田中さんも誘って一緒に行きましょうか。

② 是的，田中喜欢看电视。　Shì de, Tiánzhōng xǐhuan kàn diànshì.
　　そうです。田中さんはテレビが好きです。

③ 没有，我没看过电影。　Méiyǒu, wǒ méi kàn guo diànyǐng.
　　いいえ、私は映画を見たことがありません。

④ 是的，昨天的电影太有意思了。　Shì de, zuótiān de diànyǐng tài yǒuyìsi le.
　　はい、昨日の映画はとても面白かったです。

①が正解。意志を聞かれた場合は"是的""没有"で答えられない。

(7) 今晚我们一起去唱卡拉 OK，怎么样?
　　Jīnwǎn wǒmen yìqǐ qù chàng kǎlā OK, zěnmeyàng?
　　今夜、みんなでカラオケに行きませんか。

❶ 好，叫小李也一起去吧。　Hǎo, jiào XiǎoLǐ yě yìqǐ qù ba.
　　いいですよ。李さんも誘って行きましょうか。

② 对，她唱得非常好听。　Duì, tā chàng de fēicháng hǎotīng.
　　はい、彼女は歌がとてもうまいです。

③ 不，我不是一个人去的。　Bù, wǒ bú shì yíge rén qù de.
　　いいえ、私は１人で行ったのではありません。

④ 没有，我没有听过他的歌。　Méiyǒu, wǒ méiyǒu tīng guo tā de gē.
　　いいえ、私は彼の歌を聞いたことがありません。

①が正解。意志を聞く場合は"对""不""没有"で答えられない。

(8) 明天我请你吃四川菜，怎么样?
　　Míngtiān wǒ qǐng nǐ chī Sìchuān cài, zěnmeyàng?
　　明日私は四川料理であなたを招待しますが、いかがでしょうか。

① 好啊，我一直想去四川呢。　Hǎo ā, wǒ yìzhí xiǎng qù Sìchuān ne.
　　いいですよ。私はずっと四川に行きたかったです。

❷ 真的? 那我太高兴了。　Zhēnde? Nà wǒ tài gāoxìng le.
　　本当？それは嬉しいですね。

③ 对不起，今天我没时间。　Duìbuqǐ, jīntiān wǒ méi shíjiān.
　　すみませんが、今日私は時間がありません。

④ 是吗？我也没吃过四川菜。　Shì ma? Wǒ yě méi chī guo Sìchuān cài.
　　そうですか。私も四川料理を食べたことがありません。

②が正解。選択肢の最初の返答は全ていいが、①の後半は質問文に合わない。③は時間詞が合わない。④は意志を表していない。

解答　(1) ②　(2) ①　(3) ③　(4) ①
　　　　(5) ②　(6) ①　(7) ①　(8) ②

6 いつ、なに、どんなを問う疑問詞疑問文

"什么时候"は「いつ」を聞く疑問詞である。第57回から77回までの20回の内、この疑問詞を使った問題は3問しか出ていない。そのうち、"(是)～的"（～したのです）構文と一緒に使っているのが2問となっている。答えの時間詞は過去を表すものでなければならない。"打算"（～するつもりです）と一緒に使っている問題が1問ある。答えの時間詞は将来を表すものとなる。

疑問詞"什么"は3問出題され、そのうち、進行を示す"呢"と一緒に使っているのが2問、過去を示す"了"と一緒に使っているのが1問となっている。時間詞に注意して正答を選ぶこと。

"什么＋名詞"（どんな～）は2問出題されている。正答を選ぶ時には"什么"の後の名詞の意味に注意し、適切な答えかどうかを判断しよう。

トレーニング

A (1)～(8)の中国語を聞き、答えとして最も適当なものを、それぞれ①～④の中から一つ選びなさい。　　CD A15

(1) ＿＿＿＿＿＿＿＿＿＿＿＿？　　　　　　　　　　（第68回）
　① 我是前天到的。　　　　② 那是十七号的。
　③ 明天十点三刻。　　　　④ 我星期天去东京。

(2) ＿＿＿＿＿＿＿＿＿＿＿＿？　　　　　　　　　　（第67回）
　① 我在大学学经济。　　　② 汉语越学越有意思。
　③ 我上大学时学的。　　　④ 我觉得汉语的发音很难。

(3) ＿＿＿＿＿＿＿＿＿＿＿＿？　　　　　　　　　　（第61回）
　① 我想明天晚上去你家。　② 我妹妹打算去中国工作。
　③ 我打算和他们一起去看电影。　④ 我想今年暑假回去。

1 ＡＢ問答式

(4) _____？　　　　　　　　　　　（第62回）

① 我看电视呢。
② 我的爱好是打乒乓球。
③ 王小明经常给我打电话。
④ 我妹妹喜欢游泳，每个星期六她都去游泳。

(5) _____？　　　　　　　　　　　（第58回）

① 小李不在家。　　　　　　② 我在打扫房间呢。
③ 我星期六要去公司加班。　④ 小李会做中国菜。

(6) _____？　　　　　　　　　　　（第58回）

① 我什么都喜欢吃。　　　　② 我想吃汉堡包。
③ 我喝红茶，你呢？　　　　④ 我只吃了一个面包。

(7) _____？　　　　　　　　　　　（第57回）

① 这本书很有意思。　　　　② 我喜欢听音乐。
③ 我的爱好是读书。　　　　④ 我喜欢打乒乓球。

(8) _____？　　　　　　　　　　　（第65回）

① 学校马上就要放暑假了。　② 暑假里田中和我一起去了中国。
③ 我打算和姐姐一起去旅游。④ 今年我们学校的暑假比较短。

Ｂ　(1)〜(8)の中国語を聞き、答えとして最も適当なものを、それぞれ①〜
　　④の中から一つ選びなさい。　　　　　　　　　　　CD A15

(1) 你什么时候到的东京？　　　　　　　　　　　　　（第68回）

　　　①　　　　　②　　　　　③　　　　　④

(2) 你什么时候学的汉语？　　　　　　　　　　　　　（第67回）

　　　①　　　　　②　　　　　③　　　　　④

(3) 你打算什么时候回国？　　　　　　　　　　　　　（第61回）

　　　①　　　　　②　　　　　③　　　　　④

◆ 1 ＡＢ問答式

(4) 昨天我给你打电话的时候，你干什么呢？　　　　　　　（第62回）
　　　① 　　　　　② 　　　　　③ 　　　　　④

(5) 小李，你在做什么呢？　　　　　　　　　　　　　　　（第58回）
　　　① 　　　　　② 　　　　　③ 　　　　　④

(6) 早饭你都吃什么了？　　　　　　　　　　　　　　　　（第58回）
　　　① 　　　　　② 　　　　　③ 　　　　　④

(7) 田中，你喜欢什么体育运动？　　　　　　　　　　　　（第57回）
　　　① 　　　　　② 　　　　　③ 　　　　　④

(8) 田中，暑假你有什么打算？　　　　　　　　　　　　　（第65回）
　　　① 　　　　　② 　　　　　③ 　　　　　④

◆ 腕試し

（1）～（8）の中国語を聞き、答えとして最も適当なものを、それぞれ①～④の中から一つ選びなさい。　　　　　　　　　　　　　　 CD A15

(1) ① 　　　　　② 　　　　　③ 　　　　　④

(2) ① 　　　　　② 　　　　　③ 　　　　　④

(3) ① 　　　　　② 　　　　　③ 　　　　　④

(4) ① 　　　　　② 　　　　　③ 　　　　　④

(5) ① 　　　　　② 　　　　　③ 　　　　　④

(6) ① 　　　　　② 　　　　　③ 　　　　　④

(7) ① 　　　　　② 　　　　　③ 　　　　　④

1　ＡＢ問答式

(8) ①　　　　　②　　　　　③　　　　　④

1　会話のリスニング問題

1 ＡＢ問答式

解説 Ａ・Ｂ・腕試し 共通

（1） 你什么时候到的东京？　Nǐ shénme shíhou dào de Dōngjīng?
　　　あなたはいつ東京に着いたのですか。

　　❶ 我是前天到的。　Wǒ shì qiántiān dào de.
　　　私は一昨日着いたのです。
　　② 那是十七号的。　Nà shì shíqī hào de.
　　　あれは17日のものです。
　　③ 明天十点三刻。　Míngtiān shí diǎn sān kè.
　　　明日の10時45分です。
　　④ 我星期天去东京。　Wǒ xīngqītiān qù Dōngjīng.
　　　私は日曜日東京へ行きます。

　①が正解。"(是)〜的"構文と一緒に使われている質問なので、答えの時間詞が過去の時間を表すものでなければならない。③④は過去ではない。②は別文である。

（2） 你什么时候学的汉语？　Nǐ shénme shíhou xué de Hànyǔ?
　　　あなたはいつ中国語を習ったのですか。

　　① 我在大学学经济。　Wǒ zài dàxué xué jīngjì.
　　　私は大学で経済を学んでいます。
　　② 汉语越学越有意思。　Hànyǔ yuè xué yuè yǒuyìsi.
　　　中国語は習えば習うほど面白いです。
　　❸ 我上大学时学的。　Wǒ shàng dàxué shí xué de.
　　　大学の時に習ったのです。
　　④ 我觉得汉语的发音很难。　Wǒ juéde Hànyǔ de fāyīn hěn nán.
　　　中国語の発音はとても難しいと感じます。

　③が正解。"(是)〜的"を使っているので、答えの時間は過去のものでなければならない。①②④はいつを答えていない。

（3） 你打算什么时候回国？　Nǐ dǎsuan shénme shíhou huíguó?
　　　あなたはいつ帰国するつもりですか。

　　① 我想明天晚上去你家。　Wǒ xiǎng míngtiān wǎnshang qù nǐ jiā.
　　　私は明日の夜あなたの家に行きたいです。
　　② 我妹妹打算去中国工作。　Wǒ mèimei dǎsuan qù Zhōngguó gōngzuò.
　　　妹は中国で働きたいと考えています。
　　③ 我打算和他们一起去看电影。　Wǒ dǎsuan hé tāmen yìqǐ qù kàn diànyǐng.

私は彼らと一緒に映画を見に行く予定です。
❹ 我想今年暑假回去。　Wǒ xiǎng jīnnián shǔjià huíqu.
私は今年の夏休みに帰りたいです。

　④が正解。"打算""准备"と一緒に使う場合は、答えには過去の時間を使ってはいけない。①は述語や目的語が質問文に合わない。②③はいつを答えていない。

(4) 昨天我给你打电话的时候，你干什么呢？
　　Zuótiān wǒ gěi nǐ dǎ diànhuà de shíhou, nǐ gàn shénme ne?
　　昨日、あなたに電話を掛けた時、あなたは何をしていましたか。

❶ 我看电视呢。　Wǒ kàn diànshì ne.
テレビを見ていました。
② 我的爱好是打乒乓球。　Wǒ de àihào shì dǎ pīngpāngqiú.
私の趣味は卓球です。
③ 王小明经常给我打电话。　Wáng Xiǎomíng jīngcháng gěi wǒ dǎ diànhuà.
王小明さんはよく私に電話を掛けてきます。
④ 我妹妹喜欢游泳，每个星期六她都去游泳。
Wǒ mèimei xǐhuan yóuyǒng, měige xīngqīliù tā dōu qù yóuyǒng.
妹は水泳が好きで、毎週土曜日、彼女は必ず泳ぎに行きます。

　①が正解。質問文は文末に"呢"を付けた進行形である。②③④は主語が違う別文である。

(5) 小李，你在做什么呢？　XiǎoLǐ, nǐ zài zuò shénme ne?
　　李さん、あなたは今何をしていますか。

① 小李不在家。　XiǎoLǐ bú zàijiā.
李さんは家にいません。
❷ 我在打扫房间呢。　Wǒ zài dǎsǎo fángjiān ne.
私は部屋の掃除をしているところです。
③ 我星期六要去公司加班。　Wǒ xīngqīliù yào qù gōngsī jiābān.
土曜日私は会社へ時間外勤務に行かなければなりません。
④ 小李会做中国菜。　XiǎoLǐ huì zuò Zhōngguó cài.
李さんは中華料理ができます。

　②が正解。質問文の最初の"小李"は呼びかけのことばで、主語ではない。本当の主語は"你"である。①④は主語が合わない。③は今のことではなく、未来のことを表している。

1 ＡＢ問答式

(6) 早饭你都吃什么了？ Zǎofàn nǐ dōu chī shénme le?
朝ご飯は何を食べましたか。

① 我什么都喜欢吃。 Wǒ shénme dōu xǐhuan chī.
私はどんな食べ物でも好きです。

② 我想吃汉堡包。 Wǒ xiǎng chī hànbǎobāo.
私はハンバーガーを食べたいです。

③ 我喝红茶，你呢？ Wǒ hē hóngchá, nǐ ne?
私は紅茶にしますが、あなたは？

❹ 我只吃了一个面包。 Wǒ zhǐ chī le yíge miànbāo.
私はパン1個食べただけです。

④が正解。質問文の最後に"了"を付けているので、終わった動作となる。①は答えになっていない。②は願望。③は述語が違う。

(7) 田中，你喜欢什么体育运动？ Tiánzhōng, nǐ xǐhuan shénme tǐyù yùndòng?
田中さん、あなたはどんなスポーツが好きですか。

① 这本书很有意思。 Zhè běn shū hěn yǒuyìsi.
この本はとても面白いです。

② 我喜欢听音乐。 Wǒ xǐhuan tīng yīnyuè.
私は音楽が好きです。

③ 我的爱好是读书。 Wǒ de àihào shì dúshū.
私の趣味は読書です。

❹ 我喜欢打乒乓球。 Wǒ xǐhuan dǎ pīngpāngqiú.
私は卓球が好きです。

④が正解。疑問詞"什么体育运动"はどんなスポーツという意味。①②③はスポーツではない。

(8) 田中，暑假你有什么打算？ Tiánzhōng, shǔjià nǐ yǒu shénme dǎsuan?
田中さん、夏休みは何をするつもりですか。

① 学校马上就要放暑假了。 Xuéxiào mǎshàng jiùyào fàng shǔjià le.
学校はいよいよ夏休みになります。

② 暑假里田中和我一起去了中国。
Shǔjià li Tiánzhōng hé wǒ yìqǐ qù le Zhōngguó.
夏休み田中さんは私と一緒に中国へ行きました。

❸ 我打算和姐姐一起去旅游。 Wǒ dǎsuan hé jiějie yìqǐ qù lǚyóu.
私は姉と一緒に旅行に行く予定です。

④ 今年我们学校的暑假比较短。　Jīnnián wǒmen xuéxiào de shǔjià bǐjiào duǎn.
　　今年私たちの学校の夏休みは短いです。

　③が正解。質問文に"打算"を使ったら将来のことを表すことになる。②は過去を表す"了"が入っているので、不適切な答えとなっている。①の"就要～了"は近い未来に発生する表現であるが、質問文の内容に合わない。④は別文で、答えになっていない。

解答　(1) ①　　(2) ③　　(3) ④　　(4) ①
　　　　(5) ②　　(6) ④　　(7) ④　　(8) ③

1 ＡＢ問答式

7 場所を問う疑問詞疑問文

"哪儿"は場所を問う疑問詞である。第57回から77回までの20回の内、"哪儿"は5問出題されている。しかし、返答では場所を答えて正答になるのが2問しかない。"你哪儿不舒服？"のように体の調子や、"你在哪儿工作"のように職業を聞く場合などは場所で答えない場合が多い。

トレーニング

A （1）〜（5）の中国語を聞き、答えとして最も適当なものを、それぞれ①〜④の中から一つ選びなさい。　　　　　　　　　　　　　　CD A16

(1) _____ ?　　　　　　（第71回）

① 我坐地铁去。　　　　　　② 他不吃午饭。
③ 我去银行办事。　　　　　④ 他在邮局买邮票。

(2) _____ ?　　　　　　（第70回）

① 外边很舒服。　　　　　　② 有点儿发烧。
③ 衣服在那儿。　　　　　　④ 他还不明白。

(3) _____ ?　　　　　　（第69回）

① 王老师在网球场前边。　　② 汪老师住在机场附近。
③ 王老师住在学校东边。　　④ 汪老师坐在沙发上面。

(4) _____ ?　　　　　　（第65回）

① 王老师教我们数学。　　　② 我不会唱日文歌儿。
③ 我哥哥在中国留学呢。　　④ 我自己听录音学的。

(5) _____ ?　　　　　　（第57回）

① 他是小学老师。　　　　　② 他爸爸在邮局工作。
③ 他不想在那儿工作。　　　④ 我在那儿工作过。

1 ＡＢ問答式

B (1)〜(5)の中国語を聞き、答えとして最も適当なものを、それぞれ①〜④の中から一つ選びなさい。　CD A16

(1) 我去吃饭，你去哪儿?　（第71回）
　　① ② ③ ④

(2) 你哪儿不舒服?　（第70回）
　　① ② ③ ④

(3) 王老师住在哪儿?　（第69回）
　　① ② ③ ④

(4) 你的中文歌儿是在哪儿学的?　（第65回）
　　① ② ③ ④

(5) 你爸爸在哪儿工作?　（第57回）
　　① ② ③ ④

腕試し

(1)〜(5)の中国語を聞き、答えとして最も適当なものを、それぞれ①〜④の中から一つ選びなさい。　CD A16

(1) ① ② ③ ④

(2) ① ② ③ ④

(3) ① ② ③ ④

(4) ① ② ③ ④

(5) ① ② ③ ④

1 ＡＢ問答式

解 説　Ａ・Ｂ・腕試し　共通

(1) 我去吃饭，你去哪儿？　Wǒ qù chīfàn, nǐ qù nǎr?
　　私は食事に行きますが、あなたはどこに行きますか。

　① 我坐地铁去。　Wǒ zuò dìtiě qù.
　　私は地下鉄で行きます。

　② 他不吃午饭。　Tā bù chī wǔfàn.
　　彼は昼ご飯をたべません。

　❸ 我去银行办事。　Wǒ qù yínháng bànshì.
　　私は用があって銀行に行きます。

　④ 他在邮局买邮票。　Tā zài yóujú mǎi yóupiào.
　　彼は郵便局で切手を買っています。

　③が正解。①は方法について答えている。②④は主語が違う。

(2) 你哪儿不舒服？　Nǐ nǎr bù shūfu?
　　どこか調子が悪いですか。

　① 外边很舒服。　Wàibiān hěn shūfu.
　　外はとても居心地がいいです。

　❷ 有点儿发烧。　Yǒudiǎnr fāshāo.
　　すこし熱があります。

　③ 衣服在那儿。　Yīfu zài nàr.
　　服はそこにあります。

　④ 他还不明白。　Tā hái bù míngbai.
　　彼はまだ分かっていません。

　②が正解。質問文は体の調子を聞く決まり文句で、答える時には、身体のどこかを答えてもいいし、不調を具体的に言ってもよい。①③④は身体のことについて答えていない。③の"衣服"と"舒服"の発音の違いにも注意しよう。

(3) 王老师住在哪儿？　Wáng lǎoshī zhù zài nǎr?
　　王先生はどこに住んでいますか。

　① 王老师在网球场前边。　Wáng lǎoshī zài wǎngqiú chǎng qiánbian.
　　王先生はテニスコートの前にいます。

　② 汪老师住在机场附近。　Wāng lǎoshī zhù zài jīchǎng fùjìn.
　　汪先生は空港の近くに住んでいます。

　❸ 王老师住在学校东边。　Wáng lǎoshī zhù zài xuéxiào dōngbian.
　　王先生は学校の東側に住んでいます。

④ 汪老师坐在沙发上面。　Wāng lǎoshī zuò zài shāfā shàngmian.
　　汪先生はソファーに座っています。

　③が正解。主語の"王老师"と"汪老师"の発音の違いは要注意。①は述語が質問文に合わない。②④は主語が違う。

(4) 你的中文歌儿是在哪儿学的?　Nǐ de Zhōngwén gēr shì zài nǎr xué de?
　　あなたの中国語の歌はどこで習ったのですか。
　　① 王老师教我们数学。　Wáng lǎoshī jiāo wǒmen shùxué.
　　　王先生は私たちに数学を教えています。
　　② 我不会唱日文歌儿。　Wǒ bú huì chàng Rìwén gēr.
　　　私は日本語の歌が歌えません。
　　③ 我哥哥在中国留学呢。　Wǒ gēge zài Zhōngguó liúxué ne.
　　　兄は中国で留学しています。
　　❹ 我自己听录音学的。　Wǒ zìjǐ tīng lùyīn xué de.
　　　私は録音を聞いて習ったのです。

　④が正解。場所を直接答えていないが、どこでではなく、自学したことを答えている。③の"哥哥"と"歌儿"の発音が近いので、混同しないように。

(5) 你爸爸在哪儿工作?　Nǐ bàba zài nǎr gōngzuò?
　　お父さんはどこで働いていますか。
　　❶ 他是小学老师。　Tā shì xiǎoxué lǎoshī.
　　　彼は小学校の先生です。
　　② 他爸爸在邮局工作。　Tā bàba zài yóujú gōngzuò.
　　　彼のお父さんは郵便局で働いています。
　　③ 他不想在那儿工作。　Tā bù xiǎng zài nàr gōngzuò.
　　　彼はあそこで働きたくありません。
　　④ 我在那儿工作过。　Wǒ zài nàr gōngzuò guo.
　　　私はそこで働いたことがあります。

　①が正解。"在哪儿工作"は職業について質問する時によく使う言い方である。答える時にはどこどこで働いていると答えてもよいし、職業を言ってもよい。②は主語が合わない。③は関連性のない別文である。④は経験文となっている。

解答　(1) ③　　(2) ②　　(3) ③　　(4) ④　　(5) ①

1 ＡＢ問答式

リハーサル ①

(1)～(5)の中国語を聞き、答えとして最も適当なものを、それぞれ①～④の中から一つ選びなさい。

CD A17

(1)　　　　　　　　　　　　　　　　　　　　　　　　　　　（第 66 回）
　　① 　　　　② 　　　　③ 　　　　④

(2)　　　　　　　　　　　　　　　　　　　　　　　　　　　（第 57 回）
　　① 　　　　② 　　　　③ 　　　　④

(3)　　　　　　　　　　　　　　　　　　　　　　　　　　　（第 62 回）
　　① 　　　　② 　　　　③ 　　　　④

(4)　　　　　　　　　　　　　　　　　　　　　　　　　　　（第 57 回）
　　① 　　　　② 　　　　③ 　　　　④

(5)　　　　　　　　　　　　　　　　　　　　　　　　　　　（第 59 回）
　　① 　　　　② 　　　　③ 　　　　④

▶受験テクニック◀

　Ａの質問に対してＢが答える。Ｂの返答を４つの選択肢から選ぶというAB問答形式の問題には、"吗"疑問文、"〜没有？"疑問文、述語の肯定＋否定で作る反復疑問文、疑問詞疑問文がある。疑問文のタイプによって答え方が異なる。

　"吗"疑問文は、４級では質問文の"吗"を取り除き、人称代名詞を適切に変えて作った肯定文、あるいは述語に否定副詞を付け加えた否定文で答えることが多いが、３級では、このような単純な答えではなく、質問と全く違う文で答えたりする。

　"〜没有？"疑問文は、４級ではあまり出題されなかったが、３級には過去のことについての設問の問題として出てくる。すなわち「〜しましたか？」を問う問題である。例えば、

　　Ａ：你吃午饭了没有？　あなたは昼ご飯を食べましたか？　　　　　　（第78回）
　　Ｂ：① 我没吃过，很想吃。　私は食べたことがありません。食べたいです。
　　　　② 我去看了那个房子。　その家を見に行きました。
　　　　③ 我们还没吃晚饭呢。　私たちはまだ晩御飯を食べていません。
　　　　❹ 我在减肥，不吃午饭。　ダイエット中なので、昼ごはんを食べません。

①は経験の文で、②は家のこと、③は晩御飯のこと、④が正解。このように質問文と異なる文で答えるため、意味によく注意して聞く必要がある。

　疑問詞疑問文については疑問詞を覚えることが大切である。疑問詞の答えになっているかどうかを注意して聞かなければならない。主な疑問詞を次頁にまとめてある。ご参考ください。

1 ＡＢ問答式

疑問詞	日訳	用例
谁	だれ	
什么时候	いつ	
哪儿　什么地方	どこ	
怎么样	どう	
怎么	どうやって、どうして	
为什么	なぜ	
什么	なに	
多少钱	いくら	
什么样	どのような	
几＋助数詞＋(名詞) 几＋名詞	いくつの（〜） なん〜	几次　何回 几个　何個 几个人　何人 几点　何時 几月几号　何月何日
多少＋(助数詞)＋名詞	どれぐらいの（〜）	多少人　何人 多少本书　何冊
多＋形容詞	どれぐらい〜	多大　いくつ（年齢）、どれぐらい（大きさ） 多高　どれぐらい（高さ） 多长时间　どれぐらい（の時間）
哪＋助数詞 哪＋助数詞＋名詞	どれ どの〜	哪个　哪本　どれ 哪个人　どの人
什么＋名詞	どんな〜、どういう〜	什么颜色　どんな色 什么爱好　どんな趣味

第1章 会話のリスニング問題

2 ＡＢＡ対話式

　ABA 対話式リスニング問題は、最初に A は発話して話題を提示し、B はそれを受け答える。そして A は、B に応じて更に発話し、その発話を選択肢から選ぶという形式の問題である。この形式は第 59 回の試験から採用され、毎回 5 問ずつ出題されるようになっている。

　本節では 2006 年 6 月の第 59 回〜 2012 年 6 月の第 77 回までの 6 年間 18 回分の ABA 対話式のリスニング試験問題を網羅し、テーマごとに整理分類を行った。テーマとしては、友達との日常会話が最も多く出題され、19 問となっている。次は食事が 11 問、趣味が 8 問、買い物が 7 問、余暇が 7 問、学校と勉強が 7 問、出会いが 5 問、天気が 5 問、病気が 5 問、電話が 4 問、外国語の学習が 4 問、道を尋ねるのが 3 問、部屋の予約が 2 問となっている。

　トレーニングは、まず各コミュニケーションの場面によく交わされる発話をテーマの最初に提示し、その発話に対する返答を想像しながら勉強する。次にトレーニング A は最初の A の発話を提示し、B の発話を伏せ、B に続く次の A の選択肢を提示して訓練を行う。トレーニング B は最初の A と次の B の発話を提示し、続く A の選択肢を伏せて訓練を行う。最後に腕試しは何の提示もない本番形式で行う。

1 友達との日常会話（1）

関連表現

- 你找什么呢？　Nǐ zhǎo shénme ne?
  何を探していますか。
- 你看见我的手机了吗？　Nǐ kànjiàn wǒ de shǒujī le ma?
  私の携帯を見かけましたか。
- 在桌子上放着呢。　Zài zhuōzi shang fàngzhe ne.
  テーブルに置いてあります。
- 你看到小林了吗？　Nǐ kàndào XiǎoLín le ma?
  あなたは小林さんを見かけましたか。
- 你找他有事吗？　Nǐ zhǎo tā yǒu shì ma?
  彼に何かご用ですか。
- 我去图书馆，你也去吗？　Wǒ qù túshūguǎn, nǐ yě qù ma?
  私は図書館へ行きますが、あなたも行きますか。
- 你知道田中在哪儿吗？　Nǐ zhīdao Tiánzhōng zài nǎr ma?
  田中さんはどこにいるか知っていますか。
- 麻烦你把那本书拿给我，可以吗？
  Máfan nǐ bǎ nà běn shū ná gěi wǒ, kěyǐ ma?
  ごめんなさい、あの本を取ってくれませんか。
- 是不是左边儿的那本大的？　Shì bu shì zuǒbiānr de nà běn dà de?
  左側の大きな本ですか。
- 这本书你看了吗？　Zhè běn shū nǐ kàn le ma?
  あなたはこの本を読みましたか。
- 我也不知道，打个电话问问吧。
  Wǒ yě bù zhīdao, dǎ ge diànhuà wènwen ba.
  私も知りません。電話で聞いてみましょう。
- 你住的地方离车站远不远？　Nǐ zhù de dìfang lí chēzhàn yuǎn bu yuǎn?
  あなたが住んでいる所は駅から遠いですか。
- 能走着去吗？很远哪！　Néng zǒu zhe qù ma? Hěn yuǎn na!
  歩いて行けますか。遠いですよ。
- 你走得太快了，我都跟不上了。
  Nǐ zǒu de tài kuài le, wǒ dōu gēnbushàng le.
  あなたは歩くのが早すぎます。私は付いて行けません。

2 ＡＢＡ対話式

トレーニング

A (1)～(10)のABの会話を聞き、空欄になっているBの返答を書き取りながら、その後に続くAの発話として最も適当なものを、①～④の中から一つ選びなさい。

CD A18

(1) A：你找什么呢? 　　　　　　　　　　　　　　　　(第77回)
　　B：＿＿＿＿＿＿＿＿＿＿＿＿＿＿＿＿？
　　A：

　　　① 我昨天就看了。　　　　② 在桌子上放着呢。
　　　③ 你的书包在那儿。　　　④ 今天的天气预报我没看。

(2) A：田中，你看到小林了吗? 　　　　　　　　　　　(第75回)
　　B：＿＿＿＿＿＿＿＿＿＿＿＿＿＿＿＿？
　　A：

　　　① 王老师没有找他。　　　② 小林有事回家了。
　　　③ 小林不去王老师的办公室。　④ 王老师让他去一下办公室。

(3) A：小林，你去哪儿? 　　　　　　　　　　　　　　(第67回)
　　B：＿＿＿＿＿＿＿＿＿＿＿＿＿＿＿＿？
　　A：

　　　① 小林正在看中文报纸呢。　② 暑假我打算学开车。
　　　③ 好，明天我就去还书。　　④ 不，我得去买点儿东西。

(4) A：你知道田中在哪儿吗? 　　　　　　　　　　　　(第59回)
　　B：＿＿＿＿＿＿＿＿＿＿＿＿＿＿＿＿。
　　A：

　　　① 我也没看见田中。　　　② 田中正在教室看书呢。
　　　③ 那我去图书馆找她吧。　④ 那我马上去她家找她。

(5) A：麻烦你把那本书拿给我，可以吗? 　　　　　　　(第76回)
　　B：＿＿＿＿＿＿＿＿＿＿＿＿＿＿＿＿？
　　A：

　　　① 这么多书你看得完吗? 　② 不，是右边儿那本红色的。
　　　③ 对，那本书我不太喜欢。　④ 左边儿的那本是小的。

(6)　A：这本书你看了吗？　　　　　　　　　　　　　　　（第60回）
　　　B：＿＿＿＿＿＿＿＿＿＿＿＿＿＿＿＿？
　　　A：
　　　　　① 那先借给我看看，好吗？
　　　　　② 那你给我说说，这本书怎么样？
　　　　　③ 我也看了两遍。
　　　　　④ 你这么快就看完啦。

(7)　A：图书馆什么时候开门？　　　　　　　　　　　　　（第60回）
　　　B：＿＿＿＿＿＿＿＿＿＿＿＿＿＿＿＿？
　　　A：
　　　　　① 好，我每天八点半去图书馆上班。
　　　　　② 好，我现在马上去书店。
　　　　　③ 好，我们一起进去吧。
　　　　　④ 好，我现在就打。

(8)　A：你住的地方离车站远不远？　　　　　　　　　　　（第76回）
　　　B：＿＿＿＿＿＿＿＿＿＿＿＿＿＿＿＿？
　　　A：
　　　　　① 是吗？这么近啊！　　　② 是吗？走得太快了。
　　　　　③ 我比你远得多。　　　　④ 我走路走得太慢了。

(9)　A：我想走着去车站。　　　　　　　　　　　　　　　（第71回）
　　　B：＿＿＿＿＿＿＿＿＿＿＿＿＿＿＿＿！
　　　A：
　　　　　① 他走得比我快。　　　　② 是吗？小李说很近。
　　　　　③ 有时间的话，一起去玩儿。④ 坐地铁去最方便。

2 ＡＢＡ対話式

(10) A：你走得太快了，我都跟不上了。　　　　　　　　　　(第72回)

　　　B：＿＿＿＿＿＿＿＿＿＿＿＿＿＿＿＿＿＿＿＿＿＿。

　　　A：

　　　　　① 你要是慢点儿说，我就能听懂。
　　　　　② 你吃得真香，我也尝尝吧。
　　　　　③ 咱们还是坐下来休息一会儿再走吧。
　　　　　④ 你读得快是快，不过我听懂了。

B (1)〜(10)のABの会話を聞き、Bの後に続くAの発話として最も適当なものを、①〜④の中から一つ選びなさい。　　CD A18

(1) A：你找什么呢？　　　　　　　　　　　　　　　　　　(第77回)

　　B：找今天的晚报，你看到没有？

　　A：

　　　　① 　　　　② 　　　　③ 　　　　④

(2) A：田中，你看到小林了吗？　　　　　　　　　　　　　(第75回)

　　B：没有，你找他有事吗？

　　A：

　　　　① 　　　　② 　　　　③ 　　　　④

(3) A：小林，你去哪儿？　　　　　　　　　　　　　　　　(第67回)

　　B：我去图书馆，你也去吗？

　　A：

　　　　① 　　　　② 　　　　③ 　　　　④

(4) A：你知道田中在哪儿吗？　　　　　　　　　　　　　　(第59回)

　　B：她去图书馆了。

　　A：

　　　　① 　　　　② 　　　　③ 　　　　④

(5) A：麻烦你把那本书拿给我，可以吗？　　　　　　　　　　（第76回）
　　B：是不是左边儿的那本大的？
　　A：
　　　　　① 　　　　　② 　　　　　③ 　　　　　④

(6) A：这本书你看了吗？　　　　　　　　　　　　　　　　　（第60回）
　　B：最近很忙，还没看呢。
　　A：
　　　　　① 　　　　　② 　　　　　③ 　　　　　④

(7) A：图书馆什么时候开门？　　　　　　　　　　　　　　　（第60回）
　　B：我也不知道，打个电话问问吧。
　　A：
　　　　　① 　　　　　② 　　　　　③ 　　　　　④

(8) A：你住的地方离车站远不远？　　　　　　　　　　　　　（第76回）
　　B：走路大概五分钟。你呢？
　　A：
　　　　　① 　　　　　② 　　　　　③ 　　　　　④

(9) A：我想走着去车站。　　　　　　　　　　　　　　　　　（第71回）
　　B：能走着去吗？很远哪！
　　A：
　　　　　① 　　　　　② 　　　　　③ 　　　　　④

(10) A：你走得太快了，我都跟不上了。　　　　　　　　　　（第72回）
　　B：那我慢点儿走吧。
　　A：
　　　　　① 　　　　　② 　　　　　③ 　　　　　④

◆ 2 ＡＢＡ対話式

腕試し

(1)〜(10)のABの会話を聞き、Bの後に続くAの発話として最も適当なものを、①〜④の中から一つ選びなさい。　CD A18

(1)　①　　　　②　　　　③　　　　④

(2)　①　　　　②　　　　③　　　　④

(3)　①　　　　②　　　　③　　　　④

(4)　①　　　　②　　　　③　　　　④

(5)　①　　　　②　　　　③　　　　④

(6)　①　　　　②　　　　③　　　　④

(7)　①　　　　②　　　　③　　　　④

(8)　①　　　　②　　　　③　　　　④

(9)　①　　　　②　　　　③　　　　④

(10)　①　　　　②　　　　③　　　　④

解 説　Ａ・Ｂ・腕試し 共通

(1)　A：你找什么呢？　Nǐ zhǎo shénme ne?
　　　　何を探していますか。

　　　B：找今天的晚报，你看到没有？　Zhǎo jīntiān de wǎnbào, nǐ kàndào méiyou?
　　　　今日の夕刊を探していますが、見かけましたか。

　　　A：① 我昨天就看了。　Wǒ zuótiān jiù kàn le.
　　　　　私は昨日もう見ましたよ。

　　　　❷ 在桌子上放着呢。　Zài zhuōzi shang fàngzhe ne.
　　　　　テーブルの上に置いてあります。

　　　　③ 你的书包在那儿。　Nǐ de shūbāo zài nàr.
　　　　　あなたのかばんはそこにあります。

　　　　④ 今天的天气预报我没看。　Jīntiān de tiānqì yùbào wǒ méi kàn.
　　　　　今日の天気予報は、私は見ていません。

　最初のＡの発話で探し物の時の会話だと分かる。ＢはＡの質問に答えた後、Ａに対して質問している。Ｂの質問に合う答えを選ばなければならない。②が正解。見かけたかどうかについて答えておらず、所在を答えたのである。①は時間詞が過去になっている。Ｂの発話に時間詞があったが、それは名詞の修飾語になっており、述語の時間詞ではない。③と④にある"书包""预报"は"晚报"の発音に近いので、惑わされないように。

(2)　A：田中，你看到小林了吗？　Tiánzhōng, nǐ kàndào XiǎoLín le ma?
　　　　田中さん、あなたは小林さんを見かけましたか。

　　　B：没有，你找他有事吗？　Méiyou, nǐ zhǎo tā yǒu shì ma?
　　　　いいえ。彼に何かご用ですか。

　　　A：① 王老师没有找他。　Wáng lǎoshī méiyou zhǎo tā.
　　　　　王先生は彼を探していません。

　　　　② 小林有事回家了。　XiǎoLín yǒu shì huíjiā le.
　　　　　小林さんは用事で家に帰りました。

　　　　③ 小林不去王老师的办公室。　XiǎoLín bú qù Wáng lǎoshī de bàngōngshì.
　　　　　小林さんは王先生の事務室に行きません。

　　　　❹ 王老师让他去一下办公室。　Wáng lǎoshī ràng tā qù yíxià bàngōngshì.
　　　　　王先生は彼に事務室に来てほしいと言っていました。

　最初のＡの発話で人を探している時の会話だと分かる。Ｂは、まずＡの質問に答え、その後にＡに対して質問を発した。④が正解。使役文は中国語ではよく伝言する時に使われる。それでなぜ小林さんを探しているかを答えた。①

2 ＡＢＡ対話式

②③は会話の流れに合わない。

(3) A：小林，你去哪儿？　XiǎoLín, nǐ qù nǎr?
　　　　小林さん、あなたはどこへ行きますか。

　　B：我去图书馆，你也去吗？　Wǒ qù túshūguǎn, nǐ yě qù ma?
　　　　私は図書館へ行きますが、あなたも行きますか。

　　A：① 小林正在看中文报纸呢。　XiǎoLín zhèngzài kàn Zhōngwén bàozhǐ ne.
　　　　小林さんは中国語の新聞を読んでいます。

　　　　② 暑假我打算学开车。　Shǔjià wǒ dǎsuan xué kāichē.
　　　　夏休みに私は車の運転を習う予定です。

　　　　③ 好，明天我就去还书。　Hǎo, míngtiān wǒ jiù qù huán shū.
　　　　分かりました。明日にでも本を返しに行きます。

　　　　❹ 不，我得去买点儿东西。　Bù, wǒ děi qù mǎi diǎnr dōngxi.
　　　　いいえ、私はちょっと買い物に行かなければなりません。

　最初のAの発話で、相手の行先を尋ねる会話だと分かる。BはAの質問に答え、その後に聞き返した。故に、正解は④。まず否定し、自分の行く場所を後続文で答えた。①②③は流れに合わない。"暑假""还书""图书馆"は一部の音声が似ているので、惑わされないように。

(4) A：你知道田中在哪儿吗？　Nǐ zhīdao Tiánzhōng zài nǎr ma?
　　　　田中さんはどこにいるか知っていますか。

　　B：她去图书馆了。　Tā qù túshūguǎn le.
　　　　彼女は図書館へ行きました。

　　A：① 我也没看见田中。　Wǒ yě méi kànjiàn Tiánzhōng.
　　　　私も田中さんを見かけませんでした。

　　　　② 田中正在教室看书呢。　Tiánzhōng zhèngzài jiàoshì kànshū ne.
　　　　田中さんは教室で本を読んでいます。

　　　　❸ 那我去图书馆找她吧。　Nà wǒ qù túshūguǎn zhǎo tā ba.
　　　　それじゃ、私は図書館へ彼女を探しに行きます。

　　　　④ 那我马上去她家找她。　Nà wǒ mǎshàng qù tā jiā zhǎo tā.
　　　　それじゃ、私はすぐ彼女の家へ彼女を探しに行きます。

　最初のAの発話で、人を探している時の会話だと分かる。BはAの質問に答えただけ。それに対してAはその話の続きをするので、③が正解。探している人の居場所をBの答えで知ったため、そこへ探しにいくという流れになる。①②は流れに合わない。④は"她家"が"图书馆"となれば正解にもなる。

(5) A：麻烦你把那本书拿给我，可以吗？
　　　Máfan nǐ bǎ nà běn shū ná gěi wǒ, kěyǐ ma?
　　　すみませんが、あの本を取ってくれませんか。

　　B：是不是左边儿的那本大的？　Shì bu shì zuǒbiānr de nà běn dà de?
　　　あの左側の大きな本ですか。

　　A：① 这么多书你看得完吗？　Zhème duō shū nǐ kàn de wán ma?
　　　　こんなに多い本は読み終われますか。

　　　　❷ 不，是右边儿那本红色的。　Bù, shì yòubiānr nà běn hóngsè de.
　　　　いいえ、あの右側の赤い本です。

　　　　③ 对，那本书我不太喜欢。　Duì, nà běn shū wǒ bú tài xǐhuan.
　　　　はい、あの本は私はあまり好きではありません。

　　　　④ 左边儿的那本是小的。　Zuǒbiānr de nà běn shì xiǎo de.
　　　　左側のあれは小さいのです。

　最初のＡの発話に"麻烦你〜、可以吗"が入ったため、人に頼んでいる時の会話だと分かる。Ｂは"可以吗"を答えず、取ってほしい本を確かめるため、聞き返した。よって次のＡはＢの質問に答えるのが一般的である。正解は②、どの位置にある本かを答えたのである。①③④はＢの質問に答えていない。特に③に注意しよう。最初の応答はＢの質問の"是不是〜"に合っているが、後続文は合っていない。

(6) A：这本书你看了吗？　Zhè běn shū nǐ kàn le ma?
　　　あなたはこの本を読みましたか。

　　B：最近很忙，还没看呢。　Zuìjìn hěn máng, hái méi kàn ne.
　　　最近忙しいから、まだ読んでいません。

　　A：❶ 那先借给我看看，好吗？　Nà xiān jiègěi wǒ kànkan, hǎo ma?
　　　　それじゃ、先に私が貸りて読でもよいですか。

　　　　② 那你给我说说，这本书怎么样？
　　　　Nà nǐ gěi wǒ shuōshuo, zhè běn shū zěnmeyàng?
　　　　それでは、この本はどんな本なのか、私に教えていただけますか。

　　　　③ 我也看了两遍。　Wǒ yě kàn le liǎng biàn.
　　　　私も２回読みました。

　　　　④ 你这么快就看完啦。　Nǐ zhème kuài jiù kàn wán la.
　　　　こんなに早く読み終わったのですか。

　Ａの発話で本について会話していることが分かる。Ｂは読んでいないと返答したので、②④は流れに合わない。③の副詞"也"に注意しよう。これが入っ

2 ＡＢＡ対話式

ているとＢも読んだことになるので、正解にならない。正解は①。

(7) Ａ：图书馆什么时候开门？　Túshūguǎn shénme shíhou kāi mén?
　　　　図書館は何時に開館しますか。
　　Ｂ：我也不知道，打个电话问问吧。
　　　　Wǒ yě bù zhīdao, dǎ ge diànhuà wènwen ba.
　　　　私も知りません。電話で聞いてみましょう。
　　Ａ：① 好，我每天八点半去图书馆上班。
　　　　　 Hǎo, wǒ měitiān bā diǎn bàn qù túshūguǎn shàngbān.
　　　　　 分かりました。私は毎日８時半に図書館へ出勤します。
　　　② 好，我现在马上去书店。　Hǎo, wǒ xiànzài mǎshàng qù shūdiàn.
　　　　 はい、今すぐ本屋に行きます。
　　　③ 好，我们一起进去吧。　Hǎo, wǒmen yìqǐ jìnqu ba.
　　　　 はい、私たち一緒に中に入りましょう。
　　　❹ 好，我现在就打。　Hǎo, wǒ xiànzài jiù dǎ.
　　　　 はい、今すぐ電話を掛けます。

　図書館の開館時間について会話していると分かる。Ｂは知らないため、知る方法として電話を掛けることを勧めた。"〜吧"は勧誘を表す。それの応答として"好"は正しい。①②③の後続文は話の流れに合わない。正解は④。

(8) Ａ：你住的地方离车站远不远？　Nǐ zhù de dìfang lí chēzhàn yuǎn bu yuǎn?
　　　　あなたが住んでいる所は駅から遠いですか。
　　Ｂ：走路大概五分钟。你呢？　Zǒulù dàgài wǔ fēnzhōng. Nǐ ne?
　　　　歩いて５分ぐらいです。あなたは？
　　Ａ：① 是吗？这么近啊！　Shì ma? Zhème jìn a!
　　　　　 そうですか。こんなに近いですか。
　　　② 是吗？走得太快了。　Shì ma? Zǒu de tài kuài le.
　　　　 そうですか。歩くのが早すぎます。
　　　❸ 我比你远得多。　Wǒ bǐ nǐ yuǎn de duō.
　　　　 私はあなたよりずっと遠いです。
　　　④ 我走路走得太慢了。　Wǒ zǒulù zǒu de tài màn le.
　　　　 私は歩くのがとても遅いです。

　距離に関する会話である。Ｂの発話の最後に"你呢？"と聞かれた。これは"你住的地方离车站远不远？"の省略である。次のＡはそれに答えなければ会話の流れに合わなくなる。①②④は同じ話題になっているが、"远不远？"に

答えたのは③だけである。

(9) A：我想走着去车站。　Wǒ xiǎng zǒu zhe qù chēzhàn.
　　　私は歩いて駅に行きたいです。

　　B：能走着去吗？很远哪！　Néng zǒu zhe qù ma? Hěn yuǎn na!
　　　歩いて行けますか。遠いですよ。

　　A：① 他走得比我快。　Tā zǒu de bǐ wǒ kuài.
　　　　　彼は歩くのが私より早いです。

　　　　❷ 是吗？小李说很近。　Shì ma? XiǎoLǐ shuō hěn jìn.
　　　　　そうですか。李さんは近いと言っています。

　　　　③ 有时间的话，一起去玩儿。　Yǒu shíjiān de huà, yìqǐ qù wánr.
　　　　　時間があれば、一緒に遊びに行きましょう。

　　　　④ 坐地铁去最方便。　Zuò dìtiě qù zuì fāngbiàn.
　　　　　地下鉄で行くのは最も便利です。

　駅への行き方についての会話である。Aは歩きたいのに対して、Bはそれが可能かどうかを疑っている。①③④はBの質問に答えていない。正解は②。まず"是吗？"でBに聞き返して、可能だと思う根拠を話した。

(10) A：你走得太快了，我都跟不上了。
　　　Nǐ zǒu de tài kuài le, wǒ dōu gēnbushàng le.
　　　あなたは歩くのが早すぎます。私は付いて行けません。

　　B：那我慢点儿走吧。　Nà wǒ màn diǎnr zǒu ba.
　　　それじゃ、少しゆっくり歩きましょう。

　　A：① 你要是慢点儿说，我就能听懂。
　　　　　Nǐ yào shì màn diǎnr shuō, wǒ jiù néng tīngdǒng.
　　　　　ゆっくり話してくれれば、私は聞き取れます。

　　　　② 你吃得真香，我也尝尝吧。
　　　　　Nǐ chī de zhēn xiāng, wǒ yě chángchang ba.
　　　　　美味しそうに食べていますね。私も食べてみましょう。

　　　　❸ 咱们还是坐下来休息一会儿再走吧。
　　　　　Zánmen háishi zuò xialai xiūxi yíhuìr zài zǒu ba.
　　　　　やはり坐って少し休んでから行きましょう。

　　　　④ 你读得快是快，不过我听懂了。
　　　　　Nǐ dú de kuài shi kuài, búguò wǒ tīngdǒng le.
　　　　　読む速度は早いことは早いですが、私は聞き取れます。

2 ＡＢＡ対話式

歩きの速度についての会話である。①②④は歩きの速度に関するものではないし、会話の流れに合わない。③は今歩くのをやめ、休むことを勧めた。

解答　(1) ②　(2) ④　(3) ④　(4) ③　(5) ②
　　　　(6) ①　(7) ④　(8) ③　(9) ②　(10) ③

2 友達との日常会話（2）

関連表現

- 告诉你，我找到工作了。 Gàosu nǐ, wǒ zhǎodào gōngzuò le.
  お知らせします。私は就職が決まりました。
- 真的？怎么认识的？ Zhēnde? Zěnme rènshi de?
  本当？どのように知り合ったのですか。
- 你家的狗真可爱。叫什么名字？
  Nǐ jiā de gǒu zhēn kě'ài. Jiào shénme míngzi?
  お宅の犬は可愛いですね。名前は何ですか。
- 能不能告诉我昨天的结果？ Néng bù néng gàosu wǒ zuótiān de jiéguǒ?
  昨日の結果を教えていただけますか。
- 再等两天，行吗？情况比较复杂。
  Zài děng liǎng tiān, xíng ma? Qíngkuàng bǐjiào fùzá.
  もうすこし待っていただけますか。状況は大変複雑となっているので。
- 这个相机怎么用？ Zhège xiàngjī zěnme yòng?
  このカメラはどのように使いますか。
- 我也不会用，这是小王的。 Wǒ yě bú huì yòng, zhè shì XiǎoWáng de.
  私も分かりません。カメラは王さんのものなので。
- 挺忙的，马上就要考试了。你呢？
  Tǐng máng de, mǎshàng jiùyào kǎoshì le. Nǐ ne?
  とても忙しいです。もうすぐテストです。あなたは？
- 你喜欢就拿去听吧。 Nǐ xǐhuan jiù náqu tīng ba.
  好きなら持って行って聴きなさい。
- 我跟小李一样大，也是十八岁。你呢？
  Wǒ gēn XiǎoLǐ yíyàng dà, yě shì shíbā suì. Nǐ ne?
  李さんと同じ年で、私も18歳です。あなたは？

2 ＡＢＡ対話式

トレーニング

A (1)～(8)のABの会話を聞き、空欄になっているBの返答を書き取りながら、その後に続くAの発話として最も適当なものを、①～④の中から一つ選びなさい。　　　　　　　　　　　　　　　　　　　　　CD A19

(1) A：你今天怎么这么高兴呢？　　　　　　　　　　　　　　（第75回）
　　B：＿＿＿＿＿＿＿＿＿＿＿＿＿＿＿＿＿＿。
　　A：

　　　① 是吗？真为你高兴。　　　　② 是吗？真为你担心。
　　　③ 真的吗？真不好意思。　　　④ 真的吗？你不想工作啊。

(2) A：我认识你姐姐。　　　　　　　　　　　　　　　　　（第74回）
　　B：＿＿＿＿＿＿＿＿＿＿＿＿＿＿＿＿＿＿？
　　A：

　　　① 这个字我不查也会念。　　　② 我真的只记得这条路。
　　　③ 刚刚认识她一个星期。　　　④ 是在一次开会时认识的。

(3) A：你家的狗真可爱。叫什么名字？　　　　　　　　　　（第70回）
　　B：＿＿＿＿＿＿＿＿＿＿＿＿＿＿＿＿＿＿。
　　A：

　　　① 是吗？我家的猫也六岁。　　② 那么你们一起上小学吧。
　　　③ 知道了，以后一定早起。　　④ 是的，我们今年六年级。

(4) A：能不能告诉我昨天的结果？　　　　　　　　　　　　（第69回）
　　B：＿＿＿＿＿＿＿＿＿＿＿＿＿＿＿＿＿＿？
　　A：

　　　① 你有什么好事吗？　　　　　② 我不是这个意思。
　　　③ 我知道你的意思。　　　　　④ 那我就再等一等吧。

(5) A：这个相机怎么用？　　　　　　　　　　　　　　　　（第63回）
　　B：＿＿＿＿＿＿＿＿＿＿＿＿＿＿＿＿＿＿。
　　A：

　　　① 那我问问他吧。　　　　　　② 那你教教我吧。
　　　③ 怎么样，特别好用吧？　　　④ 好，咱们去照相吧。

(6) A：铃木，你最近忙吗？　　　　　　　　　　　　　　　（第62回）
　　B：＿＿＿＿＿＿＿＿＿＿＿＿＿＿＿＿？
　　A：

　　　　① 我马上就去买票。
　　　　② 我昨天又迟到了。
　　　　③ 我还可以，我们下个月才考试呢。
　　　　④ 谢谢你！我的身体很好。

(7) A：这张CD是在哪儿买的？　　　　　　　　　　　　　　（第61回）
　　B：＿＿＿＿＿＿＿＿＿＿＿＿＿＿＿＿。
　　A：

　　　　① 不，我不想去。　　　　　　② 真的？那太好了！
　　　　③ 是吗？你也喜欢吃上海菜？　④ 对，小王不喜欢运动。

(8) A：小王，你今年多大了？　　　　　　　　　　　　　　（第59回）
　　B：＿＿＿＿＿＿＿＿＿＿＿＿＿＿＿＿？
　　A：

　　　　① 我比你们大两岁。　　　　　② 我也住二零二房间。
　　　　③ 这个房间不太大。　　　　　④ 我一共花了二十块钱。

B (1)～(8)のABの会話を聞き、Bの後に続くAの発話として最も適当なものを、①～④の中から一つ選びなさい。　　CD A19

(1) A：你今天怎么这么高兴呢？　　　　　　　　　　　　　（第75回）
　　B：告诉你，我找到工作了。
　　A：

　　　　①　　　　　②　　　　　③　　　　　④

(2) A：我认识你姐姐。　　　　　　　　　　　　　　　　　（第74回）
　　B：真的？怎么认识的？
　　A：

　　　　①　　　　　②　　　　　③　　　　　④

2 ＡＢＡ対話式

(3) Ａ：你家的狗真可爱。叫什么名字？　　　　　　　　　　（第70回）
　　Ｂ：叫欢欢，今年六岁。
　　Ａ：
　　　　　① 　　　　② 　　　　③ 　　　　④

(4) Ａ：能不能告诉我昨天的结果？　　　　　　　　　　　　（第69回）
　　Ｂ：再等两天，行吗？情况比较复杂。
　　Ａ：
　　　　　① 　　　　② 　　　　③ 　　　　④

(5) Ａ：这个相机怎么用？　　　　　　　　　　　　　　　　（第63回）
　　Ｂ：我也不会用，这是小王的。
　　Ａ：
　　　　　① 　　　　② 　　　　③ 　　　　④

(6) Ａ：铃木，你最近忙吗？　　　　　　　　　　　　　　　（第62回）
　　Ｂ：挺忙的，马上就要考试了。你呢？
　　Ａ：
　　　　　① 　　　　② 　　　　③ 　　　　④

(7) Ａ：这张CD是在哪儿买的？　　　　　　　　　　　　　（第61回）
　　Ｂ：在上海。你喜欢就拿去听吧。
　　Ａ：
　　　　　① 　　　　② 　　　　③ 　　　　④

(8) Ａ：小王，你今年多大了？　　　　　　　　　　　　　　（第59回）
　　Ｂ：我跟小李一样大，也是十八岁。你呢？
　　Ａ：
　　　　　① 　　　　② 　　　　③ 　　　　④

2 ＡＢＡ対話式

腕試し

(1)〜(8)の AB の会話を聞き、B の後に続く A の発話として最も適当なものを、①〜④の中から一つ選びなさい。

CD A19

(1) ① ② ③ ④

(2) ① ② ③ ④

(3) ① ② ③ ④

(4) ① ② ③ ④

(5) ① ② ③ ④

(6) ① ② ③ ④

(7) ① ② ③ ④

(8) ① ② ③ ④

1 会話のリスニング問題

2 ＡＢＡ対話式

解　説　Ａ・Ｂ・腕試し　共通

（1）　Ａ：你今天怎么这么高兴呢？　Nǐ jīntiān zěnme zhème gāoxìng ne?
　　　　　あなたはどうして今日こんなに喜んでいるのですか。

　　　　Ｂ：告诉你，我找到工作了。　Gàosu nǐ, wǒ zhǎodào gōngzuò le.
　　　　　お知らせします。私は就職が決まったのです。

　　　　Ａ：❶ 是吗？真为你高兴。　Shì ma? Zhēn wèi nǐ gāoxìng.
　　　　　そうですか。それは本当におめでとう。

　　　　　② 是吗？真为你担心。　Shì ma? Zhēn wèi nǐ dānxīn.
　　　　　そうですか。本当にあなたのことを心配しています。

　　　　　③ 真的吗？真不好意思。　Zhēnde ma? Zhēn bù hǎoyìsi.
　　　　　本当ですか。本当に申し訳ございません。

　　　　　④ 真的吗？你不想工作啊。　Zhēnde ma? Nǐ bù xiǎng gōngzuò a.
　　　　　本当ですか。君は仕事をしたくないのですか。

　最初のＡの"怎么"を用いた質問に対して、Ｂはその理由を答えた。その続きのＡは①を言うのが普通である。"真为你高兴"を直訳すると「本当にあなたのために喜んでいます」となる。会話の流れに合うので、正解。"是吗？""真的吗？"は理由を聞いてからの返答によく用いられる。

（2）　Ａ：我认识你姐姐。　Wǒ rènshi nǐ jiějie.
　　　　　私はあなたのお姉さんを知っています。

　　　　Ｂ：真的？怎么认识的？　Zhēnde? Zěnme rènshi de?
　　　　　本当？どのように知り合ったのですか。

　　　　Ａ：① 这个字我不查也会念。　Zhège zì wǒ bù chá yě huì niàn.
　　　　　この字は調べなくても読めます。

　　　　　② 我真的只记得这条路。　Wǒ zhēnde zhǐ jìde zhè tiáo lù.
　　　　　私は本当にこの道しか覚えていないです。

　　　　　③ 刚刚认识她一个星期。　Gānggang rènshi tā yí ge xīngqī.
　　　　　彼女と知り合って１週間しか経っていないです。

　　　　　❹ 是在一次开会时认识的。　Shì zài yí cì kāihuì shí rènshi de.
　　　　　ある会議の時に知り合ったのです。

　お姉さんを知っていることに対して、Ｂは"怎么～的"「どのように知り合ったのか」を聞いている。それを答えたのが④である。①②は全く関係ない話となっている。③は時間を答えている。

（3）　Ａ：你家的狗真可爱。叫什么名字？

```
        Nǐ jiā de gǒu zhēn kě'ài. Jiào shénme míngzi?
        お宅の犬は可愛いですね。名前は何ですか。
    B：叫欢欢，今年六岁。    Jiào Huānhuān, jīnnián liù suì.
        歓歓といいます。今年は6歳です。
    A：❶ 是吗？我家的猫也六岁。  Shì ma? Wǒjiā de māo yě liù suì.
        そうですか。私の家の猫も6歳です。
        ② 那么你们一起上小学吧。  Nàme nǐmen yìqǐ shàng xiǎoxué ba.
        それなら、君たちは一緒に小学校に通っているのでしょうね。
        ③ 知道了，以后一定早起。  Zhīdao le, yǐhòu yídìng zǎoqǐ.
        分かりました。これから必ずはやく起きます。
        ④ 是的，我们今年六年级。  Shì de, wǒmen jīnnián liù niánjí.
        そうです。私たちは今年6年生です。
```

AとBはペットの犬や猫のことについて話している。②③④はペットの話ではなく、人についての話になる。正解は①である。人の言ったことに対してよく"是吗"で確かめたり、"知道了"（了解）という返答で答えたりする。

```
(4) A：能不能告诉我昨天的结果？  Néng bu néng gàosu wǒ zuótiān de jiéguǒ?
        昨日の結果を教えていただけますか。
    B：再等两天，行吗？情况比较复杂。
        Zài děng liǎng tiān, xíng ma? Qíngkuàng bǐjiào fùzá.
        もうすこし待っていただけますか。状況は非常に複雑なので。
    A：① 你有什么好事吗？  Nǐ yǒu shénme hǎoshì ma?
        何かいいことがあるのですか。
        ② 我不是这个意思。   Wǒ bú shì zhège yìsi.
        私はこのようなことを言っているのではありません。
        ③ 我知道你的意思。   Wǒ zhīdao nǐ de yìsi.
        私はあなたの言いたいことが分かっています。
        ❹ 那我就再等一等吧。  Nà wǒ jiù zài děng yi děng ba.
        それじゃ、私はもう少し待ちましょう。
```

最初のAは"能不能～"でBに頼んだが、Bは、できない理由を述べる前に、"～行吗"と頼んだ。このBの発話にAは答えるべきで、正解は④。

```
(5) A：这个相机怎么用？  Zhège xiàngjī zěnme yòng?
        このカメラはどのように使いますか。
    B：我也不会用，这是小王的。   Wǒ yě bú huì yòng, zhè shì XiǎoWáng de.
```

2 ＡＢＡ対話式

私も分かりません。カメラは王さんのものだから。

A：❶ 那我问问他吧。　Nà wǒ wènwen tā ba.
　　　それじゃ、彼に聞いてみましょう。

　② 那你教教我吧。　Nà nǐ jiāojiao wǒ ba.
　　　それじゃ、教えてくださいませんか。

　③ 怎么样，特别好用吧？　Zěnmeyàng, tèbié hǎo yòng ba?
　　　いかがですか。とても使いやすいでしょう。

　④ 好，咱们去照相吧。　Hǎo, zánmen qù zhàoxiàng ba.
　　　はい、写真を撮りに行きましょう。

　カメラの使い方について会話している。Ｂは、使い方が分からない理由はカメラが自分のものではないからと答えた。よって正解は①。②は、分からない人に教えてほしいと言っている。矛盾している。③は使い方が分かっている人の言うことである。④の"好"は誘われた或いは勧められた時の返答である。

(6) A：铃木，你最近忙吗？　Língmù, nǐ zuìjìn máng ma?
　　　鈴木さん、最近、お忙しいですか。

　B：挺忙的，马上就要考试了。你呢？
　　　Tǐng máng de, mǎshàng jiùyào kǎoshì le. Nǐ ne?
　　　とても忙しいです。もうすぐ試験です。あなたは？

　A：① 我马上就去买票。　Wǒ mǎshàng jiù qù mǎi piào.
　　　　すぐチケットを買いに行きます。

　　② 我昨天又迟到了。　Wǒ zuótiān yòu chídào le.
　　　　私は昨日また遅刻してしまいました。

　　❸ 我还可以，我们下个月才考试呢。
　　　　Wǒ hái kěyǐ, wǒmen xiàgeyuè cái kǎoshì ne.
　　　　私はまあまあです。試験は来月になってから始まるので。

　　④ 谢谢你！我的身体很好。　Xièxie nǐ! Wǒ de shēntǐ hěn hǎo.
　　　　ありがとう。私はとても元気です。

　忙しいかどうかについての会話である。Ｂは、忙しいこと及びその理由を話している。そして"你呢"で聞き返した。Ａはこの質問に答えなければならない。よって③が正解。"还可以"は「まあまあ」の意味。後続文で忙しくない理由を言った。

(7) A：这张 CD 是在哪儿买的？　Zhè zhāng CD shì zài nǎr mǎi de?
　　　この CD はどこで買ったのですか。

B：在上海。你喜欢就拿去听吧。　Zài Shànghǎi. Nǐ xǐhuan jiù náqu tīng ba.
　　　　上海で。好きなら持って行って聴きなさい。
　　A：① 不，我不想去。　Bù, wǒ bù xiǎng qù.
　　　　いいえ、私は行きたくありません。
　　　　❷ 真的? 那太好了！　Zhēnde? Nà tài hǎo le!
　　　　本当? それは大変いいです。
　　　　③ 是吗? 你也喜欢吃上海菜?　Shì ma? Nǐ yě xǐhuan chī Shànghǎi cài?
　　　　そうですか。あなたも上海料理が好きですか。
　　　　④ 对，小王不喜欢运动。　Duì, XiǎoWáng bù xǐhuan yùndong.
　　　　はい、王さんはスポーツが好きではありません。

CDについての話である。③と④は違うテーマになっている。①は場所の話で、上海に行きたくないと言っているから話の流れに合うと考えがちだが、要注意。②が正解。Bの発話の最後の"～吧"は「～なさい」と話している。

(8)　A：小王，你今年多大了?　XiǎoWáng, nǐ jīnnián duōdà le?
　　　　王さん、あなたは今年おいくつですか。
　　B：我跟小李一样大，也是十八岁。你呢?
　　　　Wǒ gēn XiǎoLǐ yíyàng dà, yě shì shíbā suì. Nǐ ne?
　　　　李さんと同じ年で、私も 18 歳です。あなたは?
　　A：❶ 我比你们大两岁。　Wǒ bǐ nǐmen dà liǎng suì.
　　　　私は君たちより 2 つ年上です。
　　　　② 我也住二零二房间。　Wǒ yě zhù èrlíngèr fángjiān.
　　　　私も 202 号室に泊まっています。
　　　　③ 这个房间不太大。　Zhège fángjiān bú tài dà.
　　　　この部屋はあまり大きくないです。
　　　　④ 我一共花了二十块钱。　Wǒ yígòng huā le èrshí kuài qián.
　　　　全部で 20 元使いました。

年齢に関しての話である。①が正解。②③④は違うテーマである。

解答　(1) ①　　(2) ④　　(3) ①　　(4) ④
　　　　(5) ①　　(6) ③　　(7) ②　　(8) ①

2 ＡＢＡ対話式

3 食事

関連表現

- 您吃点儿什么？这是菜单。 Nín chī diǎnr shénme? Zhè shì càidān.
  何にしますか。これはメニューです。
- 有什么拿手菜，你给介绍一下吧。
  Yǒu shénme náshǒu cài, nǐ gěi jièshào yíxià ba.
  何かお得意の料理がありますか。紹介してください。
- 十二点了，咱们去吃饭吧。 Shí'èr diǎn le, zánmen qù chīfàn ba.
  もう12時になりました。食事に行きましょう。
- 今天你想吃什么？ Jīntiān nǐ xiǎng chī shénme?
  今日何を食べたいですか。
- 我以后不喝咖啡了。 Wǒ yǐhòu bù hē kāfēi le.
  今後コーヒーを飲まないようにします。
- 还要别的吗？ Háiyào biéde ma?
  ほかにはほしいものがありますか。
- 服务员，我的麻婆豆腐还没上来呢！
  Fúwùyuán, wǒ de Mápó dòufu hái méi shànglai ne!
  すみません、こちらのマーボー豆腐はまだ来ていないですよ。
- 服务员，我们点菜。 Fúwùyuán, wǒmen diǎncài.
  すみません、注文します。
- 咱们休息一会儿，怎么样？ Zánmen xiūxi yíhuìr, zěnmeyàng?
  ちょっと休みませんか。
- 我也正想喝点儿什么呢。 Wǒ yě zhèng xiǎng hē diǎnr shénme ne.
  ちょうど何かを飲みたいと思っていたところです。
- 你喜欢喝红茶，还是喜欢喝咖啡？
  Nǐ xǐhuan hē hóngchá, háishi xǐhuan hē kāfēi?
  紅茶が好きですか、それともコーヒーが好きですか。
- 你觉得这家餐厅的麻婆豆腐怎么样？
  Nǐ juéde zhè jiā cāntīng de Mápó dòufu zěnmeyàng?
  この店のマーボー豆腐をどう思いますか。
- 你爱吃饺子，还是爱吃面条？ Nǐ ài chī jiǎozi, háishi ài chī miàntiáo?
  餃子が好きですか、それとも麺が好きですか。
- 车站附近有一家中国饭馆儿，去那儿吃怎么样？
  Chēzhàn fùjìn yǒu yì jiā Zhōngguó fànguǎnr, qù nàr chī zěnmeyàng?

駅の近くに中華料理の店がありますが、そこへ食べに行きましょうか。

□ 今天买的花茶很好喝。　Jīntiān mǎi de huāchá hěn hǎohē.
今日買ったジャスミン茶は美味しいです。

トレーニング

A (1)～(11)のABの会話を聞き、空欄になっているBの返答を書き取りながら、その後に続くAの発話として最も適当なものを、①～④の中から一つ選びなさい。

CD A20

(1) A：您吃点儿什么? 这是菜单。　　　　　　　　　　　(第77回)
　　B：＿＿＿＿＿＿＿＿＿＿＿＿＿＿＿＿＿＿＿＿＿。
　　A：

　　　　① 我来介绍一下，这是我的女朋友。
　　　　② 我们店的青椒肉丝很好吃。
　　　　③ 来一瓶青岛啤酒怎么样?
　　　　④ 别客气，请多吃点儿。

(2) A：十二点了，咱们去吃饭吧。　　　　　　　　　　　(第75回)
　　B：＿＿＿＿＿＿＿＿＿＿＿＿＿＿＿＿＿＿＿?
　　A：

　　　　① 面条真不好吃。　　　　② 炒饭好吃极了!
　　　　③ 面条，炒饭都可以。　　④ 面条比炒饭好吃多了。

(3) A：我以后不喝咖啡了。　　　　　　　　　　　　　　(第74回)
　　B：＿＿＿＿＿＿＿＿＿＿＿＿＿＿＿＿＿＿＿?
　　A：

　　　　① 那么你喝乌龙茶吧。　　② 这个没有那个好喝。
　　　　③ 听说对身体不好。　　　④ 下班后咱们去喝酒吧。

2 ＡＢＡ対話式

(4) A：来一个麻婆豆腐和一个糖醋鱼。　　　　　　　　　　（第71回）
　　 B：＿＿＿＿＿＿＿＿＿＿＿＿＿＿＿＿＿？
　　 A：

　　　　① 别的人都走了。　　　　　② 不要吃那么多。
　　　　③ 要是想去，你自己去吧。　④ 先点这些，不够再点。

(5) A：服务员，我的麻婆豆腐还没上来呢！　　　　　　　　（第69回）
　　 B：＿＿＿＿＿＿＿＿＿＿＿＿＿＿＿＿＿。
　　 A：

　　　　① 走得太远了！　　　　　　② 快点儿，好吗？
　　　　③ 有点儿不高兴。　　　　　④ 早晚都没关系。

(6) A：咱们休息一会儿，怎么样？　　　　　　　　　　　　（第66回）
　　 B：＿＿＿＿＿＿＿＿＿＿＿＿＿＿＿＿＿。
　　 A：

　　　　① 那去咖啡馆儿喝杯咖啡吧。　② 那明天我去买咖啡。
　　　　③ 我妹妹在青岛学习汉语。　　④ 他姐姐明天去上海。

(7) A：你喜欢喝红茶，还是喜欢喝咖啡？　　　　　　　　　（第65回）
　　 B：＿＿＿＿＿＿＿＿＿＿＿＿＿＿＿＿＿
　　 A：

　　　　① 那你喜欢喝什么？　　　　② 我喜欢看中国电影。
　　　　③ 我也喜欢喝红茶。　　　　④ 那咱们一起去喝咖啡吧。

(8) A：你觉得这家餐厅的麻婆豆腐怎么样？　　　　　　　　（第64回）
　　 B：＿＿＿＿＿＿＿＿＿＿＿＿＿＿＿＿＿。
　　 A：

　　　　① 我也觉得这儿的麻婆豆腐不辣。
　　　　② 我也觉得这儿的麻婆豆腐不好吃。
　　　　③ 地道的麻婆豆腐都很辣。
　　　　④ 我没吃过你家的麻婆豆腐。

(9) A：你爱吃饺子，还是爱吃面条？　　　　　　　　　　　（第63回）
　　B：_____。
　　A：

　　　　① 我跟你不一样，喜欢吃饺子。
　　　　② 那中午咱们去吃饺子吧。
　　　　③ 是吗？我也不爱吃饺子。
　　　　④ 那今天晚上咱们去吃面条吧。

(10) A：咱们晚饭去哪儿吃？　　　　　　　　　　　　　　　（第62回）
　　 B：_____？
　　 A：

　　　　① 那你教我做中国菜吧。　　② 好啊，我好久没吃中国菜了。
　　　　③ 好啊，我正想去你家呢。　④ 小王也不会做四川菜。

(11) A：今天买的花茶很好喝。　　　　　　　　　　　　　　（第60回）
　　 B：_____。
　　 A：

　　　　① 怎么样？不行吧。　　② 怎么样？不好喝吧。
　　　　③ 怎么样？不错吧。　　④ 怎么样？不对吧。

B (1)〜(11)のABの会話を聞き、Bの後に続くAの発話として最も適当なものを、①〜④の中から一つ選びなさい。　　　　　　**CD A20**

(1) A：您吃点儿什么？这是菜单。　　　　　　　　　　　（第77回）
　　B：有什么拿手菜，你给介绍一下吧。
　　A：

　　　　①　　　　　　②　　　　　　③　　　　　　④

(2) A：十二点了，咱们去吃饭吧。　　　　　　　　　　　（第75回）
　　B：好啊。今天你想吃什么？
　　A：

　　　　①　　　　　　②　　　　　　③　　　　　　④

2 ＡＢＡ対話式

(3) A：我以后不喝咖啡了。　　　　　　　　　　　　　　　　（第 74 回）
    B：为什么？
    A：
    　　　① 　　　　　② 　　　　　③ 　　　　　④

(4) A：来一个麻婆豆腐和一个糖醋鱼。　　　　　　　　　　　（第 71 回）
    B：好，还要别的吗？
    A：
    　　　① 　　　　　② 　　　　　③ 　　　　　④

(5) A：服务员，我的麻婆豆腐还没上来呢！　　　　　　　　　（第 69 回）
    B：不好意思，我去问问。
    A：
    　　　① 　　　　　② 　　　　　③ 　　　　　④

(6) A：咱们休息一会儿，怎么样？　　　　　　　　　　　　　（第 66 回）
    B：好啊，我也正想喝点儿什么呢。
    A：
    　　　① 　　　　　② 　　　　　③ 　　　　　④

(7) A：你喜欢喝红茶，还是喜欢喝咖啡？　　　　　　　　　　（第 65 回）
    B：我都不太喜欢。
    A：
    　　　① 　　　　　② 　　　　　③ 　　　　　④

(8) A：你觉得这家餐厅的麻婆豆腐怎么样？　　　　　　　　　（第 64 回）
    B：辣是辣，不过挺好吃的。
    A：
    　　　① 　　　　　② 　　　　　③ 　　　　　④

(9) A：你爱吃饺子，还是爱吃面条？　　　　　　　　　　　　（第 63 回）
    B：我爱吃饺子。
    A：
    　　　① 　　　　　② 　　　　　③ 　　　　　④

2　ＡＢＡ対話式

(10)　Ａ：咱们晚饭去哪儿吃?　　　　　　　　　　　　　（第62回）
　　　Ｂ：车站附近有一家中国饭馆儿，去那儿吃怎么样?
　　　Ａ：
　　　　　　①　　　　　②　　　　　③　　　　　④

(11)　Ａ：今天买的花茶很好喝。　　　　　　　　　　　（第60回）
　　　Ｂ：是吗，我尝尝。
　　　Ａ：
　　　　　　①　　　　　②　　　　　③　　　　　④

腕試し

(1)〜(11)のABの会話を聞き、Bの後に続くAの発話として最も適当なものを、①〜④の中から一つ選びなさい。　　CD A20

(1)　①　　　　　②　　　　　③　　　　　④

(2)　①　　　　　②　　　　　③　　　　　④

(3)　①　　　　　②　　　　　③　　　　　④

(4)　①　　　　　②　　　　　③　　　　　④

(5)　①　　　　　②　　　　　③　　　　　④

(6)　①　　　　　②　　　　　③　　　　　④

(7)　①　　　　　②　　　　　③　　　　　④

(8)　①　　　　　②　　　　　③　　　　　④

(9)　①　　　　　②　　　　　③　　　　　④

2 ＡＢＡ対話式

(10) ①　　　　　②　　　　　③　　　　　④

(11) ①　　　　　②　　　　　③　　　　　④

解 説　A・B・腕試し 共通

(1) A：您吃点儿什么？这是菜单。　Nín chī diǎnr shénme? Zhè shì càidān.
　　　何にしますか。これはメニューです。
　　B：有什么拿手菜，你给介绍一下吧。
　　　Yǒu shénme náshǒu cài, nǐ gěi jièshào yíxià ba.
　　　何かお得意の料理がありますか。紹介してください。
　　A：① 我来介绍一下，这是我的女朋友。
　　　Wǒ lái jièshào yíxià, zhè shì wǒ de nǚpéngyou.
　　　ちょっとご紹介いたします。こちらは私のガールフレンドです。
　　　❷ 我们店的青椒肉丝很好吃。　Wǒmen diàn de qīngjiāo ròusī hěn hǎochī.
　　　私たちの店のチンジャオロースは美味しいです。
　　　③ 来一瓶青岛啤酒怎么样？　Lái yì píng Qīngdǎo píjiǔ zěnmeyàng?
　　　チンタオビール1本どうですか。
　　　④ 别客气，请多吃点儿。　Bié kèqi, qǐng duō chī diǎnr.
　　　遠慮しないで、たくさん召し上がってください。

　Aの発話の"吃"や"菜单"から、レストランでの会話だと分かる。Bは"拿手菜"（得意料理）を紹介してほしいと言っているので、正解は②。①は彼女を紹介した。③は食べ物ではなく、飲み物となっている。④は何も紹介していない。

(2) A：十二点了，咱们去吃饭吧。　Shí'èr diǎn le, zánmen qù chīfàn ba.
　　　もう12時になりました。食事に行きましょう。
　　B：好啊。今天你想吃什么？　Hǎo a. Jīntiān nǐ xiǎng chī shénme?
　　　いいですよ。今日は何を食べたいですか。
　　A：① 面条真不好吃。　Miàntiáo zhēn bù hǎochī.
　　　麺は本当にまずいですね。
　　　② 炒饭好吃极了！　Chǎofàn hǎochī jí le!
　　　チャーハンはとても美味しかったです。
　　　❸ 面条，炒饭都可以。　Miàntiáo, chǎofàn dōu kěyǐ.
　　　麺、チャーハン、どちらでもかまいません。
　　　④ 面条比炒饭好吃多了。　Miàntiáo bǐ chǎofàn hǎochī duō le.
　　　麺はチャーハンよりずっと美味しいです。

　Aの発話から食事に関する話だと分かる。Bの返答の後半は質問文となっているので、後続のAはこの質問に答えなければならない。よって③が正解。①②④は料理に対する評価である。

2 ＡＢＡ対話式

(3) Ａ：我以后不喝咖啡了。　Wǒ yǐhòu bù hē kāfēi le.
　　　　私は今後コーヒーを飲まないようにします。

　　Ｂ：为什么?　Wèishénme?
　　　　どうしてですか。

　　Ａ：① 那么你喝乌龙茶吧。　Nàme nǐ hē wūlóngchá ba.
　　　　　それなら、ウーロン茶を飲んでください。

　　　　② 这个没有那个好喝。　Zhège méiyǒu nàge hǎohē.
　　　　　これはあれほど美味しくありません。

　　　　❸ 听说对身体不好。　Tīngshuō duì shēntǐ bù hǎo.
　　　　　体に良くないそうです。

　　　　④ 下班后咱们去喝酒吧。　Xiàbān hòu zánmen qù hējiǔ ba.
　　　　　仕事が終わったら、お酒を飲みに行きましょう。

　Ａの発話から飲食関連の話だと分かる。"不～了"は「～するのをやめる」の意味である。Ｂはその理由について質問したので、次のＡはこの質問に答えるべきである。よって③が正解。①はＢの発話となる。②はやめる理由にならない。④は理由ではなく、相手を誘う話となっている。

(4) Ａ：来一个麻婆豆腐和一个糖醋鱼。
　　　　Lái yí ge Mápó dòufu hé yí ge táng cù yú.
　　　　マーボー豆腐１つと、魚の甘酢あんかけを１つください。

　　Ｂ：好，还要别的吗?　Hǎo, háiyào biéde ma?
　　　　分かりました。ほかにはほしいものがありますか。

　　Ａ：① 别的人都走了。　Biéde rén dōu zǒu le.
　　　　　他の人はみんな帰りました。

　　　　② 不要吃那么多。　Bú yào chī nàme duō.
　　　　　あんなにたくさん食べないでください。

　　　　③ 要是想去，你自己去吧。　Yàoshì xiǎng qù, nǐ zìjǐ qù ba.
　　　　　行きたいなら、自分で行きなさい。

　　　　❹ 先点这些，不够再点。　Xiān diǎn zhèxiē, bú gòu zài diǎn.
　　　　　とりあえず先ずこれぐらいにします。足りない時にはまた注文します。

　Ａの発話でレストランでの注文の場面だと分かる。Ｂの発話の後半は質問になっているので、Ａはこの質問に答える必要がある。①は料理の話ではなく、人のことについて話している。②"不要"（～しないでください）は禁止の意味で、相手に注意を呼び掛けている。③は関係ない話となっている。"去"（qù）を"吃"（chī）の発音と間違わないように。

(5) A：服务员，我的麻婆豆腐还没上来呢！
　　　Fúwùyuán, wǒ de Mápó dòufu hái méi shànglai ne!
　　　すみません、こちらのマーボー豆腐はまだ来ていないですよ。

　　B：不好意思，我去问问。　Bù hǎoyìsi, wǒ qù wènwen.
　　　申し訳ございません。聞いてみます。

　　A：① 走得太远了！　Zǒu de tài yuǎn le!
　　　　 遠くまで歩きすぎました。

　　　　❷ 快点儿，好吗？　Kuàidiǎnr, hǎo ma?
　　　　 少し早くしていただけませんか。

　　　　③ 有点儿不高兴。　Yǒudiǎnr bù gāoxìng.
　　　　 ちょっと機嫌が悪いです。

　　　　④ 早晚都没关系。　Zǎowǎn dōu méi guānxi.
　　　　 早くても遅くてもどちらでも構いません。

　Aの発話でレストランの会話だと分かる。料理が来ていないことに文句を言っている。②が正解。早く出してという返答である。①③④は話の流れに合わない。

(6) A：咱们休息一会儿，怎么样？　Zánmen xiūxi yíhuìr, zěnmeyàng?
　　　ちょっと休みませんか。

　　B：好啊，我也正想喝点儿什么呢。
　　　Hǎo a, wǒ yě zhèng xiǎng hē diǎnr shénme ne.
　　　いいよ。ちょうど何かを飲みたいと思っていたところです。

　　A：❶ 那去咖啡馆儿喝杯咖啡吧。　Nà qù kāfēiguǎnr hē bēi kāfēi ba.
　　　　 それでは喫茶店へコーヒーを飲みに行きましょうか。

　　　　② 那明天我去买咖啡。　Nà míngtiān wǒ qù mǎi kāfēi.
　　　　 それでは明日私はコーヒーを買いに行きます。

　　　　③ 我妹妹在青岛学习汉语。　Wǒ mèimei zài Qīngdǎo xuéxí Hànyǔ.
　　　　 妹は青島で中国語を勉強しています。

　　　　④ 他姐姐明天去上海。　Tā jiějie míngtiān qù Shànghǎi.
　　　　 彼のお姉さんは明日上海へ行きます。

　休もうと誘ったAに対して、BはOKを出しながら、飲み物を飲みたい願望を話している。それに対してのAの返答は、①が正解。②は時間詞が明日となっている。③④は自分たちの話ではなく、第三者の話となっている。

(7) A：你喜欢喝红茶，还是喜欢喝咖啡？

2 ＡＢＡ対話式

　　　　Nǐ xǐhuan hē hóngchá, háishi xǐhuan hē kāfēi?
　　　　紅茶が好きですか、それともコーヒーが好きですか。
　　Ｂ：我都不太喜欢。　　Wǒ dōu bú tài xǐhuan.
　　　　どちらもあまり好きではありません。
　　Ａ：❶ 那你喜欢喝什么？　　Nà nǐ xǐhuan hē shénme?
　　　　　　ではあなたは何が好きですか。
　　　　② 我喜欢看中国电影。　　Wǒ xǐhuan kàn Zhōngguó diànyǐng.
　　　　　　私は中国映画が好きです。
　　　　③ 我也喜欢喝红茶。　　Wǒ yě xǐhuan hē hóngchá.
　　　　　　私も紅茶が好きです。
　　　　④ 那咱们一起去喝咖啡吧。　　Nà zánmen yìqǐ qù hē kāfēi ba.
　　　　　　それでは一緒にコーヒーを飲みに行きましょうか。

　Ａの発話から飲み物に関する話題だと分かる。"〜还是〜"の選択疑問文に対して、"〜都不〜"で両方を否定したＢの発話に対して、Ａの返答は、①の質問文が相応しい。②は映画の話。③④はＢの話に合わない。

(8)　Ａ：你觉得这家餐厅的麻婆豆腐怎么样？
　　　　Nǐ juéde zhè jiā cāntīng de Mápó dòufu zěnmeyàng?
　　　　この店のマーボー豆腐をどう思いますか。
　　Ｂ：辣是辣，不过挺好吃的。　　Là shi là, búguò tǐng hǎochī de.
　　　　辛いことは辛いですが、美味しいですよ。
　　Ａ：① 我也觉得这儿的麻婆豆腐不辣。
　　　　　　Wǒ yě juéde zhèr de Mápó dòufu bú là.
　　　　　　私もこの店のマーボー豆腐は辛くないと思います。
　　　　② 我也觉得这儿的麻婆豆腐不好吃。
　　　　　　Wǒ yě juéde zhèr de Mápó dòufu bù hǎochī.
　　　　　　私もこの店のマーボー豆腐は美味しくないと思います。
　　　　❸ 地道的麻婆豆腐都很辣。　　Dìdao de Mápó dòufu dōu hěn là.
　　　　　　本場のマーボー豆腐はどれも辛いです。
　　　　④ 我没吃过你家的麻婆豆腐。　　Wǒ méi chī guo nǐ jiā de Mápó dòufu.
　　　　　　私はお宅のマーボー豆腐を食べたことがありません。

　料理に関する会話である。最初のＡは"你觉得〜"を使って相手がどう思っているかを尋ねた。③が正解。①②には"也"という副詞があるので、Ｂの発話に同感する内容になる必要があるが、反対になっているので、矛盾している。④はマーボー豆腐の修飾語が違う。"你家"と"这家"の発音の違いに注意し

よう。

(9) A：你爱吃饺子，还是爱吃面条？　Nǐ ài chī jiǎozi, háishi ài chī miàntiáo?
　　　あなたは餃子が好きですか、それとも麺が好きですか。

　　B：我爱吃饺子。　Wǒ ài chī jiǎozi.
　　　私は餃子が好きです。

　　A：① 我跟你不一样，喜欢吃饺子。　Wǒ gēn nǐ bù yíyàng, xǐhuan chī jiǎozi.
　　　私はあなたと違って餃子が好きです。

　　　❷ 那中午咱们去吃饺子吧。　Nà zhōngwǔ zánmen qù chī jiǎozi ba.
　　　それじゃ、昼一緒に餃子を食べに行きましょう。

　　　③ 是吗? 我也不爱吃饺子。　Shì ma? Wǒ yě bú ài chī jiǎozi.
　　　そうですか。私も餃子があまり好きではありません。

　　　④ 那今天晚上咱们去吃面条吧。
　　　Nà jīntiān wǎnshang zánmen qù chī miàntiáo ba.
　　　それでは、今晩一緒に麺を食べに行きましょう。

　人の好き嫌いを聞く時や誘う場合には、よく選択疑問文を用いる。Aの"～还是～"の選択疑問文に対して、Bは1つ選択して答えた。その続きのAの発話だが、①は前半が正しいなら、後半は麺が好きと言うはずである。②が正解。③は後半の内容がBと矛盾している。④の"那"は順接の場合に使う接続詞で、「それでは」「それなら」の意になるため、後続文はBの好きな餃子を食べに行こうと誘うべきである。

(10) A：咱们晚饭去哪儿吃?　Zánmen wǎnfàn qù nǎr chī?
　　　晩ご飯はどこで食べますか。

　　B：车站附近有一家中国饭馆儿，去那儿吃怎么样?
　　　Chēzhàn fùjìn yǒu yì jiā Zhōngguó fànguǎnr, qù nàr chī zěnmeyàng?
　　　駅の近くに中華料理の店がありますが、そこへ食べに行きましょうか。

　　A：① 那你教我做中国菜吧。　Nà nǐ jiāo wǒ zuò Zhōngguó cài ba.
　　　私に中華料理の作り方を教えてください。

　　　❷ 好啊，我好久没吃中国菜了。
　　　Hǎo a, wǒ hǎojiǔ méi chī Zhōngguó cài le.
　　　いいですよ。しばらく中華を食べていないし。

　　　③ 好啊，我正想去你家呢。　Hǎo a, wǒ zhèng xiǎng qù nǐ jiā ne.
　　　いいですよ。ちょうどあなたの家に行こうと思っていたところです。

　　　④ 小王也不会做四川菜。　XiǎoWáng yě bú huì zuò Sìchuān cài.

2 ＡＢＡ対話式

王さんも四川料理が作れません。

　Ａは晩ご飯をどこで食べるかを質問し、Ｂは駅前の中華を薦めた。そして"怎么样"で相手の意向を聞いた。②が正解。①は食べる話ではなく、作る話となっている。③は駅前ではなく、相手の家に行くこととなっている。④は第三者のことについて話している。

(11)　Ａ：今天买的花茶很好喝。　Jīntiān mǎi de huāchá hěn hǎohē.
　　　　　今日買ったジャスミン茶は美味しいです。

　　　Ｂ：是吗，我尝尝。　Shì ma, wǒ chángchang.
　　　　　そうですか。ちょっと飲んでみます。

　　　Ａ：① 怎么样? 不行吧。　Zěnmeyàng? Bùxíng ba.
　　　　　どうですか。だめでしょう。

　　　　② 怎么样? 不好喝吧。　Zěnmeyàng? Bù hǎohē ba.
　　　　　どうですか。美味しくないでしょう。

　　　　❸ 怎么样? 不错吧。　Zěnmeyàng? Búcuò ba.
　　　　　どうですか。いいでしょう。

　　　　④ 怎么样? 不对吧。　Zěnmeyàng? Bú duì ba.
　　　　　どうですか。間違ったでしょう。

　お茶の味について話している。Ａの「美味しい」に対して、Ｂは飲んでみるという。その次、ＡはＢがどう思うのかを聞く。①④は味について話していない。②は飲み物の味について言っているが、Ａは最初に美味しいと言っているので、否定の言い方をすると矛盾する。③が正解。"不错"はどんな場面でも使える自慢の表現である。

解答　(1) ②　　(2) ③　　(3) ③　　(4) ④　　(5) ②　　(6) ①
　　　　(7) ①　　(8) ③　　(9) ②　　(10) ②　　(11) ③

4 余暇

関連表現

- 您这次是来北京旅游的吧？ Nín zhècì shì lái Běijīng lǚyóu de ba?
  今回あなたは北京へ旅行に来たのでしょうね。
- 北京什么地方最好玩儿？ Běijīng shénme dìfang zuì hǎowánr?
  北京はどこがもっとも面白いですか。
- 从这儿能看到富士山！ Cóng zhèr néng kàndào Fùshìshān!
  ここから富士山が見えます。
- 这个黄金周玩儿得真痛快！ Zhège huángjīnzhōu wánr de zhēn tòngkuài!
  このゴールデンウイークはとても楽しく遊びました。
- 你去哪儿玩儿了？ Nǐ qù nǎr wánr le?
  どこへ遊びに行きましたか。
- 明天星期天，你打算做什么？ Míngtiān xīngqītiān, nǐ dǎsuan zuò shénme?
  明日の日曜日あなたは何をやるつもりですか。
- 你以前来过吗？ Nǐ yǐqián lái guo ma?
  以前、来たことがありますか。
- 我还没去过中国呢，我打算去中国旅游。
  Wǒ hái méi qù guo Zhōngguó ne, wǒ dǎsuan qù Zhōngguó lǚyóu.
  私は中国に行ったことがないので、中国へ旅行に行くつもりです。
- 我暑假想去中国留学。 Wǒ shǔjià xiǎng qù Zhōngguó liúxué.
  私は夏休み中国へ留学に行きたいです。
- 你有那么多钱吗？ Nǐ yǒu nàme duō qián ma?
  そんな大金を持っていますか。

2 ＡＢＡ対話式

トレーニング

A (1)～(7)の AB の会話を聞き、空欄になっている B の返答を書き取りながら、その後に続く A の発話として最も適当なものを、①～④の中から一つ選びなさい。

CD A21

(1) A：您这次是来北京旅游的吧？　　　　　　　　　　　　（第76回）
　　B：＿＿＿＿＿＿＿＿＿＿＿＿＿＿＿＿？
　　A：

　　① 那当然是长城啦！　　　　② 我想去长城。
　　③ 我昨天去过故宫了。　　　④ 参观故宫的人太多了。

(2) A：你看，从这儿能看到富士山！　　　　　　　　　　　（第68回）
　　B：＿＿＿＿＿＿＿＿＿＿＿＿＿＿＿＿？
　　A：

　　① 过来，这儿能看见。　　　② 这儿离富士山不远。
　　③ 见不到他太可惜了。　　　④ 奇怪，他在看富士山呢。

(3) A：这个黄金周玩儿得真痛快！　　　　　　　　　　　　（第66回）
　　B：＿＿＿＿＿＿＿＿＿＿＿＿＿＿＿＿？
　　A：

　　① 我们在南京路见面吧。　　② 准备去北海公园散步。
　　③ 去北海道玩儿了几天。　　④ 我和小黄打算去看电影。

(4) A：明天星期天，你打算做什么？　　　　　　　　　　　（第64回）
　　B：＿＿＿＿＿＿＿＿＿＿＿＿＿＿＿＿。
　　A：

　　① 我也是。　　　　　　　　② 我也打算去打电子游戏。
　　③ 你准备去哪儿？　　　　　④ 他家在什么地方？

(5) A：上海真繁华啊！　　　　　　　　　　　　　　　　　（第62回）
　　B：＿＿＿＿＿＿＿＿＿＿＿＿＿＿＿＿？
　　A：

　　① 有机会我还想来上海。　　② 我吃过上海菜，很好吃。
　　③ 我有一个朋友是上海人。　④ 我这是第一次来。

(6) A：暑假你有什么打算？ （第59回）
　　B：＿＿＿＿＿＿＿＿＿＿＿＿＿＿＿＿＿＿。
　　A：

　　　　① 你打算和谁一起去？　　② 你是什么时候从中国回来的？
　　　　③ 我也没吃过中国菜。　　④ 我也想去美国留学。

(7) A：我暑假想去中国留学。 （第60回）
　　B：＿＿＿＿＿＿＿＿＿＿＿＿＿＿＿？
　　A：

　　　　① 我想买中国地图。　　② 我准备去中国留学。
　　　　③ 我准备打工挣钱。　　④ 我想去学习英语。

B (1)～(7)のABの会話を聞き、Bの後に続くAの発話として最も適当なものを、①～④の中から一つ選びなさい。　　CD A21

(1) A：您这次是来北京旅游的吧？ （第76回）
　　B：是的。北京什么地方最好玩儿？
　　A：

　　　　①　　　　②　　　　③　　　　④

(2) A：你看，从这儿能看到富士山！ （第68回）
　　B：在哪儿？我看不见。
　　A：

　　　　①　　　　②　　　　③　　　　④

(3) A：这个黄金周玩儿得真痛快！ （第66回）
　　B：你去哪儿玩儿了？
　　A：

　　　　①　　　　②　　　　③　　　　④

2　ＡＢＡ対話式

(4) A：明天星期天，你打算做什么？ （第64回）
　　B：没什么打算，在家休息吧。
　　A：
　　　　① ② ③ ④

(5) A：上海真繁华啊！ （第62回）
　　B：是啊。你以前来过吗？
　　A：
　　　　① ② ③ ④

(6) A：暑假你有什么打算？ （第59回）
　　B：我还没去过中国呢，我打算去中国旅游。
　　A：
　　　　① ② ③ ④

(7) A：我暑假想去中国留学。 （第60回）
　　B：你有那么多钱吗？
　　A：
　　　　① ② ③ ④

腕試し

(1)～(7)のABの会話を聞き、Bの後に続くAの発話として最も適当なものを、①～④の中から一つ選びなさい。　　CD A21

(1) ① ② ③ ④

(2) ① ② ③ ④

(3) ① ② ③ ④

(4) ① ② ③ ④

(5) ① ② ③ ④

2 ＡＢＡ対話式

(6) ①　　　　②　　　　　　③　　　　　　④

(7) ①　　　　②　　　　　　③　　　　　　④

2 ＡＢＡ対話式

解　説　Ａ・Ｂ・腕試し　共通

（1）　Ａ：您这次是来北京旅游的吧？　Nín zhècì shì lái Běijīng lǚyóu de ba?
　　　　　今回あなたは旅行で北京へ来たのでしょう。

　　　　Ｂ：是的。北京什么地方最好玩儿？
　　　　　Shì de. Běijīng shénme dìfang zuì hǎowánr?
　　　　　そうです。北京はどこがもっとも面白いですか。

　　　　Ａ：❶ 那当然是长城啦！　Nà dāngrán shì Chángchéng la!
　　　　　それはやはり万里の長城だと思います。

　　　　　② 我想去长城。　Wǒ xiǎng qù Chángchéng.
　　　　　私は長城へ行きたいです。

　　　　　③ 我昨天去过故宫了。　Wǒ zuótiān qù guo Gùgōng le.
　　　　　私は昨日故宮へ行ってきました。

　　　　　④ 参观故宫的人太多了。　Cānguān Gùgōng de rén tài duō le.
　　　　　故宮を見学する人は大変多いです。

　　旅行に来たＢは現地人のＡに北京の面白いところを尋ねた。①が正解。②③④はＢの質問に答えていない。②はＡの願望である。③は過去のことについて述べている。④は感想を述べている。

（2）　Ａ：你看，从这儿能看到富士山！　Nǐ kàn, cóng zhèr néng kàndào Fùshìshān!
　　　　　ほら、ここから富士山が見えます。

　　　　Ｂ：在哪儿？我看不见。　Zài nǎr? Wǒ kàn bu jiàn.
　　　　　どこですか。私は見えません。

　　　　Ａ：❶ 过来，这儿能看见。　Guòlai, zhèr néng kànjiàn.
　　　　　こっちに来て、ここから見えます。

　　　　　② 这儿离富士山不远。　Zhèr lí Fùshìshān bù yuǎn.
　　　　　ここは富士山から遠くありません。

　　　　　③ 见不到他太可惜了。　Jiànbudào tā tài kěxī le.
　　　　　彼に会えなくてとても残念です。

　　　　　④ 奇怪。他在看富士山呢。　Qíguài. Tā zài kàn Fùshìshān ne.
　　　　　おかしいですね。彼は富士山を見ています。

　　風景を見ている時の会話である。Ａは見えるが、Ｂは見えない状況である。相応しい返答は①である。Ｂの発話の前半は質問、後半はその質問の理由。①は前半の質問に答えている。②③④はＢの質問に答えていない。③の"他"（彼）を"它"（それ）と間違ったりするが、"见"は、人に会う時に使う動詞なので、後ろに来る目的語は人間となる。

(3) A：这个黄金周玩儿得真痛快！　Zhège huángjīnzhōu wánr de zhēn tòngkuài!
　　　このゴールデンウイークはとても楽しく遊びました。

　　B：你去哪儿玩儿了？　Nǐ qù nǎr wánr le?
　　　どこへ遊びに行きましたか。

　　A：① 我们在南京路见面吧。　Wǒmen zài Nánjīnglù jiànmiàn ba.
　　　　私達は南京路で会いましょう。

　　　② 准备去北海公园散步。　Zhǔnbèi qù Běihǎi gōngyuán sànbù.
　　　　北海公園へ散歩に行くつもりです。

　　　❸ 去北海道玩儿了几天。　Qù Běihǎidào wánr le jǐ tiān.
　　　　北海道へ数日間遊びに行きました。

　　　④ 我和小黄打算去看电影。　Wǒ hé XiǎoHuáng dǎsuan qù kàn diànyǐng.
　　　　私と黄さんは映画を見に行く予定です。

　最初のＡの発話は様態補語の表現を用いている。様態補語は動作の様態を表すため、終わったことになる。また後続のＢにも"了"は入っているので、過去の話だと分かる。②の"准备"、④の"打算"は予定、つまり将来のことについて話す時によく使われる表現である。①の文末の"吧"は、相手を誘う時によく使う。③が正解。

(4) A：明天星期天，你打算做什么？　Míngtiān xīngqītiān, nǐ dǎsuan zuò shénme?
　　　明日の日曜日あなたは何をするつもりですか。

　　B：没什么打算，在家休息吧。　Méi shénme dǎsuan, zàijiā xiūxi ba.
　　　何の予定もなく、家で休むかと思います。

　　A：❶ 我也是。　Wǒ yě shì.
　　　　私も同じです。

　　　② 我也打算去打电子游戏。　Wǒ yě dǎsuan qù dǎ diànzǐ yóuxì.
　　　　私も電子ゲームをやりに行く予定です。

　　　③ 你准备去哪儿？　Nǐ zhǔnbèi qù nǎr?
　　　　どこへ行く予定ですか。

　　　④ 他家在什么地方？　Tā jiā zài shénme dìfang?
　　　　彼の家はどこにありますか。

　日曜日の予定について話しあっている。Ｂは、予定がなく、家で休むと答えた。②③は予定がある時の返答。④は関係のない話。①が正解。

(5) A：上海真繁华啊！　Shànghǎi zhēn fánhuá a!

2 ＡＢＡ対話式

　　　　　上海は本当に賑やかですね。
　　Ｂ：是啊，你以前来过吗？　Shì a, nǐ yǐqián lái guo ma?
　　　　　そうですね。以前、来たことがありますか。
　　Ａ：① 有机会我还想来上海。　Yǒu jīhuì wǒ hái xiǎng lái Shànghǎi.
　　　　　機会があれば、また上海に来たいです。
　　　　② 我吃过上海菜，很好吃。　Wǒ chī guo Shànghǎi cài, hěn hǎochī.
　　　　　私は上海料理を食べたことがあります。美味しいです。
　　　　③ 我有一个朋友是上海人。　Wǒ yǒu yí ge péngyou shì Shànghǎi rén.
　　　　　私は上海出身の友人が１人います。
　　　　❹ 我这是第一次来。　Wǒ zhè shì dìyīcì lái.
　　　　　今回が初めてです。

Ｂの後半は質問となっている。この質問に答えたのは④である。①②③は質問に答えていない。

(6)　Ａ：暑假你有什么打算？　Shǔjià nǐ yǒu shénme dǎsuan?
　　　　　夏休みは何をするつもりですか。
　　Ｂ：我还没去过中国呢，我打算去中国旅游。
　　　　　Wǒ hái méi qù guo Zhōngguó ne, wǒ dǎsuan qù Zhōngguó lǚyóu.
　　　　　私は中国へ行ったことがないので、中国へ旅行に行くつもりです。
　　Ａ：❶ 你打算和谁一起去？　Nǐ dǎsuan hé shéi yìqǐ qù?
　　　　　誰と一緒に行く予定ですか。
　　　　② 你是什么时候从中国回来的?
　　　　　Nǐ shì shénme shíhou cóng Zhōngguó huílai de?
　　　　　いつ中国から帰ってきたのですか。
　　　　③ 我也没吃过中国菜。　Wǒ yě méi chī guo Zhōngguó cài.
　　　　　私も中華料理を食べたことがありません。
　　　　④ 我也想去美国留学。　Wǒ yě xiǎng qù Měiguó liúxué.
　　　　　私もアメリカへ留学に行きたいです。

夏休みの予定についての話題である。Ｂは中国へ旅行する予定。①が正解。②の"是～的"の文型は予定ではなく、過去のことを表す時に使う。③は中華料理の話。④は留学の話。

(7)　Ａ：我暑假想去中国留学。　Wǒ shǔjià xiǎng qù Zhōngguó liúxué.
　　　　　私は夏休みに中国へ留学に行きたいです。
　　Ｂ：你有那么多钱吗？　Nǐ yǒu nàme duō qián ma?

そんな大金を持っていますか。

A：① 我想买中国地图。　Wǒ xiǎng mǎi Zhōngguó dìtú.
　　　私は中国地図を買いたいです。
　　② 我准备去中国留学。　Wǒ zhǔnbèi qù Zhōngguó liúxué.
　　　私は中国へ留学に行くつもりです。
　　❸ 我准备打工挣钱。　Wǒ zhǔnbèi dǎgōng zhèngqián.
　　　バイトをしてお金を稼ごうと考えています。
　　④ 我想去学习英语。　Wǒ xiǎng qù xuéxí Yīngyǔ.
　　　英語の勉強をしに行きたいです。

夏休みの予定についての会話である。Bの質問に間接的に答えたのが③である。"有〜吗"に対して直接"没有"と答えてはいないが、間接的に答えている。

解答　(1) ①　　(2) ①　　(3) ③　　(4) ①
　　　　(5) ④　　(6) ①　　(7) ③

5 趣味

関連表現

- 你画画儿画得真好，学了很长时间了吧？ Nǐ huàhuàr huà de zhēn hǎo, xué le hěn cháng shíjiān le ba?
  あなたは絵を描くのが本当に上手です。ずいぶん長い間習っていたのでしょうね。
- 我从六岁就开始学了。 Wǒ cóng liù suì jiù kāishǐ xué le.
  私は6歳から習い始めました。
- 你网球打得真不错啊！ Nǐ wǎngqiú dǎ de zhēn búcuò a!
  あなたはテニスが本当に上手ですね。
- 什么时候我跟你学学吧。 Shénme shíhou wǒ gēn nǐ xuéxue ba.
  いつかあなたについて学びたいですね。
- 听说你也喜欢滑雪。 Tīngshuō nǐ yě xǐhuan huáxuě.
  あなたもスキーが好きだそうですね。
- 下次你有时间，咱们一起去吧。 Xiàcì nǐ yǒu shíjiān, zánmen yìqǐ qù ba.
  次回あなたに時間があれば、一緒に行きましょう。
- 那你可以去动物园看看。 Nà nǐ kěyǐ qù dòngwùyuán kànkan.
  それなら動物園へ見に行けばいいかと思います。
- 昨天的电影，你看懂了吗？ Zuótiān de diànyǐng, nǐ kàndǒng le ma?
  昨日の映画はあなたは分かりましたか。
- 你会打乒乓球吗？ Nǐ huì dǎ pīngpāngqiú ma?
  あなたは卓球ができますか。
- 你打得也挺好啊。 Nǐ dǎ de yě tǐng hǎo a.
  あなたのプレーも上手ですよ。
- 你喜欢看什么电视节目？ Nǐ xǐhuan kàn shénme diànshì jiémù?
  あなたはどんなテレビ番組が好きですか。

トレーニング

A (1)〜(8)のABの会話を聞き、空欄になっているBの返答を書き取りながら、その後に続くAの発話として最も適当なものを、①〜④の中から一つ選びなさい。
CD A22

(1) A：你画画儿画得真好，学了很长时间了吧？ (第74回)
　　B：＿＿＿＿＿＿＿＿＿＿＿＿＿＿＿＿＿＿＿。
　　A：

　　　① 怪不得呢，原来学了那么久了。
　　　② 他刚才的话是什么意思？
　　　③ 要是你同意的话，我也不反对。
　　　④ 一起去，路上可以说说话。

(2) A：你网球打得真不错啊！ (第72回)
　　B：＿＿＿＿＿＿＿＿＿＿＿＿＿＿＿＿＿＿＿。
　　A：

　　　① 什么时候我跟你学学吧。　② 我会电脑，但不常上网。
　　　③ 你从九点打到几点？　　　④ 小王的确很能喝酒。

(3) A：听说你也喜欢滑雪。 (第70回)
　　B：＿＿＿＿＿＿＿＿＿＿＿＿＿＿＿＿＿＿＿。
　　A：

　　　① 那么你再也不想去了吧。
　　　② 明天他也没有时间去滑。
　　　③ 去年冬天我们一起去滑过。
　　　④ 下次你有时间，咱们一起去吧。

(4) A：我特别喜欢大熊猫。 (第68回)
　　B：＿＿＿＿＿＿＿＿＿＿＿＿＿＿＿＿＿＿＿。
　　A：

　　　① 我没去过北京动物园。　② 你不喜欢吗？为什么？
　　　③ 看完电影后就去看樱花。　④ 哪个动物园有熊猫？

◆ 2 ＡＢＡ対話式

(5) A：昨天的电影，你看懂了吗？　　　　　　　　　　〔第67回〕
　　B：＿＿＿＿＿＿＿＿＿＿＿＿＿＿＿＿＿＿？
　　A：

　　　① 我看还是下个星期再去吧。
　　　② 我也是，我想明天再去看一遍。
　　　③ 我昨天也没去看电影。
　　　④ 我下了班就去看电影。

(6) A：你会打乒乓球吗？　　　　　　　　　　　　　　〔第67回〕
　　B：＿＿＿＿＿＿＿＿＿＿＿＿＿＿＿＿＿＿。
　　A：

　　　① 那以后你教教我，行吗？　　② 你一定能学会。
　　　③ 没关系，我来教你。　　　　④ 那让王老师教你吧。

(7) A：他排球打得真不错。　　　　　　　　　　　　　〔第63回〕
　　B：＿＿＿＿＿＿＿＿＿＿＿＿＿＿＿＿＿＿。
　　A：

　　　① 好，咱们去打排球吧。　　　② 是啊，我不太会打排球。
　　　③ 我不爱喝白酒，爱喝啤酒。　④ 我没有他打得好。

(8) A：你喜欢看什么电视节目？　　　　　　　　　　　〔第61回〕
　　B：＿＿＿＿＿＿＿＿＿＿＿＿＿＿＿＿？
　　A：

　　　① 我的爱好是摄影。　　　　　② 我非常喜欢吃家乡菜。
　　　③ 我最爱看的是足球比赛。　　④ 我喜欢一个人旅行。

Ｂ (1)～(8)のABの会話を聞き、Bの後に続くAの発話として最も適当なものを、①～④の中から一つ選びなさい。　　　　　　　　　　CD A22

(1) A：你画画儿画得真好，学了很长时间了吧？　　　　〔第74回〕
　　B：我从六岁就开始学了。
　　A：

　　　①　　　　　②　　　　　③　　　　　④

2 ＡＢＡ対話式

(2) A：你网球打得真不错啊！　　　　　　　　　　　　（第72回）
　　 B：我从九岁就开始打网球了。
　　 A：
　　　　　① 　　　　　② 　　　　　③ 　　　　　④

(3) A：听说你也喜欢滑雪。　　　　　　　　　　　　　（第70回）
　　 B：对，不过最近没时间去滑。
　　 A：
　　　　　① 　　　　　② 　　　　　③ 　　　　　④

(4) A：我特别喜欢大熊猫。　　　　　　　　　　　　　（第68回）
　　 B：那你可以去动物园看看。
　　 A：
　　　　　① 　　　　　② 　　　　　③ 　　　　　④

(5) A：昨天的电影，你看懂了吗？　　　　　　　　　　（第67回）
　　 B：没完全看懂。你呢？
　　 A：
　　　　　① 　　　　　② 　　　　　③ 　　　　　④

(6) A：你会打乒乓球吗？　　　　　　　　　　　　　　（第67回）
　　 B：会，我最喜欢打乒乓球了。
　　 A：
　　　　　① 　　　　　② 　　　　　③ 　　　　　④

(7) A：他排球打得真不错。　　　　　　　　　　　　　（第63回）
　　 B：你打得也挺好啊。
　　 A：
　　　　　① 　　　　　② 　　　　　③ 　　　　　④

(8) A：你喜欢看什么电视节目？　　　　　　　　　　　（第61回）
　　 B：我喜欢看电视剧，你呢？
　　 A：
　　　　　① 　　　　　② 　　　　　③ 　　　　　④

◆ 2 ＡＢＡ対話式

腕試し

(1)～(8)の AB の会話を聞き、B の後に続く A の発話として最も適当なものを、①～④の中から一つ選びなさい。　　　　　　　　　CD A22

(1)　①　　　　　②　　　　　③　　　　　④

(2)　①　　　　　②　　　　　③　　　　　④

(3)　①　　　　　②　　　　　③　　　　　④

(4)　①　　　　　②　　　　　③　　　　　④

(5)　①　　　　　②　　　　　③　　　　　④

(6)　①　　　　　②　　　　　③　　　　　④

(7)　①　　　　　②　　　　　③　　　　　④

(8)　①　　　　　②　　　　　③　　　　　④

1 会話のリスニング問題

2 ＡＢＡ対話式

解　説　　Ａ・Ｂ・腕試し 共通

(1)　Ａ：你画画儿画得真好，学了很长时间了吧？
　　　　　Nǐ huàhuàr huà de zhēn hǎo, xué le hěn cháng shíjiān le ba?
　　　　　あなたは絵を描くのが本当にうまいです。長い間習っていたのでしょうね。

　　　Ｂ：我从六岁就开始学了。　Wǒ cóng liù suì jiù kāishǐ xué le.
　　　　　私は6歳から習い始めました。

　　　Ａ：❶ 怪不得呢，原来学了那么久了。
　　　　　Guàibude ne, yuánlái xué le nàme jiǔ le.
　　　　　道理でうまいですね。そんなに長く習ってきたのですか。

　　　　② 他刚才的话是什么意思？　Tā gāngcái de huà shì shénme yìsi?
　　　　　彼のさっきの話はどんな意味ですか。

　　　　③ 要是你同意的话，我也不反对。
　　　　　Yào shì nǐ tóngyì de huà, wǒ yě bù fǎnduì.
　　　　　もしあなたが賛成ならば、私も反対しません。

　　　　④ 一起去，路上可以说说话。　Yìqǐ qù, lùshang kěyǐ shuōshuo huà.
　　　　　一緒に行きましょう。道中お話でもしたいです。

　絵画の話である。①が正解。②③④は絵画と関係のない話である。②の"刚才的话"、③の"同意的话"、④の"说说话"の"话"は"画画儿"の"画"と同じ発音なので、混同しやすい。前後の単語からその区別をしよう。

(2)　Ａ：你网球打得真不错啊！　Nǐ wǎngqiú dǎ de zhēn búcuò a!
　　　　　あなたはテニスが本当にうまいですね。

　　　Ｂ：我从九岁就开始打网球了。　Wǒ cóng jiǔ suì jiù kāishǐ dǎ wǎngqiú le.
　　　　　私は9歳からテニスを始めたのです。

　　　Ａ：❶ 什么时候我跟你学学吧。　Shénme shíhou wǒ gēn nǐ xuéxue ba.
　　　　　いつかあなたについて学びたいですね。

　　　　② 我会电脑，但不常上网。　Wǒ huì diànnǎo, dàn bù cháng shàngwǎng.
　　　　　私はパソコンができますが、インターネットはあまりしません。

　　　　③ 你从九点打到几点？　Nǐ cóng jiǔ diǎn dǎdào jǐ diǎn?
　　　　　あなたは9時から何時までやっていますか。

　　　　④ 小王的确很能喝酒。　XiǎoWáng díquè hěn néng hējiǔ.
　　　　　王さんは本当にお酒が強いです。

　テニスの特技に関する会話である。ＡはＢを褒め、Ｂは謙遜して、習う時間が長いと言った。①が正解。②③④は同じ話題ではなく、流れに合わない。②の"上网"と"网球"は1文字の発音が同じなので、気を付けたい。③の"九

2 ＡＢＡ対話式

点"、④の"喝酒"は"九岁"と1文字の発音が同じだが、同じ話題ではない。

(3) A：听说你也喜欢滑雪。　Tīngshuō nǐ yě xǐhuan huáxuě.
　　　　あなたもスキーが好きだそうですね。
　　B：对，不过最近没时间去滑。　Duì, búguò zuìjìn méi shíjiān qù huá.
　　　　はい。ただ最近スキーに行く時間がないです。
　　A：① 那么你再也不想去了吧。　Nàme nǐ zài yě bù xiǎng qù le ba.
　　　　　それなら、あなたはもう2度と行きたくないでしょうね。
　　　　② 明天他也没有时间去滑。　Míngtiān tā yě méiyǒu shíjiān qù huá.
　　　　　明日彼もスキーに行く時間がないです。
　　　　③ 去年冬天我们一起去滑过。　Qùnián dōngtiān wǒmen yìqǐ qù huá guo.
　　　　　昨年の冬、私たちは一緒にスキーに行ったことがあります。
　　　　❹ 下次你有时间，咱们一起去吧。
　　　　　Xiàcì nǐ yǒu shíjiān, zánmen yìqǐ qù ba.
　　　　　次回あなたに時間があれば、一緒に行きましょう。

　ABの会話から2人はスキーが好きな同志であることが分かる。①は行きたくないという話が前と矛盾している。②は第3者の話となっている。③はBの発話と矛盾している。④が正解で、AはBを誘っている。

(4) A：我特别喜欢大熊猫。　Wǒ tèbié xǐhuan dàxióngmāo.
　　　　私はパンダが大好きです。
　　B：那你可以去动物园看看。　Nà nǐ kěyǐ qù dòngwùyuán kànkan.
　　　　それなら動物園へ見に行ったらいいかと思います。
　　A：① 我没去过北京动物园。　Wǒ méi qù guo Běijīng dòngwùyuán.
　　　　　私は北京動物園へ行ったことがありません。
　　　　② 你不喜欢吗？为什么？　Nǐ bù xǐhuan ma? Wèishénme?
　　　　　あなたは嫌いですか。なぜですか。
　　　　③ 看完电影后就去看樱花。　Kànwán diànyǐng hòu jiù qù kàn yīnghuā.
　　　　　映画を見終わったら桜を見に行きます。
　　　　❹ 哪个动物园有熊猫？　Nǎ ge dòngwùyuán yǒu xióngmāo?
　　　　　どの動物園にパンダがいますか。

　Bの発話に"可以～"という表現がある。これは可能の表現ではなく、相手に何かを薦める場合にいう「～したらいいですよ」という意味。その話題に沿った返答は④が最も相応しい。①は同じ話題だが、話の流れには合っていない。②は返答として考えられるが、会話の流れは不自然。③は話題が違う。

(5) A：昨天的电影，你看懂了吗？　Zuótiān de diànyǐng, nǐ kàndǒng le ma?
　　　　昨日の映画、あなたは分かりましたか。
　　B：没完全看懂。你呢？　Méi wánquán kàndǒng. Nǐ ne?
　　　　分からない所もありました。あなたは？
　　A：① 我看还是下个星期再去吧。　Wǒ kàn háishi xià ge xīngqī zài qù ba.
　　　　やはり来週行くことにしましょう。
　　　　❷ 我也是，我想明天再去看一遍。
　　　　　Wǒ yě shì, wǒ xiǎng míngtiān zài qù kàn yí biàn.
　　　　　私も同じです。明日もう1度見に行きたいです。
　　　　③ 我昨天也没去看电影。　Wǒ zuótiān yě méi qù kàn diànyǐng.
　　　　　私も昨日映画を見に行きませんでした。
　　　　④ 我下了班就去看电影。　Wǒ xià le bān jiù qù kàn diànyǐng.
　　　　　仕事が終わったら映画を見に行きます。

　ABの発話から2人は一緒に映画を見てきたことが分かる。その映画についての話題である。②が正解。Bの答えとなっている。Bの"你呢"は"你看懂了吗"の略である。①③④はBの質問に答えていない。また①の"再"は再びの意味ではなく、動作の前後の順序を表す意味として使われている。

(6) A：你会打乒乓球吗？　Nǐ huì dǎ pīngpāngqiú ma?
　　　　あなたは卓球ができますか。
　　B：会，我最喜欢打乒乓球了。　Huì, wǒ zuì xǐhuan dǎ pīngpāngqiú le.
　　　　できます。私は卓球が大好きです。
　　A：❶ 那以后你教教我，行吗？　Nà yǐhòu nǐ jiāojiao wǒ, xíng ma?
　　　　それじゃ、今後私に教えてくれますか。
　　　　② 你一定能学会。　Nǐ yídìng néng xuéhuì.
　　　　　あなたはきっと身につけることができます。
　　　　③ 没关系，我来教你。　Méi guānxi, wǒ lái jiāo nǐ.
　　　　　大丈夫です。教えてあげます。
　　　　④ 那让王老师教你吧。　Nà ràng Wáng lǎoshī jiāo nǐ ba.
　　　　　それじゃ、王先生からあなたに教えてもらうようにしましょう。

　卓球について話している。最初のABの発話でBは卓球のできる人と分かるが、Aはできるかどうかは分からない。②③④はBが出来ない場合に言うセリフで、Bの発話と矛盾している。正解は①。

(7) A：他排球打得真不错。　Tā páiqiú dǎ de zhēn búcuò.

2 ＡＢＡ対話式

彼はバレーボールが本当にうまいです。
B：你打得也挺好啊。　Nǐ dǎ de yě tǐng hǎo a.
あなたもうまいですよ。
A：① 好，咱们去打排球吧。　Hǎo, zánmen qù dǎ páiqiú ba.
はい、バレーボールに行きましょう。
② 是啊，我不太会打排球。　Shì a, wǒ bú tài huì dǎ páiqiú.
そうですよ。私はあまりバレーボールができません。
③ 我不爱喝白酒，爱喝啤酒。　Wǒ bú ài hē báijiǔ, ài hē píjiǔ.
私は「白酒」が嫌いで、ビールが好きです。
❹ 我没有他打得好。　Wǒ méiyǒu tā dǎ de hǎo.
私のプレーは彼ほど上手ではありません。

Aは第3者のバレーボールを褒め、BはAのバレーボールを褒める。褒められたAは一般的には謙遜を示すことばを話すであろう。したがって④が正解。①の"好"は褒められた返答には使わない。②の"是啊"は褒められた返答になれないわけではないが、ほめられた時に謙遜しないと中国文化にあわない。内容的にも後半と矛盾している。③は違う話題となっている。"白酒"と"排球"の発音が近いので、注意しよう。

(8) A：你喜欢看什么电视节目？　Nǐ xǐhuan kàn shénme diànshì jiémù?
あなたはどんなテレビ番組が好きですか。
B：我喜欢看电视剧，你呢？　Wǒ xǐhuan kàn diànshìjù, nǐ ne?
私はテレビドラマが好きですが、あなたは？
A：① 我的爱好是摄影。　Wǒ de àihào shì shèyǐng.
私の趣味は撮影です。
② 我非常喜欢吃家乡菜。　Wǒ fēicháng xǐhuan chī jiāxiāng cài.
私は故郷の料理が好きです。
❸ 我最爱看的是足球比赛。　Wǒ zuì ài kàn de shì zúqiú bǐsài.
私が最も好きな番組はサッカーの試合です。
④ 我喜欢一个人旅行。　Wǒ xǐhuan yíge rén lǚxíng.
私は1人で旅行するのが好きです。

どんなテレビ番組が好きか、という話題である。Bの質問"你呢？"は"你喜欢看什么电视节目？"の略である。それに答えたのが③である。

解答 (1) ①　(2) ①　(3) ④　(4) ④
(5) ②　(6) ①　(7) ④　(8) ③

6 買物

関連表現

- 这苹果多少钱一斤？ Zhè píngguǒ duōshao qián yì jīn?
  このリンゴは1斤（500g）いくらですか。
- 你看，这条领带怎么样？ Nǐ kàn, zhè tiáo lǐngdài zěnmeyàng?
  見て、このネクタイはどうですか。
- 不过颜色我不太喜欢。 Búguò yánsè wǒ bú tài xǐhuan.
  ただ、色はあまり気に入らないです。
- 能不能给我看一下？ Néng bu néng gěi wǒ kàn yíxià?
  ちょっと見せてもらえますか。
- 您看哪件？ Nín kàn nǎ jiàn?
  どれを見たいですか。
- 先等一下，问问咱们班的田中。
  Xiān děng yíxià, wènwen zánmen bān de Tiánzhōng.
  急がないでください。私たちクラスの田中さんに聞いてからにしましょう。
- 五十八块。 Wǔshíbā kuài.
  58元です。
- 请问，这种裙子有粉色的吗？ Qǐngwèn, zhè zhǒng qúnzi yǒu fěnsè de ma?
  お尋ねしますが、このタイプのスカートはピンク色の物がありますか。
- 听说那个店的东西很便宜。 Tīngshuō nàge diàn de dōngxi hěn piányi.
  あの店の物は安いと聞いています。
- 我还没去过呢。什么时候咱们一起去吧。
  Wǒ hái méi qù guo ne. Shénme shíhou zánmen yìqǐ qù ba.
  私はまだ行ったことがないです。いつか一緒に行きましょう。

トレーニング

A (1)〜(7)のABの会話を聞き、空欄になっているBの返答を書き取りながら、その後に続くAの発話として最も適当なものを、①〜④の中から一つ選びなさい。

CD A23

(1) A：这苹果多少钱一斤？　　　　　　　　　　　　　　　（第76回）
　　B：_____。
　　A：
　　　① 你不想吃吗？　　　　　② 你带钱了吗？
　　　③ 你想买很多吗？　　　　④ 能再便宜点儿吗？

(2) A：你看，这条领带怎么样？　　　　　　　　　　　　　（第75回）
　　B：_____。
　　A：
　　　① 那就算了。　　　　　　② 如果你喜欢，我就买吧。
　　　③ 这条没有那条好。　　　④ 这条比那条好。

(3) A：能不能给我看一下？　　　　　　　　　　　　　　　（第71回）
　　B：_____？
　　A：
　　　① 左边的那件。
　　　② 看三个小时。
　　　③ 我看，那个问题并不那么重要。
　　　④ 我也不知道，我们一起看一看。

(4) A：我想买那种电脑。　　　　　　　　　　　　　　　　（第69回）
　　B：_____。
　　A：
　　　① 好，这样就能解决了。　　② 不，田中比佐藤更有钱。
　　　③ 是啊，田中怎么那么聪明？④ 对了，田中是个电脑专家。

2　ＡＢＡ対話式

(5)　A：请问，这件衣服多少钱？　　　　　　　　　　　（第65回）
　　　B：_____。
　　　A：

　　　　　① 太贵了，能便宜一点儿吗？
　　　　　② 这件衣服是妈妈给我买的。
　　　　　③ 这里的菜有点儿贵，不过很好吃。
　　　　　④ 是吗？我妈妈今年也是五十八岁。

(6)　A：请问，这种裙子有粉色的吗？　　　　　　　　　（第62回）
　　　B：_____。
　　　A：

　　　　　① 我可以试一下吗？　　　　② 你不能再喝了。
　　　　　③ 能借给我读读吗？　　　　④ 咱们在哪儿坐车？

(7)　A：听说那个店的东西很便宜，你去过吗？　　　　　（第61回）
　　　B：_____。
　　　A：

　　　　　① 是啊，我前天就订好机票了。　② 好啊，我正想去图书馆呢。
　　　　　③ 是啊，我每周都去游泳。　　　④ 好啊，你什么时候有空儿？

B　(1)～(7)のABの会話を聞き、Bの後に続くAの発話として最も適当なものを、①～④の中から一つ選びなさい。　　　　　　　　　　CD A23

(1)　A：这苹果多少钱一斤？　　　　　　　　　　　　　（第76回）
　　　B：很便宜，十块钱一斤。
　　　A：

　　　　　①　　　　　　　②　　　　　　　③　　　　　　　④

(2)　A：你看，这条领带怎么样？　　　　　　　　　　　（第75回）
　　　B：便宜是便宜，不过颜色我不太喜欢。
　　　A：

　　　　　①　　　　　　　②　　　　　　　③　　　　　　　④

2 ＡＢＡ対話式

(3) A：能不能给我看一下？　　　　　　　　　　　　　　　　（第71回）
　　B：您看哪件？
　　A：
　　　　① 　　　　　② 　　　　　③ 　　　　　④

(4) A：我想买那种电脑。　　　　　　　　　　　　　　　　　（第69回）
　　B：先等一下，问问咱们班的田中。
　　A：
　　　　① 　　　　　② 　　　　　③ 　　　　　④

(5) A：请问，这件衣服多少钱？　　　　　　　　　　　　　　（第65回）
　　B：五十八块。
　　A：
　　　　① 　　　　　② 　　　　　③ 　　　　　④

(6) A：请问，这种裙子有粉色的吗？　　　　　　　　　　　　（第62回）
　　B：对不起，粉色的卖完了。那种款式有粉色的。
　　A：
　　　　① 　　　　　② 　　　　　③ 　　　　　④

(7) A：听说那个店的东西很便宜，你去过吗？　　　　　　　　（第61回）
　　B：我还没去过呢。什么时候咱们一起去吧。
　　A：
　　　　① 　　　　　② 　　　　　③ 　　　　　④

腕試し

(1)～(7)のＡＢの会話を聞き、Ｂの後に続くＡの発話として最も適当なものを、①～④の中から一つ選びなさい。

CD A23

(1) ①　　　　　②　　　　　③　　　　　④

(2) ①　　　　　②　　　　　③　　　　　④

2 ＡＢＡ対話式

(3) ①　　　　②　　　　③　　　　④

(4) ①　　　　②　　　　③　　　　④

(5) ①　　　　②　　　　③　　　　④

(6) ①　　　　②　　　　③　　　　④

(7) ①　　　　②　　　　③　　　　④

解　説　　Ａ・Ｂ・腕試し　共通

(1) A：这苹果多少钱一斤？　Zhè píngguǒ duōshao qián yì jīn?
　　　このリンゴは1斤（500g）いくらですか。

　　B：很便宜，十块钱一斤。　Hěn piányi, shí kuài qián yì jīn.
　　　安いですよ。1斤10元です。

　　A：① 你不想吃吗？　Nǐ bù xiǎng chī ma?
　　　食べたくないですか。

　　　② 你带钱了吗？　Nǐ dài qián le ma?
　　　お金は持っていますか。

　　　③ 你想买很多吗？　Nǐ xiǎng mǎi hěn duō ma?
　　　たくさん買いたいですか。

　　　❹ 能再便宜点儿吗？　Néng zài piányi diǎnr ma?
　　　もう少し安くしてくれませんか。

値段交渉についての話題である。Aは客で、Bは売る人。客は売る人に①②③を言わないはずである。つまりAの人物に相応しくない選択肢である。正解は④で、客が値切る発話である。

(2) A：你看，这条领带怎么样？　Nǐ kàn, zhè tiáo lǐngdài zěnmeyàng?
　　　見て、このネクタイはどうですか。

　　B：便宜是便宜，不过颜色我不太喜欢。
　　　Piányi shì piányi, búguò yánsè wǒ bú tài xǐhuan.
　　　安いは安いですが、ただ、色はあまり気に入らないです。

　　A：❶ 那就算了。　Nà jiù suàn le.
　　　それなら、やめましょう。

　　　② 如果你喜欢，我就买吧。　Rúguǒ nǐ xǐhuan, wǒ jiù mǎi ba.
　　　好きなら、買ってあげますよ。

　　　③ 这条没有那条好。　Zhè tiáo méiyǒu nà tiáo hǎo.
　　　このネクタイはあれほどよくないです。

　　　④ 这条比那条好。　Zhè tiáo bǐ nà tiáo hǎo.
　　　このネクタイはあれよりいいと思います。

買い物での会話である。Bはネクタイがほしい人。Aは店員かもしれないし、一緒に買い物に行った友人かもしれない。②はBの発話と矛盾している。③④はこのネクタイの話からずれている。①が正解。"算了"はやめるという意味。

(3) A：能不能给我看一下？　Néng bu néng gěi wǒ kàn yíxià?

2 ＡＢＡ対話式

ちょっと見せてもらえますか。

B：您看哪件？　Nín kàn nǎ jiàn?
どれを見たいですか。

A：❶ 左边的那件。　Zuǒbiān de nà jiàn.
左側のあれです。

② 看三个小时。　Kàn sān ge xiǎoshí.
3時間見ます。

③ 我看，那个问题并不那么重要。
Wǒ kàn, nàge wèntí bìng bú nàme zhòngyào.
私から見れば、あの問題はそれほど重要ではないと思います。

④ 我也不知道，我们一起看一看。
Wǒ yě bù zhīdao, wǒmen yìqǐ kàn yi kàn.
私も知らないので、一緒に見てみましょう。

　Aの発話で客が店員と会話していることが分かる。店員は"哪件"と質問したので、続くAはこの質問に答えるべきである。①が正解。②はどれぐらい（時間）見たいということに対する返答である。③"我看"は自分の意見を述べる時に使う表現なので、注意しよう。④は最初のAの発話と矛盾している。

(4) A：我想买那种电脑。　Wǒ xiǎng mǎi nà zhǒng diànnǎo.
私はあのパソコンを買いたいです。

B：先等一下，问问咱们班的田中。
Xiān děng yíxià, wènwen zánmen bān de Tiánzhōng.
急がないでください。私たちのクラスの田中さんに聞いてからにしましょう。

A：① 好，这样就能解决了。　Hǎo, zhèyàng jiù néng jiějué le.
はい、このようにしたら解決できますよ。

② 不，田中比佐藤更有钱。　Bù, Tiánzhōng bǐ Zuǒténg gèng yǒu qián.
いいえ、田中さんは佐藤さんよりもっとお金を持っています。

③ 是啊，田中怎么那么聪明？　Shì a, Tiánzhōng zěnme nàme cōngming?
そうですね。なんで田中さんはあんなに賢いのですか。

❹ 对了，田中是个电脑专家。　Duìle, Tiánzhōng shì ge diànnǎo zhuānjiā.
そうですね。田中さんはパソコンに詳しい人です。

　ABの発話から2人はクラスメートで、今店にいることが分かる。Aの願望に対して、Bはクラスの第3者である田中さんに聞くことを薦めた。"问问"は動詞の重ね方で「ちょっと～しよう、ちょっと～して」のニュアンスを持っている。薦められたことに対して"好""不""是啊"などで返答できるが、後

続文は流れに合っているかどうかをチェックしよう。①②③の前半はよいが、後半が話に合っていない。④が正解。"对了"はなにか思い出した時によく使うことば。

(5) A：请问，这件衣服多少钱？　Qǐngwèn, zhè jiàn yīfu duōshao qián?
　　　お尋ねしますが、この服はいくらですか。

　　B：五十八块。　Wǔshíbā kuài.
　　　58元です。

　　A：❶ 太贵了，能便宜一点儿吗？　Tài guì le, néng piányi yìdiǎnr ma?
　　　　高すぎます。もう少し安くしてくれませんか。
　　　② 这件衣服是妈妈给我买的。　Zhè jiàn yīfu shì māma gěi wǒ mǎi de.
　　　　この服はお母さんが買ってくれたのです
　　　③ 这里的菜有点儿贵，不过很好吃。
　　　　Zhèli de cài yǒudiǎnr guì, búguò hěn hǎochī.
　　　　この店の料理は少し高いですが、とても美味しいです。
　　　④ 是吗？我妈妈今年也是五十八岁。
　　　　Shì ma? Wǒ māma jīnnián yě shì wǔshíbā suì.
　　　　そうですか。母も今年58歳です。

Aの発話から買い物時の会話であり、かつ"多少钱"で値段交渉の話だと分かる。Bは店員で値段を教えてくれた。それを受けて客は何を言うかを想像してみたら、①が正解。中国人が大好きな値切りの会話である。②は"是〜的"（〜したのです）文型を使っているので、過去のこととなる。③は料理の話。④は年齢に関する話。

(6) A：请问，这种裙子有粉色的吗?
　　　Qǐngwèn, zhè zhǒng qúnzi yǒu fěnsè de ma?
　　　お尋ねしますが、このタイプのスカートはピンク色の物がありますか。

　　B：对不起，粉色的卖完了。那种款式有粉色的。
　　　Duìbuqǐ, fěnsè de mài wán le. Nà zhǒng kuǎnshì yǒu fěnsè de.
　　　すみませんが、ピンク色の物は売り切れました。あのデザインの物ならピンク色があります。

　　A：❶ 我可以试一下吗？　Wǒ kěyǐ shì yíxià ma?
　　　　試着してもいいですか。
　　　② 你不能再喝了。　Nǐ bù néng zài hē le.
　　　　これ以上飲むのをやめましょう。

2 ＡＢＡ対話式

③ 能借给我读读吗？　Néng jiè gěi wǒ dúdu ma?
　借して読ませていただけますか。

④ 咱们在哪儿坐车？　Zánmen zài nǎr zuòchē?
　私たちはどこで乗車しますか。

　Ａの発話から買い物の場面の会話だと分かる。Ｂは別のデザインのものを薦めてくれたので、それに対する返答が求められる。①が正解。②③④は別の話題となっている。

(7)　Ａ：听说那个店的东西很便宜，你去过吗？
　　　　Tīngshuō nèige diàn de dōngxi hěn piányi, nǐ qù guo ma?
　　　　あの店の物は安いと聞いていますが、行ったことがありますか。

　　Ｂ：我还没去过呢。什么时候咱们一起去吧。
　　　　Wǒ hái méi qù guo ne. Shénme shíhou zánmen yìqǐ qù ba.
　　　　私はまだ行ったことがないです。いつか一緒に行きましょう。

　　Ａ：① 是啊，我前天就订好机票了。　Shì a, wǒ qiántiān jiù dìng hǎo jīpiào le.
　　　　そうですね。私は一昨日すでに飛行機のチケットを予約しました。

　　　　② 好啊，我正想去图书馆呢。　Hǎo a, wǒ zhèng xiǎng qù túshūguǎn ne.
　　　　いいですよ。私は図書館へ行こうと考えているところです。

　　　　③ 是啊，我每周都去游泳。　Shì a, wǒ měizhōu dōu qù yóuyǒng.
　　　　そうですね。私は毎週泳ぎに行っています。

　　　　❹ 好啊，你什么时候有空儿？　Hǎo a, nǐ shénme shíhou yǒu kòngr?
　　　　いいですよ。いつお時間がありますか。

　友達同士でお店について話をしている。Ｂは"什么时候一起去吧"とＡを誘っている。①②③は前半がよいが、後半は同じ話題となっていない。④が正解。

解答　(1) ④　　(2) ①　　(3) ①　　(4) ④
　　　　(5) ①　　(6) ①　　(7) ④

7 勉強

関連表現

- □ 我听不懂李老师讲的汉语。　Wǒ tīng bu dǒng Lǐlǎoshī jiǎng de Hànyǔ.
  私は李先生の中国語が聞き取れないです。
- □ 听说小王的妈妈是美国人。　Tīngshuō XiǎoWáng de māma shì Měiguórén.
  王さんのお母さんはアメリカ人だそうです。
- □ 他为什么批评你?　Tā wèishénme pīpíng nǐ?
  なんで彼はあなたを叱ったのですか。
- □ 他汉语说得非常流利。　Tā Hànyǔ shuō de fēicháng liúlì.
  彼は中国語がとても流暢に話せます。
- □ 我学了两年了，你呢?　Wǒ xué le liǎng nián le, nǐ ne?
  私は2年間習いましたが、あなたは?
- □ 这么晚了，你还在做什么呢?　Zhème wǎn le, nǐ hái zài zuò shénme ne?
  こんなに遅くなりましたが、まだ何をやっているのですか。
- □ 上次报告会你怎么没来?　Shàngcì bàogàohuì nǐ zěnme méi lái?
  前回の報告会にあなたはなぜ来なかったのですか。
- □ 奇怪，我怎么没看见你?　Qíguài, wǒ zěnme méi kànjiàn nǐ?
  おかしいですね。私はどうしてあなたを見かけなかったのですか。
- □ 老师，明天下午您有时间吗?　Lǎoshī, míngtiān xiàwǔ nín yǒu shíjiān ma?
  先生、明日の午後はお時間がありますか。
- □ 我想去中国留学，有几个问题想问问您。
  Wǒ xiǎng qù Zhōngguó liúxué, yǒu jǐge wèntí xiǎng wènwen nín.
  私は中国へ留学に行きたいので、いくつかの問題についてあなたにお聞きしたいです。
- □ 我想去留学，不过还没考虑好。
  Wǒ xiǎng qù liúxué, bú guò hái méi kǎolù hǎo.
  私は留学に行きたいですが、まだ決断していないです。
- □ 我大学快要毕业了。　Wǒ dàxué kuàiyào bìyè le.
  私はもうすぐ大学を卒業します。
- □ 你们班学生多不多?　Nǐmen bān xuésheng duō bu duō?
  あなたたちのクラスには学生が多いですか。

2 ＡＢＡ対話式

トレーニング

A (1)〜(10)のABの会話を聞き、空欄になっているBの返答を書き取りながら、その後に続くAの発話として最も適当なものを、①〜④の中から一つ選びなさい。　　　　　　　　　　　　　　　　　　　　CD B01

(1) A：我听不懂李老师讲的汉语。　　　　　　　　　　　　　　（第69回）
　　B：＿＿＿＿＿＿＿＿＿＿＿＿＿＿＿＿＿＿＿＿。
　　A：

　　　① 但是我学习韩国语。　　　　② 因为他没去过北京。
　　　③ 所以讲得非常流利。　　　　④ 而且他口音也很重。

(2) A：听说小王的妈妈是美国人。　　　　　　　　　　　　　　（第68回）
　　B：＿＿＿＿＿＿＿＿＿＿＿＿＿＿＿＿＿＿＿＿？
　　A：

　　　① 应该会吧。　　　　　　　　② 小王没去过美国。
　　　③ 当然可以看。　　　　　　　④ 怎么不可以听呢？

(3) A：他汉语说得非常流利。　　　　　　　　　　　　　　　　（第68回）
　　B：＿＿＿＿＿＿＿＿＿＿＿＿＿＿＿＿＿＿＿＿？
　　A：

　　　① 不太多，一年只有十节课。
　　　② 我不清楚。但我知道他在中国学过。
　　　③ 上课时，他跟着老师念课文。
　　　④ 拿这本书做个纪念吧。

(4) A：这么晚了，你还在做什么呢？　　　　　　　　　　　　　（第75回）
　　B：＿＿＿＿＿＿＿＿＿＿＿＿＿＿＿＿＿＿＿＿。
　　A：

　　　① 看来今天写不完。　　　　　② 看来今天写得完。
　　　③ 那你快做吧。我不打扰了。　④ 那你快睡吧。今天不用做了。

(5) A：上次报告会你怎么没来？　　　　　　　　　　　（第70回）
　　B：_____。
　　A：

　　　　① 是啊，我来得太晚了。　　② 真遗憾，我没能来看你。
　　　　③ 奇怪，我怎么没看见你？　④ 八点到太早了，怎么回事？

(6) A：老师，明天下午您有时间吗？　　　　　　　　　（第71回）
　　B：_____？
　　A：

　　　　① 那好，这件事儿下个星期再说吧。
　　　　② 这样做一定没问题，放心吧。
　　　　③ 那个问题不是我问的，是小王问的。
　　　　④ 我想去中国留学，有几个问题想问问您。

(7) A：你明年毕业后有什么打算？　　　　　　　　　　（第72回）
　　B：_____。
　　A：

　　　　① 现在找工作很难，去留学也挺好。
　　　　② 我也后年大学毕业。
　　　　③ 我后天不打算来学校。
　　　　④ 我明天也有听力考试。

(8) A：我大学快要毕业了。　　　　　　　　　　　　　（第70回）
　　B：_____。
　　A：

　　　　① 咦，他怎么知道？　　　② 哟，你已经上班了？
　　　　③ 糟糕！我也得上班了。　④ 唉，真想一直做学生。

(9) A：你们班学生多不多？　　　　　　　　　　　　　（第65回）
　　B：_____。
　　A：

　　　　① 你去三十天，太长了吧。　② 那比我们班多两个人。
　　　　③ 东西太多了，我吃不了。　④ 我家也有三口人。

2 ＡＢＡ対話式

(10) A：上午我被老师批评了。　　　　　　　　　　　　　（第64回）
　　 B：＿＿＿＿＿＿＿＿＿＿＿＿＿＿＿＿？
　　 A：

　　　　① 他不是一位很严厉的老师。　　② 我没做作业。
　　　　③ 今天我去上课了。　　　　　　④ 今天下午我没上课。

B (1)～(10)の AB の会話を聞き、B の後に続く A の発話として最も適当なものを、①～④の中から一つ選びなさい。　　　CD B01

(1) A：我听不懂李老师讲的汉语。　　　　　　　　　　　（第69回）
　　 B：我也是。他说得太快了。
　　 A：

　　　　①　　　　②　　　　③　　　　④

(2) A：听说小王的妈妈是美国人。　　　　　　　　　　　（第68回）
　　 B：是吗？那小王会说英语吧？
　　 A：

　　　　①　　　　②　　　　③　　　　④

(3) A：他汉语说得非常流利。　　　　　　　　　　　　　（第68回）
　　 B：学了几年了？
　　 A：

　　　　①　　　　②　　　　③　　　　④

(4) A：这么晚了，你还在做什么呢？　　　　　　　　　　（第75回）
　　 B：做数学作业呢。明天一定得交的。
　　 A：

　　　　①　　　　②　　　　③　　　　④

(5) A：上次报告会你怎么没来？　　　　　　　　　　　　（第70回）
　　 B：我去了，不过八点才到。
　　 A：

　　　　①　　　　②　　　　③　　　　④

2 ＡＢＡ対話式

(6) A：老师，明天下午您有时间吗？　　　　　　　　（第71回）
    B：你有什么事吗？
    A：
    　　　① 　　　　② 　　　　③ 　　　　④

(7) A：你明年毕业后有什么打算？　　　　　　　　　（第72回）
    B：我想去留学，不过还没考虑好。
    A：
    　　　① 　　　　② 　　　　③ 　　　　④

(8) A：我大学快要毕业了。　　　　　　　　　　　　（第70回）
    B：那你下个月就得开始上班了。
    A：
    　　　① 　　　　② 　　　　③ 　　　　④

(9) A：你们班学生多不多？　　　　　　　　　　　　（第65回）
    B：还可以，一共三十个人。
    A：
    　　　① 　　　　② 　　　　③ 　　　　④

(10) A：上午我被老师批评了。　　　　　　　　　　　（第64回）
     B：他为什么批评你？
     A：
    　　　① 　　　　② 　　　　③ 　　　　④

腕試し

(1)～(10)のABの会話を聞き、Bの後に続くAの発話として最も適当なものを、①～④の中から一つ選びなさい。　　　　　CD B01

(1)　①　　　　② 　　　　③ 　　　　④

(2)　①　　　　② 　　　　③ 　　　　④

2 ＡＢＡ対話式

(3) ① ② ③ ④

(4) ① ② ③ ④

(5) ① ② ③ ④

(6) ① ② ③ ④

(7) ① ② ③ ④

(8) ① ② ③ ④

(9) ① ② ③ ④

(10) ① ② ③ ④

2 ＡＢＡ対話式

解　説　Ａ・Ｂ・腕試し　共通

(1) Ａ：我听不懂李老师讲的汉语。　Wǒ tīng bu dǒng Lǐlǎoshī jiǎng de Hànyǔ.
　　　　私は李先生の中国語が聞き取れないです。

　　Ｂ：我也是。他说得太快了。　Wǒ yě shì. Tā shuō de tài kuài le.
　　　　私もそうです。彼は話すのがとても速いです。

　　Ａ：① 但是我学习韩国语。　Dànshì wǒ xuéxí Hánguó yǔ.
　　　　　しかし、私は韓国語を習っています。

　　　　② 因为他没去过北京。　Yīnwèi tā méi qù guo Běijīng.
　　　　　彼は北京へ行ったことがないからです。

　　　　③ 所以讲得非常流利。　Suǒyǐ jiǎng de fēicháng liúlì.
　　　　　だから非常に流暢に話しています。

　　　　❹ 而且他口音也很重。　Érqiě tā kǒuyīn yě hěn zhòng.
　　　　　その上、彼のなまりもひどいです。

　ＡＢの発話で先生の中国語について話していると分かる。Ｂの後半"他说得太快了"に対して、Ａはどう応答するかを求められる。選択肢のどれも最初に接続詞が付いている。接続詞によってＢの発話とどんな関係の複文になるかを考えよう。①は逆接の複文を作ろうとしたが、内容的に先生の中国語という話題からはずれ、成立しない。②は因果関係の複文を作ろうとしたが、内容的には合わない。③はＢの発話と因果関係の複文を作ったが、最初のＡの困っている発話からずれる。④が正解。

(2) Ａ：听说小王的妈妈是美国人。　Tīngshuō XiǎoWáng de māma shì Měiguórén.
　　　　王さんのお母さんはアメリカ人だそうです。

　　Ｂ：是吗? 那小王会说英语吧?　Shì ma? Nà XiǎoWáng huì shuō Yīngyǔ ba?
　　　　そうですか。それなら王さんは英語が話せるでしょうね。

　　Ａ：❶ 应该会吧。　Yīnggāi huì ba.
　　　　　話せるはずだと思います。

　　　　② 小王没去过美国。　XiǎoWáng méi qù guo Měiguó.
　　　　　王さんはアメリカへ行ったことがないです。

　　　　③ 当然可以看。　Dāngrán kěyǐ kàn.
　　　　　もちろん見ることができます。

　　　　④ 怎么不可以听呢?　Zěnme bù kěyǐ tīng ne?
　　　　　どうして聞くことができないのですか。

　Ａの発話から知人の噂話をしていると分かる。"听说"は「～だそうです」の意味。Ｂの後半は質問となっているため、後続のＡはこの質問に答えるべき

2 ＡＢＡ対話式

である。①が正解。②はＢの質問に答えていない。③④は話題が違う。"会""可以"はどちらも可能を表すが、"会"は習得によって身に付けた能力、技能を表し、"可以"は許可を表す。

(3) A：他汉语说得非常流利。　Tā Hànyǔ shuō de fēicháng liúlì.
　　　　彼は中国語がとても流暢に話せます。

　　B：学了几年了?　Xué le jǐ nián le?
　　　　何年間習いましたか。

　　A：① 不太多，一年只有十节课。　Bú tài duō, yì nián zhǐyǒu shí jié kè.
　　　　　あまり多くなく、1年間でただ10コマだけです。

　　　　❷ 我不清楚。但我知道他在中国学过。
　　　　　Wǒ bù qīngchu. Dàn wǒ zhīdao tā zài Zhōngguó xué guo.
　　　　　はっきり分かりませんが、彼は中国で習ったことがあるのを知っています。

　　　　③ 上课时，他跟着老师念课文。
　　　　　Shàngkè shí, tā gēnzhe lǎoshī niàn kèwén.
　　　　　授業の時、彼は先生について本文の朗読をします。

　　　　④ 拿这本书做个纪念吧。　Ná zhè běn shū zuò ge jìniàn ba.
　　　　　この本を記念にしてください。

　Ａの発話の最初は第3人称であるので、他人のことを話していることが分かる。Ｂは質問をしたので、続くＡはＢの質問に答える必要がある。②が正解。前半は知らないと答えている。これはＢの質問に対しての返答だと考えられる。①前半はいいが、後半はＢの質問の"学了几年了?"に答えていない。③はどうやって勉強したかという質問の答えになる。④は違う話題となっている。"几年"と"纪念"の発音の違いに要注意。

(4) A：这么晚了，你还在做什么呢?　Zhème wǎn le, nǐ hái zài zuò shénme ne?
　　　　こんなに遅くなりましたが、まだ何をやっているのですか。

　　B：做数学作业呢。明天一定得交的。
　　　　Zuò shùxué zuòyè ne. Míngtiān yídìng děi jiāo de.
　　　　数学の宿題をやっています。明日提出しなければならないのです。

　　A：① 看来今天写不完。　Kànlai jīntiān xiě bu wán.
　　　　　今日は書き終えられないと思います。

　　　　② 看来今天写得完。　Kànlai jīntiān xiě de wán.
　　　　　今日は書き終えられると思います。

　　　　❸ 那你快做吧。我不打扰了。　Nà nǐ kuài zuò ba. Wǒ bù dǎrǎo le.

　　　　それじゃ、早くやりなさい。もう邪魔しません。
　　④ 那你快睡吧。今天不用做了。
　　　　Nà nǐ kuài shuì ba. Jīntiān bú yòng zuò le.
　　　　それじゃ、早く寝なさい。今日はやらなくてもいいです。

　Aの発話の口調には、もうかなり遅くなったので、なんで寝ないのという意味がある。だから、BはAの質問に答えた後、後半には"(是)～的"文型を使ってその理由を強調したのである。正解は③。①②の"看来"は推測の意味。④は最初に"那"を使いながら、その後の内容はBの意味と矛盾している。

(5)　A：上次报告会你怎么没来？　Shàngcì bàogàohuì nǐ zěnme méi lái?
　　　　前回の報告会にはあなたはなぜ来なかったのですか。
　　B：我去了，不过八点才到。　Wǒ qù le, búguò bā diǎn cái dào.
　　　　行きましたが、着いたのは八時でした。
　　A：① 是啊，我来得太晚了。　Shì a, wǒ lái de tài wǎn le.
　　　　　そうですね。私は来るのが遅すぎました。
　　　② 真遗憾，我没能来看你。　Zhēn yíhàn, wǒ méi néng lái kàn nǐ.
　　　　　会いに来ることができなくて、本当に残念です。
　　　❸ 奇怪，我怎么没看见你？　Qíguài, wǒ zěnme méi kànjiàn nǐ?
　　　　　おかしいですね。なんで私はあなたを見かけなかったのですか。
　　　④ 八点到太早了，怎么回事？　Bā diǎn dào tài zǎo le, zěnme huíshì?
　　　　　8時に着くのは早すぎます。どうしたのですか。

　Aの発話に"怎么"を使って、理由を聞いているが、Bは行っていないことを否定し、ただ着くのが遅かったと答えた。副詞"才"は「やっと」という意味。正解は③。①②は流れに合わない。④の"八点到太早了"は、Bの発話にある"才"と矛盾している。

(6)　A：老师，明天下午您有时间吗？　Lǎoshī, míngtiān xiàwǔ nín yǒu shíjiān ma?
　　　　先生、明日の午後はお時間がありますか。
　　B：你有什么事吗？　Nǐ yǒu shénme shì ma?
　　　　何かご用ですか。
　　A：① 那好，这件事儿下个星期再说吧。
　　　　　Nà hǎo, zhè jiàn shìr xià ge xīngqī zàishuō ba.
　　　　　それでは、このことは来週に回しましょう。
　　　② 这样做一定没问题，放心吧。
　　　　　Zhèyàng zuò yídìng méi wèntí, fàngxīn ba.

2 ＡＢＡ対話式

このようにやれば、問題はないです。ご安心してください。

③ 那个问题不是我问的，是小王问的。
Nàge wèntí bú shì wǒ wèn de, shì XiǎoWáng wèn de.
あの質問は、私がしたのではなく、王さんがしたのです。

❹ 我想去中国留学，有几个问题想问问您。
Wǒ xiǎng qù Zhōngguó liúxué, yǒu jǐge wèntí xiǎng wènwen nín.
私は中国へ留学に行きたいので、いくつかの問題について先生にお聞きしたいです。

Ａの発話は相手の都合を聞く典型的な聞き方である。Ｂはまず"有"か"对不起"で返答し、その後にどんな用かを聞く。Ｂの質問に答えたのが④である。①②③はＢの質問に答えていない。

(7) Ａ：你明年毕业后有什么打算？
　　　 Nǐ míngnián bìyè hòu yǒu shénme dǎsuan?
　　　 あなたは来年卒業後何をするつもりですか。

　　Ｂ：我想去留学，不过还没考虑好。
　　　 Wǒ xiǎng qù liúxué, bú guò hái méi kǎolǜ hǎo.
　　　 私は留学に行きたいですが、まだ決断していないです。

　　Ａ：❶ 现在找工作很难，去留学也挺好。
　　　 Xiànzài zhǎo gōngzuò hěn nán, qù liúxué yě tǐng hǎo.
　　　 今就職は難しいので、留学に行くのもいいです。

　　　② 我也后年大学毕业。　Wǒ yě hòunián dàxué bìyè.
　　　 私も再来年大学を卒業します。

　　　③ 我后天不打算来学校。　Wǒ hòutiān bù dǎsuan lái xuéxiào.
　　　 明後日私は大学に来ないつもりです。

　　　④ 我明天也有听力考试。　Wǒ míngtiān yě yǒu tīnglì kǎoshì.
　　　 私も明日リスニングのテストがあります。

Ａの発話で、ＡＢは卒業後の予定について話していると分かる。Ｂは留学するかどうかまだ迷っている。それに対してＡはＢにアドバイスをした。①が正解。②③④はどれも時間詞がＡの発話のものと一致しないし、Ｂの発話を無視した展開となっている。

(8) Ａ：我大学快要毕业了。　Wǒ dàxué kuàiyào bìyè le.
　　　 私はもうすぐ大学を卒業します。

　　Ｂ：那你下个月就得开始上班了。　Nà nǐ xiàgeyuè jiù děi kāishǐ shàngbān le.

それでは、あなたは来月から仕事に行かなければならないですね。

A：① 咦，他怎么知道？　Yí, tā zěnme zhīdao?
　　　あら、彼は何で知っているのですか。

　　② 哟，你已经上班了？　Yō, nǐ yǐjīng shàngbān le?
　　　おや、もう仕事を始めたのですか。

　　③ 糟糕！我也得上班了。　Zāogāo! Wǒ yě děi shàngbān le.
　　　しまった！私も仕事に行かなければならないです。

　　❹ 唉，真想一直做学生。　Ài, zhēn xiǎng yìzhí zuò xuésheng.
　　　ああ、ずっと学生をやっていきたいですね。

卒業後の予定についての話である。Bは質問をしていないが、"那"（それでは）を使い確認の意味をもつ発話をした。文末に"了"を使っている。続きのAはこれに答える必要がある。①は後続文の主語が違う。②は後続文に"已经"が使われ、ABの発話にある"快要～了""下个月"と矛盾しているし、主語も自分ではなく、相手のこととなっている。③の"也"はABとも仕事することになるという意味であるが、"糟糕"（しまった）も唐突で、Bへの返答となっていない。正解は④。

(9) A：你们班学生多不多？　Nǐmen bān xuéshēng duō bu duō?
　　　あなたたちのクラスには学生が多いですか。

　　B：还可以，一共三十个人。　Hái kěyǐ, yígòng sānshí ge rén.
　　　まあ普通です。全部で30人ぐらいです。

　　A：① 你去三十天，太长了吧。　Nǐ qù sānshí tiān, tài cháng le ba.
　　　　30日間滞在するのは長すぎるでしょう。

　　　❷ 那比我们班多两个人。　Nà bǐ wǒmen bān duō liǎng ge rén.
　　　　私たちのクラスより2人多いです。

　　　③ 东西太多了，我吃不了。　Dōngxi tài duō le, wǒ chībuliǎo.
　　　　食べ物が多すぎて、私は食べられません。

　　　④ 我家也有三口人。　Wǒjiā yě yǒu sān kǒu rén.
　　　　私の家も3人家族です。

クラスの人数についての話である。①③④は話題が違う。正解は②。

(10) A：上午我被老师批评了。　Shàngwǔ wǒ bèi lǎoshī pīpíng le.
　　　午前中私は先生に叱られました。

　　B：他为什么批评你？　Tā wèishénme pīpíng nǐ?
　　　なんで先生はあなたを叱ったのですか。

2 ＡＢＡ対話式

Ａ：① 他不是一位很严厉的老师。　Tā bú shì yí wèi hěn yánlì de lǎoshī.
彼は厳しい先生ではありません。

❷ 我没做作业。　Wǒ méi zuò zuòyè.
私が宿題をやらなかったからです。

③ 今天我去上课了。　Jīntiān wǒ qù shàngkè le.
今日私は授業に行きました。

④ 今天下午我没上课。　Jīntiān xiàwǔ wǒ méi shàngkè.
今日の午後私は授業に行きませんでした。

　午前、先生に叱られたことについての話である。Ｂはその理由について尋ね、Ａはこれに答える。②は叱られた理由になっているので正解。①③は叱られた理由にならない。④は時間詞がＡの発話の時間詞に合わない。

解答　(1) ④　　(2) ①　　(3) ②　　(4) ③　　(5) ③
　　　　(6) ④　　(7) ①　　(8) ④　　(9) ②　　(10) ②

8 初対面の会話・電話

関連表現

- □ 我怎么称呼您？ Wǒ zěnme chēnghu nín?
  あなたをどう呼べばいいですか。
- □ 这次非常感谢您的帮助。 Zhècì fēicháng gǎnxiè nín de bāngzhù.
  今回のご協力を心から感謝いたします。
- □ 谢谢你来接我。好久不见了！ Xièxie nǐ lái jiē wǒ. Hǎojiǔ bújiànle!
  お出迎えをありがとうございます。お久しぶりです。
- □ 对不起，我来晚了。 Duìbuqǐ, wǒ lái wǎn le.
  すみません、遅れまして。
- □ 铃木，好久不见了。 Língmù, hǎojiǔ bújiànle.
  鈴木さん、お久しぶりです。
- □ 咱们以前见过一面。 Zánmen yǐqián jiàn guo yímiàn.
  私たちは以前1度お会いしたことがあります。
- □ 我记得还一起照了张相呢。 Wǒ jìde hái yìqǐ zhào le zhāng xiàng ne.
  一緒に写真も撮ったと覚えています。
- □ 喂，我想找李梅。 Wèi, wǒ xiǎng zhǎo Lǐ Méi.
  もしもし、李梅さんはいらっしゃいますか。
- □ 我姓王，您找谁？ Wǒ xìng Wáng, nín zhǎo shuí?
  王と申しますが、誰をお呼びですか。
- □ 你打我手机吧。 Nǐ dǎ wǒ shǒujī ba.
  私の携帯に掛けてください。
- □ 我把手机弄丢了。 Wǒ bǎ shǒujī nòngdiū le.
  私は携帯を無くしました。

2 ＡＢＡ対話式

トレーニング

A (1)～(8) の AB の会話を聞き、空欄になっている B の返答を書き取りながら、その後に続く A の発話として最も適当なものを、①～④の中から一つ選びなさい。　CD B02

(1) A：我怎么称呼您？　　　　　　　　　　　　　　　　　　　　（第 74 回）
　　B：＿＿＿＿＿＿＿＿＿＿＿＿＿＿＿＿＿＿＿＿＿。
　　A：

　　① 还是叫您陈老师吧。　　　　② 明天我会早点儿过来叫你。
　　③ 你去经理那儿一下，好吗？　④ 那我叫他买东西去。

(2) A：这次非常感谢您的帮助。　　　　　　　　　　　　　　　　（第 70 回）
　　B：＿＿＿＿＿＿＿＿＿＿＿＿＿＿＿＿＿＿＿＿＿。
　　A：

　　① 不要客气，随便说说。　　　② 那我不客气了。谢谢您。
　　③ 这个工作没有您做不了。　　④ 对呀，这些都是你的责任。

(3) A：谢谢你来接我。好久不见了！　　　　　　　　　　　　　　（第 69 回）
　　B：＿＿＿＿＿＿＿＿＿＿＿＿＿＿＿＿＿＿＿＿＿。
　　A：

　　① 飞机晚点了，我也刚到。　　② 火车误点了，还没到呢。
　　③ 你怎么天天都来晚呢？　　　④ 今天你又迟到了。

(4) A：这不是小李吗？　　　　　　　　　　　　　　　　　　　　（第 68 回）
　　B：＿＿＿＿＿＿＿＿＿＿＿＿＿＿＿＿＿＿＿＿＿
　　A：

　　① 有好几年没见到小张了。　　② 可能是三年级吧。
　　③ 是啊，有七八年了吧。　　　④ 我现在在这儿等人呢。

(5) A：咱们以前见过一面。　　　　　　　　　　　　　　　　　　（第 64 回）
　　B：＿＿＿＿＿＿＿＿＿＿＿＿＿＿＿＿＿＿＿＿＿。
　　A：

　　① 我记得还一起照了张相呢。　② 我没跟你借过钱啊。
　　③ 对，我借给过你一点儿钱。　④ 那就一点钟见面吧。

(6) A：喂，我想找李梅。　　　　　　　　　　　　　　（第74回）
　　B：＿＿＿＿＿＿＿＿＿＿＿＿＿＿＿＿。
　　A：

　　　　① 她去北京留学了吗？　　　② 麻烦你告诉我她的电话号码。
　　　　③ 好了，那我过一会儿再打吧。　④ 这个号码不是北京饭店吗？

(7) A：明天我给你往家里打电话吧。　　　　　　　　　（第65回）
　　B：＿＿＿＿＿＿＿＿＿＿＿＿＿＿＿＿。
　　A：

　　　　① 我明天不在家。　　　　　② 那你明天什么时候在家？
　　　　③ 我家里也没有电话。　　　④ 我没有你的手机号码。

(8) A：我把手机弄丢了。　　　　　　　　　　　　　　（第64回）
　　B：＿＿＿＿＿＿＿＿＿＿＿＿＿＿＿＿？
　　A：

　　　　① 在那家电器店买的。　　　② 我晚上给你打电话。
　　　　③ 那不是我的手机。　　　　④ 在回家的公共汽车上。

B　(1)～(8)のABの会話を聞き、Bの後に続くAの発話として最も適当なものを、①～④の中から一つ選びなさい。　　　　　　　　　CD B02

(1) A：我怎么称呼您？　　　　　　　　　　　　　　　（第74回）
　　B：就叫我老陈好了。
　　A：

　　　　①　　　　　②　　　　　③　　　　　④

(2) A：这次非常感谢您的帮助。　　　　　　　　　　　（第70回）
　　B：哪儿的话，你太客气了。
　　A：

　　　　①　　　　　②　　　　　③　　　　　④

2 ＡＢＡ対話式

(3) A：谢谢你来接我。好久不见了！　　　　　　　　　　　　（第69回）
　　B：对不起，我来晚了。
　　A：

　　　　①　　　　　②　　　　　③　　　　　④

(4) A：这不是小李吗?　　　　　　　　　　　　　　　　　　　（第68回）
　　B：呀！铃木，好久不见了。
　　A：

　　　　①　　　　　②　　　　　③　　　　　④

(5) A：咱们以前见过一面。　　　　　　　　　　　　　　　　　（第64回）
　　B：不好意思，我想不起来了。
　　A：

　　　　①　　　　　②　　　　　③　　　　　④

(6) A：喂，我想找李梅。　　　　　　　　　　　　　　　　　　（第74回）
　　B：你打错了，这儿没有叫李梅的。
　　A：

　　　　①　　　　　②　　　　　③　　　　　④

(7) A：明天我给你往家里打电话吧。　　　　　　　　　　　　　（第65回）
　　B：你打我手机吧。
　　A：

　　　　①　　　　　②　　　　　③　　　　　④

(8) A：我把手机弄丢了。　　　　　　　　　　　　　　　　　　（第64回）
　　B：在哪儿丢的?
　　A：

　　　　①　　　　　②　　　　　③　　　　　④

2 ＡＢＡ対話式

腕試し

(1)～(8)のABの会話を聞き、Bの後に続くAの発話として最も適当なものを、①～④の中から一つ選びなさい。

CD B02

(1) ①　　②　　③　　④

(2) ①　　②　　③　　④

(3) ①　　②　　③　　④

(4) ①　　②　　③　　④

(5) ①　　②　　③　　④

(6) ①　　②　　③　　④

(7) ①　　②　　③　　④

(8) ①　　②　　③　　④

2 ＡＢＡ対話式

解説 Ａ・Ｂ・腕試し 共通

(1) A：我怎么称呼您？　Wǒ zěnme chēnghu nín?
    あなたをどう呼べばいいですか。

　　B：就叫我老陈好了。　Jiù jiào wǒ lǎo Chén hǎo le.
    「老陳（陳さん）」と呼んでいただければよいです。

　　A：❶ 还是叫您陈老师吧。　Háishi jiào nín Chén lǎoshī ba.
    やはり陳先生と呼びましょう。

　　② 明天我会早点儿过来叫你。　Míngtiān wǒ huì zǎo diǎnr guòlai jiào nǐ.
    明日私は早めにお呼びに来ます。

　　③ 你去经理那儿一下，好吗？　Nǐ qù jīnglǐ nàr yíxià, hǎo ma?
    社長の所に行っていただけますか。

　　④ 那我叫他买东西去。　Nà wǒ jiào tā mǎi dōngxi qù.
    それじゃ、私は彼に買い物に行かせます。

　相手をどう呼べばいいかという話は初対面の時によく交わされる。Ａは"叫"より尊敬の言い方である"称呼"を使っていることに注意してほしい。Ｂは謙遜して、親しみの言い方"叫"と"老～"を薦めた。それに対してＡはやはり尊敬の意を持つ"～老师"と呼ぶと答えた。①が正解。②の"叫"と④の"叫"「させる」の意味がＢの発話の"叫"と違う。③は違う話題である。

(2) A：这次非常感谢您的帮助。　Zhècì fēicháng gǎnxiè nín de bāngzhù.
    今回のご協力を心から感謝いたします。

　　B：哪儿的话，你太客气了。　Nǎr de huà, nǐ tài kèqi le.
    とんでもないです。太いしたことをしていません。

　　A：① 不要客气，随便说说。　Bú yào kèqi, suíbiàn shuōshuo.
    ご遠慮なく、ご自由にお話してください。

　　② 那我不客气了。谢谢您。　Nà wǒ bú kèqì le. Xièxie nín.
    それでは、お言葉に甘えさせていただきます。本当にありがとうございます。

　　❸ 这个工作没有您做不了。　Zhège gōngzuò méiyǒu nín zuò bu liǎo.
    この仕事は、あなたがいなければできなかったのです。

　　④ 对呀，这些都是你的责任。　Duì ya, zhèxiē dōu shì nǐ de zérèn.
    そうですね。これらはすべてあなたの責任です。

　ＡＢの会話は感謝の場面でよく交わされる。Ａの感謝に対して、Ｂは決まり文句で返答した。①②④は話の流れに合わない。正解は③。

(3) A：谢谢你来接我。好久不见了！ Xièxie nǐ lái jiē wǒ. Hǎojiǔ bújiànle!
　　　　お出迎えをありがとうございました。お久しぶりです。

　　B：对不起，我来晚了。 Duìbuqǐ, wǒ lái wǎn le.
　　　　すみません、遅れまして。

　　A：❶ 飞机晚点了，我也刚到。 Fēijī wǎndiǎn le, wǒ yě gāng dào.
　　　　　飛行機が遅れたので、私も着いたばかりです。

　　　② 火车误点了，还没到呢。 Huǒchē wùdiǎn le, hái méi dào ne.
　　　　　汽車は遅れています。まだ着いていません。

　　　③ 你怎么天天都来晚呢？ Nǐ zěnme tiāntiān dōu lái wǎn ne?
　　　　　あなたはなぜ毎日遅刻するのですか。

　　　④ 今天你又迟到了。 Jīntiān nǐ yòu chídào le.
　　　　　あなたは今日もまた遅刻しました。

　出迎えの時に交わされる会話である。AはBの出迎えに感謝し、Bは自分が遅れたことをお詫びした。①は、自分も着いたばかりで、待っていなかったので、お詫びしなくてもよいという意を表した。これが正解である。②は列車がまだ到着していないという意味。③の時間詞"天天"はこの場面に相応しくない。④は相手を非難する返答であり、この場面に相応しくない。

(4) A：这不是小李吗？ Zhè bú shì XiǎoLǐ ma?
　　　　李さんではないですか。

　　B：呀！铃木，好久不见了。 Yà! Língmù, hǎojiǔ bújiànle.
　　　　あら、鈴木さん、お久しぶりですね。

　　A：① 有好几年没见到小张了。 Yǒu hǎo jǐ nián méi jiàndào XiǎoZhāng le.
　　　　　もう何年も張さんに会っていないです。

　　　② 可能是三年级吧。 Kěnéng shì sān niánjí ba.
　　　　　おそらく3年生でしょうね。

　　　❸ 是啊，有七八年了吧。 Shì a, yǒu qībā nián le ba.
　　　　　そうですね。7、8年ぶりかな。

　　　④ 我现在在这儿等人呢。 Wǒ xiànzài zài zhèr děng rén ne.
　　　　　私は今ここで人を待っています。

　知人と出会った場面である。Bはお久しぶりと言ったから、2人は長く会っていないと分かる。①は第3者のことについてである。②は違う話題。③が正解で、何年ぶりと答えた。④は話題に合わない。

(5) A：咱们以前见过一面。 Zánmen yǐqián jiàn guo yímiàn.

2 ＡＢＡ対話式

　　　　私たちは以前１度お会いしたことがありますね。
　　Ｂ：不好意思，我想不起来了。　Bù hǎoyìsi, wǒ xiǎngbuqǐlai le.
　　　　恐縮ですが、私は思い出せません（私は覚えていません）。
　　Ａ：❶ 我记得还一起照了张相呢。　Wǒ jìde hái yìqǐ zhào le zhāng xiàng ne.
　　　　一緒に写真も撮ったと覚えています。
　　　② 我没跟你借过钱啊。　Wǒ méi gēn nǐ jiè guo qián a.
　　　　私はあなたからお金を借りたことがありません。
　　　③ 对，我借给过你一点儿钱。　Duì, wǒ jiè gěi guo nǐ yìdiǎnr qián.
　　　　そうです。私はあなたに少しお金を貸したことがあります。
　　　④ 那就一点钟见面吧。　Nà jiù yī diǎnzhōng jiànmiàn ba.
　　　　それじゃ、１時に会いましょう。

　再会時に交わされる会話である。片方は会ったことがあると覚えているが、もう片方は忘れている。"见过一面"は"见过一次面"の略で、"想不起来"は可能補語の表現である。①が正解。②③は話題が違う。"见过面"と"借过钱"の発音の違いに注意を払おう。④は会う時間を約束する表現。

(6)　Ａ：喂，我想找李梅。　Wèi, wǒ xiǎng zhǎo Lǐ Méi.
　　　　もしもし、李梅さんはいらっしゃいますか。
　　Ｂ：你打错了，这儿没有叫李梅的。　Nǐ dǎ cuò le, zhèr méiyǒu jiào Lǐ Méi de.
　　　　かけ間違いです。ここには李梅という人はいません。
　　Ａ：① 她去北京留学了吗？　Tā qù Běijīng liúxué le ma?
　　　　彼女は北京へ留学に行きましたか。
　　　② 麻烦你告诉我她的电话号码。　Máfan nǐ gàosu wǒ tā de diànhuà hàomǎ.
　　　　すみませんが、彼女の電話番号を教えてくれませんか。
　　　③ 好了，那我过一会儿再打吧。　Hǎo le, nà wǒ guò yíhuìr zài dǎ ba.
　　　　分かりました。しばらくしてから、再度おかけします。
　　　❹ 这个号码不是北京饭店吗？　Zhège hàomǎ bú shì Běijīng fàndiàn ma?
　　　　この番号は北京飯店（の電話番号）ではないですか。

　電話での会話である。"我想找李梅"は「私は李梅を探している」という意味だが、電話でこういう時は「李梅さんはいますか」と理解しよう。中国語では"李梅在吗"とも言う。Ｂの発話の"打错"に注意を。"错"は"打"の結果補語で、「かけ間違い」という意味である。正解は④で、電話番号を確認する時の言い方である。①③では、彼女がここにいない時の返答となる。②は存在しない人の電話番号を尋ねるのでおかしい。

2 ＡＢＡ対話式

(7) A：明天我给你往家里打电话吧。　Míngtiān wǒ gěi nǐ wǎng jiālǐ dǎ diànhuà ba.
　　　明日私からお宅に電話をかけましょうか。

　　B：你打我手机吧。　Nǐ dǎ wǒ shǒujī ba.
　　　私の携帯にかけてください。

　　A：① 我明天不在家。　Wǒ míngtiān bú zàijiā.
　　　　私は明日家にいません。

　　　② 那你明天什么时候在家？　Nà nǐ míngtiān shénme shíhou zàijiā?
　　　　それでは、明日何時頃に家にいますか。

　　　③ 我家里也没有电话。　Wǒ jiālǐ yě méiyǒu diànhuà.
　　　　私の家も電話がありません。

　　　❹ 我没有你的手机号码。　Wǒ méiyǒu nǐ de shǒujī hàomǎ.
　　　　私はあなたの携帯番号を知りません。

　どこに電話をかけるのかについての会話。文末の"吧"は勧誘の語気を示す。Aの"往家里打"に対して、"打我手机"とBが勧めた。①はむしろBのセリフ。②は家にいるかどうかの話題である。③はBの勧めに対する返答にはなれない。④が正解。

(8) A：我把手机弄丢了。　Wǒ bǎ shǒujī nòngdiū le.
　　　私は携帯を無くしました。

　　B：在哪儿丢的？　Zài nǎr diū de?
　　　どこで無くしたのですか。

　　A：① 在那家电器店买的。　Zài nà jiā diànqì diàn mǎi de.
　　　　あの電気屋さんで買ったのです。

　　　② 我晚上给你打电话。　Wǒ wǎnshang gěi nǐ dǎ diànhuà.
　　　　私は夜あなたに電話をかけます。

　　　③ 那不是我的手机。　Nà bú shì wǒ de shǒujī.
　　　　あれは私の携帯ではありません。

　　　❹ 在回家的公共汽车上。　Zài huíjiā de gōnggòng qìchē shang.
　　　　帰りのバスで（無くしたのです）。

　Bの質問に対して、正しく答えたのは④である。①②③の述語はいずれもBの質問に合わない。

解答　(1) ①　　(2) ③　　(3) ①　　(4) ③
　　　　(5) ①　　(6) ④　　(7) ④　　(8) ④

9 天気・病気

関連表現

- 我想去台湾旅行。 Wǒ xiǎng qù Táiwān lǚxíng.
  私は台湾へ旅行に行きたいです。
- 不过台湾夏天热得不得了。 Búguò Táiwān xiàtiān rè de bùdeliǎo.
  でも台湾は夏が暑くてたまらないですよ。
- 北京冬天可冷了！ Běijīng dōngtiān kě lěng le!
  北京の冬はとても寒いです。
- 你最好秋天去，秋天不冷不热。 Nǐ zuìhǎo qiūtiān qù, qiūtiān bù lěng bú rè.
  秋に行った方がいいと思います。秋は暑くも寒くもありません。
- 你看天气预报了吗？ Nǐ kàn tiānqì yùbào le ma?
  天気予報は見ましたか。
- 外面好像要下雨了。 Wàimian hǎoxiàng yào xiàyǔ le.
  雨が降りそうです。
- 咱俩打一把吧。 Zánliǎ dǎ yì bǎ ba.
  私たち2人で（傘）1本を使いましょう。
- 你喜欢春天，还是喜欢秋天？ Nǐ xǐhuan chūntiān, háishi xǐhuan qiūtiān?
  あなたは春が好きですか、それとも秋が好きですか。
- 你感冒刚好，最好再休息几天。 Nǐ gǎnmào gāng hǎo, zuìhǎo zài xiūxi jǐ tiān.
  あなたは風邪が治ったばかりです。もう何日か休んだ方がいいと思います。
- 我身体不舒服，在家躺了几天。 Wǒ shēntǐ bù shūfu, zàijiā tǎng le jǐ tiān.
  体調が悪くて数日間か家で寝ていました。
- 听说她生病了。 Tīngshuō tā shēngbìng le.
  彼女は病気だと聞きました。
- 王老师住院了，你知道吗？ Wáng lǎoshī zhùyuàn le, nǐ zhīdao ma?
  王先生は入院しました。知っていますか。
- 哪儿也没去，睡了一天。 Nǎr yě méi qù, shuì le yì tiān.
  どこにも行きませんでした。家で1日寝ていました。
- 你怎么了？生病了吗？ Nǐ zěnme le? Shēng bìng le ma?
  どうしましたか。病気になったのですか。

トレーニング

A (1)～(9)のABの会話を聞き、空欄になっているBの返答を書き取りながら、その後に続くAの発話として最も適当なものを、①～④の中から一つ選びなさい。

CD B03

(1) A：八月末，我想去台湾旅行。 （第77回）
　　B：_____。
　　A：

　　　① 今天太晚了，明天去吧。　　② 是吗？你去过台湾吗？
　　　③ 我夏天去过太原，没那么热。　④ 我也喜欢台湾的电视剧。

(2) A：北京冬天可冷了！ （第63回）
　　B：_____？
　　A：

　　　① 我没去北京旅行过。
　　　② 我不知道他什么时候去的。
　　　③ 你最好秋天去，秋天不冷不热。
　　　④ 我不想去北京留学。

(3) A：你看天气预报了吗？ （第59回）
　　B：_____。
　　A：

　　　① 昨天我没带钱。　　　② 我不喜欢吃鱼。
　　　③ 那我得带把伞。　　　④ 那我一定得去。

(4) A：外面好像要下雨了。 （第72回）
　　B：_____。
　　A：

　　　① 我也喜欢吃鱼，特别是生鱼片。
　　　② 咱俩打一把吧。
　　　③ 那你借给我一把雨伞好吗？
　　　④ 我也没去过那个地方。

2 ＡＢＡ対話式

(5) Ａ：你喜欢春天，还是喜欢秋天？　　　　　　　　　　（第66回）
　　Ｂ：_____？
　　Ａ：

　　　　① 我妹妹喜欢冬天。　　　　② 我弟弟也喜欢看中国电影。
　　　　③ 小李喜欢听日本歌。　　　　④ 我还是喜欢春天。

(6) Ａ：你感冒刚好，最好再休息几天。　　　　　　　　　（第60回）
　　Ｂ：_____。
　　Ａ：

　　　　① 你还是应该多注意自己的身体。
　　　　② 我今天想给他发电子邮件。
　　　　③ 他明天去医院看病。
　　　　④ 你这几天怎么没来上班？

(7) Ａ：好几天没见你了，你去哪儿了？　　　　　　　　　（第72回）
　　Ｂ：_____。
　　Ａ：

　　　　① 我也特别爱喝这种汤。　　　　② 是吗？现在好了吗？
　　　　③ 不用担心，已经治好了。　　　　④ 他不在家，上班去了。

(8) Ａ：昨天木下怎么没来上课？　　　　　　　　　　　　（第65回）
　　Ｂ：_____。
　　Ａ：

　　　　① 我昨天也没有课。　　　　② 那咱们去看看她吧。
　　　　③ 我昨天一直和木下在一起。　　　　④ 那咱们去食堂找她吧。

(9) Ａ：王老师住院了，你知道吗？　　　　　　　　　　　（第63回）
　　Ｂ：_____。
　　Ａ：

　　　　① 那咱们去医院看看他吧。　　　　② 听说是昨天出院的。
　　　　③ 是啊，他家离医院很远。　　　　④ 那咱们去听他的课吧。

2 ＡＢＡ対話式

B (1)〜(9)のABの会話を聞き、Bの後に続くAの発話として最も適当なものを、①〜④の中から一つ選びなさい。
CD B03

(1) A：八月末，我想去台湾旅行。　　　　　　　　　　　　(第77回)
　　B：那好哇。不过台湾夏天热得不得了。
　　A：
　　　　①　　　　　②　　　　　③　　　　　④

(2) A：北京冬天可冷了！　　　　　　　　　　　　　　　(第63回)
　　B：是吗？那我什么时候去旅行好呢？
　　A：
　　　　①　　　　　②　　　　　③　　　　　④

(3) A：你看天气预报了吗？　　　　　　　　　　　　　　(第59回)
　　B：看了，好像今天要下雨。
　　A：
　　　　①　　　　　②　　　　　③　　　　　④

(4) A：外面好像要下雨了。　　　　　　　　　　　　　　(第72回)
　　B：糟糕，我没带雨伞。
　　A：
　　　　①　　　　　②　　　　　③　　　　　④

(5) A：你喜欢春天，还是喜欢秋天？　　　　　　　　　　(第66回)
　　B：我都喜欢。你呢？
　　A：
　　　　①　　　　　②　　　　　③　　　　　④

(6) A：你感冒刚好，最好再休息几天。　　　　　　　　　(第60回)
　　B：不行，我今天得去上班。
　　A：
　　　　①　　　　　②　　　　　③　　　　　④

2 ＡＢＡ対話式

(7) Ａ：好几天没见你了，你去哪儿了？　　　　　　　　　　　（第72回）
　　 Ｂ：我身体不舒服，在家躺了几天。
　　 Ａ：

　　　　　①　　　　　　②　　　　　　③　　　　　　④

(8) Ａ：昨天木下怎么没来上课？　　　　　　　　　　　　　　（第65回）
　　 Ｂ：听说她生病了。
　　 Ａ：

　　　　　①　　　　　　②　　　　　　③　　　　　　④

(9) Ａ：王老师住院了，你知道吗？　　　　　　　　　　　　　（第63回）
　　 Ｂ：我也是刚听说。
　　 Ａ：

　　　　　①　　　　　　②　　　　　　③　　　　　　④

腕試し

(1)～(9)のABの会話を聞き、Bの後に続くAの発話として最も適当なものを、①～④の中から一つ選びなさい。　　　　　　　　　　　CD B03

(1) ①　　　　　②　　　　　　③　　　　　　④

(2) ①　　　　　②　　　　　　③　　　　　　④

(3) ①　　　　　②　　　　　　③　　　　　　④

(4) ①　　　　　②　　　　　　③　　　　　　④

(5) ①　　　　　②　　　　　　③　　　　　　④

(6) ①　　　　　②　　　　　　③　　　　　　④

(7) ①　　　　　②　　　　　　③　　　　　　④

2 ＡＢＡ対話式

(8) ①　　　　　②　　　　　③　　　　　④

(9) ①　　　　　②　　　　　③　　　　　④

2 ＡＢＡ対話式

解　説　　Ａ・Ｂ・腕試し　共通

(1)　Ａ：八月末，我想去台湾旅行。　Bāyuè mò, wǒ xiǎng qù Táiwān lǚxíng.
　　　　　 ８月末、私は台湾へ旅行に行きたいです。

　　　Ｂ：那好哇。不过台湾夏天热得不得了。
　　　　　 Nà hǎo wa. Búguò Táiwān xiàtiān rè de bùdeliǎo.
　　　　　 いいですね。でも台湾は夏が暑くてたまらないですよ。

　　　Ａ：① 今天太晚了，明天去吧。　Jīntiān tài wǎn le, míngtiān qù ba.
　　　　　　　今日は遅くなったので、明日行きましょう。

　　　　　❷ 是吗？你去过台湾吗？　Shì ma? Nǐ qù guo Táiwān ma?
　　　　　　　そうですか。台湾に行ったことがありますか。

　　　　　③ 我夏天去过太原，没那么热。　Wǒ xiàtiān qù guo Tàiyuán, méi nàme rè.
　　　　　　　夏に太原に行ったことがありますが、それほど暑くありません。

　　　　　④ 我也喜欢台湾的电视剧。　Wǒ yě xǐhuan Táiwān de diànshìjù.
　　　　　　　私も台湾のテレビドラマが好きです。

　旅行に関する会話である。Ａの旅行計画について、Ｂは賛同の意を表してから、気候について話題を展開した。①は今日行くか明日行くかについてであり、同じ話題ではない。③は太原についてであり、台湾に関するものではない。④はドラマについてである。②が正解。

(2)　Ａ：北京冬天可冷了！　Běijīng dōngtiān kě lěng le!
　　　　　 北京の冬はとても寒いです。

　　　Ｂ：是吗？那我什么时候去旅行好呢？
　　　　　 Shì ma? Nà wǒ shénme shíhou qù lǚxíng hǎo ne?
　　　　　 そうですか。それじゃ、私はいつ旅行に行ったらいいですか。

　　　Ａ：① 我没去北京旅行过。　Wǒ méi qù Běijīng lǚxíng guo.
　　　　　　　私は北京へ旅行に行ったことがありません。

　　　　　② 我不知道他什么时候去的。　Wǒ bù zhīdao tā shénme shíhou qù de.
　　　　　　　彼がいつ行ったか私は知りません。

　　　　　❸ 你最好秋天去，秋天不冷不热。
　　　　　　　Nǐ zuìhǎo qiūtiān qù, qiūtiān bù lěng bú rè.
　　　　　　　秋に行った方がいいと思います。秋は暑くも寒くもありません。

　　　　　④ 我不想去北京留学。　Wǒ bù xiǎng qù Běijīng liúxué.
　　　　　　　私は北京へ留学に行きたくありません。

　Ａの発話からＡは北京のことを知っていると分かる。Ｂの後半は質問になっているので、後続のＡはこの質問に答えるべきである。③が正解。"最好"は

「最もよいのは」の意味で、人に一番いい選択肢を示す時によく使う。

(3) A：你看天气预报了吗？　Nǐ kàn tiānqì yùbào le ma?
　　　天気予報は見ましたか。
　　B：看了，好像今天要下雨。　Kàn le, hǎoxiàng jīntiān yào xiàyǔ.
　　　見ました。今日は雨が降るらしいです。
　　A：① 昨天我没带钱。　Zuótiān wǒ méi dài qián.
　　　　昨日私はお金を持ってきませんでした。
　　　② 我不喜欢吃鱼。　Wǒ bù xǐhuan chī yú.
　　　　私は魚が好きではありません。
　　　❸ 那我得带把伞。　Nà wǒ děi dài bǎ sǎn.
　　　　それじゃ、傘を持っていかなければならないですね。
　　　④ 那我一定得去。　Nà wǒ yídìng děi qù.
　　　　それなら私は行かなければならないですね。

　天気についての会話である。Aは天気予報を見たかどうかを尋ねた。Bはその意を汲み取って、見ただけではなく、天気の状況も教えた。③が正解。②の"鱼"と"雨"の発音の違いに注意を払おう。

(4) A：外面好像要下雨了。　Wàimian hǎoxiàng yào xiàyǔ le.
　　　雨が降りそうです。
　　B：糟糕，我没带雨伞。　Zāogāo, wǒ méi dài yǔsǎn.
　　　しまった、傘を持ってきませんでした。
　　A：① 我也喜欢吃鱼，特别是生鱼片。
　　　　Wǒ yě xǐhuan chī yú, tèbiéshì shēngyúpiàn.
　　　　私も魚が好きです。特に刺身が好きです。
　　　❷ 咱俩打一把吧。　Zánliǎ dǎ yì bǎ ba.
　　　　私たち2人で（傘）1本使いましょう。
　　　③ 那你借给我一把雨伞好吗？　Nà nǐ jiègěi wǒ yì bǎ yǔsǎn hǎo ma?
　　　　では傘を1本貸してもらえますか。
　　　④ 我也没去过那个地方。　Wǒ yě méi qù guo nèige dìfang.
　　　　私もあそこへ行ったことがありません。

　天気についての会話である。①と④は話題が違う。"鱼"の発音に注意しよう。③は傘を持って来なかった人に傘を借りることはおかしい。②が正解。

(5) A：你喜欢春天，还是喜欢秋天？　Nǐ xǐhuan chūntiān, háishi xǐhuan qiūtiān?

2 ＡＢＡ対話式

　　　　あなたは春が好きですか、それとも秋が好きですか。
　　Ｂ：我都喜欢。你呢？　Wǒ dōu xǐhuan. Nǐ ne?
　　　　私はどちらも好きですが、あなたは？
　　Ａ：① 我妹妹喜欢冬天。　Wǒ mèimei xǐhuan dōngtiān.
　　　　　妹は冬が好きです。
　　　　② 我弟弟也喜欢看中国电影。　Wǒ dìdi yě xǐhuan kàn Zhōngguó diànyǐng.
　　　　　弟も中国映画が好きです。
　　　　③ 小李喜欢听日本歌。　XiǎoLǐ xǐhuan tīng Rìběn gē.
　　　　　李さんは日本の歌を聴くことが好きです。
　　　　❹ 我还是喜欢春天。　Wǒ háishi xǐhuan chūntiān.
　　　　　私はやはり春が好きです。

季節に関する会話である。Ｂの発話の後半に省略疑問文"你呢"を使っている。即ち"你喜欢春天，还是喜欢秋天"の省略で聞き返した。後続のＡはこの質問に答えるべきである。①は主語が質問文に対応していない。②③は主語、目的語が対応していない。④が正解。

(6)　Ａ：你感冒刚好，最好再休息几天。
　　　　Nǐ gǎnmào gāng hǎo, zuìhǎo zài xiūxi jǐ tiān.
　　　　あなたは風邪が治ったばかりです。もう何日か休んだ方がいいと思います。
　　Ｂ：不行，我今天得去上班。　Bùxíng, wǒ jīntiān děi qù shàngbān.
　　　　だめです。私は今日仕事に行かなければならないです。
　　Ａ：❶ 你还是应该多注意自己的身体。
　　　　　Nǐ háishi yīnggāi duō zhùyì zìjǐ de shēntǐ.
　　　　　あなたはやはり自分の健康にもっと注意を払うべきです。
　　　　② 我今天想给他发电子邮件。　Wǒ jīntiān xiǎng gěi tā fā diànzǐ yóujiàn.
　　　　　私は今日彼に電子メールを送りたいです。
　　　　③ 他明天去医院看病。　Tā míngtiān qù yīyuàn kàn bìng.
　　　　　彼は明日病院へ診察に行きます。
　　　　④ 你这几天怎么没来上班？　Nǐ zhè jǐ tiān zěnme méi lái shàngbān?
　　　　　あなたはこの数日間なぜ仕事を休んだのですか。

健康のことについて話している。休むようにＡはＢに勧めたが、Ｂは仕事に行く必要があると伝えた。後続のＡは健康に注意するように再度説得した。①が正解。②は話題が違う。③は第3者のことである。④は会社の人がいう話である。

2 ＡＢＡ対話式

(7) A：好几天没见你了，你去哪儿了？　Hǎo jǐtiān méi jiàn nǐ le, nǐ qù nǎr le?
　　　しばらくお会いしていないです。どこへ行きましたか。
　　B：我身体不舒服，在家躺了几天。　Wǒ shēntǐ bù shūfu, zàijiā tǎng le jǐ tiān.
　　　体調が悪くて数日間か家で寝ていました。
　　A：① 我也特别爱喝这种汤。　Wǒ yě tèbié ài hē zhè zhǒng tāng.
　　　　私も特にこのスープが好きです。
　　　❷ 是吗？现在好了吗？　Shì ma? Xiànzài hǎo le ma?
　　　　そうですか。今は治りましたか。
　　　③ 不用担心，已经治好了。　Bú yòng dānxīn, yǐjīng zhì hǎo le.
　　　　心配しないで、もう治りました。
　　　④ 他不在家，上班去了。　Tā bú zàijiā, shàngbān qù le.
　　　　彼は家にいません。仕事に出かけました。

健康に関する会話である。Aは心配している方で、Bは病気になった方である。①は話題が違う。②は心配している方の発話に相応しく、正解である。③は病気になった方の発話である。④は第3者のこととなっている。

(8) A：昨天木下怎么没来上课？　Zuótiān Mùxià zěnme méi lái shàngkè?
　　　昨日木下さんはなぜ授業に来なかったのですか。
　　B：听说她生病了。　Tīngshuō tā shēngbìng le.
　　　彼女は病気だと聞きました。
　　A：① 我昨天也没有课。　Wǒ zuótiān yě méiyǒu kè.
　　　　私も昨日授業がありませんでした。
　　　❷ 那咱们去看看她吧。　Nà zánmen qù kànkan tā ba.
　　　　それでは、私たちは彼女を見舞に行きましょう。
　　　③ 我昨天一直和木下在一起。　Wǒ zuótiān yìzhí hé Mùxià zài yìqǐ.
　　　　私は昨日ずっと木下さんと一緒にいました。
　　　④ 那咱们去食堂找她吧。　Nà zánmen qù shítáng zhǎo tā ba.
　　　　それじゃ、食堂へ彼女を探しに行きましょう。

第3者について話している。その人は病気になったとBの発話で分かった。後続のAは見舞いに行こうと勧誘する。②が正解。①③はBの話と矛盾している。④は木下さんが来ている時の発話である。

(9) A：王老师住院了，你知道吗？　Wáng lǎoshī zhùyuàn le, nǐ zhīdao ma?
　　　王先生は入院しました。知っていますか。
　　B：我也是刚听说。　Wǒ yě shì gāng tīngshuō.

2 ＡＢＡ対話式

　　　　　私も知ったばかりです。

　Ａ：❶ 那咱们去医院看看他吧。　　Nà zánmen qù yīyuàn kànkan tā ba.
　　　　 それでは、私たちは病院へ彼を見まいに行きましょう。

　　　 ② 听说是昨天出院的。　　Tīngshuō shì zuótiān chūyuàn de.
　　　　 昨日退院したそうです。

　　　 ③ 是啊，他家离医院很远。　　Shì a, tā jiā lí yīyuàn hěn yuǎn.
　　　　 そうですね。彼の家は病院から遠いです。

　　　 ④ 那咱们去听他的课吧。　　Nà zánmen qù tīng tā de kè ba.
　　　　 それじゃ、私たちは彼の授業を聴きに行きましょう。

　第3者の健康についての会話である。Ａの質問"你知道吗？"に対して、直接ではないが、肯定的な答えをした。見舞いに誘う①が正解。②はＡの発話と矛盾している。③④は話題が違う。

解答　(1) ②　　(2) ③　　(3) ③　　(4) ②　　(5) ④
　　　　(6) ①　　(7) ②　　(8) ②　　(9) ①

10 道を尋ねる。部屋を予約する

関連表現

☐ 请问，去外语大学从这儿走对吗？
Qǐngwèn, qù wàiyǔ dàxué cóng zhèr zǒu duì ma?
お尋ねしますが、外国語大学へ行くには、ここからは正しいですか。

☐ 请问，这附近有邮局吗？ Qǐngwèn, zhè fùjìn yǒu yóujú ma?
お尋ねしますが、この付近には郵便局がありますか。

☐ 对不起，我也不太清楚。 Duìbuqǐ, wǒ yě bú tài qīngchu.
すみませんが、私もあまり分かりません。

☐ 喂，你好！是机场宾馆吗？我想预订一个房间。
Wèi, nǐ hǎo! Shì jīchǎng bīnguǎn ma? Wǒ xiǎng yùdìng yí ge fángjiān.
もしもし、こんにちは、空港ホテルですか。部屋を1つ予約したいのですが。

☐ 请问，还有房间吗？ Qǐngwèn, háiyǒu fángjiān ma?
お尋ねしますが、空室がありますか。

☐ 您打算住几天？ Nín dǎsuan zhù jǐ tiān?
何日間泊まる予定ですか。

☐ 您订什么时间的？ Nín dìng shénme shíjiān de?
いつのを予約しますか。

☐ 请问，去邮局怎么走？ Qǐngwèn, qù yóujú zěnme zǒu?
お尋ねしますが、郵便局にはどう行けばいいですか。

☐ 我正好去邮局。 Wǒ zhènghǎo qù yóujú.
私もちょうど郵便局へ行きます。

☐ 不过很远，得走一个小时。 Búguò hěn yuǎn, děi zǒu yí ge xiǎoshí.
しかし、遠いですよ。1時間歩かなければなりません。

2 ＡＢＡ対話式

トレーニング

A (1)〜(5)の AB の会話を聞き、空欄になっている B の返答を書き取りながら、その後に続く A の発話として最も適当なものを、①〜④の中から一つ選びなさい。

CD B04

(1) A：请问，去外语大学从这儿走对吗？　　　　　　　　　（第77回）
　　B：_____。
　　A：
　　　① 我等一个小时也没关系。　　② 那我带你去吧。
　　　③ 从哪儿走对呢？　　　　　　④ 有去那儿的公共汽车吗？

(2) A：请问，这附近有邮局吗？　　　　　　　　　　　　　（第76回）
　　B：_____。
　　A：
　　　① 那我就不去了。　　　　　　② 那我就跟你走吧。
　　　③ 那你先去邮局吧。　　　　　④ 邮局已经关门了。

(3) A：请问，去邮局怎么走？　　　　　　　　　　　　　　（第61回）
　　B：_____。
　　A：
　　　① 我想去商店买点儿东西。　　② 有事儿我再跟你联系。
　　　③ 哪里哪里，您过奖了。　　　④ 那我再问问别人吧。

(4) A：喂，你好！是机场宾馆吗？我想预订一个房间。　　　（第77回）
　　B：_____？
　　A：
　　　① 明天上午十点半怎么样？
　　　② 我们星期六和星期天没有空房间。
　　　③ 从四月十号到十四号，一共住四天。
　　　④ 我就要一个房间。

(5) A：请问，还有房间吗?　　　　　　　　　　　　　　　（第67回）
　　B：＿＿＿＿＿＿＿＿＿＿＿＿＿＿＿？
　　A：

　　　　① 我打算明年夏天回来。　　② 离出发还有一个多星期。
　　　　③ 我想住一个星期。　　　　④ 我在那儿住了三天。

B (1)～(5)の AB の会話を聞き、B の後に続く A の発話として最も適当なものを、①～④の中から一つ選びなさい。　CD B04

(1) A：请问，去外语大学从这儿走对吗?　　　　　　　　　（第77回）
　　B：对是对，不过很远，得走一个小时。
　　A：
　　　　①　　　　②　　　　③　　　　④

(2) A：请问，这附近有邮局吗?　　　　　　　　　　　　　（第76回）
　　B：有，我正好去邮局。
　　A：
　　　　①　　　　②　　　　③　　　　④

(3) A：请问，去邮局怎么走?　　　　　　　　　　　　　　（第61回）
　　B：对不起，我也不太清楚。
　　A：
　　　　①　　　　②　　　　③　　　　④

(4) A：喂，你好。是机场宾馆吗? 我想预订一个房间。　　（第77回）
　　B：您好。您订什么时间的?
　　A：
　　　　①　　　　②　　　　③　　　　④

(5) A：请问，还有房间吗?　　　　　　　　　　　　　　　（第67回）
　　B：有，您打算住几天?
　　A：
　　　　①　　　　②　　　　③　　　　④

2 ＡＢＡ対話式

腕試し

(1)〜(5)の AB の会話を聞き、B の後に続く A の発話として最も適当なものを、①〜④の中から一つ選びなさい。　　　CD B04

(1)　①　　　　②　　　　③　　　　④

(2)　①　　　　②　　　　③　　　　④

(3)　①　　　　②　　　　③　　　　④

(4)　①　　　　②　　　　③　　　　④

(5)　①　　　　②　　　　③　　　　④

解　説　Ａ・Ｂ・腕試し　共通

(1) Ａ：请问，去外语大学从这儿走对吗?
　　　　Qǐngwèn, qù wàiyǔ dàxué cóng zhèr zǒu duì ma?
　　　　お尋ねしますが、外国語大学へ行くには、ここからは正しいですか。

　　Ｂ：对是对，不过很远，得走一个小时。
　　　　Duì shi duì, búguò hěn yuǎn, děi zǒu yí ge xiǎoshí.
　　　　正しいことは正しいですが、遠いですよ。1時間歩かなければなりません。

　　Ａ：① 我等一个小时也没关系。　Wǒ děng yí ge xiǎoshí yě méi guānxi.
　　　　　私は1時間待っても構いません。

　　　　② 那我带你去吧。　Nà wǒ dài nǐ qù ba.
　　　　　それなら私はあなたをつれて行きましょう。

　　　　③ 从哪儿走对呢?　Cóng nǎr zǒu duì ne?
　　　　　どこから行けば正しいですか。

　　　　❹ 有去那儿的公共汽车吗?　Yǒu qù nàr de gōnggòng qìchē ma?
　　　　　そこへ行くバスはありますか。

　道を尋ねる時の会話である。歩いて行こうとするＡに対して、Ｂは遠いと教えた。それに対して、行く方法を変えようとする④がＡの返答として相応しい。①は動詞が一致していない。②は道が分からない人への発話。③は道を間違った人の発話。

(2) Ａ：请问，这附近有邮局吗?　Qǐngwèn, zhè fùjìn yǒu yóujú ma?
　　　　お尋ねしますが、この付近には郵便局がありますか。

　　Ｂ：有，我正好去邮局。　Yǒu, wǒ zhènghǎo qù yóujú.
　　　　あります。私もちょうど郵便局へ行きます。

　　Ａ：① 那我就不去了。　Nà wǒ jiù bú qù le.
　　　　　それなら私は行かないことにします。

　　　　❷ 那我就跟你走吧。　Nà wǒ jiù gēn nǐ zǒu ba.
　　　　　それなら私はあなたについて行きます。

　　　　③ 那你先去邮局吧。　Nà nǐ xiān qù yóujú ba.
　　　　　あなたは先ず郵便局に行ってください。

　　　　④ 邮局已经关门了。　Yóujú yǐjīng guānmén le.
　　　　　郵便局の営業はもう終了しました。

　道を尋ねる時の会話である。Ｂもちょうど同じところに行く。ＡはＢについて行くと答える②が正解。行きたいから道を尋ねたＡは①とは言わない。③も言わない。④は話の流れに合わない。

2 ＡＢＡ対話式

(3) A：请问，去邮局怎么走？　Qǐngwèn, qù yóujú zěnme zǒu?
　　　　お尋ねしますが、郵便局にはどう行けばいいですか。

　　B：对不起，我也不太清楚。　Duìbuqǐ, wǒ yě bú tài qīngchu.
　　　　すみませんが、私もあまり分かりません。

　　A：① 我想去商店买点儿东西。　Wǒ xiǎng qù shāngdiàn mǎi diǎnr dōngxi.
　　　　　私はちょっと店へ買い物に行きたいです。

　　　　② 有事儿我再跟你联系。　Yǒu shìr wǒ zài gēn nǐ liánxì.
　　　　　何かあったらまたあなたに連絡します。

　　　　③ 哪里哪里，您过奖了。　Nǎli nǎli, nín guòjiǎng le.
　　　　　たいしたことはありません。褒めすぎですよ。

　　　　❹ 那我再问问别人吧。　Nà wǒ zài wènwen biéren ba.
　　　　　それじゃ、他の人に聞いてみます。

　道を尋ねる時の会話である。聞かれたBは分からないと返答。④が正解。①は最初のAの発話に合わない。②は知人間で交わされる会話。③は褒められた時の返答。

(4) A：喂，你好！是机场宾馆吗? 我想预订一个房间。
　　　　Wèi, nǐ hǎo! Shì jīchǎng bīnguǎn ma? Wǒ xiǎng yùdìng yí ge fángjiān.
　　　　もしもし、こんにちは、空港ホテルですか。部屋を1つ予約したいのですが。

　　B：您好！您订什么时间的?　Nín hǎo! Nín dìng shénme shíjiān de?
　　　　こんにちは。いつのを予約しますか。

　　A：① 明天上午十点半怎么样？　Míngtiān shàngwǔ shí diǎn bàn zěnmeyàng?
　　　　　明日午前10時半はどうですか。

　　　　② 我们星期六和星期天没有空房间。
　　　　　Wǒmen xīngqīliù hé xīngqītiān méiyǒu kòng fángjiān.
　　　　　こちらは土曜日と日曜日には空室がありません。

　　　　❸ 从四月十号到十四号，一共住四天。
　　　　　Cóng sìyuè shí hào dào shí sì hào, yígòng zhù sì tiān.
　　　　　4月10日から14日まで、全部で4日間泊まります。

　　　　④ 我就要一个房间。　Wǒ jiù yào yí ge fángjiān.
　　　　　1部屋だけ予約したいです。

　お客とホテルの従業員の間に交わされている客室を予約する電話の会話である。ホテル側はいつ宿泊するかと質問しているので、これに答えた③が正解。①は日にちではなく、時刻である。②は従業員の言う言葉で、お客さんの言うことではない。④はBの質問に答えていない。

(5) A：请问，还有房间吗？　Qǐngwèn, háiyǒu fángjiān ma?
　　　お尋ねしますが、空室がまたありますか。
　　B：有，您打算住几天？　Yǒu, nín dǎsuan zhù jǐ tiān?
　　　あります。何日間泊まる予定ですか。
　　A：① 我打算明年夏天回来。　Wǒ dǎsuan míngnián xiàtiān huílai.
　　　　私は来年の夏に帰るつもりです。
　　　② 离出发还有一个多星期。　Lí chūfā hái yǒu yí ge duō xīngqī.
　　　　出発するまで後1週間あります。
　　　❸ 我想住一个星期。　Wǒ xiǎng zhù yí ge xīngqī.
　　　　私は1週間泊まりたいです。
　　　④ 我在那儿住了三天。　Wǒ zài nàr zhù le sān tiān.
　　　　私はそこに3日間泊まりました。

お客さんとホテル従業員との会話である。Bの質問に答えたのが③である。①②は話題が違う。④は動詞に"了"が付いているので、すでに終わったことになる。

解答　(1) ④　　(2) ②　　(3) ④　　(4) ③　　(5) ③

◆ 2 ＡＢＡ対話式

リハーサル ②

(1)～(5)のABの会話を聞き、Bの後に続くAの発話として最も適当なものを、①～④の中から一つ選びなさい。　　　　　　　　　　　　　　　CD B05

1　会話のリスニング問題

(1)　　　　　　　　　　　　　　　　　　　　　　　　　　　　　　　（第66回）
　　　①　　　　　②　　　　　③　　　　　④

(2)　　　　　　　　　　　　　　　　　　　　　　　　　　　　　　　（第67回）
　　　①　　　　　②　　　　　③　　　　　④

(3)　　　　　　　　　　　　　　　　　　　　　　　　　　　　　　　（第61回）
　　　①　　　　　②　　　　　③　　　　　④

(4)　　　　　　　　　　　　　　　　　　　　　　　　　　　　　　　（第71回）
　　　①　　　　　②　　　　　③　　　　　④

(5)　　　　　　　　　　　　　　　　　　　　　　　　　　　　　　　（第59回）
　　　①　　　　　②　　　　　③　　　　　④

▶受験テクニック◀

　Ａの発話をＢが受け答え、さらに同じ話題に沿って話を展開する。Ｂに続くＡの返答を選択肢から選ぶ問題形式はＡＢＡ対話形式である。
　この形式の対話を聞く時、Ａの発話から、話題、場面、Ａはどういう人物かなどを把握しておけば、その話題、場面、Ａの人物像に相応しくない選択肢を最初から排除できる。

　例 1.
　　Ａ：现在一万日元换多少人民币？　　　　　　　　　　　　　　　（第 79 回）
　　　　今 1 万円は人民元いくらに換えられますか？
　　Ｂ：一万日元换 789 元。　1 万円は 789 元に換えられます。
　　Ａ：❶ 那我换三万日元吧。　それなら 3 万円を換えます。
　　　　② 789 元太贵了，500 元怎么样？
　　　　　789 元は高すぎます。500 元はどうですか？
　　　　③ 是吗？那我马上回去。　そうですか。それではすぐ帰ります。
　　　　④ 人民医院在北京路 798 号。　人民医院は北京路の 798 番にあります。

　最初のＡの発話から両替に関する会話だと分かれば、②の買い物、③の帰宅、④の病院の場所に関する選択肢は正解ではないと分かり、排除することができる。④の"人民医院"と"人民币""日元"との発音が近いので、混同しないように注意しよう。このように 4 級ほど多くないが、発音のひっかけ問題が依然として出題されている。

　例 2.
　　Ａ：欢迎光临，您要点儿什么？　ようこそ！何にいたしましょうか？（第 78 回）
　　Ｂ：我要咖啡和汉堡包。　コーヒーとハンバーガーをください。
　　Ａ：① 我不要糖。　砂糖を入れないでください。
　　　　② 我不在这儿吃。　私はここで食べません。
　　　　❸ 您还要别的吗？　外に何か要りますか？
　　　　④ 一共多少钱？　全部でいくらですか？

　最初のＡの発話から、Ａが店員だと分かれば、①②④はお客さんの言うセリフなので、排除することができる。
　相手の質問に対してまず答えるのが一般的である。Ｂの発話の後半が質問文

2 ＡＢＡ対話式

である場合は、Ａは先にこの質問に答えるべき。後にある展開文は話題、人物、場面に合っているかどうかも注意して聞く必要がある。

例1.

　　Ａ：明天咱们去买东西吧。 明日買い物に行きましょうか？　　　　　　（第79回）
　　Ｂ：行啊。几点去? いいよ。何時に行きますか？
　　Ａ：① 去几天都可以。 何日行ってもいいです。
　　　　② 星期四怎么样? 木曜日はどうですか？
　　　　③ 我今天没有时间。 今日は時間がありません。
　　　　❹ 一点半怎么样? 吃了午饭就走。
　　　　　　1時半はどうですか？昼ご飯を食べてからすぐに行きましょう。

　Ｂの発話の後半は質問になっている。何時という質問に答えたのが④のみで、④が正解である。②の"几天"と質問の"几点"の発音の違いに注意しよう。"几点去都可以"と勘違いしてはいけない。

例2.

　　Ａ：请问，这件衣服多少钱? お尋ねします。この服はいくらですか？（第80回）
　　Ｂ：一千块钱，来一件吧。 千元です。一着買いませんか？
　　Ａ：① 太好了。你也一起来吧。 いいですね。あなたも一緒に来なさい。
　　　　❷ 太贵了。能不能便宜点儿? 高すぎます。少し安くできませんか？
　　　　③ 来几个便宜点儿的炒菜就行了。
　　　　　　いくつか少し安い炒め料理を注文すればいいと思います。
　　　　④ 你穿这件衣服真漂亮。 あなたがこの服を着ると本当にきれいですね。

　Ｂの発話の後半は勧誘の文となっている。これに対して、①②の前半はどちらも答えとしてはありうるが、後続文を聞くと、話題の一致性を持っているのは②である。Ｂの後半の"来"は「買う」という意味で、①の"来"は「来る」という意味である。こんなところも注意しよう。③はレストランでの友達間の会話である。

第2章
長文のリスニング問題

　3級の長文のリスニング問題は、毎回会話体のものが1篇、記述体のものが1篇で構成されている。各篇に対して5つの質問が設けられ、それぞれに4つの選択肢があり、その中から文章の内容に合った正解を1つ選ぶという形式となっている。

　会話体の文章では、基本的に登場人物が男女の2人となる。2人は質問したり答えたりして、ある事柄について話し合っていく。記述体の文章では、話者が1人となる。1人で何かのテーマについて語る。

　長文のリスニングは長文そのものや答えの選択肢が印字されておらず、音声のみとなっている。5つの設問については、記述体の場合は問題用紙に印字されているが、会話体の場合は印字されていない。聞く時には、どんなテーマか、どんな人物が登場しているかを、いち早く把握することが重要である。

　本章では、2005年11月の第57回～2012年6月の第77回までの6年間20回分の長文リスニング試験問題を網羅し、テーマごとに整理分類を行い、訓練を行う。

1 会話体の文章

第2章 長文のリスニング問題

　会話体の文章は基本的に2人の人物が登場し、一対一で会話する。一人は質問や提案を行い、もう1人はそれを受け答えて話題を展開していく。よって、会話の中の疑問詞や質問文をしっかり聞き取ることが重要である。疑問文が分かれば、それに対する受け答えの言葉も予測でき、全体が聞き取りやすくなる。長文の内容に関する5つの設問を聞き取ることは最重要で、設問が聞き取れなければ、正解を選ぶことができない。また、登場人物やテーマについて早く把握し聞き取れるように、よく出てくる登場人物やテーマについても慣れておきたい。

　会話体の文章は、友達同志の会話が圧倒的に多く、全部で13篇出題されている。それ以外に親子間の会話が1篇、先生と学生との会話が1篇、レストランのウェイトレスとお客さんとの会話が1篇、友人の親との会話が1篇、友人の知人との会話が1篇となっている。面と向かって会話している場合が多いが、電話での会話も7篇ある。親との電話、先生との電話、友達との電話が多い。その内、話したい相手が留守のため、（友人の親、友人のルームメート、先生の奥さんに）伝言を頼むパターンが3篇出題されている。

　会話の内容については、食事に誘う会話、レストランでの会話が3篇、家族や自分の近況、予定についての会話がそれぞれ2篇、お伴を頼む会話が2篇、友人宅訪問時の会話が1篇、勉学については1篇、就職が1篇となっている。

　この節では、会話体の文章をテーマごとに分け、よく出てくる関連表現をテーマの最初に提示する。関連表現を学んだ後に、AB2回のトレーニングを行う。そして本番形式の腕試しへと進み、習得度を確認する。

　会話体は男女の音声で録音されているので、これを活用して聞く側と答える側のそれぞれの表現の特徴に注意するようにトレーニングを組んでいる。具体的には2回分の試験問題をAとBに分け、会話の片方の発話を提示し、片方の発話を部分的に伏せておく。5つの設問文はトレーニングABともに伏せるが、選択肢は文字で提示する。伏せた部分について書き取り訓練を行い、正解率のアップを図る。

1 家族

関連表現

- 听说暑假你回老家了？ Tīngshuō shǔjià nǐ huí lǎojiā le?
  夏休みは故郷に帰ったそうですね。
- 你父母身体都好吧？ Nǐ fùmǔ shēntǐ dōu hǎo ba?
  ご両親はお元気ですか。
- 现在怎么样？ Xiànzài zěnmeyàng?
  今はどうですか。
- 家里还有什么人呢？ Jiālǐ hái yǒu shénmerén ne?
  あなたの家には他にどんな家族がいますか。
- 你哥哥结婚了吗？ Nǐ gēge jiéhūn le ma?
  お兄さんは結婚していますか。
- 你父母一定很喜欢孙子吧。 Nǐ fùmǔ yídìng hěn xǐhuan sūnzi ba.
  ご両親はきっとすごく孫を可愛がっているのでしょう。
- 你父亲还工作吗？ Nǐ fùqin hái gōngzuò ma?
  お父さんはまだ働いていますか。
- 这是我家的全家照。 Zhè shì wǒjiā de quánjiā zhào.
  これは我が家の家族の集合写真です。
- 你家几口人？ Nǐ jiā jǐ kǒu rén?
  ご家族は何人ですか。
- 你爸爸做什么工作？ Nǐ bàba zuò shénme gōngzuò?
  お父さんはどんな仕事をしていますか。
- 坐在你爸爸左边的是你妈妈吧？你跟你妈妈长得很像。
  Zuò zài nǐ bàba zuǒbian de shì nǐ māma ba? Nǐ gēn nǐ māma zhǎng de hěn xiàng.
  お父さんの左側に座っているのはお母さんでしょうね。あなたはお母さんとそっくりです。
- 站在你妈妈后边的是你哥哥吗？
  Zhàn zài nǐ māma hòubian de shì nǐ gēge ma?
  お母さんの後ろに立っているのはお兄さんですか。
- 狗也算家里人吗？ Gǒu yě suàn jiālǐ rén ma?
  犬も家族ですか。

1 会話体の文章

トレーニング

A 音声を聞き、空欄の部分を埋めた後、(1)〜(5)の問いの答えとして最も適当なものを、それぞれ①〜④の中から1つ選びなさい。（第77回） CD B06

女：小李，听说＿＿＿＿＿＿＿＿＿＿＿？
男：是啊，回去看父母，住了十几天。
女：＿＿＿＿＿＿＿＿＿＿＿？
男：母亲身体很好，父亲血压有点儿高，去年还住了一次院。
女：是吗？＿＿＿＿＿＿＿＿＿＿＿？
男：出院以后，他戒了烟，也不怎么喝酒了，现在好多了。
女：＿＿＿＿＿＿＿＿＿＿＿？
男：一个哥哥，和他们住在一起。
女：＿＿＿＿＿＿＿＿＿＿＿？
男：结婚了，有个男孩儿，很可爱。
女：＿＿＿＿＿＿＿＿＿＿＿。
男：那当然，特别喜欢。
女：＿＿＿＿＿＿＿＿＿＿＿？
男：他已经退休了。不过，每天也很忙。
女：＿＿＿＿＿＿＿＿＿＿＿？
男：哥哥和他爱人都有工作，父母要帮他们带孩子。

---

(1) ＿＿＿＿＿＿＿＿＿＿＿？ CD B07
　① 十七天。　　　② 十几天。
　③ 十几年。　　　④ 十七年。

(2) ＿＿＿＿＿＿＿＿＿＿＿？
　① 他父母的身体都很好。
　② 他母亲身体不太好，父亲去年住院了。
　③ 母亲身体很好，父亲的血压有点儿高。
　④ 现在父亲身体很好，母亲住院了。

(3) _____?
① 以前不抽烟，也不喝酒，现在又抽烟，又喝酒。
② 以前又抽烟，又喝酒，现在喝酒，不抽烟。
③ 以前又抽烟，又喝酒，现在抽烟，不喝酒。
④ 以前又抽烟，又喝酒，现在不抽烟，也不喝酒。

(4) _____?
① 四口。　　② 六口。　　③ 九口。　　④ 十口。

(5) _____?
① 因为他喜欢工作。　　② 因为他已经退休了。
③ 因为小李回家了。　　④ 因为他要照顾孙子。

B 音声を聞き、空欄の部分を埋めた後、(1)～(5)の問いの答えとして最も適当なものを、それぞれ①～④の中から１つ選びなさい。（第75回） CD B08

男：小林，_____?
女：不告诉你，这是我的秘密。
男：_____?
女：跟你说吧。这是我家的全家照。
男：全家照？ 让我看看。_____?
女：我家一共五口人。这是我爸爸。
男：_____?
女：他以前做过公务员，现在在银行工作。
男：_____? 你跟你妈妈长得很像。
女：对，大家都这么说。
男：_____?
女：不，那是我弟弟。他个子高，最喜欢打篮球，有时也打打棒球。
男：小林，你说你家有五口人，_____?
女：你看，我爸爸右边儿不是还有一只狗吗?
男：_____?
女：是的，它叫小黑，也是我们家的一员。

1 会話体の文章

(1) _____?　　　CD B09

① 在看她家里来的信。　　② 在看她男朋友的信。
③ 在看她男朋友的照片。　④ 在看她全家的照片。

(2) _____?

① 做过医生。　　　② 做过公务员。
③ 做过银行职员。　④ 做过公司职员。

(3) _____?

① 是小林的母亲。　② 是小林的弟弟。
③ 是小林的哥哥。　④ 是小林家的狗。

(4) _____?

① 他最喜欢打棒球。　② 他最喜欢看棒球比赛。
③ 他最喜欢打篮球。　④ 他最喜欢看篮球比赛。

(5) _____?

① 父亲、母亲、弟弟、小林和小黑。
② 父亲、母亲、哥哥、小林和弟弟。
③ 父亲、母亲、哥哥、弟弟和小黑。
④ 父亲、母亲、弟弟、小林和她男朋友。

1 会話体の文章

腕試し A

会話を聞き、(1)～(5)の問いの答えとして最も適当なものを、それぞれ①～④の中から一つ選びなさい。

CD B06

> メモ

CD B07

(1) ① ② ③ ④

(2) ① ② ③ ④

(3) ① ② ③ ④

(4) ① ② ③ ④

(5) ① ② ③ ④

2 長文のリスニング問題

◆ 1 会話体の文章

腕試し B

会話を聞き、(1)～(5)の問いの答えとして最も適当なものを、それぞれ①～④の中から一つ選びなさい。　　　　　　　　　　　CD B08

> **メモ**

CD B09

(1) ①　　　　② 　　　　　③　　　　　④

(2) ①　　　　②　　　　　③　　　　　④

(3) ①　　　　②　　　　　③　　　　　④

(4) ①　　　　②　　　　　③　　　　　④

(5) ①　　　　②　　　　　③　　　　　④

2 長文のリスニング問題

解　説　トレーニング、腕試し　共通

A　原文の漢字、ピンイン、和訳

女：小李，听说暑假你回老家了？　XiǎoLǐ, tīngshuō shǔjià nǐ huí lǎojiā le?
　　李さん、夏休みは故郷に帰ったそうですね。

男：是啊，回去看父母，住了十几天。　Shì a, huíqu kàn fùmǔ, zhù le shí jǐ tiān.
　　そうです。両親に会いに帰りました。10数日間滞在しました。

女：你父母身体都好吧？　Nǐ fùmǔ shēntǐ dōu hǎo ba?
　　ご両親はお元気ですか。

男：母亲身体很好，父亲血压有点儿高，去年还住了一次院。
　　Mǔqin shēntǐ hěn hǎo, fùqin xuèyā yǒudiǎnr gāo, qùnián hái zhù le yícì yuàn.
　　母親は元気ですが、父親はすこし血圧がたかく、昨年は入院もしていました。

女：是吗？现在怎么样？　Shì ma? Xiànzài zěnmeyàng?
　　そうですか。今はどうですか。

男：出院以后，他戒了烟，也不怎么喝酒了，现在好多了。
　　Chūyuàn yǐhòu, tā jiè le yān, yě bù zěnme hē jiǔ le, xiànzài hǎoduō le.
　　退院した後に、たばこをやめ、お酒もあまり飲まないようにして、今はだいぶ良くなりました。

女：家里还有什么人呢？　Jiāli hái yǒu shénmerén ne?
　　あなたの家には他にどんな家族がいますか。

男：一个哥哥，和他们住在一起。　Yíge gēge, hé tāmen zhù zài yìqǐ.
　　兄が1人います。兄は両親と一緒に住んでいます。

女：你哥哥结婚了吗？　Nǐ gēge jiéhūn le ma?
　　お兄さんは結婚していますか。

男：结婚了，有个男孩儿，很可爱。　Jiéhūn le, yǒu ge nánháir, hěn kě'ài.
　　結婚しています。可愛い男の子が1人います。

女：你父母一定很喜欢孙子吧。　Nǐ fùmǔ yídìng hěn xǐhuan sūnzi ba.
　　ご両親はきっとすごく孫を可愛がっているのでしょうね。

男：那当然，特别喜欢。　Nà dāngrán, tèbié xǐhuan.
　　その通りです。とても可愛がっています。

女：你父亲还工作吗？　Nǐ fùqin hái gōngzuò ma?
　　お父さんはまだ働いていますか。

男：他已经退休了。不过，每天也很忙。
　　Tā yǐjīng tuìxiū le. Búguò, měitiān yě hěn máng.
　　もう定年退職しました。でも毎日忙しいです。

女：为什么呢？　Wèishénme ne?
　　どうしてですか。

1 会話体の文章

男：哥哥和他爱人都有工作，父母要帮他们带孩子。
　　Gēge hé tā àiren dōu yǒu gōngzuò, fùmǔ yào bāng tāmen dài háizi.
　　兄と兄嫁は勤めているので、両親は孫の世話の手伝いをしなければならないからです。

問いと答え

(1) 小李回老家住了多长时间？　XiǎoLǐ huílǎojiā zhù le duōcháng shíjiān?
　　李さんは故郷に帰ってどのぐらい滞在しましたか。
　　① 十七天。　Shíqī tiān.　17日間。
　　❷ 十几天。　Shí jǐ tiān.　10数日間。
　　③ 十几年。　Shí jǐ nián.　10数年間。
　　④ 十七年。　Shíqī nián.　17年間。
　　②が正解。"七"と"几"の発音が近いので、気を付けよう。

(2) 小李父母的身体怎么样？　XiǎoLǐ fùmǔ de shēntǐ zěnmeyàng?
　　李さんの両親の健康はどうですか。
　　① 他父母的身体都很好。　Tā fùmǔ de shēntǐ dōu hěn hǎo.
　　　両親はとても健康です。
　　② 他母亲身体不太好，父亲去年住院了。
　　　Tā mǔqin shēntǐ bú tài hǎo, fùqin qùnián zhùyuàn le.
　　　母親の体はあまり良くないし、父親も昨年入院していました。
　　❸ 母亲身体很好，父亲的血压有点儿高。
　　　Mǔqin shēntǐ hěn hǎo, fùqin de xuèyā yǒudiǎnr gāo.
　　　母親は健康ですが、父親はすこし血圧が高いです。
　　④ 现在父亲身体很好，母亲住院了。
　　　Xiànzài fùqin shēntǐ hěn hǎo, mǔqin zhùyuàn le.
　　　今、父親は元気ですが、母親は入院しています。
　　③が正解。高血圧以外の成人病の言い方も知っておこう。"糖尿病 tángniàobìng"（糖尿病）"心脏病 xīnzàngbìng"（心臓病）。

(3) 小李的父亲抽烟、喝酒吗？　XiǎoLǐ de fùqin chōu yān、hē jiǔ ma?
　　李さんの父親は喫煙や飲酒をしていますか。
　　① 以前不抽烟，也不喝酒，现在又抽烟，又喝酒。
　　　Yǐqián bù chōu yān, yě bù hē jiǔ, xiànzài yòu chōu yān, yòu hē jiǔ.
　　　以前は喫煙も飲酒もしていませんでしたが、今は喫煙も飲酒もしています。

❷ 以前又抽烟，又喝酒，现在喝酒，不抽烟。
　　Yǐqián yòu chōu yān, yòu hē jiǔ, xiànzài hē jiǔ, bù chōu yān.
　　以前は喫煙も飲酒もしていましたが、今は飲酒はしていますが、喫煙はしていません。

③ 以前又抽烟，又喝酒，现在抽烟，不喝酒。
　　Yǐqián yòu chōu yān, yòu hē jiǔ, xiànzài chōu yān, bù hē jiǔ.
　　以前は喫煙も飲酒もしていましたが、今は喫煙はしていますが、飲酒はしていません。

④ 以前又抽烟，又喝酒，现在不抽烟，也不喝酒。
　　Yǐqián yòu chōu yān, yòu hē jiǔ, xiànzài bù chōu yān, yě bù hē jiǔ.
　　以前は喫煙も飲酒もしていましたが、今は喫煙も飲酒もしていません。

　②が正解。"戒了烟"イコール"不抽烟了"（たばこをやめた）。"不怎么喝酒了"は「少しはしているが、あまり飲まないようになった」という意味。

(4) 小李全家一共几口人？　XiǎoLǐ quánjiā yígòng jǐ kǒu rén?
　　李さん一家の家族は何人ですか。

　① 四口。Sì kǒu.　4人。
　❷ 六口。Liù kǒu.　6人。
　③ 九口。Jiǔ kǒu.　9人。
　④ 十口。Shí kǒu.　10人。

　②が正解。文章全体から、李さんの家には、ご両親、お兄さん夫婦とその子供、李さん本人がいることがわかる。

(5) 小李的父亲现在为什么很忙？　XiǎoLǐ de fùqin xiànzài wèishénme hěn máng?
　　李さんのお父さんはどうして今忙しいのですか。

　① 因为他喜欢工作。Yīnwèi tā xǐhuan gōngzuò.　働くのが好きだから。
　② 因为他已经退休了。Yīnwèi tā yǐjīng tuìxiū le.　定年退職をしたから。
　③ 因为小李回家了。Yīnwèi XiǎoLǐ huíjiā le.　李さんが帰ってきたから。
　❹ 因为他要照顾孙子。Yīnwèi tā yào zhàogu sūnzi.
　　孫の世話をしなければならないから。

　④が正解。"带孩子"の"带"は"照顾"（世話をする）と同じ意味。

B　原文の漢字、ピンイン、和訳　　　　　　　　　　　（第75回）

男：小林，你又在看什么呢？　XiǎoLín, nǐ yòu zài kàn shénme ne?
　　林さん、あなたはまた何を見ていますか。

1 会話体の文章

女：不告诉你，这是我的秘密。　Bú gàosu nǐ, zhè shì wǒ de mìmì.
これは私の秘密です。教えてあげません。

男：是你男朋友的照片吧？　Shì nǐ nánpéngyou de zhàopiàn ba?
ボーイフレンドの写真でしょう。

女：跟你说吧。这是我家的全家照。　Gēn nǐ shuō ba. Zhè shì wǒjiā de quánjiā zhào.
教えてあげましょう。我が家の家族の集合写真です。

男：全家照？让我看看。你家几口人？
Quánjiā zhào? Ràng wǒ kànkan. Nǐ jiā jǐ kǒu rén?
家族の写真ですか。見せてください。ご家族は何人ですか。

女：我家一共五口人。这是我爸爸。　Wǒjiā yígòng wǔ kǒu rén. Zhè shì wǒ bàba.
5人家族です。こちらは父親です。

男：你爸爸做什么工作？　Nǐ bàba zuò shénme gōngzuò?
お父さんはどんな仕事をしていますか。

女：他以前做过公务员，现在在银行工作。
Tā yǐqián zuò guo gōngwùyuán, xiànzài zài yínháng gōngzuò.
以前は公務員をしていましたが、今は銀行で働いています。

男：坐在你爸爸左边的是你妈妈吧？你跟你妈妈长得很像。
Zuò zài nǐ bàba zuǒbian de shì nǐ māma ba? Nǐ gēn nǐ māma zhǎng de hěn xiàng.
お父さんの左側に座っているのはお母さんでしょう。あなたはお母さんとそっくりですね。

女：对，大家都这么说。　Duì, dàjiā dōu zhème shuō.
そうですね。みんなそう言っています。

男：站在你妈妈后边的是你哥哥吗？
Zhàn zài nǐ māma hòubian de shì nǐ gēge ma?
お母さんの後ろに立っているのはお兄さんですか。

女：不，那是我弟弟。他个子高，最喜欢打篮球，有时也打打棒球。
Bù, nà shì wǒ dìdi. Tā gèzi gāo, zuì xǐhuan dǎ lánqiú, yǒushí yě dǎda bàngqiú.
いいえ、弟です。彼は背が高く、バスケットが大好きです。野球も時々しています。

男：小林，你说你家有五口人，怎么照片上只有四个人呢？
XiǎoLín, nǐ shuō nǐ jiā yǒu wǔ kǒu rén, zěnme zhàopiàn shang zhǐyǒu sìge rén ne?
5人家族と言っていますが、どうして写真には4人しかいないのですか。

女：你看，我爸爸右边儿不是还有一只狗吗？
Nǐ kàn, wǒ bàba yòubianr búshì hái yǒu yìzhī gǒu ma?
見て、お父さんの右側に犬が1匹いるじゃないですか。

男：狗也算家里人吗？　Gǒu yě suàn jiāli rén ma?
犬も家族ですか。

女：是的，它叫小黑，也是我们家的一员。
　　Shì de, tā jiào XiǎoHēi, yě shì wǒmen jiā de yìyuán.
　　そうですよ。犬はクロと言います。我が家の一員です。

問いと答え
(1) 小林在看什么？　XiǎoLín zài kàn shénme?
　　林さんは何を見ていますか。
　　① 在看她家里来的信。　Zài kàn tā jiāli lái de xìn.
　　　彼女の家からの手紙を見ています。
　　② 在看她男朋友的信。　Zài kàn tā nánpéngyou de xìn.
　　　彼女のボーイフレンドからの手紙を見ています。
　　③ 在看她男朋友的照片。　Zài kàn tā nánpéngyou de zhàopiàn.
　　　彼女のボーイフレンドの写真を見ています。
　　❹ 在看她全家的照片。　Zài kàn tā quánjiā de zhàopiàn.
　　　彼女の一家の集合写真を見ています。
　　④が正解。"全家照"は家族全員が写っている写真のこと。

(2) 小林的父亲以前做过什么工作？
　　XiǎoLín de fùqin yǐqián zuò guo shénme gōngzuò?
　　林さんのお父さんは以前どんな仕事をしていましたか。
　　① 做过医生。　Zuò guo yīshēng.　医者をしていました。
　　❷ 做过公务员。　Zuò guo gōngwùyuán.　公務員をしていました。
　　③ 做过银行职员。　Zuò guo yínháng zhíyuán.　銀行員をしていました。
　　④ 做过公司职员。　Zuò guo gōngsī zhíyuán.　会社員をしていました。
　　②が正解。③の"銀行職員"は今の職業、質問の時間詞に要注意。

(3) 站在小林妈妈后边的是谁？　Zhàn zài XiǎoLín māma hòubian de shì shéi?
　　林さんのお母さんの後ろに立っているのは誰ですか。
　　① 是小林的母亲。　Shì XiǎoLín de mǔqin.　林さんのお母さんです。
　　❷ 是小林的弟弟。　Shì XiǎoLín de dìdi.　林さんの弟です。
　　③ 是小林的哥哥。　Shì XiǎoLín de gēge.　林さんのお兄さんです。
　　④ 是小林家的狗。　Shì XiǎoLín jiā de gǒu.　林さんの家の犬です。
　　②が正解。

1 会話体の文章

(4) 小林的弟弟最喜欢做什么？　XiǎoLín de dìdi zuì xǐhuan zuò shénme?
林さんの弟はどんなことが大好きですか。

① 他最喜欢打棒球。　Tā zuì xǐhuan dǎ bàngqiú.　野球が大好きです。

② 他最喜欢看棒球比赛。　Tā zuì xǐhuan kàn bàngqiú bǐsài.
野球の試合を見るのが大好きです。

❸ 他最喜欢打篮球。　Tā zuì xǐhuan dǎ lánqiú.　バスケットが大好きです。

④ 他最喜欢看篮球比赛。　Tā zuì xǐhuan kàn lánqiú bǐsài.
バスケットの試合を見るのが大好きです。

③が正解。"有时也打打棒球"は、野球は時々やる程度という意味。

(5) 小林说她家里都有什么人？　XiǎoLín shuō tā jiāli dōu yǒu shénmerén?
林さんは家にはどんな家族がいると言っていますか。

❶ 父亲、母亲、弟弟、小林和小黑。
Fùqin、mǔqin、dìdi、XiǎoLín hé XiǎoHēi.
父親、母親、弟、林さんそしてクロ。

② 父亲、母亲、哥哥、小林和弟弟。　Fùqin、mǔqin、gēge、XiǎoLín hé dìdi.
父親、母親、兄、林さんそして弟。

③ 父亲、母亲、哥哥、弟弟和小黑。　Fùqin、mǔqin、gēge、dìdi hé XiǎoHēi.
父親、母親、兄、弟そしてクロ。

④ 父亲、母亲、弟弟、小林和她男朋友。
Fùqin、mǔqin、dìdi、XiǎoLín hé tā nánpéngyou.
父親、母親、弟、林さんそして彼女のボーイフレンド。

①が正解。全体の人物を注意して聞く必要がある。メモすれば正解しやすくなる1問です。

解答

Ⓐ　(1) ②　(2) ③　(3) ②　(4) ②　(5) ④

Ⓑ　(1) ④　(2) ②　(3) ②　(4) ③　(5) ①

2 近況

関連表現

- 你在忙什么呢? Nǐ zài máng shénme ne?
  今どんなことをやっていますか。
- 今年春节能回来吧? Jīnnián Chūnjié néng huílai ba?
  今年の春節は帰ってこられますよね。
- 我今年不打算回家过春节了。 Wǒ jīnnián bù dǎsuan huíjiā guò Chūnjié le.
  私は今年の春節は家に帰らないつもりです。
- 我有女朋友了。 Wǒ yǒu nǚpéngyou le.
  私はガールフレンドができました。
- 你不是去中国工作了吗? Nǐ bú shì qù Zhōngguó gōngzuò le ma?
  君は中国へ仕事に行っているじゃないですか。
- 我是上个月中旬回来的。 Wǒ shì shànggeyuè zhōngxún huílai de.
  私は先月の中旬に帰ってきたのです。
- 你以后还去中国工作吗? Nǐ yǐhòu hái qù Zhōngguó gōngzuò ma?
  これからも中国へ働きに行くのですか。
- 明年公司打算让我去东京工作。
  Míngnián gōngsī dǎsuan ràng wǒ qù Dōngjīng gōngzuò.
  来年会社は僕を東京に勤務させる予定です。
- 你也在东京找到工作了? Nǐ yě zài Dōngjīng zhǎodào gōngzuò le?
  君も東京で仕事を見つけたのですか。
- 我下周就要结婚了。 Wǒ xiàzhōu jiù yào jiéhūn le.
  僕はいよいよ来週結婚します。

1 会話体の文章

トレーニング

A 音声を聞き、空欄の部分を埋めた後、(1)～(5)の問いの答えとして最も適当なものを、それぞれ①～④の中から1つ選びなさい。

(第76回) CD B10

女：喂，_____？
男：妈，是我，小光。
女：噢，小光啊，好久没来电话了。_____？
男：我在学校正忙着写论文呢。
女：_____？
男：大概还要两三个星期才能写完。
女：哎，小光啊，_____？
男：我今天打电话就是要说这件事儿。我今年不打算回家过春节了。
女：_____？
男：我有女朋友了，她父母想见见我，所以今年我得去女朋友家。
女：_____？太好了！她怎么样？漂亮吗？
男：还可以吧。我觉得不错。
女：那什么时候把你女朋友带回来，_____。
男：别急嘛，放了暑假，我们就一起回去，好吗？
女：好！好！_____。
男：别忘了，跟爸爸也说一声。
女：_____。忘不了。

(1) _____？ CD B11
　　① 是从办公室里打的电话。　② 是从学校打的电话。
　　③ 是从他女朋友的家里打的电话。　④ 是从他的公司打的电话。

(2) _____？
　　① 还要写一两个星期。　② 写完论文就放暑假。
　　③ 论文已经写完了。　④ 还要写两三个星期。

(3) _____？
　　① 因为他女朋友的父母不让他回家。
　　② 因为他写论文太忙，没有时间。
　　③ 因为他打算去女朋友家过春节。
　　④ 因为他妈妈不让他回家过春节。

(4) _____？
　　① 他觉得女朋友挺漂亮的。　　② 他觉得女朋友不太漂亮。
　　③ 他觉得女朋友太漂亮了。　　④ 他觉得女朋友没有他妈妈漂亮。

(5) _____？
　　① 放暑假的时候。　　　　　　② 今年过春节的时候。
　　③ 两三个星期以后。　　　　　④ 明年春节以后。

B 音声を聞き、空欄の部分を埋めた後、(1)～(5)の問いの答えとして最も適当なものを、それぞれ①～④の中から1つ選びなさい。

(第62回)　CD B12

男：欸，这不是小李吗？　好久不见！
女：是山本啊，_____？　什么时候回来的？
男：我是上个月中旬回来的。
女：在中国，_____？
男：我第一年在大连工作，第二年在北京工作，回国前还去昆明旅游了一趟。
女：_____？
男：不去了。明年公司打算让我去东京工作。
女：是吗？_____。
男：这么说，你也在东京找到工作了？　什么工作？
女：跟你一样，_____。
男：那恭喜你了。对了，我下周就要结婚了。你可一定要来参加我的婚礼呀！
女：那也恭喜你了，我一定参加。_____？

1　会話体の文章

男：你是怎么知道的？
女：＿＿＿＿＿＿＿＿＿＿＿＿＿＿，我就猜出来了。
男：她是西安人，我们是在北京认识的。

(1) ＿＿＿＿＿＿＿＿＿＿＿＿＿＿＿＿？　　　　　　　CD B13
　① 上个月下旬。　　　　② 下个月中旬。
　③ 下个月上旬。　　　　④ 上个月中旬。

(2) ＿＿＿＿＿＿＿＿＿＿＿＿＿＿＿＿？
　① 大连和昆明。　　　　② 昆明和北京。
　③ 北京和大连。　　　　④ 大连和东京。

(3) ＿＿＿＿＿＿＿＿＿＿＿＿＿＿＿＿？
　① 因为山本和小李明年都要在东京工作。
　② 因为山本和小李都在中国工作。
　③ 因为山本和小李好久没见面了。
　④ 因为山本和小李都会说汉语。

(4) ＿＿＿＿＿＿＿＿＿＿＿＿＿＿＿＿？
　① 一家旅行社。　　　　② 一家电话公司。
　③ 一家饭店。　　　　　④ 一家贸易公司。

(5) ＿＿＿＿＿＿＿＿＿＿＿＿＿＿＿＿？
　① 因为小李也是西安人。　　　　② 因为山本的汉语说得很好。
　③ 因为小李认识山本的女朋友。　④ 因为山本以前告诉过小李。

1 会話体の文章

腕試し A

会話を聞き、(1)～(5)の問いの答えとして最も適当なものを、それぞれ①～④の中から一つ選びなさい。　　CD B10

メモ

CD B11

(1)　①　　　　②　　　　③　　　　④

(2)　①　　　　②　　　　③　　　　④

(3)　①　　　　②　　　　③　　　　④

(4)　①　　　　②　　　　③　　　　④

(5)　①　　　　②　　　　③　　　　④

2 長文のリスニング問題

1 会話体の文章

腕試し B

会話を聞き、(1)〜(5)の問いの答えとして最も適当なものを、それぞれ①〜④の中から一つ選びなさい。　　CD B12

メモ

CD B13

(1) ①　　　　②　　　　③　　　　④

(2) ①　　　　②　　　　③　　　　④

(3) ①　　　　②　　　　③　　　　④

(4) ①　　　　②　　　　③　　　　④

(5) ①　　　　②　　　　③　　　　④

解説 トレーニング、腕試し 共通

A 原文の漢字、ピンイン、和訳

女：喂，您是哪位？ Wèi, nín shì nǎwèi?
　　もしもし、どちら様ですか。

男：妈，是我，小光。 Mā, shì wǒ, Xiǎoguāng.
　　お母さん、僕ですよ。光です。

女：噢，小光啊，好久没来电话了。你在忙什么呢？
　　Ō, Xiǎoguāng a, hǎojiǔ méi lái diànhuà le. Nǐ zài máng shénme ne?
　　あら、光ちゃん、久しぶりの電話ですね。最近、何をやっていますか。

男：我在学校正忙着写论文呢。 Wǒ zài xuéxiào zhèng mángzhe xiě lùnwén ne.
　　学校で論文の作成を頑張っています。

女：快写完了吧？ Kuài xiě wánle ba?
　　もうそろそろ書き終わりますか。

男：大概还要两三个星期才能写完。
　　Dàgài hái yào liǎng sān ge xīngqī cái néng xiě wán.
　　おそらく、また2、3週間ぐらいかかるかと思います。

女：哎，小光啊，今年春节能回来吧？
　　Āi, Xiǎoguāng ā, jīnnián Chūnjié néng huílai ba?
　　あの、光ちゃん、春節は家に帰ってこられますよね。

男：我今天打电话就是要说这件事儿。我今年不打算回家过春节了。
　　Wǒ jīntiān dǎ diànhuà jiùshì yào shuō zhè jiàn shìr. Wǒ jīnnián bù dǎsuan huíjiā guò Chūnjié le.
　　今日、電話を掛けたのはその話をしたいからです。今年の春節は家に帰らないつもりです。

女：为什么呀？ Wèishénme ya?
　　どうして。

男：我有女朋友了，她父母想见见我，所以今年我得去女朋友家。
　　Wǒ yǒu nǚpéngyou le, tā fùmǔ xiǎng jiànjian wǒ, suǒyǐ jīnnián wǒ děi qù nǚpéngyou jiā.
　　僕は彼女ができて、彼女の両親が僕に会いたがっているから、今年は彼女の家に行かなければなりません。

女：有女朋友啦？太好了！她怎么样？ 漂亮吗？
　　Yǒu nǚpéngyou la? Tài hǎo le! Tā zěnmeyàng? Piàoliang ma?
　　彼女ができたの？それは良かったわ。その人はどうですか。可愛いですか。

男：还可以吧。我觉得不错。 Hái kěyǐ ba. Wǒ juéde búcuò.
　　まあまあです。悪くはないと思います。

1 会話体の文章

女：那什么时候把你女朋友带回来，让爸爸妈妈也看看。
　　Nà shénme shíhou bǎ nǐ nǚpéngyou dài huilai, ràng bàba māma yě kànkan.
　　いつか、彼女を連れて家に帰ってきてね。お父さん、お母さんに合わせてください。

男：别急嘛，放了暑假，我们就一起回去，好吗？
　　Bié jí ma, fàng le shǔjià, wǒmen jiù yìqǐ huíqu, hǎo ma?
　　あわてないでください。夏休みになったら、一緒に帰ります。いいですね。

女：好！好！妈妈等着你们回来。　Hǎo! Hǎo! Māma děng zhe nǐmen huílai.
　　はい、はい、帰りを待っています。

男：别忘了，跟爸爸也说一声。　Bié wàng le, gēn bàba yě shuō yì shēng.
　　忘れないでね。お父さんにも伝えてください。

女：知道了。忘不了。　Zhīdao le. Wàngbuliǎo.
　　わかりました。忘れませんよ。

問いと答え

(1) 小光是从什么地方给他妈妈打的电话？
　　Xiǎoguāng shì cóng shénme dìfang gěi ta māma dǎ de diànhuà?
　　光さんはどこからお母さんに電話を掛けたのですか。

　① 是从办公室里打的电话。　Shì cóng bàngōngshì li dǎ de diànhuà.
　　　事務室から掛けたのです。

　❷ 是从学校打的电话。　Shì cóng xuéxiào dǎ de diànhuà.
　　　学校から掛けたのです。

　③ 是从他女朋友的家里打的电话。
　　　Shì cóng tā nǚpéngyou de jiāli dǎ de diànhuà.
　　　彼女の家から掛けたのです。

　④ 是从他的公司打的电话。　Shì cóng tā de gōngsī dǎ de diànhuà.
　　　会社から掛けたのです。

　②が正解。会話では"我在学校正忙着写论文呢"（学校で論文の作成を頑張っています）と言っているから。息子が親に掛けた電話は大学からであるとわかると、①と④は選べない。

(2) 小光论文还要写多长时间？　Xiǎoguāng lùnwén hái yào xiě duōcháng shíjiān?
　　光さんの論文は後どのぐらいで完成しますか。

　① 还要写一两个星期。　Hái yào xiě yī liǎng ge xīngqī.
　　　後1、2週間かかります。

　② 写完论文就放暑假。　Xiě wán lùnwén jiù fàng shǔjià.

1 会話体の文章

論文が書き終ったら夏休みになります。
③ 论文已经写完了。 Lùnwén yǐjīng xiě wán le.
論文はもう書き終りました。
❹ 还要写两三个星期。 Hái yào xiě liǎng sān ge xīngqī.
後2、3週間かかります。

④が正解。

(3) 为什么小光今年不能回家过春节？
Wèishénme Xiǎoguāng jīnnián bù néng huíjiā guò Chūnjié?
なぜ、光さんは今年の春節に家に帰れないですか。
① 因为他女朋友的父母不让他回家。
Yīnwèi tā nǚpéngyou de fùmǔ búràng tā huíjiā.
彼の彼女の両親が彼を帰らせないからです。
② 因为他写论文太忙，没有时间。
Yīnwèi tā xiě lùnwén tài máng, méiyǒu shíjiān.
論文の作成が忙しくて時間がないからです。
❸ 因为他打算去女朋友家过春节。
Yīnwèi tā dǎsuan qù nǚpéngyou jiā guò Chūnjié.
彼は彼女の家で春節を過ごす予定にしているからです。
④ 因为他妈妈不让他回家过春节。
Yīnwèi tā māma bú ràng tā huíjiā guò Chūnjié.
彼のお母さんは彼を春節に帰らせないからです。

③が正解。②を選んでしまう可能性があるので、要注意。今は論文で忙しいが、あと2、3週間で完成する。春節に家に帰れない理由は彼女の家に行く予定にしているから。

(4) 小光觉得女朋友怎么样？ Xiǎoguāng juéde nǚpéngyou zěnmeyàng?
光さんは彼女をどう評価していますか。
❶ 他觉得女朋友挺漂亮的。 Tā juéde nǚpéngyou tǐng piàoliang de.
彼は彼女が綺麗だと思っています。
② 他觉得女朋友不太漂亮。 Tā juéde nǚpéngyou bú tài piàoliang.
彼は彼女があまり綺麗ではないと思っています。
③ 他觉得女朋友太漂亮了。 Tā juéde nǚpéngyou tài piàoliang le.
彼は彼女がとても綺麗だと思っています。
④ 他觉得女朋友没有他妈妈漂亮。

1 会話体の文章

Tā juéde nǚpéngyou méiyǒu tā māma piàoliang.
彼は彼女が自分の母親ほど綺麗ではないと思っています。

①が正解。会話中の"还可以吧。我觉得不错。"（まあまあです。悪くはないと思います。）の"还可以"は謙遜した言い方であり、"不错"のニュアンスはよいの意と捉えたほうが無難。とてもよいという意味ではない。

(5) 小光打算什么时候带他女朋友回家？
Xiǎoguāng dǎsuan shénme shíhou dài ta nǚpéngyou huíjiā?
光さんはいつ彼女を連れて家に帰る予定ですか。

❶ 放暑假的时候。　Fàng shǔjià de shíhou.　夏休み。
② 今年过春节的时候。　Jīnnián guò Chūnjié de shíhou.　今年の春節。
③ 两三个星期以后。　Liǎng sān ge xīngqī yǐhòu.　2、3 週間後。
④ 明年春节以后。　Míngnián Chūnjié yǐhòu.　来年の春節の後。

①が正解。

B 原文の漢字、ピンイン、和訳

男：欸，这不是小李吗？好久不见！ Éi, zhè bú shì XiǎoLǐ ma? Hǎojiǔ bú jiàn!
　　あら、李さんではないですか。お久しぶりです。

女：是山本啊，你不是去中国工作了吗？什么时候回来的？
　　Shì Shānběn ā, nǐ bú shì qù Zhōngguó gōngzuò le ma? Shénme shíhou huílai de?
　　山本さんですか。君は中国へ仕事に行ったのではないですか。いつ帰ってきたのですか。

男：我是上个月中旬回来的。　Wǒ shì shànggeyuè zhōngxún huílai de.
　　先月の中旬に帰ってきたのです。

女：在中国，你都去了哪些地方？ Zài Zhōngguó, nǐ dōu qù le nǎxiē dìfang?
　　中国ではどんなところに行ってきましたか。

男：我第一年在大连工作，第二年在北京工作，回国前还去昆明旅游了一趟。
　　Wǒ dì yī nián zài Dàlián gōngzuò, dì èr nián zài Běijīng gōngzuò, huíguó qián hái qù Kūnmíng lǚyóu le yí tàng.
　　1 年目は大连で働き、2 年目は北京で働いていました。帰国の前には昆明へ旅行に行ってきました。

女：你以后还去中国工作吗？ Nǐ yǐhòu hái qù Zhōngguó gōngzuò ma?
　　これからも中国へ働きに行く予定ですか。

男：不去了。明年公司打算让我去东京工作。
　　Bú qù le. Míngnián gōngsī dǎsuan ràng wǒ qù Dōngjīng gōngzuò.

いいえ、もう行きません。来年、会社は僕を東京に勤務させる予定です。

女：是吗？那以后咱们又可以经常见面了。
Shì ma? Nà yǐhòu zánmen yòu kěyǐ jīngcháng jiànmiàn le.
そうですか。それなら、これから、私たちはまたよく会えますね。

男：这么说，你也在东京找到工作了？什么工作？
Zhème shuō, nǐ yě zài Dōngjīng zhǎodào gōngzuò le? Shénme gōngzuò?
ということは、君も東京で仕事を見つけたのですね。どんな仕事ですか。

女：跟你一样，也是贸易公司。 Gēn nǐ yíyàng, yě shì màoyì gōngsī.
君と同じで、私も貿易会社です。

男：那恭喜你了。对了，我下周就要结婚了。你可一定要来参加我的婚礼呀！
Nà gōngxǐ nǐ le. Duìle, wǒ xiàzhōu jiù yào jiéhūn le. Nǐ kě yídìng yào lái cānjiā wǒ de hūnlǐ ya!
それはおめでとう。ところで、僕はいよいよ来週結婚します。是非僕の披露宴に来てくださいね。

女：那也恭喜你了，我一定参加。你的女朋友是中国人吧？
Nà yě gōngxǐ nǐ le, wǒ yídìng cānjiā. Nǐ de nǚpéngyou shì Zhōngguórén ba?
おめでとう。きっと行きますよ。彼女は中国人でしょうね。

男：你是怎么知道的？ Nǐ shì zěnme zhīdao de?
どうして分かったんですか。

女：一听你的汉语说得那么好，我就猜出来了。
Yì tīng nǐ de Hànyǔ shuō de nàme hǎo, wǒ jiù cāichulai le.
君が中国語をこんなに上手に話しているので、私はすぐに分かりましたよ。

男：她是西安人，我们是在北京认识的。
Tā shì Xī'ān rén, wǒmen shì zài Běijīng rènshi de.
彼女は西安の人で、私たちは北京で知り合ったのです。

問いと答え

(1) 山本是什么时候回来的？ Shānběn shì shénme shíhou huílai de?
山本さんはいつ帰ってきたのですか。

　　① 上个月下旬。 Shànggeyuè xiàxún.　先月の下旬。
　　② 下个月中旬。 Xiàgeyuè zhōngxún.　来月の中旬。
　　③ 下个月上旬。 Xiàgeyuè shàngxún.　来月の上旬。
　　❹ 上个月中旬。 Shànggeyuè zhōngxún.　先月の中旬。
　④が正解。

1 会話体の文章

(2) 山本在中国的什么地方工作过？
Shānběn zài Zhōngguó de shénme dìfang gōngzuò guo?
山本さんは中国のどこで働いていましたか。
① 大连和昆明。 Dàlián hé Kūnmíng. 大連と昆明。
② 昆明和北京。 Kūnmíng hé Běijīng. 昆明と北京。
❸ 北京和大连。 Běijīng hé Dàlián. 北京と大連。
④ 大连和东京。 Dàlián hé Dōngjīng. 大連と東京。
③が正解。

(3) 为什么山本和小李以后能经常见面？
Wèishénme Shānběn hé XiǎoLǐ yǐhòu néng jīngcháng jiànmiàn?
なぜ山本さんと李さんはこれからよく会えることになりますか。
❶ 因为山本和小李明年都要在东京工作。
Yīnwèi Shānběn hé XiǎoLǐ míngnián dōu yào zài Dōngjīng gōngzuò.
山本さんと李さんはどちらも来年は東京で働くことになるから。
② 因为山本和小李都在中国工作。
Yīnwèi Shānběn hé XiǎoLǐ dōu zài Zhōngguó gōngzuò.
山本さんと李さんはどちらも中国で働いているから。
③ 因为山本和小李好久没见面了。
Yīnwèi Shānběn hé XiǎoLǐ hǎojiǔ méi jiànmiàn le.
山本さんと李さんは久しぶりに会っているから。
④ 因为山本和小李都会说汉语。
Yīnwèi Shānběn hé XiǎoLǐ dōu huì shuō Hànyǔ.
山本さんも李さんも中国語を話せるから。
①が正解。

(4) 山本在什么公司工作？ Shānběn zài shénme gōngsī gōngzuò?
山本さんはどんな会社で働いていますか。
① 一家旅行社。 Yì jiā lǚxíngshè. 旅行会社。
② 一家电话公司。 Yì jiā diànhuà gōngsī. 電話会社。
③ 一家饭店。 Yì jiā fàndiàn. レストラン。
❹ 一家贸易公司。 Yì jiā màoyì gōngsī. 貿易会社。
④が正解。会話では"跟你一样，也是贸易公司。"（君（山本）と同じで、貿易会社です。）と言っているので、2人とも貿易会社で働いていることが分かる。

1 会話体の文章

(5) 小李是怎么猜到山本的女朋友是中国人的?
XiǎoLǐ shì zěnme cāidào Shānběn de nǚpéngyou shì Zhōngguórén de?
李さんは、どうして山本さんの彼女は中国人だと分かったのですか。

① 因为小李也是西安人。 Yīnwèi XiǎoLǐ yě shì Xī'ān rén.
李さんも西安の人だから。

❷ 因为山本的汉语说得很好。 Yīnwèi Shānběn de Hànyǔ shuō de hěn hǎo.
山本さんの中国語がとても上手だから。

③ 因为小李认识山本的女朋友。 Yīnwèi XiǎoLǐ rènshi Shānběn de nǚpéngyou.
李さんは山本さんの彼女を知っているから。

④ 因为山本以前告诉过小李。 Yīnwèi Shānběn yǐqián gàosu guo XiǎoLǐ.
山本さんが以前李さんに話していたから。

②が正解。"猜"は推測の意味。"到"は"猜"の結果補語、ここでは、推測して真相が分かったという意味。

解答
Ⓐ (1) ②　(2) ④　(3) ③　(4) ①　(5) ①
Ⓑ (1) ④　(2) ③　(3) ①　(4) ④　(5) ②

1 会話体の文章

3 伝言

関連表現

□ 你给我打电话有什么事儿吗？　Nǐ gěi wǒ dǎ diànhuà yǒu shénme shìr ma?
電話を掛けてくるのは、何か用事ですか。

□ 你是想让我给你请假吧？　Nǐ shì xiǎng ràng wǒ gěi nǐ qǐngjià ba?
あなたのかわりに休みをとってほしいということでしょうか。

□ 王老师在家吗？　Wáng lǎoshī zàijiā ma?
王先生は御在宅ですか。

□ 他去买东西还没回来呢。　Tā qù mǎi dōngxi hái méi huílai ne.
買い物に出かけてまだ帰ってきていません。

□ 您能转告一下吗？　Nín néng zhuǎngào yíxià ma?
ちょっと伝えておいていただけますか。

□ 我会转告他的。　Wǒ huì zhuǎngào tā de.
伝えておきますよ。

トレーニング

A 音声を聞き、空欄の部分を埋めた後、(1)～(5)の問いの答えとして最も適当なものを、それぞれ①～④の中から1つ選びなさい。

(第67回)　CD B14

> 女：喂，藤田，＿＿＿＿＿＿＿＿＿＿＿？
> 男：噢，是小高呀，我看电视呢。
> 女：＿＿＿＿＿＿＿＿＿＿＿？
> 男：棒球比赛。
> 女：＿＿＿＿＿＿＿＿＿＿＿？
> 男：会。我从小学就开始打棒球了。
> 女：真的，＿＿＿＿＿＿＿＿＿＿＿？
> 男：打，每天都打两个小时左右。
> 女：是吗，＿＿＿＿＿＿＿＿＿＿＿！
> 男：小高，你喜欢什么体育运动？

1 会話体の文章

女：＿＿＿＿＿＿＿＿＿＿＿＿＿＿＿。
男：现在还打吗?
女：打啊, ＿＿＿＿＿＿＿＿＿＿＿＿＿。
男：是吗? 对了, 小高, 你给我打电话有什么事儿吗?
女：＿＿＿＿＿＿＿＿＿＿＿＿＿＿＿。
男：去啊, 你不去吗?
女：＿＿＿＿＿＿＿＿＿＿＿＿, 去不了。
男：你是想让我给你请假吧?
女：＿＿＿＿＿＿＿＿＿＿＿＿!
男：行, 我知道了。
女：＿＿＿＿＿＿＿＿＿＿＿＿!

(1) ＿＿＿＿＿＿＿＿＿＿＿＿＿＿＿＿＿?　　CD B15
　　① 在打排球呢。　　② 在看电视呢。
　　③ 在打棒球呢。　　④ 上英语课呢。

(2) ＿＿＿＿＿＿＿＿＿＿＿＿＿＿＿＿＿?
　　① 小学。　　② 去年。
　　③ 明年。　　④ 大学。

(3) ＿＿＿＿＿＿＿＿＿＿＿＿＿＿＿＿＿?
　　① 已经不打了。　　② 她没打过排球。
　　③ 现在还打。　　④ 她不会打排球。

(4) ＿＿＿＿＿＿＿＿＿＿＿＿＿＿＿＿＿?
　　① 两点左右。　　② 两个小时左右。
　　③ 四个多小时。　　④ 三个多小时。

(5) ＿＿＿＿＿＿＿＿＿＿＿＿＿＿＿＿＿?
　　① 她今天上午有英语课。　　② 她明天没有英语课。
　　③ 她明天下午有英语课。　　④ 她昨天去上英语课了。

2 長文のリスニング問題

1 会話体の文章

B 音声を聞き、空欄の部分を埋めた後、(1)〜(5)の問いの答えとして最も適当なものを、それぞれ①〜④の中から1つ選びなさい。

(第57回) CD B16

女：喂，请问是王老师家吗？
男：对，_____？
女：我叫田中菜子，是中日外国语大学二年级的学生。王老师在家吗？
男：他去买东西还没回来呢。_____？
女：我明天要去参加游泳比赛，不能去上课了。您能转告一下吗？
男：好。_____。
女：那谢谢您！ 再见！
男：_____！

(1) _____？ CD B17
　① 中日经济大学一年级的学生。　② 中日经济大学二年级的学生。
　③ 中日外国语大学一年级的学生。　④ 中日外国语大学二年级的学生。

(2) _____？
　① 一个姓王的同学。　② 一个姓王的朋友。
　③ 王老师的家里人。　④ 中日大学的学生。

(3) _____？
　① 她想跟王老师请假。　② 她想和王老师练习汉语会话。
　③ 她想跟王老师一起去参加比赛。　④ 她想听王老师的汉语课。

(4) _____？
　① 哪儿也没去，在家休息呢。　② 去学校了。
　③ 去游泳了。　④ 去买东西了。

(5) _____？
　① 去参加游泳比赛。　② 去找王老师。
　③ 和王老师一起去参加游泳比赛。　④ 先去参加游泳比赛，后去上课。

腕試し A

会話を聞き、(1)～(5)の問いの答えとして最も適当なものを、それぞれ①～④の中から一つ選びなさい。　CD B14

メモ

CD B15

(1) ① ② ③ ④

(2) ① ② ③ ④

(3) ① ② ③ ④

(4) ① ② ③ ④

(5) ① ② ③ ④

1 会話体の文章

腕試し B

会話を聞き、(1)〜(5)の問いの答えとして最も適当なものを、それぞれ①〜④の中から一つ選びなさい。　　CD B16

メモ

CD B17

(1) ①　　②　　③　　④

(2) ①　　②　　③　　④

(3) ①　　②　　③　　④

(4) ①　　②　　③　　④

(5) ①　　②　　③　　④

1 会話体の文章

解　説　トレーニング、腕試し　共通

A　原文の漢字、ピンイン、和訳

女：喂，藤田，你干什么呢？　Wèi, Téngtián, nǐ gàn shénme ne?
　　もしもし、藤田さん、今何をしていますか。

男：噢，是小高呀，我看电视呢。　Ò, shì XiǎoGāo ya, wǒ kàn diànshì ne.
　　あ、高さんですか。今テレビを見ています。

女：看什么节目呢？　Kàn shénme jiémù ne?
　　どんな番組を見ていますか。

男：棒球比赛。　Bàngqiú bǐsài.
　　野球の試合です。

女：你会打棒球吗？　Nǐ huì dǎ bàngqiú ma?
　　あなたは野球ができるのですか。

男：会。我从小学就开始打棒球了。　Huì. Wǒ cóng xiǎoxué jiù kāishǐ dǎ bàngqiú le.
　　できますよ。小学校からやり始めたのですから。

女：真的，你现在还打吗？　Zhēnde, nǐ xiànzài hái dǎ ma?
　　本当。今もやっていますか。

男：打，每天都打两个小时左右。　Dǎ, měitiān dōu dǎ liǎng ge xiǎoshí zuǒyòu.
　　やっています。毎日2時間ぐらいやっています。

女：是吗，真了不起！　Shì ma, zhēn liǎobuqǐ!
　　そうですか。すごいですね。

男：小高，你喜欢什么体育运动？　XiǎoGāo, nǐ xǐhuan shénme tǐyù yùndòng?
　　高さんはどんなスポーツが好きですか。

女：我喜欢打排球。　Wǒ xǐhuan dǎ páiqiú.
　　バレーボールが好きです。

男：现在还打吗？　Xiànzài hái dǎ ma?
　　今もやっていますか。

女：打啊，还经常参加比赛呢。　Dǎ a, hái jīngcháng cānjiā bǐsài ne.
　　やっていますよ。時々試合にも参加していますよ。

男：是吗？对了，小高，你给我打电话有什么事儿吗？
　　Shì ma? Duìle, XiǎoGāo, nǐ gěi wǒ dǎ diànhuà yǒu shénme shìr ma?
　　そうですか。ところで、電話を掛けてきたのは、何かご用ですか。

女：我想问你明天下午去不去上英语课。
　　Wǒ xiǎng wèn nǐ míngtiān xiàwǔ qù bu qù shàng Yīngyǔ kè.
　　明日の英語の授業に出席するかどうかを聞きたかったのです。

男：去啊，你不去吗？　Qù a, nǐ bú qù ma?

1 会話体の文章

出席しますよ。高さんは出席しないのですか。

女：我明天要参加排球比赛，去不了。
Wǒ míngtiān yào cānjiā páiqiú bǐsài, qùbuliǎo.
私は明日バレーボールの試合に参加しなければならないので、出席できません。

男：你是想让我给你请假吧？　Nǐ shì xiǎng ràng wǒ gěi nǐ qǐngjià ba?
かわりに先生に休みをとってほしいということでしょうか。

女：你真聪明！　Nǐ zhēn cōngming!
そうです。よく分かっていますね。

男：行，我知道了。　Xíng, wǒ zhīdao le.
いいですよ、伝えておきます。

女：谢谢你！　Xièxie nǐ!
ありがとう。

問いと答え

(1) 藤田在干什么呢？　Téngtián zài gàn shénme ne?
藤田さんは今何をやっていますか。

　① 在打排球呢。　Zài dǎ páiqiú ne.　バレーボールをやっています。
　❷ 在看电视呢。　Zài kàn diànshì ne.　テレビを見ています。
　③ 在打棒球呢。　Zài dǎ bàngqiú ne.　野球をやっています。
　④ 上英语课呢。　Shàng Yīngyǔ kè ne.　英語の授業を受けています。

②が正解。電話がかかってきた時にテレビをみていると答えているから。

(2) 藤田是从什么时候开始练习打棒球的？
Téngtián shì cóng shénme shíhou kāishǐ liànxí dǎ bàngqiú de?
藤田さんはいつから野球をやり始めたのですか。

　❶ 小学。　Xiǎoxué.　小学校時代。
　② 去年。　Qùnián.　昨年。
　③ 明年。　Míngnián.　来年。
　④ 大学。　Dàxué.　大学時代。

①が正解。

(3) 小高现在还打排球吗？　XiǎoGāo xiànzài hái dǎ páiqiú ma?
高さんは今もバレーボールをやっていますか。

　① 已经不打了。　Yǐjīng bù dǎ le.　もうやめました。

② 她没打过排球。 Tā méi dǎ guo páiqiú.
彼女はバレーボールをやったことがありません。
❸ 现在还打。 Xiànzài hái dǎ. 今もやっています。
④ 她不会打排球。 Tā bú huì dǎ páiqiú.
彼女はバレーボールができません。

③が正解。

(4) 藤田一天打几个小时棒球？ Téngtián yì tiān dǎ jǐge xiǎoshí bàngqiú?
藤田さんは1日何時間野球をやっていますか。

① 两点左右。 Liǎngdiǎn zuǒyòu. 2時ぐらい。
❷ 两个小时左右。 Liǎng ge xiǎoshí zuǒyòu. 2時間ぐらい。
③ 四个多小时。 Sì ge duō xiǎoshí. 4時間あまり。
④ 三个多小时。 Sān ge duō xiǎoshí 3時間あまり。

②が正解。

(5) 小高明天有英语课吗？ XiǎoGāo míngtiān yǒu Yīngyǔ kè ma?
高さんは明日英語の授業がありますか。

① 她今天上午有英语课。 Tā jīntiān shàngwǔ yǒu Yīngyǔ kè.
彼女は今日の午前英語の授業があります。
② 她明天没有英语课。 Tā míngtiān méiyǒu Yīngyǔ kè.
彼女は明日英語の授業がありません。
❸ 她明天下午有英语课。 Tā míngtiān xiàwǔ yǒu Yīngyǔ kè.
彼女は明日の午後英語の授業があります。
④ 她昨天去上英语课了。 Tā zuótiān qù shàng Yīngyǔ kè le.
彼女は昨日英語の授業に出ました。

③が正解。会話では明日の午後英語の授業に行くかどうかを話題にしていたので、英語の授業は明日の午後だと分かる。

B　原文の漢字、ピンイン、和訳　　　　　　　　　　　　　　（第57回）

女：喂，请问是王老师家吗？ Wèi, qǐngwèn shì Wáng lǎoshī jiā ma?
　　もしもし、王先生のお宅ですか。
男：对，请问你是哪位？ Duì, qǐngwèn nǐ shì něi wèi?
　　はい、そうです。どちら様ですか。
女：我叫田中菜子，是中日外国语大学二年级的学生。王老师在家吗?

1 会話体の文章

Wǒ jiào Tiánzhōng Càizǐ, shì ZhōngRì wàiguóyǔ dàxué èrniánjí de xuésheng. Wáng lǎoshī zài jiā ma?
私は田中菜子と申します。中日外国語大学の2回生です。王先生はいらっしゃいますか。

男：他去买东西还没回来呢。你有什么事儿吗？
Tā qù mǎi dōngxi hái méi huílai ne. Nǐ yǒu shénme shìr ma?
買い物に出かけてまだ帰ってきていませんが、何かご用ですか。

女：我明天要去参加游泳比赛，不能去上课了。您能转告一下吗？
Wǒ míngtiān yào qù cānjiā yóuyǒng bǐsài, bù néng qù shàngkè le. Nín néng zhuǎngào yíxià ma?
私は明日水泳の試合に参加しなければならないので、授業に出られません。先生に伝えていただけますか。

男：好。我会转告他的。 Hǎo. Wǒ huì zhuǎngào tā de.
はい、伝えておきます。

女：那谢谢您！再见！ Nà xièxie nín! Zàijiàn!
ありがとうございました。さようなら。

男：再见！ Zàijiàn!
さようなら。

問いと答え

(1) 田中菜子是： Tiánzhōng Càizǐ shì:
田中菜子さんは～です。

① 中日经济大学一年级的学生。 ZhōngRì jīngjì dàxué yī niánjí de xuésheng.
中日経済大学の1回生です。

② 中日经济大学二年级的学生。 ZhōngRì jīngjì dàxué èr niánjí de xuésheng.
中日経済大学の2回生です。

③ 中日外国语大学一年级的学生。
ZhōngRì wàiguóyǔ dàxué yī niánjí de xuésheng.
中日外国語大学の1回生です。

❹ 中日外国语大学二年级的学生。
ZhōngRì wàiguóyǔ dàxué èr niánjí de xuésheng.
中日外国語大学の2回生です。

④が正解。

(2) 这是田中菜子和谁的对话？ Zhè shì Tiánzhōng Càizǐ hé shéi de duìhuà?
これは田中菜子さんと誰との会話ですか。

① 一个姓王的同学。　Yí ge xìng Wáng de tóngxué.　王さんという学生。
② 一个姓王的朋友。　Yí ge xìng Wáng de péngyou.　王さんという友人。
❸ 王老师的家里人。　Wáng lǎoshī de jiāli rén.　王先生の家族の人。
④ 中日大学的学生。　ZhōngRì dàxué de xuésheng.　中日大学の学生。

　③が正解。田中さんが王先生の家に電話していると分かれば、①②④は選ばない。

(3) 田中菜子为什么给王老师打电话?
　　Tiánzhōng Càizǐ wèishénme gěi Wáng lǎoshī dǎ diànhuà?
　　田中菜子さんはなぜ王先生に電話を掛けたのですか。
　　❶ 她想跟王老师请假。　Tā xiǎng gēn Wáng lǎoshī qǐngjià.
　　　王先生の授業を休みたいから。
　　② 她想和王老师练习汉语会话。　Tā xiǎng hé Wáng lǎoshī liànxí Hànyǔ huìhuà.
　　　王先生と中国語の会話を練習したいから。
　　③ 她想跟王老师一起去参加比赛。
　　　Tā xiǎng gēn Wáng lǎoshī yìqǐ qù cānjiā bǐsài.
　　　王先生と一緒に試合に参加したいから。
　　④ 她想听王老师的汉语课。　Tā xiǎng tīng Wáng lǎoshī de Hànyǔ kè.
　　　王先生の中国語の授業を聞きたいから。

　①が正解。

(4) 王老师去哪儿了?　Wáng lǎoshī qù nǎr le?
　　王先生はどこへ行きましたか。
　　① 哪儿也没去，在家休息呢。　Nǎr yě méi qù, zàijiā xiūxi ne.
　　　どこへも行かずに、家で休んでいます。
　　② 去学校了。　Qù xuéxiào le.　学校へ行きました。
　　③ 去游泳了。　Qù yóuyǒng le.　水泳に行きました。
　　❹ 去买东西了。　Qù mǎi dōngxi le.　買い物に行きました。

　④が正解。買い物に行ってまだ帰ってきていないと話していた。

(5) 田中菜子明天要做什么?　Tiánzhōng Càizǐ míngtiān yào zuò shénme?
　　田中菜子さんは明日何をする予定ですか。
　　❶ 去参加游泳比赛。　Qù cānjiā yóuyǒng bǐsài.　水泳の試合に参加します。
　　② 去找王老师。　Qù zhǎo Wáng lǎoshī.　王先生を訪ねに行きます。

1 会話体の文章

③ 和王老师一起去参加游泳比赛。
Hé Wáng lǎoshī yìqǐ qù cānjiā yóuyǒng bǐsài.
王先生と一緒に水泳の試合に参加します。

④ 先去参加游泳比赛，后去上课。
Xiān qù cānjiā yóuyǒng bǐsài, hòu qù shàngkè.
先ず水泳の試合に参加します。その後授業に行きます。

①が正解。

解答
A (1) ② (2) ① (3) ③ (4) ② (5) ③
B (1) ④ (2) ③ (3) ① (4) ④ (5) ①

4　電話

関連表現

- 她不在，你找她有事儿吗？　Tā bú zài, nǐ zhǎo tā yǒu shìr ma?
  彼女はいませんが、彼女に何かご用ですか。
- 您是小红的爸爸吧？　Nín shì Xiǎohóng de bàba ba?
  紅さんのお父さんですか。
- 她有事出去了。　Tā yǒushìr chūqu le.
  彼女は用事で出かけました。
- 小红回家以后，请您告诉她手机在我这儿。
  Xiǎohóng huíjiā yǐhòu, qǐng nín gàosu tā shǒujī zài wǒ zhèr.
  紅さんが帰ってきたら、携帯は私の所にあると伝えてください。
- 小红回家后我一定告诉她。　Xiǎohóng huíjiā hòu wǒ yídìng gàosu tā.
  紅さんが帰ってきたら必ず伝えておきます。
- 你找田中麻美吗？　Nǐ zhǎo Tiánzhōng Máměi ma?
  田中麻美さんをお呼びですか。
- 你是她的同屋吧？　Nǐ shì tā de tóngwū ba?
  あなたは彼女のルームメイトですか。
- 你找田中有什么事吗？　Nǐ zhǎo Tiánzhōng yǒu shénmeshì ma?
  田中さんに何かご用ですか。
- 她回来后让她给我打个电话好吗？
  Tā huílai hòu ràng tā gěi wǒ dǎ ge diànhuà hǎo ma?
  彼女が帰ってきたらこちらに電話するように伝えていただけますか。
- 我一定转告她。　Wǒ yídìng zhuǎngào tā.
  必ず伝えておきます。

1 会話体の文章

トレーニング

A 音声を聞き、空欄の部分を埋めた後、(1)～(5)の問いの答えとして最も適当なものを、それぞれ①～④の中から1つ選びなさい。

(第71回) CD B18

女：喂，_____？
男：是，您是哪位？
女：我姓李，_____？
男：她不在，你找她有事儿吗？
女：您是小红的爸爸吧，您好！_____，我叫李晓华。
男：李晓华，你好！
女：今天下课后我和小红一起去食堂吃午饭。她下午还有课，所以吃了饭先走了。她走以后，_____。
男：那个手机是……
女：对，_____。
男：原来是这样。她有事出去了。
女：小红回家以后，_____。我现在得去打工。
男：你在哪儿打工？
女：_____。
男：知道了，小红回家后我一定告诉她。谢谢你。
女：_____，再见。
男：再见，有时间来我家玩儿吧。

(1) _____？ CD B19
　① 是李晓华。　　　　　② 是王小红。
　③ 是李晓华的爸爸。　　④ 是王小红的爸爸。

(2) _____？
　① 上课了。　　　　　　② 打电话了。
　③ 打工了。　　　　　　④ 有事出去了。

(3) _____?
　① 因为她下午还有课。　　　② 因为她想去找手机。
　③ 因为她要去晓华家。　　　④ 因为她下午没有课。

(4) _____?
　① 想告诉她打工的地方。　　② 想告诉她下午得上课。
　③ 想告诉她手机在哪儿。　　④ 想告诉她去食堂吃饭。

(5) _____?
　① 说有时间一定告诉小红。　② 说小红下课后一定告诉她。
　③ 说一会儿打电话告诉小红。④ 说小红回家后一定告诉她。

B 音声を聞き、空欄の部分を埋めた後、(1)〜(5)の問いの答えとして最も適当なものを、それぞれ①〜④の中から1つ選びなさい。

(第65回) **CD B20**

男：喂，请问，_____？　田中麻美在吗？
女：你找田中麻美吗？　她现在不在，去图书馆了。你是……？
男：我叫王华，是她的朋友。_____？
女：对，我叫森下妙子。是上个星期才搬来的。
男：是吗，_____。她说你也是从大阪来的留学生。
女：是啊，我在大阪上大学，但老家在东京。
男：你的汉语说得真好，_____？
女：两年了，比田中长一点儿。不过，说得没有田中好。
男：_____？
女：一年半，打算明年九月回日本。对了，你找田中有什么事吗？
男：_____。她回来后让她给我打个电话好吗？
女：好的。我一定转告她。

1 会話体の文章

(1) _____?

① 在宿舍。　　　　　　　② 在图书馆。
③ 在大阪的家里。　　　　④ 在森下的家里。

(2) _____?

① 去年。　　　　　　　　② 上个月。
③ 上个星期。　　　　　　④ 下个星期。

(3) _____?

① 大阪人。　　　　　　　② 名古屋人。
③ 京都人。　　　　　　　④ 东京人。

(4) _____?

① 森下比田中长。　　　　② 田中比森下长。
③ 田中和森下一样长。　　④ 森下没有田中长。

(5) _____?

① 半年。　　　　　　　　② 九个月。
③ 一年半。　　　　　　　④ 两年。

1 会話体の文章

腕試し A

会話を聞き、(1)〜(5)の問いの答えとして最も適当なものを、それぞれ①〜④の中から一つ選びなさい。　CD B18

　　　メモ

CD B19

(1) ①　　　②　　　③　　　④

(2) ①　　　②　　　③　　　④

(3) ①　　　②　　　③　　　④

(4) ①　　　②　　　③　　　④

(5) ①　　　②　　　③　　　④

2 長文のリスニング問題

1 会話体の文章

腕試し B

会話を聞き、(1)〜(5)の問いの答えとして最も適当なものを、それぞれ①〜④の中から一つ選びなさい。　　CD B20

メモ

CD B21

(1) ①　　②　　③　　④

(2) ①　　②　　③　　④

(3) ①　　②　　③　　④

(4) ①　　②　　③　　④

(5) ①　　②　　③　　④

解　説　トレーニング、腕試し　共通

A　原文の漢字、ピンイン、和訳

女：喂，请问是王小红家吗？　Wèi, qǐngwèn shì Wáng Xiǎohóng jiā ma?
　　もしもし、王小紅さんのお宅でしょうか。

男：是，您是哪位？　Shì, nín shì nǎwèi?
　　はい。どちら様ですか。

女：我姓李，小红在家吗？　Wǒ xìng Lǐ, Xiǎohóng zài jiā ma?
　　李と申しますが、紅さんは家にいますか。

男：她不在，你找她有事儿吗？　Tā bú zài, nǐ zhǎo tā yǒu shìr ma?
　　いませんが、彼女に何かご用ですか。

女：您是小红的爸爸吧，您好！我是小红的同学，我叫李晓华。
　　Nín shì Xiǎohóng de bàba ba, nín hǎo! Wǒ shì Xiǎohóng de tóngxué, wǒ jiào Lǐ Xiǎohuá.
　　紅さんのお父さんですね。こんにちは。私は紅さんの同級生で、李暁華と申します。

男：李晓华，你好！　Lǐ Xiǎohuá, nǐ hǎo!
　　李暁華さん、こんにちは。

女：今天下课后我和小红一起去食堂吃午饭。她下午还有课，所以吃了饭先走了。她走以后，我看到椅子下面有一个手机。
　　Jīntiān xià kè hòu wǒ hé Xiǎohóng yìqǐ qù shítáng chī wǔfàn. Tā xiàwǔ hái yǒu kè, suǒyǐ chī le fàn xiān zǒu le. Tā zǒu yǐhòu, wǒ kàndào yǐzi xiàmian yǒu yí ge shǒujī.
　　今日授業の後に紅さんと一緒に食堂へ昼ご飯を食べに行きました。紅さんは午後授業があるので、食事が終わると、先に食堂を出ました。彼女が行った後その椅子の下に携帯があるのを見つけました。

男：那个手机是……　Nàge shǒujī shì……
　　その携帯は……

女：对，那个手机是小红的。　Duì, nàge shǒujī shì Xiǎohóng de.
　　そうです。その携帯は紅さんのものです。

男：原来是这样。她有事出去了。　Yuánlái shì zhèyàng. Tā yǒushì chūqu le.
　　そういうことでしたか。彼女は今用事で出かけています。

女：小红回家以后，请您告诉她手机在我这儿。我现在得去打工。
　　Xiǎohóng huíjiā yǐhòu, qǐng nín gàosu tā shǒujī zài wǒ zhèr. Wǒ xiànzài děi qù dǎgōng.
　　紅さんが帰ってきたら、携帯は私の所にあると伝えてください。今から私はバイトに行かなければならないのです。

男：你在哪儿打工？　Nǐ zài nǎr dǎgōng?
　　どこでバイトをしていますか。

女：在学校西门旁边的便利店。　Zài xuéxiào xīmén pángbiān de biànlìdiàn.

◆ 1 会話体の文章

学校の西門近くのコンビニです。

男：知道了，小红回家后我一定告诉她。谢谢你。
Zhīdao le, Xiǎohóng huíjiā hòu wǒ yídìng gàosu tā. Xièxie nǐ.
分かりました。紅が帰ってきたら必ず伝えておきます。ありがとう。

女：不谢，再见。 Bú xiè, zàijiàn.
どういたしまして。では、さようなら。

男：再见，有时间来我家玩儿吧。 Zàijiàn, yǒu shíjiān lái wǒjiā wánr ba.
さようなら。時間がある時に遊びにいらっしゃい。

問いと答え

(1) 接电话的人是谁？ Jiē diànhuà de rén shì shéi?
電話を受けた人は誰ですか。
① 是李晓华。 Shì Lǐ Xiǎohuá. 李暁華です。
② 是王小红。 Shì Wáng Xiǎohóng. 王小紅です。
③ 是李晓华的爸爸。 Shì Lǐ Xiǎohuá de bàba. 李暁華のお父さんです。
❹ 是王小红的爸爸。 Shì Wáng Xiǎohóng de bàba.
王小紅のお父さんです。

④が正解。"您是小红的爸爸吧"という問いかけから分かる。

(2) 李晓华吃午饭以前干什么了？ Lǐ Xiǎohuá chī wǔfàn yǐqián gàn shénme le?
李暁華は昼ごはんの前に何をしましたか。
❶ 上课了。 Shàngkè le. 授業を受けました。
② 打电话了。 Dǎ diànhuà le. 電話を掛けました。
③ 打工了。 Dǎgōng le. バイトをしました。
④ 有事出去了。 Yǒu shì chūqu le. 用事で出かけました。

①が正解。"今天下课后和小红一起去食堂吃午饭"から、昼ご飯の前は授業を受けていたことがわかる。②③④の内容もすべて会話にあったが、仕手や時間が違う。

(3) 中午王小红为什么先走了？ Zhōngwǔ Wáng Xiǎohóng wèishénme xiān zǒu le?
正午、王小紅はなぜ先に行ったのですか。
❶ 因为她下午还有课。 Yīnwèi tā xiàwǔ hái yǒu kè.
午後授業があるから。
② 因为她想去找手机。 Yīnwèi tā xiǎng qù zhǎo shǒujī.

携帯を探しに行きたいから。
③ 因为她要去晓华家。 Yīnwèi tā yào qù Xiǎohuá jiā.
暁華の家に行きたいから。
④ 因为她下午没有课。 Yīnwèi tā xiàwǔ méiyǒu kè.
午後授業がないから。

①が正解。

(4) 李晓华为什么给王小红家打电话？
Lǐ Xiǎohuá wèishénme gěi Wáng Xiǎohóng jiā dǎ diànhuà?
李暁華さんはなぜ王小紅さんの家に電話を掛けたのですか。
① 想告诉她打工的地方。 Xiǎng gàosu tā dǎgōng de dìfang.
バイト先を教えたいから。
② 想告诉她下午得上课。 Xiǎng gàosu tā xiàwǔ děi shàngkè.
午後授業があるのを知らせたいから。
❸ 想告诉她手机在哪儿。 Xiǎng gàosu tā shǒujī zài nǎr.
携帯がどこにあるかを知らせたいから。
④ 想告诉她去食堂吃饭。 Xiǎng gàosu tā qù shítáng chīfàn.
食堂へ食事に行くのを知らせたいから。

③が正解。会話では携帯の場所を伝言してほしいと言っているから。①はその後に出た話なので、電話の目的ではない。

(5) 王小红的爸爸说什么了？ Wáng Xiǎohóng de bàba shuō shénme le?
王小紅さんのお父さんは何を言いましたか。
① 说有时间一定告诉小红。 Shuō yǒu shíjiān yídìng gàosu Xiǎohóng.
時間があれば必ず紅さんに伝えると言いました。
② 说小红下课后一定告诉她。 Shuō Xiǎohóng xià kè hòu yídìng gàosu tā.
紅さんの授業が終わったら必ず彼女に伝えると言いました。
③ 说一会儿打电话告诉小红。 Shuō yíhuìr dǎ diànhuà gàosu Xiǎohóng.
後で紅さんに電話して伝えると言いました。
❹ 说小红回家后一定告诉她。 Shuō Xiǎohóng huíjiā hòu yídìng gàosu tā.
紅さんが帰ってきたら必ず彼女に伝えると言いました。

④が正解。

B 原文の漢字、ピンイン、和訳
男：喂，请问，是留学生宿舍吗？田中麻美在吗？

1 会話体の文章

　　Wèi, qǐngwèn, shì liúxuéshēng sùshè ma? Tiánzhōng Máměi zài ma?
　　もしもし、留学生の寄宿舎ですか。田中麻美さんはいらっしゃいますか。

女：你找田中麻美吗？她现在不在，去图书馆了。你是……？
　　Nǐ zhǎo Tiánzhōng Máměi ma? Tā xiànzài bú zài, qù túshūguǎn le. Nǐ shì……?
　　田中麻美さんをお呼びですか。今、彼女はいません。図書館に行きました。どちら様ですか。

男：我叫王华，是她的朋友。你是她的同屋吧？
　　Wǒ jiào Wáng huá, shì tā de péngyou. Nǐ shì tā de tóngwū ba?
　　私は王華と言います。田中さんの友人です。そちらは田中さんのルームメイトでしょうか。

女：对，我叫森下妙子。是上个星期才搬来的。
　　Duì, wǒ jiào Sēnxià Miàozǐ. Shì shàng ge xīngqī cái bānlai de.
　　はい、そうです。森下妙子と言います。先週引越してきたばかりです。

男：是吗，我听田中说过你。她说你也是从大阪来的留学生。
　　Shì ma, wǒ tīng Tiánzhōng shuō guo nǐ. Tā shuō nǐ yě shì cóng Dàbǎn lái de liúxuéshēng.
　　そうですか。田中さんから聞きましたが、あなたも大阪から来た留学生ですね。

女：是啊，我在大阪上大学，但老家在东京。
　　Shì ā, wǒ zài Dàbǎn shàng dàxué, dàn lǎojiā zài Dōngjīng.
　　そうです。大阪の大学に行っていますが、実家は東京です。

男：你的汉语说得真好，学了多长时间了？
　　Nǐ de Hànyǔ shuō de zhēn hǎo, xué le duōcháng shíjiān le?
　　あなたの中国語はうまいですね。どれぐらい習いましたか。

女：两年了，比田中长一点儿。不过，说得没有田中好。
　　Liǎng nián le, bǐ Tiánzhōng cháng yìdiǎnr. Búguò, shuō de méiyǒu Tiánzhōng hǎo.
　　2年です。田中さんよりすこし長いと思いますが、田中さんほど上手ではありません。

男：你打算在中国学习多长时间？　Nǐ dǎsuan zài Zhōngguó xuéxí duōcháng shíjiān?
　　中国でどのぐらい勉強する予定ですか。

女：一年半，打算明年九月回日本。对了，你找田中有什么事吗？
　　Yì nián bàn, dǎsuan míngnián jiǔyuè huí Rìběn. Duìle, nǐ zhǎo Tiánzhōng yǒu shénmeshì ma?
　　1年半です。来年の9月に日本に帰る予定です。ところで田中さんに何かご用ですか。

男：我想和她一起去看电影。她回来后让她给我打个电话好吗？
　　Wǒ xiǎng hé tā yìqǐ qù kàn diànyǐng. Tā huílai hòu ràng tā gěi wǒ dǎ ge diànhuà hǎo ma?

1 会話体の文章

彼女と一緒に映画を見に行きたいと思います。彼女が帰ってきたらこちらに電話するように伝えていただけますか。

女：好的。我一定转告她。　Hǎo de. Wǒ yídìng zhuǎngào tā.
　　はい、分かりました。必ず伝えておきます。

問いと答え

(1) 田中现在在哪儿?　Tiánzhōng xiànzài zài nǎr?
　　田中さんは今どこにいますか。
　　① 在宿舍。　Zài sùshè.　寄宿舎にいます。
　　❷ 在图书馆。　Zài túshūguǎn.　図書館にいます。
　　③ 在大阪的家里。　Zài Dàbǎn de jiāli.　大阪の自宅にいます。
　　④ 在森下的家里。　Zài Sēnxià de jiāli.　森下さんの家にいます。
　②が正解。宿舎にいないのは、図書館に行ったから。

(2) 森下是什么时候搬来的?　Sēnxià shì shénme shíhou bānlai de?
　　森下さんはいつ引越してきたのですか。
　　① 去年。　Qùnián.　去年。
　　② 上个月。　Shànggeyuè.　先月。
　　❸ 上个星期。　Shàng ge xīngqī.　先週。
　　④ 下个星期。　Xià ge xīngqī.　来週。
　③が正解。

(3) 森下是哪里人?　Sēnxià shì nǎli rén?
　　森下さんはどこの人ですか。
　　① 大阪人。　Dàbǎn rén.　大阪の人。
　　② 名古屋人。　Mínggǔwū rén.　名古屋の人。
　　③ 京都人。　Jīngdū rén.　京都の人。
　　❹ 东京人。　Dōngjīng rén.　東京の人。
　④が正解。大阪からやってきたが、出身は東京だと言っている。

(4) 田中和森下谁学汉语的时间长?
　　Tiánzhōng hé Sēnxià shéi xué Hànyǔ de shíjiān cháng?
　　田中さんと森下さんとは、どちらが中国語を習った時間が長いですか。
　　❶ 森下比田中长。　Sēnxià bǐ Tiánzhōng cháng.　森下さんは田中さんより長い。

1 会話体の文章

　② 田中比森下长。　Tiánzhōng bǐ Sēnxià cháng.　田中さんは森下さんより長い。

　③ 田中和森下一样长。　Tiánzhōng hé Sēnxià yíyàng cháng.
　　田中さんは森下さんと同じぐらい。

　④ 森下没有田中长。　Sēnxià méiyǒu Tiánzhōng cháng.
　　森下さんは田中さんほど長くないです。

①が正解。"比田中长一点儿"から分かる。

(5) 森下打算在中国留学多长时间?
　Sēnxià dǎsuan zài Zhōngguó liúxué duōcháng shíjiān?
　森下さんは中国でどのぐらい留学する予定ですか。

　① 半年。　Bànnián.　半年。

　② 九个月。　Jiǔ ge yuè.　9か月。

　❸ 一年半。　Yì nián bàn.　1年半。

　④ 两年。　Liǎng nián.　2年。

③が正解。

解答　A　(1) ④　(2) ①　(3) ①　(4) ③　(5) ④
　　　　B　(1) ②　(2) ③　(3) ④　(4) ①　(5) ③

1 会話体の文章

5 お伴を頼む

関連表現

- ☐ 今天上午你有空儿吗？　Jīntiān shàngwǔ nǐ yǒu kòngr ma?
  今日の午前は時間がありますか。
- ☐ 我明天上午没事儿，下午有课。
  Wǒ míngtiān shàngwǔ méi shìr, xiàwǔ yǒu kè.
  午前は空いていますが、午後は授業があります。
- ☐ 你有什么事儿吗？　Nǐ yǒu shénme shìr ma?
  何かご用ですか。
- ☐ 你能和我一起去吗？　Nǐ néng hé wǒ yìqǐ qù ma?
  一緒に行ってもらえますか。
- ☐ 咱们怎么去？　Zánmen zěnme qù?
  私たちはどうやって行きますか。
- ☐ 咱们几点走？　Zánmen jǐ diǎn zǒu?
  私たちは何時に出ますか。
- ☐ 两点在学校门口儿等你。　Liǎng diǎn zài xuéxiào ménkǒur děng nǐ.
  2時に学校の正門であなたをお待ちします。
- ☐ 你明天上午能陪我去趟医院吗？
  Nǐ míngtiān shàngwǔ néng péi wǒ qù tàng yīyuàn ma?
  明日の午前、一緒に病院へ行ってもらえますか。
- ☐ 所以想让你陪我去一趟。　Suǒyǐ xiǎng ràng nǐ péi wǒ qù yí tàng.
  だから一緒に行ってほしいです。

1 会話体の文章

トレーニング

A 音声を聞き、空欄の部分を埋めた後、(1)～(5)の問いの答えとして最も適当なものを、それぞれ①～④の中から1つ選びなさい。

(第66回) CD B22

男：喂，吴红吗？ 你好！ 我是田中。
女：啊，田中，你好！ _____？
男：对，我昨天刚到。
女：是吗，_____。
男：吴红，今天上午你有空儿吗？
女：上午有点儿事儿，_____。你有什么事儿吗？
男：今天我想去买点儿东西，你能和我一起去吗？
女：好啊。_____？
男：衣服、本子、杯子什么的。
女：_____，那儿什么都有。
男：咱们怎么去？
女：_____，走着去，大概也要二十来分钟。
男：那骑自行车去怎么样？
女：_____？
男：没有，我可以借一辆。
女：太好了！_____。
男：咱们几点走？
女：_____？
男：我没有睡午觉的习惯。
女：那吃完午饭后，先看一会儿书，_____，怎么样？
男：好，两点在学校门口儿等你。
女：_____。

(1) _____？   CD B23
　① 昨天上午。   ② 昨天下午。
　③ 今天上午。   ④ 今天下午。

1 会話体の文章

(2) _____？
① 衣服、本子、杯子什么的。　② 杯子、自行车、本子什么的。
③ 自行车、杯子、衣服什么的。　④ 本子、衣服、词典什么的。

(3) _____？
① 坐公共汽车去。　② 骑自行车去。
③ 走着去。　④ 坐地铁去。

(4) _____？
① 下午两点。　② 下午一点二十分。
③ 打完电话后。　④ 吃完饭后。

(5) _____？
① 超市门口儿。　② 宿舍门口儿。
③ 学校门口儿。　④ 家门口儿。

B 音声を聞き、空欄の部分を埋めた後、(1)～(5)の問いの答えとして最も適当なものを、それぞれ①～④の中から1つ選びなさい。

(第61回)　CD B24

女：小林，_____？
男：我明天上午没事儿，下午有课。你有什么事儿吗？
女：_____？
男：去医院？ 你怎么了？ 哪儿不舒服吗？
女：_____。我想去检查一下儿。
男：是不是感冒了？ 发烧吗？
女：_____，我觉得不像是感冒。
男：是吗？ 那可得好好检查检查。
女：是啊。可是，我的日语不太好，_____，所以想让你陪我去一趟。
男：没问题。那，咱们明天在哪儿见面？
女：_____，然后咱们一起坐电车去，怎么样？

1 会話体の文章

男：好啊，那明天见！
女：_____！

(1) _____？

① 他明天上午有时间。　　② 他明天下午有时间。
③ 他明天中午有时间。　　④ 他明天晚上有时间。

(2) _____？

① 我想让小林帮我买东西。　　② 我想让小林教我汉语。
③ 我想让小林陪我去看病。　　④ 我想让小林替我请假。

(3) _____？

① 我头疼。　　② 我嗓子疼。
③ 我发烧。　　④ 我胃不舒服。

(4) _____？

① 因为我害怕打针。　　　　　② 因为我害怕吃药。
③ 因为我担心找不到医院。　　④ 因为我担心听不懂医生的话。

(5) _____？

① 在学校门口。　　② 在小林家。
③ 在医院门口。　　④ 在我家附近的车站。

1 会話体の文章

腕試し A

会話を聞き、(1)〜(5)の問いの答えとして最も適当なものを、それぞれ①〜④の中から一つ選びなさい。　　　　　　　　　　CD B22

メモ

CD B23

(1)　①　　　　　②　　　　　③　　　　　④

(2)　①　　　　　②　　　　　③　　　　　④

(3)　①　　　　　②　　　　　③　　　　　④

(4)　①　　　　　②　　　　　③　　　　　④

(5)　①　　　　　②　　　　　③　　　　　④

2 長文のリスニング問題

1 会話体の文章

腕試し B

会話を聞き、(1)〜(5)の問いの答えとして最も適当なものを、それぞれ①〜④の中から一つ選びなさい。 CD B24

メモ

CD B25

(1) ① ② ③ ④

(2) ① ② ③ ④

(3) ① ② ③ ④

(4) ① ② ③ ④

(5) ① ② ③ ④

1 会話体の文章

解　説　トレーニング、腕試し　共通

A 原文の漢字、ピンイン、和訳

男：喂，吴红吗？你好！我是田中。
　　Wèi, Wú Hóng ma? Nǐ hǎo! Wǒ shì Tiánzhōng.
　　もしもし、呉紅さんですか。こんにちは。田中です。

女：啊，田中，你好！你已经到了？　Ā, Tiánzhōng, nǐ hǎo! Nǐ yǐjīng dào le?
　　あ、田中さんですか。こんにちは。もう着いたのですか。

男：对，我昨天刚到。　Duì, wǒ zuótiān gāng dào.
　　はい、昨日、着いたばかりです。

女：是吗，太好了。　Shì ma, tài hǎo le.
　　そうですか。それは良かったです。

男：吴红，今天上午你有空儿吗？　Wú Hóng, jīntiān shàngwǔ nǐ yǒu kòngr ma?
　　呉紅さん、今日の午前時間がありますか。

女：上午有点儿事儿，下午有时间。你有什么事儿吗？
　　Shàngwǔ yǒudiǎnr shìr, xiàwǔ yǒu shíjiān. Nǐ yǒu shénme shìr ma?
　　午前はちょっと用事がありますが、午後は空いています。何かご用ですか。

男：今天我想去买点儿东西，你能和我一起去吗？
　　Jīntiān wǒ xiǎng qù mǎi diǎnr dōngxi, nǐ néng hé wǒ yìqǐ qù ma?
　　今日、ちょっと買い物に行きたいですが、一緒に行っていただけますか。

女：好啊。你想买什么东西？　Hǎo ā. Nǐ xiǎng mǎi shénme dōngxi?
　　いいですよ。どんなものを買いたいですか。

男：衣服、本子、杯子什么的。　Yīfu、běnzi、bēizi shénmede.
　　服やノートやコップなどです。

女：去学校附近的超市吧，那儿什么都有。
　　Qù xuéxiào fùjìn de chāoshì ba, nàr shénme dōu yǒu.
　　学校近くのスーパーに行きましょう。あそこには何でもあります。

男：咱们怎么去？　Zánmen zěnme qù?
　　どうやって行けばよいですか。

女：坐车去不太方便，走着去，大概也要二十来分钟。
　　Zuò chē qù bú tài fāngbiàn, zǒu zhe qù, dàgài yě yào èrshí lái fēnzhōng.
　　バスは不便ですし、歩いて行くのも20分ぐらいかかります。

男：那骑自行车去怎么样？　Nà qí zìxíngchē qù zěnmeyàng?
　　それでは、自転車で行きましょうか。

女：你已经买自行车了？　Nǐ yǐjīng mǎi zìxíngchē le?
　　もう自転車を買いましたか。

男：没有，我可以借一辆。　Méiyǒu, wǒ kěyǐ jiè yí liàng.

1 会話体の文章

いいえ、まだですが、レンタルはできるかと思います。

女：太好了！骑车去最方便了。　Tài hǎo le! Qí chē qù zuì fāngbiàn le.
それはいいですね。自転車は一番便利ですね。

男：咱们几点走?　Zánmen jǐ diǎn zǒu?
何時に出ますか。

女：你睡不睡午觉?　Nǐ shuì bu shuì wǔjiào?
あなたは昼寝をしますか。

男：我没有睡午觉的习惯。　Wǒ méiyǒu shuì wǔjiào de xíguàn.
昼寝の習慣はありません。

女：那吃完午饭后，先看一会儿书，下午两点走，怎么样?
Nà chī wán wǔfàn hòu, xiān kàn yíhuìr shū, xiàwǔ liǎng diǎn zǒu, zěnmeyàng?
それでは、昼ごはんの後に少し読書をして、午後2時頃に出たらどうですか。

男：好，两点在学校门口儿等你。　Hǎo, liǎng diǎn zài xuéxiào ménkǒur děng nǐ.
いいと思います。それでは、2時に学校の正門でお待ちします。

女：那就这样吧。　Nà jiù zhèyàng ba.
そうしましょう。

問いと答え

(1) 吴红什么时候有空儿?　Wú Hóng shénme shíhou yǒu kòngr?
　呉紅さんはいつ時間がありますか。

　① 昨天上午。　Zuótiān shàngwǔ.　昨日の午前。
　② 昨天下午。　Zuótiān xiàwǔ.　昨日の午後。
　③ 今天上午。　Jīntiān shàngwǔ.　今日の午前。
　❹ 今天下午。　Jīntiān xiàwǔ.　今日の午後。

　④が正解。

(2) 田中想去买什么东西?　Tiánzhōng xiǎng qù mǎi shénme dōngxi?
　田中さんは何を買いに行きたいですか。

　❶ 衣服、本子、杯子什么的。　Yīfu, běnzi, bēizi shénmede.
　　服、ノート、コップなどです。
　② 杯子、自行车、本子什么的。　Bēizi, zìxíngchē, běnzi shénmede.
　　コップ、自転車、ノートなどです。
　③ 自行车、杯子、衣服什么的。　Zìxíngchē, bēizi, yīfu shénmede.
　　自転車、コップ、服などです。
　④ 本子、衣服、词典什么的。　Běnzi, yīfu, cídiǎn shénmede.

ノート、服、辞書などです。

①が正解。

(3) 他们打算怎么去超市？　Tāmen dǎsuan zěnme qù chāoshì?
彼らはどのようにスーパーに行くつもりですか。

① 坐公共汽车去。　Zuò gōnggòng qìchē qù.　バスで行きます。
❷ 骑自行车去。　Qí zìxíngchē qù.　自転車で行きます。
③ 走着去。　Zǒu zhe qù.　歩いて行きます。
④ 坐地铁去。　Zuò dìtiě qù.　地下鉄で行きます。

②が正解。

(4) 他们打算什么时候去买东西？　Tāmen dǎsuan shénme shíhou qù mǎi dōngxi?
彼らはいつ買い物に行く予定ですか。

❶ 下午两点。　Xiàwǔ liǎng diǎn.　午後2時。
② 下午一点二十分。　Xiàwǔ yīdiǎn èrshí fēn.　午後1時20分。
③ 打完电话后。　Dǎ wán diànhuà hòu.　電話の後。
④ 吃完饭后。　Chī wán fàn hòu.　ご飯の後。

①が正解。

(5) 他们打算在什么地方见面？　Tāmen dǎsuan zài shénme dìfang jiànmiàn?
彼らはどこで待ち合わせる予定ですか。

① 超市门口儿。　Chāoshì ménkǒur.　スーパーの入口。
② 宿舍门口儿。　Sùshè ménkǒur.　寄宿舎の入口。
❸ 学校门口儿。　Xuéxiào ménkǒur.　学校の正門。
④ 家门口儿。　Jiā ménkǒur.　家の玄関。

③が正解。

B　原文の漢字、ピンイン、和訳

女：小林，你明天有时间吗？　XiǎoLín, nǐ míngtiān yǒu shíjiān ma?
　　小林さん、明日はお時間がありますか。

男：我明天上午没事儿，下午有课。你有什么事儿吗？
　　Wǒ míngtiān shàngwǔ méi shìr, xiàwǔ yǒu kè. Nǐ yǒu shénme shìr ma?
　　午前は空いていますが、午後は授業があります。何かご用ですか。

女：你明天上午能陪我去趟医院吗？

1 会話体の文章

Nǐ míngtiān shàngwǔ néng péi wǒ qù tàng yīyuàn ma?
明日の午前、一緒に病院へ行ってもらえますか。

男：去医院？你怎么了？哪儿不舒服吗？
Qù yīyuàn? Nǐ zěnme le? Nǎr bù shūfu ma?
病院へ？どうしましたか。どこか調子が悪いですか。

女：我最近总是头疼。我想去检查一下儿。
Wǒ zuìjìn zǒngshì tóuténg. Wǒ xiǎng qù jiǎnchá yíxiàr.
最近、いつも頭が痛いです。ちょっと検査に行きたいと思います。

男：是不是感冒了？发烧吗？ Shìbushì gǎnmào le? Fāshāo ma?
風邪を引いたのではないですか。熱はありますか。

女：不发烧，我觉得不像是感冒。 Bù fāshāo, wǒ juéde bú xiàng shì gǎnmào.
熱はありません。風邪ではないようです。

男：是吗？那可得好好检查检查。 Shì ma? Nà kě děi hǎohāo jiǎnchá jiǎnchá.
そうですか。それでは、しっかり検査しなければなりませんね。

女：是啊。可是，我的日语不太好，我怕医生的话我听不懂，所以想让你陪我去一趟。 Shì ā. Kěshì, wǒ de Rìyǔ bú tài hǎo, wǒ pà yīshēng de huà wǒ tīng bu dǒng, suǒyǐ xiǎng ràng nǐ péi wǒ qù yí tàng.
そうだと思います。しかし、私の日本語はあまり良くないので、お医者さんの話は理解できないのではないのかと心配しています。だから一緒に行ってほしいです。

男：没问题。那，咱们明天在哪儿见面？
Méi wèntí. Nà, zánmen míngtiān zài nǎr jiànmiàn?
大丈夫ですよ。それでは、明日、どこで待ち合わせますか。

女：我先骑自行车到你家，然后咱们一起坐电车去，怎么样？
Wǒ xiān qí zìxíngchē dào nǐ jiā, ránhòu zánmen yìqǐ zuò diànchē qù, zěnmeyàng?
私は先ず自転車であなたの家に行って、それから一緒に電車で行ったらどうですか。

男：好啊，那明天见！ Hǎo ā, nà míngtiān jiàn!
そうしましょう。それでは、また明日。

女：明天见！ Míngtiān jiàn!
また明日。

問いと答え

（1）小林明天什么时候有时间？ XiǎoLín míngtiān shénme shíhou yǒu shíjiān?
小林さんは明日いつ時間がありますか。

❶ 他明天上午有时间。 Tā míngtiān shàngwǔ yǒu shíjiān.

1 会話体の文章

　　　　明日の午前、時間があります。
　　② 他明天下午有时间。　Tā míngtiān xiàwǔ yǒu shíjiān.
　　　　明日の午後、時間があります。
　　③ 他明天中午有时间。　Tā míngtiān zhōngwǔ yǒu shíjiān.
　　　　明日の昼、時間があります。
　　④ 他明天晚上有时间。　Tā míngtiān wǎnshang yǒu shíjiān.
　　　　明日の夜、時間があります。
　①が正解。

(2) 我为什么问小林明天有没有时间？
　　Wǒ wèishénme wèn XiǎoLín míngtiān yǒumeiyǒu shíjiān?
　　私はなぜ小林さんに時間があるかと聞いたのですか。
　　① 我想让小林帮我买东西。　Wǒ xiǎng ràng XiǎoLín bāng wǒ mǎi dōngxi.
　　　　小林さんに買い物の手伝いをしてほしいからです。
　　② 我想让小林教我汉语。　Wǒ xiǎng ràng XiǎoLín jiāo wǒ Hànyǔ.
　　　　小林さんに中国語を教えてほしいからです。
　　❸ 我想让小林陪我去看病。　Wǒ xiǎng ràng XiǎoLín péi wǒ qù kàn bìng.
　　　　小林さんに一緒に病院へ行ってほしいからです。
　　④ 我想让小林替我请假。　Wǒ xiǎng ràng XiǎoLín tì wǒ qǐngjià.
　　　　小林さんに私に代わって休みを取ってほしいからです。
　③が正解。"去医院"と"去看病"は同じ事を指します。

(3) 我哪儿不舒服？　Wǒ nǎr bù shūfu?
　　私はどこが調子が悪いですか。
　　❶ 我头疼。　Wǒ tóuténg.　頭痛がしています。
　　② 我嗓子疼。　Wǒ sǎngzi téng.　のどが痛いです。
　　③ 我发烧。　Wǒ fāshāo.　発熱しています。
　　④ 我胃不舒服。　Wǒ wèi bù shūfu.　胃の調子が悪いです。
　①が正解。

(4) 我为什么不自己去医院？　Wǒ wèishénme bú zìjǐ qù yīyuàn?
　　私はなぜ自分で病院へ行かないのですか。
　　① 因为我害怕打针。　Yīnwèi wǒ hàipà dǎzhēn.
　　　　注射を怖がっているからです。
　　② 因为我害怕吃药。　Yīnwèi wǒ hàipà chī yào.

1 会話体の文章

薬を飲むのを怖がっているからです。

③ 因为我担心找不到医院。 Yīnwèi wǒ dānxīn zhǎobudào yīyuàn.
病院が見つけられないことを心配しているからです。

❹ 因为我担心听不懂医生的话。
Yīnwèi wǒ dānxīn tīng bu dǒng yīshēng de huà.
お医者さんの話を理解できないことを心配しているからです。

④が正解。

(5) 我们明天在哪儿见面？ Wǒmen míngtiān zài nǎr jiànmiàn?
私たちは明日どこで待ち合わせをしていますか。

① 在学校门口。 Zài xuéxiào ménkǒu. 学校の正門で。

❷ 在小林家。 Zài XiǎoLín jiā. 小林さんの家で。

③ 在医院门口。 Zài yīyuàn ménkǒu. 病院の入口で。

④ 在我家附近的车站。 Zài wǒjiā fùjìn de chēzhàn.
私の家近くの駅で。

②が正解。会話では"先骑自行车到你家，然后…"とある。

解答　Ⓐ　(1) ④　(2) ①　(3) ②　(4) ①　(5) ③
　　　　Ⓑ　(1) ①　(2) ③　(3) ①　(4) ④　(5) ②

6 食事に誘う

関連表現

- 咱们一起吃晚饭怎么样？ Zánmen yìqǐ chī wǎnfàn zěnmeyàng?
  一緒に晩ご飯でも食べませんか。
- 今天你想吃什么？ Jīntiān nǐ xiǎng chī shénme?
  今日、あなたは何を食べたいですか。
- 咱们去哪个饭店好呢？ Zánmen qù nǎ ge fàndiàn hǎo ne?
  どこの店に行けばいいですか。
- 咱们几点去？在哪儿见面？ Zánmen jǐdiǎn qù? Zài nǎr jiànmiàn?
  何時に出ますか。どこで待ち合わせをしますか。
- 这儿的饺子很不错。 Zhèr de jiǎozi hěn búcuò.
  ここの餃子はとても美味しいです。
- 你能吃得了吗？ Nǐ néng chīdeliǎo ma?
  あなたは食べられますか。
- 我请客。 Wǒ qǐngkè.
  私がおごります。
- 你能吃辣的吗？ Nǐ néng chī là de ma?
  あなたは辛いものが食べられますか。
- 你爱吃什么菜？ Nǐ ài chī shénme cài?
  あなたはどんな料理が好きですか。

1 会話体の文章

トレーニング

A 音声を聞き、空欄の部分を埋めた後、(1)～(5)の問いの答えとして最も適当なものを、それぞれ①～④の中から1つ選びなさい。

(第72回) CD B26

小林和李丽是同学。一天，小林去找李丽，……

男：李丽，_____？
女：有时间。小林，你有什么事儿吗？
男：_____？
女：好啊。上次我们吃了日本菜，今天你想吃什么？
男：_____。
女：咱们去哪个饭店好呢？
男：_____，怎么样？
女：可以。好像那家饭店生意很好。
男：_____？
女：六点钟在饭店门口儿见，怎么样？
男：好。_____！

小林和李丽来到了饭店里，……

女：小林，你想吃什么？
男：我想吃面条，_____。
女：这儿的饺子很不错。
男：李丽，_____？
女：我吃包子。
男：_____？
女：那我再来一份儿炒饭吧。
男：_____？
女：没问题。

1 会話体の文章

(1) _____?

　① 他们去散步。　　　　　　② 他们去买东西。
　③ 他们去吃饭。　　　　　　④ 他们去逛街。

(2) _____?

　① 在李丽家附近。　　　　　② 在学校旁边儿。
　③ 在车站附近。　　　　　　④ 在超市旁边儿。

(3) _____?

　① 晚上七点在超市门口儿。　② 晚上七点在饭店门口儿。
　③ 晚上六点在学校门口儿。　④ 晚上六点在饭店门口儿。

(4) _____?

　① 他想吃有日本风味儿的东西。　② 他想吃有北京风味儿的东西。
　③ 他想吃法国菜。　　　　　　　④ 他想吃意大利菜。

(5) _____?

　① 她吃面条和饺子。　　　　② 她吃面条和包子。
　③ 她吃包子和炒饭。　　　　④ 她吃饺子和炒饭。

B 音声を聞き、空欄の部分を埋めた後、(1)〜(5)の問いの答えとして最も適当なものを、それぞれ①〜④の中から1つ選びなさい。

（第58回）　CD B28

男：田中，你今天想吃什么？　我请客。
女：_____，麻婆豆腐什么的，再来一碗担担面。
男：你能吃辣的吗？
女：我不怕辣。小张，_____？　是四川菜还是北京菜？
男：我最爱吃四川菜。
女：那太好了！　那_____。
男：好。不过那家饭馆晚上七点开门，咱们先去逛逛街吧。

1 会話体の文章

(1) _____?

① 麻婆豆腐、担担面。　　② 麻婆豆腐、牛肉面。
③ 担担面、家常豆腐。　　④ 担担面、杏仁豆腐。

(2) _____?

① 她不能吃辣的。　　② 她不怕热。
③ 她喜欢吃甜的。　　④ 她能吃辣的。

(3) _____?

① 他不爱吃四川菜。　　② 他最喜欢吃四川菜。
③ 他最喜欢北京。　　　④ 他最爱吃北京菜。

(4) _____?

① 地铁站旁边的。　　② 汽车站旁边的。
③ 火车站对面的。　　④ 地铁站对面的。

(5) _____?

① 早上五点。　　② 晚上五点。
③ 早上七点。　　④ 晚上七点。

1 会話体の文章

腕試しA

会話を聞き、(1)〜(5)の問いの答えとして最も適当なものを、それぞれ①〜④の中から一つ選びなさい。

CD B26

メモ

CD B27

(1) ① ② ③ ④

(2) ① ② ③ ④

(3) ① ② ③ ④

(4) ① ② ③ ④

(5) ① ② ③ ④

1 会話体の文章

腕試し B

会話を聞き、(1)〜(5)の問いの答えとして最も適当なものを、それぞれ①〜④の中から一つ選びなさい。　　　　　　　　　　　　CD B28

> **メモ**

CD B29

(1)　①　　　　②　　　　③　　　　④

(2)　①　　　　②　　　　③　　　　④

(3)　①　　　　②　　　　③　　　　④

(4)　①　　　　②　　　　③　　　　④

(5)　①　　　　②　　　　③　　　　④

1 会話体の文章

解 説 トレーニング、腕試し 共通

A 原文の漢字、ピンイン、和訳

小林和李丽是同学。一天，小林去找李丽，……
　　XiǎoLín hé Lǐ Lì shì tóngxué. Yìtiān, XiǎoLín qù zhǎo Lǐ Lì, ……
　　小林さんと李麗さんは同級生です。ある日、小林さんは李麗さんを訪ねて、……

男：李丽，你今天晚上有时间吗？　Lǐ Lì, nǐ jīntiān wǎnshang yǒu shíjiān ma?
　　李麗さん、今晩時間がありますか。

女：有时间。小林，你有什么事儿吗？
　　Yǒu shíjiān. XiǎoLín, nǐ yǒu shénme shìr ma?
　　ありますよ。小林さん、何かご用がありますか。

男：咱们一起吃晚饭怎么样？　Zánmen yìqǐ chī wǎnfàn zěnmeyàng?
　　一緒に晩ご飯を食べませんか。

女：好啊。上次我们吃了日本菜，今天你想吃什么？
　　Hǎo ā. Shàngcì wǒmen chī le Rìběncài, jīntiān nǐ xiǎng chī shénme?
　　いいですよ。前回は日本料理を食べたが、今日は何を食べたいですか。

男：我想吃些有北京风味儿的东西。
　　Wǒ xiǎng chī xie yǒu Běijīng fēngwèir de dōngxi.
　　何か北京風の食べ物を食べたいですね。

女：咱们去哪个饭店好呢？　Zánmen qù nǎ ge fàndiàn hǎo ne?
　　どの店に行ったらいいですか。

男：就去学校旁边儿那家中国菜馆儿，怎么样？
　　Jiù qù xuéxiào pángbiānr nà jiā Zhōngguó càiguǎnr, zěnmeyàng?
　　学校近くのあの中華の店はどうですか。

女：可以。好像那家饭店生意很好。　Kěyǐ. Hǎoxiàng nà jiā fàndiàn shēngyi hěn hǎo.
　　いいですね。あの店は繁盛しているようです。

男：咱们几点去？在哪儿见面？　Zánmen jǐdiǎn qù? Zài nǎr jiànmiàn?
　　何時に行きますか。どこで待ち合わせますか。

女：六点钟在饭店门口儿见，怎么样？
　　Liù diǎnzhōng zài fàndiàn ménkǒur jiàn, zěnmeyàng?
　　6時にレストランの入り口で、どうですか。

男：好。那晚上见！　Hǎo. Nà wǎnshang jiàn!
　　いいよ。それでは、夜に。

小林和李丽来到了饭店里，……　　XiǎoLín hé Lǐ Lì láidào le fàndiàn li, ……
　　小林さんと李麗さんは店に入りました。……

2 長文のリスニング問題

1 会話体の文章

女：小林，你想吃什么？　XiǎoLín, nǐ xiǎng chī shénme?
　　小林さん、あなたは何を食べたいですか。

男：我想吃面条，还想吃点儿饺子。
　　Wǒ xiǎng chī miàntiáo, hái xiǎng chī diǎnr jiǎozi.
　　麺を食べたいですし、餃子も少し食べたいです。

女：这儿的饺子很不错。　Zhèr de jiǎozi hěn búcuò.
　　ここの餃子は美味しいですよ。

男：李丽，你吃什么？　Lǐ Lì, nǐ chī shénme?
　　李麗さんは何を食べますか。

女：我吃包子。　Wǒ chī bāozi.
　　私は中華まんを食べます。

男：还要别的吗？　Hái yào biéde ma?
　　ほかには何か要りますか？

女：那我再来一份儿炒饭吧。　Nà wǒ zài lái yífènr chǎofàn ba.
　　では、チャーハンも1つ注文しましょう。

男：你能吃得了吗？　Nǐ néng chīdeliǎo ma?
　　食べられますか。

女：没问题。　Méi wèntí.
　　大丈夫ですよ。

問いと答え

(1) 小林和李丽今天晚上做什么？　XiǎoLín hé Lǐ Lì jīntiān wǎnshang zuò shénme?
　　小林さんと李麗さんは今晩何をする予定ですか。
　　① 他们去散步。　Tāmen qù sànbù.　散歩に行く予定。
　　② 他们去买东西。　Tāmen qù mǎi dōngxi.　買い物に行く予定。
　　❸ 他们去吃饭。　Tāmen qù chīfàn.　食事に行く予定。
　　④ 他们去逛街。　Tāmen qù guàngjiē.　街を散策する予定。
　　③が正解。

(2) 他们要去的饭店在哪儿？　Tāmen yào qù de fàndiàn zài nǎr?
　　彼らが行きたい店はどこにありますか。
　　① 在李丽家附近。　Zài Lǐ Lì jiā fùjìn.　李麗さんの家の近くにあります。
　　❷ 在学校旁边儿。　Zài xuéxiào pángbiānr.　学校の近くにあります。
　　③ 在车站附近。　Zài chēzhàn fùjìn.　駅の近くにあります。
　　④ 在超市旁边儿。　Zài chāoshì pángbiānr.　スーパーの近くにあります。

②が正解。

(3) 他们打算几点、在哪儿见面? Tāmen dǎsuan jǐdiǎn、zài nǎr jiànmiàn?
   彼らは何時にどこで待ち合わせをする予定ですか。
   ① 晚上七点在超市门口儿。 Wǎnshang qī diǎn zài chāoshì ménkǒur.
   　夜7時にスーパーの入口で。
   ② 晚上七点在饭店门口儿。 Wǎnshang qī diǎn zài fàndiàn ménkǒur.
   　夜7時にレストランの入口で。
   ③ 晚上六点在学校门口儿。 Wǎnshang liù diǎn zài xuéxiào ménkǒur.
   　夜6時に学校の正門で。
   ❹ 晚上六点在饭店门口儿。 Wǎnshang liù diǎn zài fàndiàn ménkǒur.
   　夜6時にレストランの入り口で。
   ④が正解。

(4) 小林想吃什么? XiǎoLín xiǎng chī shénme?
   小林さんは何を食べたいですか。
   ① 他想吃有日本风味儿的东西。 Tā xiǎng chī yǒu Rìběn fēngwèi'ér de dōngxi.
   　彼は日本風のものを食べたいです。
   ❷ 他想吃有北京风味儿的东西。 Tā xiǎng chī yǒu Běijīng fēngwèi'ér de dōngxi.
   　彼は北京風のものを食べたいです。
   ③ 他想吃法国菜。 Tā xiǎng chī Fǎguó cài.
   　彼はフランス料理を食べたいです。
   ④ 他想吃意大利菜。 Tā xiǎng chī Yìdàlì cài.
   　彼はイタリア料理を食べたいです。
   ②が正解。

(5) 李丽吃什么? Lǐ Lì chī shénme? 李麗さんは何を食べますか。
   ① 她吃面条和饺子。 Tā chī miàntiáo hé jiǎozi.
   　麺と餃子。
   ② 她吃面条和包子。 Tā chī miàntiáo hé bāozi.
   　麺と中華まん。
   ❸ 她吃包子和炒饭。 Tā chī bāozi hé chǎofàn.
   　中華まんとチャーハン。
   ④ 她吃饺子和炒饭。 Tā chī jiǎozi hé chǎofàn.
   　餃子とチャーハン。

1 会話体の文章

③が正解。①は小林さんの食べたいもの。

B 原文の漢字、ピンイン、和訳

男：田中，你今天想吃什么？我请客。
Tiánzhōng, nǐ jīntiān xiǎng chī shénme? Wǒ qǐngkè.
田中さん、今日、あなたは何を食べたいですか。私がおごります。

女：我今天想吃四川菜，麻婆豆腐什么的，再来一碗担担面。
Wǒ jīntiān xiǎng chī Sìchuān cài, Mápódòufu shénmede, zài lái yìwǎn dāndànmiàn.
今日は、四川料理を食べたいです。マーボー豆腐など。それから担担麺も食べたいです。

男：你能吃辣的吗？ Nǐ néng chī là de ma?
あなたは辛いものが食べられるのですか。

女：我不怕辣。小张，你爱吃什么菜？是四川菜还是北京菜？
Wǒ bú pà là. XiǎoZhāng, nǐ ài chī shénme cài? Shì Sìchuān cài háishi Běijīng cài?
辛いものは好きです。張さん、あなたはどんな料理が好きですか。四川料理それとも北京料理？

男：我最爱吃四川菜。 Wǒ zuì ài chī Sìchuān cài.
私は四川料理が大好きです。

女：那太好了！那咱们就去地铁站旁边的那家饭馆儿吧。
Nà tài hǎo le! Nà zánmen jiù qù dìtiě zhàn pángbiān de nèi jiā fànguǎnr ba.
それはよかったです。それでは、地下鉄駅近くのレストランに行きましょうか。

男：好。不过那家饭馆儿晚上七点开门，咱们先去逛逛街吧。 Hǎo. Búguò nèi jiā fànguǎnr wǎnshang qī diǎn kāi mén, zánmen xiān qù guàngguang jiē ba.
いいですよ。ただ、あの店は夜の7時から営業を始めます。その前に少し街を散策でもしましょうか。

問いと答え

(1) 田中今天想吃什么？ Tiánzhōng jīntiān xiǎng chī shénme?
田中さんは今日、何を食べたいですか。

❶ 麻婆豆腐、担担面。 Mápódòufu、dāndànmiàn. マーボー豆腐と担担麺。
② 麻婆豆腐、牛肉面。 Mápódòufu、niúròumiàn. マーボー豆腐と牛肉麺
③ 担担面、家常豆腐。 Dāndànmiàn、jiācháng dòufu.
担担麺と厚揚げと豚肉の中華炒め。
④ 担担面、杏仁豆腐。 Dāndànmiàn、xìngrén dòufu. 担担麺と杏仁豆腐。

①が正解。

1 会話体の文章

(2) 田中能吃辣的吗？　Tiánzhōng néng chī là de ma?
　　田中さんは辛いものが食べられますか。
　　① 她不能吃辣的。　Tā bù néng chī là de.
　　　彼女は辛いものが食べられません。
　　② 她不怕热。　Tā bú pà rè.　彼女は暑さに強いです。
　　③ 她喜欢吃甜的。　Tā xǐhuan chī tián de.　彼女は甘いものが好きです。
　　❹ 她能吃辣的。　Tā néng chī là de.　彼女は辛いものが食べられます。
　④が正解。②の"热"は"辣"と発音が近いので、注意。

(3) 小张喜欢吃四川菜还是北京菜？
　　XiǎoZhāng xǐhuan chī Sìchuān cài háishi Běijīng cài?
　　張さんは四川料理それとも北京料理どちらが好きですか。
　　① 他不爱吃四川菜。　Tā bú ài chī Sìchuān cài.
　　　彼は四川料理が好きではありません。
　　❷ 他最喜欢吃四川菜。　Tā zuì xǐhuan chī Sìchuān cài.
　　　彼は四川料理が大好きです。
　　③ 他最喜欢北京。　Tā zuì xǐhuan Běijīng.
　　　彼は北京が大好きです。
　　④ 他最爱吃北京菜。　Tā zuì ài chī Běijīng cài.
　　　彼は北京料理が大好きです。
　②が正解。

(4) 田中和小张打算去哪家饭馆儿？
　　Tiánzhōng hé XiǎoZhāng dǎsuan qù nǎ jiā fànguǎnr?
　　田中さんと張さんはどこの店に行く予定ですか。
　　❶ 地铁站旁边儿的。　Dìtiězhàn pángbiānr de.　地下鉄駅近くの店。
　　② 汽车站旁边儿的。　Qìchēzhàn pángbiānr de.　バス停近くの店。
　　③ 火车站对面的。　Huǒchēzhàn duìmiàn de.　駅の向かい側の店。
　　④ 地铁站对面的。　Dìtiězhàn duìmiàn de.　地下鉄駅向かい側の店。
　①が正解。

(5) 那家饭馆儿几点开门？　Nèi jiā fànguǎnr jǐdiǎn kāimén?
　　あのレストランは何時に開店しますか。
　　① 早上五点。　Zǎoshang wǔ diǎn.　朝の5時。

1 会話体の文章

② 晚上五点。 Wǎnshang wǔ diǎn.　夜の5時。
③ 早上七点。 Zǎoshang qī diǎn.　朝の7時。
❹ 晚上七点。 Wǎnshang qī diǎn.　夜の7時。

④が正解。

解答

A　(1) ③　(2) ②　(3) ④　(4) ②　(5) ③
B　(1) ①　(2) ④　(3) ②　(4) ①　(5) ④

7 勉学と就職

関連表現

- 你今天是第一次吗？　Nǐ jīntiān shì dìyī cì ma?
  今回が初めてですか。
- 紧张死了。　Jǐnzhāng sǐ le.
  とても緊張しました。
- 你考得怎么样？　Nǐ kǎo de zěnmeyàng?
  試験の出来具合はどうですか。
- 这次没有上次那么紧张。　Zhècì méiyǒu shàngcì nàme jǐnzhāng.
  今回は前回ほど緊張しませんでした。
- 感觉还可以。　Gǎnjué hái kěyǐ.
  まあまあと感じています。
- 听力和语法部分还行。　Tīnglì hé yǔfǎ bùfen hái xíng.
  リスニングと文法の部分はまあまあできたと思います。
- 但最后的写作我没有自信。　Dàn zuìhòu de xiězuò wǒ méiyǒu zìxìn.
  しかし、最後の作文は自信がないです。
- 明年三月就要毕业了，你找到工作了吗？
  Míngnián sānyuè jiùyào bìyè le, nǐ zhǎodào gōngzuò le ma?
  来年の3月はいよいよ卒業ですが、仕事は見つかりましたか。
- 我准备去一家服装公司工作。　Wǒ zhǔnbèi qù yìjiā fúzhuāng gōngsī gōngzuò.
  アパレルの会社に就職する予定です。
- 那你一定有机会去中国工作了。
  Nà nǐ yídìng yǒu jīhuì qù Zhōngguó gōngzuò le.
  それでは、きっと中国へ仕事に行く機会があります。
- 担心自己的汉语中国人听不懂。
  Dānxīn zìjǐ de Hànyǔ Zhōngguórén tīng bu dǒng.
  自分の中国語は中国人が聞き取れないのではないかと心配しています。
- 有时间你陪我练习练习会话怎么样？
  Yǒu shíjiān nǐ péi wǒ liànxí liànxí huìhuà zěnmeyàng?
  時間があれば、私の会話の練習相手になってもらえますか。

1 会話体の文章

トレーニング

A 音声を聞き、空欄の部分を埋めた後、(1)～(5)の問いの答えとして最も適当なものを、それぞれ①～④の中から1つ選びなさい。

(第69回) CD B30

男：这不是小李吗？_____！
女：小王，你跟谁一起来的？
男：我跟张学勤来的，他出考场就去厕所了，_____。
女：小王，你今天是第一次吗？
男：不，_____，你呢？
女：我是第一次。哎呀，紧张死了。你考得怎么样？
男：_____，感觉还可以。你呢？
女：听力和语法部分还行，但最后的写作我没有自信。
男：没问题！_____。
女：对了，听力的录音是不是铃木老师的声音？
男：不会吧。_____。
女：我想一定是他，明天咱们问问他。
男：奇怪，_____？
女：你可以打他的手机看看。

(1) _____？　　　CD B31
　　① 写完作业了。　　② 参加日文考试了。
　　③ 去卫生间了。　　④ 看汉语表演了。

(2) _____？
　　① 小王。　　② 小李。
　　③ 铃木老师。　　④ 小张。

(3) _____？
　　① 非常紧张。　　② 在找小张。
　　③ 是第二次。　　④ 考得挺好。

(4) _____?

① 老师的声音为什么这样低？　　② 最难的是写作还是语法？
③ 听力录音是不是老师的声音？　④ 老师昨天考试时紧张不紧张？

(5) _____?

① 因为考试要开始了。　　② 因为小张不给他打电话。
③ 因为明天问铃木老师。　④ 因为小张还不回来。

B 音声を聞き、空欄の部分を埋めた後、(1)〜(5)の問いの答えとして最も適当なものを、それぞれ①〜④の中から1つ選びなさい。

(第64回) CD B32

男：伊藤，明年三月就要毕业了，你找到工作了吗？
女：找到了。_____。
男：是吗？　那家公司跟中国有关系吗？
女：有啊，_____。
男：那你一定有机会去中国工作了。
女：对，所以我很高兴，_____。
男：担心什么？
女：_____。
男：不要紧吧。老师经常说"伊藤同学的发音跟中国人一样"。
女：小王，_____？
男：可以啊，星期六和星期天我一般都有空儿，你来我家吧。
女：太感谢你了。星期六我得打工，_____。
男：行，到时候我给你包饺子吃。

(1) _____? CD B33

① 她今年三月毕业了。　　② 她早毕业了。
③ 她明天交作业。　　　　④ 她明年三月就要毕业了。

1　会話体の文章

(2) _____?

① 她要到一家旅行公司工作。　② 她要到一家服装公司工作。
③ 她要到苏州的一家工厂工作。　④ 她要到青岛的一家工厂工作。

(3) _____?

① 她担心中国人听不懂她说的汉语。
② 她担心自己听不懂中国人说的汉语。
③ 她担心自己不习惯苏州的气候。
④ 她担心小王没时间陪她练习会话。

(4) _____?

① 他只有星期六有时间。
② 他只有星期天有时间。
③ 他星期六和星期天都有时间。
④ 除了星期六和星期天，他都有时间。

(5) _____?

① 他说准备帮伊藤找工作。
② 他说打算去伊藤家陪她练习会话。
③ 他说想教伊藤包饺子。
④ 他说要给伊藤包饺子吃。

腕試し A

会話を聞き、(1)〜(5)の問いの答えとして最も適当なものを、それぞれ①〜④の中から一つ選びなさい。

`CD B30`

> メモ

`CD B31`

(1) ①　　②　　③　　④

(2) ①　　②　　③　　④

(3) ①　　②　　③　　④

(4) ①　　②　　③　　④

(5) ①　　②　　③　　④

◆ 1 会話体の文章

腕試し B

会話を聞き、(1)～(5)の問いの答えとして最も適当なものを、それぞれ①～④の中から一つ選びなさい。

CD B32

メモ

CD B33

(1) ①　　　②　　　③　　　④

(2) ①　　　②　　　③　　　④

(3) ①　　　②　　　③　　　④

(4) ①　　　②　　　③　　　④

(5) ①　　　②　　　③　　　④

1 会話体の文章

解　説　トレーニング、腕試し 共通

A 原文の漢字、ピンイン、和訳

男：这不是小李吗？你也在呀！　Zhè bú shì XiǎoLǐ ma? Nǐ yě zài ya!
　　李さんではないですか。あなたも来ているのですか。

女：小王，你跟谁一起来的？　XiǎoWáng, nǐ gēn shéi yìqǐ lái de?
　　王さん、あなたは誰と一緒に来たのですか。

男：我跟张学勤来的，他出考场就去厕所了，一会儿就来。
　　Wǒ gēn Zhāng Xuéqín lái de, tā chū kǎochǎng jiù qù cèsuǒ le, yíhuìr jiù lái.
　　張学勤さんと一緒に来たのです。彼は試験の後トイレへ行きました。すぐ戻ってきます。

女：小王，你今天是第一次吗？　XiǎoWáng, nǐ jīntiān shì dìyī cì ma?
　　王さんは今日初めてですか。

男：不，这次是第二次，你呢？　Bù, zhècì shì dì'èr cì, nǐ ne?
　　いいえ、2回目です。あなたは？

女：我是第一次。哎呀，紧张死了。你考得怎么样？
　　Wǒ shì dìyī cì. Āiyā, jǐnzhāng sǐ le. Nǐ kǎo de zěnmeyàng?
　　私は初めてです。あー、とても緊張しました。あなたの出来具合はどうですか。

男：这次没有上次那么紧张，感觉还可以。你呢？
　　Zhècì méiyǒu shàngcì nàme jǐnzhāng, gǎnjué hái kěyǐ. Nǐ ne?
　　今回は前回ほど緊張しませんでした。まあまあできたと思います。あなたは。

女：听力和语法部分还行，但最后的写作我没有自信。
　　Tīnglì hé yǔfǎ bùfen hái xíng, dàn zuìhòu de xiězuò wǒ méiyǒu zìxìn.
　　リスニングと文法の部分はまあまあできたと思いますが、最後の作文は自信がないですね。

男：没问题！你平时写得那么好。　Méi wèntí! Nǐ píngshí xiě de nàme hǎo.
　　大丈夫ですよ。あなたは普段あんなにうまく書いていますから。

女：对了，听力的录音是不是铃木老师的声音？
　　Duìle, tīnglì de lùyīn shì bu shì Língmù lǎoshī de shēngyīn?
　　ところで、リスニングの音声は鈴木先生の声ではありませんか。

男：不会吧。他的声音更低。　Bú huì ba. Tā de shēngyīn gèng dī.
　　違うでしょう。先生の声はもっと低いです。

女：我想一定是他，明天咱们问问他。
　　Wǒ xiǎng yídìng shì tā, míngtiān zánmen wènwen tā.
　　私は先生の声に違いないと思います。明日、先生に尋ねてみましょう。

男：奇怪，小张怎么还不来？　Qíguài, XiǎoZhāng zěnme hái bù lái?
　　おかしいですね。張さんは何で戻ってこないのですか。

1 会話体の文章

女：你可以打他的手机看看。　Nǐ kěyǐ dǎ tā de shǒujī kànkan.
　　彼の携帯に電話してみたら。

問いと答え

(1) 他们刚才干什么了？　Tāmen gāngcái gàn shénme le?
　　彼らは先ほど何をしましたか。
　　① 写完作业了。　Xiě wán zuòyè le.　宿題を書き終えました。
　　❷ 参加日文考试了。　Cānjiā Rìwén kǎoshì le.　日本語の試験に参加しました。
　　③ 去卫生间了。　Qù wèishēngjiān le.　トイレへ行きました。
　　④ 看汉语表演了。　Kàn Hànyǔ biǎoyǎn le.　中国語の出し物を見ました。
　②が正解。日本語の試験かどうかは直接言っていないが、"考得怎么样"という表現があるので、試験に参加したことは間違いない。③は連れの張さんだけが行った。

(2) 张学勤是跟谁一起来的？　Zhāng Xuéqín shì gēn shéi yìqǐ lái de?
　　張学勤さんは誰と一緒に来たのですか。
　　❶ 小王。　XiǎoWáng.　王さん。
　　② 小李。　XiǎoLǐ.　李さん。
　　③ 铃木老师。　Língmù lǎoshī.　鈴木先生。
　　④ 小张。　XiǎoZhāng.　張さん。
　①が正解。数人の名前が会話に出ているので、誰が誰と一緒にといったところに注意しなければならない。

(3) 小王考得怎么样？　XiǎoWáng kǎo de zěnmeyàng?
　　王さんの試験の出来具合はどうですか。
　　① 非常紧张。　Fēicháng jǐnzhāng.　とても緊張しました。
　　② 在找小张。　Zài zhǎo XiǎoZhāng.　張さんを探しています。
　　③ 是第二次。　Shì dì'èr cì.　2回目です。
　　❹ 考得挺好。　Kǎo de tǐng hǎo.　とてもよくできました。
　④が正解。"感觉还可以"はまあまあの意味で、謙遜的な言い方。

(4) 小李明天要问铃木老师什么事？
　　XiǎoLǐ míngtiān yào wèn Língmù lǎoshī shénme shì?
　　李さんは明日鈴木先生にどんなことを尋ねたいですか。

① 老师的声音为什么这样低？ Lǎoshī de shēngyīn wèishénme zhèyàng dī?
先生の声はどうしてこんなに低かったのですか。

② 最难的是写作还是语法？ Zuì nán de shì xiězuò háishi yǔfǎ?
最も難しいのは作文ですか、それとも文法ですか。

❸ 听力录音是不是老师的声音？ Tīnglì lùyīn shì bu shì lǎoshī de shēngyīn?
リスニングの録音は先生の声ですか。

④ 老师昨天考试时紧张不紧张？ Lǎoshī zuótiān kǎoshì shí jǐnzhāng bu jǐnzhāng?
先生は昨日試験の時に緊張しましたか。

③が正解。

(5) 小李为什么让小王打电话？ XiǎoLǐ wèishénme ràng XiǎoWáng dǎ diànhuà?
李さんはなぜ王さんに電話を掛けさせるのですか。

① 因为考试要开始了。 Yīnwèi kǎoshì yào kāishǐ le.
試験がいよいよ始まるからです。

② 因为小张不给他打电话。 Yīnwèi XiǎoZhāng bù gěi tā dǎ diànhuà.
張さんから彼に電話を掛けてこなかったからです。

③ 因为明天问铃木老师。 Yīnwèi míngtiān wèn Língmù lǎoshī.
明日鈴木先生に尋ねるからです。

❹ 因为小张还不回来。 Yīnwèi XiǎoZhāng hái bù huílai.
張さんがまだ戻ってこないからです。

④が正解。

B 原文の漢字、ピンイン、和訳

男：伊藤，明年三月就要毕业了，你找到工作了吗？
Yīténg, míngnián sānyuè jiùyào bìyè le, nǐ zhǎodào gōngzuò le ma?
伊藤さん、来年の３月にはいよいよ卒業ですね。就職は決まりましたか。

女：找到了。我准备去一家服装公司工作。
Zhǎodào le. Wǒ zhǔnbèi qù yìjiā fúzhuāng gōngsī gōngzuò.
決まりました。アパレルの会社に就職する予定です。

男：是吗？那家公司跟中国有关系吗？
Shì ma? Nà jiā gōngsī gēn Zhōngguó yǒu guānxi ma?
そうですか。その会社は中国との関わりがありますか。

女：有啊，听说在苏州和青岛各有一个工厂。
Yǒu ā, tīngshuō zài Sūzhōu hé Qīngdǎo gè yǒu yíge gōngchǎng.
ありますよ。蘇州と青島にそれぞれ工場があるそうです。

1 会話体の文章

男：那你一定有机会去中国工作了。 Nà nǐ yídìng yǒu jīhuì qù Zhōngguó gōngzuò le.
それなら、あなたはきっと中国へ仕事に行く機会がありますね。

女：对，所以我很高兴，但也有点儿担心。
Duì, suǒyǐ wǒ hěn gāoxìng, dàn yě yǒudiǎnr dānxīn.
そうです。だからとても嬉しく思っています。しかし、心配もあります。

男：担心什么？ Dānxīn shénme?
何を心配していますか。

女：担心自己的汉语中国人听不懂。
Dānxīn zìjǐ de Hànyǔ Zhōngguórén tīng bu dǒng.
自分の中国語を中国人が聴き取れるかなと心配しています。

男：不要紧吧。老师经常说"伊藤同学的发音跟中国人一样"。 Bú yàojǐn ba.
Lǎoshī jīngcháng shuō "Yīténg tóngxué de fāyīn gēn Zhōngguórén yíyàng".
心配は要らないですよ。先生はいつも「伊藤さんの発音は中国人と変わらない」
と言っているではないですか。

女：小王，有时间你陪我练习练习会话怎么样？
XiǎoWáng, yǒu shíjiān nǐ péi wǒ liànxí liànxí huìhuà zěnmeyàng?
王さん、時間があれば、私に付いて会話の練習をしてもらえますか。

男：可以啊，星期六和星期天我一般都有空儿，你来我家吧。
Kěyǐ ā, xīngqīliù hé xīngqītiān wǒ yìbān dōu yǒu kòngr, nǐ lái wǒjiā ba.
いいですよ。私は、土曜と日曜はたいてい空いていますから、私の家に来てください。

女：太感谢你了。星期六我得打工，这个星期天我就去找你吧。
Tài gǎnxiè nǐ le. Xīngqīliù wǒ děi dǎgōng, zhège xīngqītiān wǒ jiù qù zhǎo nǐ ba.
ありがとうございます。土曜日は私がバイトしなければならないので、今度の日曜日にあなたを訪ねて行きます。

男：行，到时候我给你包饺子吃。 Xíng, dào shíhou wǒ gěi nǐ bāo jiǎozi chī.
分かりました。その時、餃子を作ってあげます。

問いと答え

(1) 伊藤什么时候毕业？ Yīténg shénme shíhou bìyè?
伊藤さんはいつ卒業しますか。

　① 她今年三月毕业了。 Tā jīnnián sānyuè bìyè le.
　　彼女は今年の3月に卒業しました。

　② 她早毕业了。 Tā zǎo bìyè le. 彼女はとっくに卒業しました。

　③ 她明天交作业。 Tā míngtiān jiāo zuòyè. 彼女は明日宿題を提出します。

　❹ 她明年三月就要毕业了。 Tā míngnián sānyuè jiùyào bìyè le.

1 会話体の文章

彼女は来年の3月いよいよ卒業します。
④が正解。

(2) 伊藤要到一家什么公司工作？　Yīténg yào dào yì jiā shénme gōngsī gōngzuò?
　　伊藤さんはどんな会社に就職する予定ですか。
　　① 她要到一家旅行公司工作。　Tā yào dào yì jiā lǚxíng gōngsī gōngzuò.
　　　旅行会社に就職する予定です。
　　❷ 她要到一家服装公司工作。　Tā yào dào yì jiā fúzhuāng gōngsī gōngzuò.
　　　アパレルの会社に就職する予定です。
　　③ 她要到苏州的一家工厂工作。
　　　Tā yào dào Sūzhōu de yì jiā gōngchǎng gōngzuò.
　　　蘇州の工場へ働きに行く予定です。
　　④ 她要到青岛的一家工厂工作。
　　　Tā yào dào Qīngdǎo de yì jiā gōngchǎng gōngzuò.
　　　青島の工場へ働きに行く予定です。
　②が正解。③④は業種ではなく、場所になっている。

(3) 伊藤担心什么？　Yīténg dānxīn shénme?
　　伊藤さんはどんなことを心配していますか。
　　❶ 她担心中国人听不懂她说的汉语。
　　　Tā dānxīn Zhōngguórén tīng bu dǒng tā shuō de Hànyǔ.
　　　中国人が彼女の中国語を聴き取れないことを心配しています。
　　② 她担心自己听不懂中国人说的汉语。
　　　Tā dānxīn zìjǐ tīng bu dǒng Zhōngguórén shuō de Hànyǔ.
　　　彼女が中国人の中国語を聴き取れないことを心配しています。
　　③ 她担心自己不习惯苏州的气候。
　　　Tā dānxīn zìjǐ bù xíguàn Sūzhōu de qìhòu.
　　　蘇州の気候に慣れないことを心配しています。
　　④ 她担心小王没时间陪她练习会话。
　　　Tā dānxīn XiǎoWáng méi shíjiān péi tā liànxí huìhuà.
　　　王さんが自分と会話の練習をする時間がないことを心配しています。
　①が正解。

(4) 小王一般什么时候有时间？　XiǎoWáng yìbān shénme shíhou yǒu shíjiān?
　　王さんはたいていどんな時に時間がありますか。

◆ 1 会話体の文章

① 他只有星期六有时间。 Tā zhǐyǒu xīngqīliù yǒu shíjiān.
土曜日しか時間がありません。

② 他只有星期天有时间。 Tā zhǐyǒu xīngqītiān yǒu shíjiān.
日曜日しか時間がありません。

❸ 他星期六和星期天都有时间。 Tā xīngqīliù hé xīngqītiān dōu yǒu shíjiān.
彼は土曜も日曜も時間があります。

④ 除了星期六和星期天，他都有时间。
Chúle xīngqīliù hé xīngqītiān, tā dōu yǒu shíjiān.
土曜と日曜以外はいつでも時間があります。

③が正解。

(5) 小王说下星期天要给伊藤做什么?
XiǎoWáng shuō xiàxīngqī tiān yào gěi Yīténg zuò shénme?
王さんは来週の日曜伊藤さんのためにどんなことをすると言っていますか。

① 他说准备帮伊藤找工作。 Tā shuō zhǔnbèi bāng Yīténg zhǎo gōngzuò.
伊藤さんの就職を手伝うと言っています。

② 他说打算去伊藤家陪她练习会话。
Tā shuō dǎsuan qù Yīténg jiā péi tā liànxí huìhuà.
伊藤さんの家に行って会話練習の相手になってあげると言っています。

③ 他说想教伊藤包饺子。 Tā shuō xiǎng jiāo Yīténg bāojiǎozi.
伊藤さんに餃子の作り方を教えると言っています。

❹ 他说要给伊藤包饺子吃。 Tā shuō yào gěi Yīténg bāojiǎozi chī.
伊藤さんのために餃子を作ってあげると言っています。

④が正解。

解答
A (1) ② (2) ① (3) ④ (4) ③ (5) ④
B (1) ④ (2) ② (3) ① (4) ③ (5) ④

8 予定

関連表現

☐ 听说下星期你父母要来日本看你，是吗?
　Tīngshuō xiàxīngqī nǐ fùmǔ yào lái Rìběn kàn nǐ, shì ma?
　来週、ご両親があなたに会いに日本に来ると聞きましたが、本当ですか。

☐ 他们这是第几次来?　Tāmen zhè shì dì jǐ cì lái?
　彼らは今回が何回目ですか。

☐ 我想多带他们去玩儿玩儿。　Wǒ xiǎng duō dài tāmen qù wánr wánr.
　私は多くの所を案内して、彼らに楽しんでもらいたいと考えています。

☐ 他们打算待多少天?　Tāmen dǎsuan dāi duōshao tiān?
　彼らはどのぐらい滞在する予定ですか。

☐ 那你最好带他们去一趟京都。　Nà nǐ zuìhǎo dài tāmen qù yí tàng Jīngdū.
　それなら、あなたは彼らを1度京都へ案内したほうがいいと思います。

☐ 寒假咱们俩去中国旅游怎么样?
　Hánjià zánmen liǎ qù Zhōngguó lǚyóu zěnmeyàng?
　冬休みに私たち2人は中国旅行に行きましょうか。

☐ 可是今年去不了。　Kěshì jīnnián qùbuliǎo.
　しかし、今年は行けないです。

☐ 假期里要打工吗?　Jiàqī li yào dǎgōng ma?
　休暇中はバイトをする予定ですか。

☐ 她打算去什么地方?　Tā dǎsuan qù shénme dìfang?
　彼女はどこへ行く予定ですか。

☐ 回来后给你看照片吧。　Huílai hòu gěi nǐ kàn zhàopiàn ba.
　帰ってから写真を見せましょう。

1 会話体の文章

トレーニング

A 音声を聞き、空欄の部分を埋めた後、(1)～(5)の問いの答えとして最も適当なものを、それぞれ①～④の中から1つ選びなさい。

(第70回) CD B34

男：喂，_____？ 我是山田。
女：山田，你好！
男：小王，_____，是吗？
女：是的。下星期四来。
男：你一定很高兴吧。_____？
女：第一次。我想多带他们去玩儿玩儿。有没有好玩儿的地方？
男：有。_____。
女：对。我怎么没想到呢？ 谢谢你！
男：_____？
女：两个星期。
男：_____。在那儿能让他们感受到古老的日本文化。
女：我没去过京都，对那里不熟悉。
男：我有一个好朋友住在京都，_____。
女：那太好了，我一定带他们去。

(1) _____？   CD B35
　　① 下星期一。　　　　② 下星期四。
　　③ 来了几次。　　　　④ 第一次来。

(2) _____？
　　① 学校。　　　　　　② 京都。
　　③ 好朋友的家。　　　④ 好玩儿的地方。

(3) _____？
　　① 一趟。　　　　　　② 两天。
　　③ 四个星期。　　　　④ 两个星期。

(4) _____？
　① 因为山田非常熟悉京都。
　② 因为京都有很多好玩儿的地方。
　③ 因为可以参观小王读书的学校。
　④ 因为在京都能感受古老的日本文化。

(5) _____？
　① 小王的朋友。　　　　　　② 小王父母的朋友。
　③ 山田的朋友。　　　　　　④ 山田父母的朋友。

B 音声を聞き、空欄の部分を埋めた後、(1)～(5)の問いの答えとして最も適当なものを、それぞれ①～④の中から1つ選びなさい。

(第63回)　CD B36

```
女：山下，寒假咱们俩去中国旅游怎么样？
男：我很想去，_____。
女：为什么？ 假期里要打工吗？
男：不，_____，已经报名了。
女：是吗？ 学开车一共要多少钱？
男：三十多万。_____。
女：跟父母借？ 那什么时候还给他们呢？
男：_____。对了，铃木，我姐姐说她寒假要去中国。
女：是吗？ 她打算去什么地方？
男：她去北京。你呢？ _____？
女：都不想去。我只想去西安。
男：_____。
女：是啊。回来后给你看照片吧。
```

(1) _____？　　　CD B37
　① 他对中国不感兴趣。　　　　② 假期里他要打工。
　③ 他打算开车去看父母。　　　④ 他打算学开车。

1 会話体の文章

(2) ＿＿＿＿＿＿＿＿＿＿＿＿＿＿＿＿＿＿？
① 他有三十多万，所以不打工也够了。
② 他有三十多万，所以还借给父母了。
③ 没有，他还打算向父母借钱呢。
④ 没有，他把钱都还给父母了。

(3) ＿＿＿＿＿＿＿＿＿＿＿＿＿＿＿＿＿＿？
① 寒假要去中国。　　　　② 她去过中国了。
③ 她想去北京和上海。　　④ 她想去西安。

(4) ＿＿＿＿＿＿＿＿＿＿＿＿＿＿＿＿＿＿？
① 他想去北京和上海。
② 他想去西安。
③ 除了北京、上海，他还想去西安。
④ 他想去北京、上海、西安以外的地方。

(5) ＿＿＿＿＿＿＿＿＿＿＿＿＿＿＿＿＿＿？
① 跟山下一起打工。　　　② 跟山下一起学开车。
③ 跟山下借钱。　　　　　④ 给山下看照片。

腕試し A

会話を聞き、(1)〜(5)の問いの答えとして最も適当なものを、それぞれ①〜④の中から一つ選びなさい。　CD B34

メモ

CD B35

(1) ①　　②　　③　　④

(2) ①　　②　　③　　④

(3) ①　　②　　③　　④

(4) ①　　②　　③　　④

(5) ①　　②　　③　　④

1 会話体の文章

腕試し B

会話を聞き、(1)〜(5)の問いの答えとして最も適当なものを、それぞれ①〜④の中から一つ選びなさい。

CD B36

> メモ

CD B37

(1) ①　　②　　③　　④

(2) ①　　②　　③　　④

(3) ①　　②　　③　　④

(4) ①　　②　　③　　④

(5) ①　　②　　③　　④

1 会話体の文章

解説 トレーニング、腕試し 共通

A 原文の漢字、ピンイン、和訳

男：喂，是小王吗？我是山田。 Wèi, shì XiǎoWáng ma? Wǒ shì Shāntián.
　　もしもし、王さんですか。山田です。

女：山田，你好！ Shāntián, nǐ hǎo!
　　山田さん、こんにちは。

男：小王，听说下星期你父母要来日本看你，是吗？
　　XiǎoWáng, tīngshuō xiàxīngqī nǐ fùmǔ yào lái Rìběn kàn nǐ, shì ma?
　　王さん、来週ご両親があなたに会いに日本に来るそうですが、本当ですか。

女：是的。下星期四来。 Shì de. Xià xīngqīsì lái.
　　そうです。来週の木曜日に来ます。

男：你一定很高兴吧。他们这是第几次来？
　　Nǐ yídìng hěn gāoxìng ba. Tāmen zhè shì dì jǐ cì lái?
　　とても嬉しいでしょう。ご両親は今回は何回目ですか。

女：第一次。我想多带他们去玩儿玩儿。有没有好玩儿的地方？
　　Dìyī cì. Wǒ xiǎng duō dài tāmen qù wánr wanr. Yǒu mei yǒu hǎowánr de dìfang?
　　初めてです。私は多くの所を案内して楽しんでもらいたいと考えていますが、どこかいい場所がありますか。

男：有。你应该先带他们去看看你们学校呀。
　　Yǒu. Nǐ yīnggāi xiān dài tāmen qù kànkan nǐmen xuéxiào ya.
　　ありますよ。先ずご両親をあなたの学校へ案内して見ていただくべきです。

女：对。我怎么没想到呢？谢谢你！ Duì. Wǒ zěnme méi xiǎngdào ne? Xièxie nǐ!
　　そうですね。私はまったく思いつきませんでした。ありがとうございます。

男：他们打算待多少天？ Tāmen dǎsuan dāi duōshao tiān?
　　ご両親はどのぐらい滞在する予定ですか。

女：两个星期。 Liǎng ge xīngqī.
　　2週間です。

男：那你最好带他们去一趟京都。在那儿能让他们感受到古老的日本文化。
　　Nà nǐ zuìhǎo dài tāmen qù yí tàng Jīngdū. Zài nàr néng ràng tāmen gǎnshòu dào gǔlǎo de Rìběn wénhuà.
　　それなら、あなたはご両親を1度京都へ案内したほうがいいです。京都で日本の古い文化を体験することができると思います。

女：我没去过京都，对那里不熟悉。 Wǒ méi qù guo Jīngdū, duì nàli bù shúxī.
　　私は京都へ行ったことがないので、京都についてはあまり知らないのです。

男：我有一个好朋友住在京都，可以让他陪你们。
　　Wǒ yǒu yí ge hǎo péngyou zhù zài Jīngdū, kěyǐ ràng tā péi nǐmen.

1 会話体の文章

私は京都に住んでいる親友がいますので、彼に案内してもらうことができます。

女：那太好了，我一定带他们去。 Nà tài hǎo le, wǒ yídìng dài tāmen qù.
それは良かったです。絶対に両親を連れていきます。

問いと答え

(1) 小王的父母什么时候来日本？ XiǎoWáng de fùmǔ shénme shíhou lái Rìběn?
王さんの両親はいつ日本に来ますか。

① 下星期一。 Xià xīngqīyī. 来週の月曜日。
❷ 下星期四。 Xià xīngqīsì. 来週の木曜日。
③ 来了几次。 Lái le jǐ cì. 何回か来たことがあります。
④ 第一次来。 Dìyī cì lái. 初めてです。

②が正解。

(2) 山田劝小王先带父母去哪儿？ Shāntián quàn XiǎoWáng xiān dài fùmǔ qù nǎr?
山田さんは王さんに両親を先ずどこに案内すべきと勧めていますか。

❶ 学校。 Xuéxiào. 学校。
② 京都。 Jīngdū. 京都。
③ 好朋友的家。 Hǎo péngyou de jiā. 親友の家。
④ 好玩儿的地方。 Hǎowánr de dìfang. 楽しい所。

①が正解。②も勧めた場所だが、①の後になっている。

(3) 小王的父母打算待多长时间？ XiǎoWáng de fùmǔ dǎsuan dāi duōcháng shíjiān?
王さんの両親はどのぐらい滞在する予定ですか。

① 一趟。 Yí tàng. 1回。
② 两天。 Liǎng tiān. 2日。
③ 四个星期。 Sì ge xīngqī. 4週間。
❹ 两个星期。 Liǎng ge xīngqī. 2週間。

④が正解。

(4) 山田为什么说京都最好？ Shāntián wèishénme shuō Jīngdū zuìhǎo?
山田さんはなぜ京都は最もいいと言うのですか。

① 因为山田非常熟悉京都。 Yīnwèi Shāntián fēicháng shúxī Jīngdū.
山田さんは京都に詳しいからです。
② 因为京都有很多好玩儿的地方。

1 会話体の文章

　　　　Yīnwèi Jīngdū yǒu hěn duō hǎowánr de dìfang.
　　　　京都には多くの楽しい場所があるからです。
　　③ 因为可以参观小王读书的学校。
　　　　Yīnwèi kěyǐ cānguān XiǎoWáng dúshū de xuéxiào.
　　　　王さんの勉強している学校を見学できるからです。
　　❹ 因为在京都能感受古老的日本文化。
　　　　Yīnwèi zài Jīngdū néng gǎnshòu gǔlǎo de Rìběn wénhuà.
　　　　京都で日本の古い文化を体験することができるからです。
　④が正解。

(5) 谁的朋友住在京都？　Shéi de péngyou zhù zài Jīngdū?
　　誰の友人が京都に住んでいますか。
　　① 小王的朋友。　XiǎoWáng de péngyou.　王さんの友人。
　　② 小王父母的朋友。　XiǎoWáng fùmǔ de péngyou.　王さんの両親の友人。
　　❸ 山田的朋友。　Shāntián de péngyou.　山田さんの友人。
　　④ 山田父母的朋友。　Shāntián fùmǔ de péngyou.　山田さんの両親の友人。
　③が正解。

B　原文の漢字、ピンイン、和訳

男：山下，寒假咱们俩去中国旅游怎么样？
　　Shānxià, hánjià zánmen liǎ qù Zhōngguó lǚyóu zěnmeyàng?
　　山下さん、冬休み、私たち2人は中国旅行に行きましょうか。
女：我很想去，可是今年去不了。　Wǒ hěn xiǎng qù, kěshì jīnnián qùbuliǎo.
　　とても行きたいですが、今年は行けないです。
男：为什么？假期里要打工吗？　Wèishénme? Jiàqī li yào dǎgōng ma?
　　どうしてですか。休暇中にバイトしなければならないのですか。
女：不，我想去学开车，已经报名了。
　　Bù, wǒ xiǎng qù xué kāichē, yǐjīng bàomíng le.
　　いいえ。車の運転を習いたいです。すでに申し込みました。
男：是吗？学开车一共要多少钱？　Shì ma? Xué kāichē yígòng yào duōshao qián?
　　そうですか。車の運転の習得にはいくらかかりますか。
女：三十多万。我准备跟父母借。　Sānshí duō wàn. Wǒ zhǔnbèi gēn fùmǔ jiè.
　　30万円あまりです。親から借りるつもりです。
男：跟父母借？那什么时候还给他们呢？
　　Gēn fùmǔ jiè? Nà shénme shíhou huángěi tāmen ne?

1 会話体の文章

親から借りるのですか。いつ親に返しますか。

女：毕业后一点儿一点儿还吧。对了，铃木，我姐姐说她寒假要去中国。
Bìyè hòu yìdiǎnr yìdiǎnr huán ba. Duìle, Língmù, wǒ jiějie shuō tā hánjià yào qù Zhōngguó.
卒業後、少しずつ返していきます。ところで、鈴木さん、私の姉は冬休みに中国へ行くと言っています。

男：是吗？她打算去什么地方？ Shì ma? Tā dǎsuan qù shénme dìfang?
そうですか。お姉さんはどこへ行く予定ですか。

女：她去北京。你呢？想去北京，还是想去上海？
Tā qù Běijīng. Nǐ ne? Xiǎng qù Běijīng, háishi xiǎng qù Shànghǎi?
姉は北京に行く予定ですが、あなたは。北京行きたいですか。それとも上海行きたいですか。

男：都不想去。我只想去西安。 Dōu bù xiǎng qù. Wǒ zhǐ xiǎng qù Xī'ān.
どちらも行きたくないです。行きたいのは西安だけです。

女：西安好像名胜古迹特别多。 Xī'ān hǎoxiàng míngshèng gǔjì tèbié duō.
西安には多くの名所旧跡があるそうですね。

男：是啊。回来后给你看照片吧。 Shì ā. Huílai hòu gěi nǐ kàn zhàopiàn ba.
そうです。帰ってから写真を見せましょう。

問いと答え

(1) 山下为什么寒假不去中国旅游？
Shānxià wèishénme hánjià bú qù Zhōngguó lǚyóu?
山下さんはなぜ冬休みに中国旅行に行かないのですか。

　① 他对中国不感兴趣。 Tā duì Zhōngguó bù gǎn xìngqu.
　　 彼は中国に興味がありません。
　② 假期里他要打工。 Jiàqī li tā yào dǎgōng.
　　 彼は休暇中にバイトをしなければなりません。
　③ 他打算开车去看父母。 Tā dǎsuan kāichē qù kàn fùmǔ.
　　 彼は車で親に会いに行く予定です。
　❹ 他打算学开车。 Tā dǎsuan xué kāichē. 彼は車の運転を習う予定です。
　④が正解。

(2) 山下有钱学开车吗？ Shānxià yǒu qián xué kāichē ma?
山下さんは車の運転を習うお金がありますか。

　① 他有三十多万，所以不打工也够了。

1 会話体の文章

  Tā yǒu sānshí duō wàn, suǒyǐ bù dǎgōng yě gòu le.
  彼は30数万円あるので、バイトしなくても足ります。
 ② 他有三十多万，所以还借给父母了。
  Tā yǒu sānshí duō wàn, suǒyǐ hái jiègěi fùmǔ le.
  彼は30数万円あるので、親にも貸しました。
 ❸ 没有，他还打算向父母借钱呢。
  Méiyǒu, tā hái dǎsuan xiàng fùmǔ jiè qián ne.
  ありません。彼は親からお金を借りる予定です。
 ④ 没有，他把钱都还给父母了。 Méiyǒu, tā bǎ qián dōu huángěi fùmǔ le.
  ありません。彼はお金を親に全部返しました。
③が正解。

(3) 山下的姐姐说什么了？　Shānxià de jiějie shuō shénme le?
 山下さんのお姉さんは何と言いましたか。
 ❶ 寒假要去中国。　Hánjià yào qù Zhōngguó.　冬休みに中国へ行きます。
 ② 她去过中国了。　Tā qù guo Zhōngguó le.
  彼女は中国へ行ったことがあります。
 ③ 她想去北京和上海。　Tā xiǎng qù Běijīng hé Shànghǎi.
  彼女は北京と上海へ行く予定です。
 ④ 她想去西安。　Tā xiǎng qù Xī'ān.　彼女は西安に行くつもりです。
 ①が正解。④は鈴木さんの行きたい所である。

(4) 铃木想去中国的什么地方？　Língmù xiǎng qù Zhōngguó de shénme dìfang?
 鈴木さんは中国のどこへ行きたいのですか。
 ① 他想去北京和上海。　Tā xiǎng qù Běijīng hé Shànghǎi.
  彼は北京と上海へ行きたいです。
 ❷ 他想去西安。　Tā xiǎng qù Xī'ān.　彼は西安に行きたいです。
 ③ 除了北京、上海，他还想去西安。
  Chúle Běijīng、Shànghǎi, tā hái xiǎng qù Xī'ān.
  北京、上海のほかに、彼は西安にも行きたいです。
 ④ 他想去北京、上海、西安以外的地方。
  Tā xiǎng qù Běijīng、Shànghǎi、Xī'ān yǐwài de dìfang.
  彼は北京、上海、西安以外の所に行きたいです。
②が正解。

1 会話体の文章

（5）铃木说从中国回来后做什么?
Língmù shuō cóng Zhōngguó huílai hòu zuò shénme?
鈴木さんは、中国から帰ってきたら何をすると言っていますか。

① 跟山下一起打工。 Gēn Shānxià yìqǐ dǎgōng.
　山下さんと一緒にバイトをやります。

② 跟山下一起学开车。 Gēn Shānxià yìqǐ xué kāichē.
　山下さんと一緒に車の運転を習います。

③ 跟山下借钱。 Gēn Shānxià jiè qián.
　山下さんからお金を借ります。

❹ 给山下看照片。 Gěi Shānxià kàn zhàopiàn.
　山下さんに写真を見せます。

④が正解。

解答
Ⓐ　(1) ②　(2) ①　(3) ④　(4) ④　(5) ③
Ⓑ　(1) ④　(2) ③　(3) ①　(4) ②　(5) ④

1 会話体の文章

リハーサル ③

会話を聞き、(1)～(5)の問いの答えとして最も適当なものを、それぞれ①～④の中から一つ選びなさい。

(第74回) CD B38

メモ

CD B39

(1) ①　②　③　④

(2) ①　②　③　④

(3) ①　②　③　④

(4) ①　②　③　④

(5) ①　②　③　④

◆ 1　会話体の文章

リハーサル ④

会話を聞き、(1)～(5)の問いの答えとして最も適当なものを、それぞれ①～④の中から一つ選びなさい。

(第68回)　CD B40

2　長文のリスニング問題

メモ

CD B41

(1)　①　　　　②　　　　③　　　　④

(2)　①　　　　②　　　　③　　　　④

(3)　①　　　　②　　　　③　　　　④

(4)　①　　　　②　　　　③　　　　④

(5)　①　　　　②　　　　③　　　　④

▶受験テクニック◀

　会話体長文は、長文そのものや、設問と答えの選択肢は一切提示されていない。長文の正解率をアップするためには、聞き方やメモの取り方を工夫しなければならない。最も重要なのは、設問を聴き取ることである。その次は設問の答えを聞き取ることである。長文全体の内容よりも設問の答えが早く分かれば、高得点が得られる。

　会話体長文の場合は2人（男と女）で話し、話の中には複数の人物、時間、場所、事柄が出てくる。人物に分けてそれぞれの情報を整理してメモを取る必要がある。1回目の音声を聞く時、会話の大まかな内容、男性は誰、女性は誰、ほかに登場する人物がいるかなどを把握しておく。事柄、時間、場所などが複数出てくる場合はどの人物がどの時間に何をやるかがわかるようにメモを取っておきたい。例えば、

小红：山田！真对不起，我晚了五分钟。　　　　　　　　　　（第78回）
　　　山田さん、本当にごめんなさい。5分間も遅れて。
山田：没关系！小红，你不算晚。小王刚打来电话说要迟到半个小时！
　　　大丈夫です。紅さんは遅いほうではないですよ。王さんから先ほど電話があって30分遅刻するということです。
小红：是吗？那我们怎么办？
　　　そうですか？では私たちはどうしましょうか？
山田：我们先进去吧。她会打电话找我们的。
　　　先に中に入りましょう。彼女は電話を掛けてくると思います。
小红：好。在哪儿买票？
　　　そうしましょう。切符売り場はどこですか。
山田：在那儿。八十块一张票。
　　　あそこです。1枚80元です。
小红：动物园的门票怎么那么贵？
　　　動物園の入場券はどうしてこんなに高いですか？
山田：当然了。这儿有熊猫！
　　　それは当然ですよ。ここにはパンダがいるから。
小红：你看，那个人是不是小王的姐姐？
　　　見て！あの人は王さんのお姉さんではないですか？

1 会話体の文章

山田：是她。她在向你招手呢。怎么回事儿？
　　　そうですね。彼女はあなたに手を振っていますよ。どういうことですか？
小红：我去问她一下。请你在这儿等一等。
　　　彼女に聞きに行ってきます。ここで少しお待ちください。

　中国人は相手と会話を始めようとする時、まず相手の名前を呼ぶ習慣がある。会話の最初に２人の名前が出てくるので、注意して聞かなければならない。というのは後の設問に「誰が誰に対して」という問題がよく出るから。この文には山田さん、紅さん、王さん、王さんのお姉さん、四人も出ている。次のようにメモする。「場所は動物園の入り口。私が５分遅刻した。王さんは30分遅刻する、まだ来ていない。王さんのお姉さんが来た。入場券を買おうとしている。１枚80元が高い。」

　長文の後に設問の音声が流されるが、設問を聞き取ることが正解率に繋がる大事な作業となる。１回目の設問の音声を聞く時には、主語、述語、目的語の順にメモしておきたい。特に疑問詞、つまり何が聞かれているのを聞き取っておく。答えの選択肢の音声が流される時には、メモした長文の内容に合うものに仮丸付けをする。上の長文の設問と選択肢は以下の通りである。

(1) 他们在哪儿说话？　彼らはどこで話をしていますか。
　　① 火车站。列車の駅。　　　　　② 电话局。電話局。
　　③ 图书馆里面。図書館の中。　　❹ 动物园门口。動物園の入口。
(2) 小王说要迟到多长时间？　王さんはどのぐらい遅刻すると言いましたか？
　　① 五分钟。５分間。　　　　　　② 十分钟。10分間。
　　❸ 三十分钟。30分間。　　　　　④ 一个小时。１時間。
(3) 小红觉得什么东西贵？　紅さんは何が高いと思っていますか。
　　❶ 门票。入場券。　　　　　　　② 电话费。電話代。
　　③ 八十块。80元。　　　　　　　④ 熊猫的照片。パンダの写真。
(4) 他们在干什么？　彼らは今何をしていますか。
　　① 看熊猫。パンダを見る。　　　❷ 等朋友。友達を待つ。
　　③ 打电话。電話をかける。　　　④ 找手表。腕時計を探す。
(5) 谁在向谁招手？誰が誰に対して手を振っていますか。
　　① 小王在向山田招手。王さんが山田さんに手を振っています。

② 小王在向小红招手。王さんが紅さんに手を振っています。
③ 小王的姐姐在向山田招手。
　王さんのお姉さんが山田さんに手を振っています。
❹ 小王的姐姐在向小红招手。
　王さんのお姉さんが紅さんに手を振っています。

　（1）は2人のいる場所を問う。（2）は王さんの遅刻時間を問う。（3）は高いものは何かを問う。（4）は2人がしていることについて問う。（5）は誰が誰に手を振っているかを問う。これらの設問を聞き取れたら、2回目の長文放送時に何を重点的に聞くかが分る。

　長文の2回目の音声が流される時にはメモをした設問の答えとなる部分を中心に聞き、より正確にメモする。設問と答えの選択肢の音声が流れる時にメモしたものの正誤を確認しながら正答に丸付けをする。

　会話体長文のテーマとしては、これまでは、食事に誘う会話、レストランでの会話が3篇、家族や自分の近況、予定についての会話がそれぞれ2篇、お伴を頼む会話が2篇、友人宅訪問時の会話が1篇、勉学については1篇、就職が1篇となっている。

　面と向かっての会話以外に、電話での会話もよく出題されている。会話体長文の内容や形式、設問の出し方などを、過去問を使って練習し、慣れることをお勧めしたい。

第2章 長文のリスニング問題

2 記述体の文章

　記述体の文章は、話者1人で何らかのテーマについて話を進めていく。話題は多岐にわたるが、最もよく見られるのが人を紹介するテーマである。自己紹介、友人の紹介、先生の紹介、更に子供の紹介まで出題されている。そのうち、友人の紹介が最も多く、主人公は中国人であったり、日本人であったり、友人、先生であったりというように設定されている。人を紹介する話題に続いて、主人公の日常生活を紹介するテーマも多く、特に留学の生活に関するものが多い。それから、趣味、余暇、旅行、勉学と仕事、母校やクラスの思い出などのテーマも出題されている。

　本節では記述体の文章をテーマごとに分け、訓練を進めていく。まず同一テーマによく出てくる関連表現を学ぶ。それからトレーニングを行う。最後に本番形式の腕試しで習得度を確かめる。

　習得度を高めるために、トレーニングでは、同じテーマの過去問をAとBの形式に分け、難易度を少し上げながら、聞く訓練を行う。具体的には、トレーニングAは、文章全体を文字で提示し、答えとなる部分にアンダーラインを付けて注意を喚起する。文章内容に関する設問については文字を提示せず、答えの選択肢だけを提示する。音声を聞く時に文章の文字を見ながら設問を聞き、正解を選ぶ。トレーニングBは、文章の一部を伏せ、そこを空欄にしている。設問と答えについてはトレーニングAと同様に提示する。トレーニングA、Bとも、提示していない空欄の部分を書き取るように練習しておきたい。

1 自己紹介

　自己紹介の文章は2篇あって、留学生と在日中国人がそれぞれ1篇となっている。
　留学生の自己紹介は、自分の名前、出身国、住んでいる場所、今の生活といったことがらが内容となっている。在日中国人の自己紹介は、名前、生まれた地域、住まいの場所、今の身分、話している言語、将来の夢などについて紹介している。基本的な自己紹介の内容以外に、名前の漢字の書き方についての紹介もあるので、聞く時に注意してほしい。

関連表現

☐ 我来自我介绍一下儿。　Wǒ lái zìwǒ jièshào yíxiàr.
　ちょっと自己紹介をさせていただきます。

☐ "大小"的"小"，"东西"的"东"。　"Dàxiǎo" de "xiǎo", "dōngxi" de "dōng".
　「大小」の「小」、「東西」の「東」です。

☐ 大家可以叫我小李，也可以叫我小东。
　Dàjiā kěyǐ jiào wǒ XiǎoLǐ, yě kěyǐ jiào wǒ Xiǎodōng.
　皆さんは、私を「小李」と呼んでも、「小東」と呼んでもいいと思います。

☐ 我是去年四月从中国大连来的。
　Wǒ shì qùnián sìyuè cóng Zhōngguó Dàlián lái de.
　私は去年の4月に中国大連市から来たのです。

☐ 现在住在京都。　Xiànzài zhù zài Jīngdū.
　今は京都に住んでいます。

☐ 如果你们有兴趣，欢迎你们来做客！
　Rúguǒ nǐmen yǒu xìngqu, huānyíng nǐmen lái zuòkè!
　もし、興味があれば、是非遊びに来てください。

☐ 我生在日本，长在日本。　Wǒ shēng zài Rìběn, zhǎng zài Rìběn.
　私は日本で生まれ、日本で育ちました。

☐ 一点儿汉语也不会说。　Yìdiǎnr Hànyǔ yě bú huì shuō.
　中国語は少しも話せません。

☐ 我明年三月就大学毕业了。　Wǒ míngnián sānyuè jiù dàxué bìyè le.
　私は来年の3月いよいよ大学を卒業します。

☐ 我打算做和日中交流有关的工作。
　Wǒ dǎsuan zuò hé RìZhōng jiāoliú yǒuguān de gōngzuò.
　私は日中交流と関わる仕事をしたいと考えています。

2 記述体の文章

トレーニング

A 中国語の文章を聞き、(1)〜(5)の問いの答えとして最も適当なものを、それぞれ①〜④の中から1つ選びなさい。とくに下線を引いている部分に注意して聞きなさい。

(第59回) CD C01

> 大家好！我来自我介绍一下儿，<u>我姓李，叫李小东</u>，"大小"的"小"，"东西"的"东"，以后大家可以叫我小李，也可以叫我小东。<u>我是去年四月从中国大连来的</u>，现在住在京都。<u>京都是一座非常美丽的城市，虽然东西比较贵，但是我还是很喜欢这里</u>。我常常骑自行车出去玩儿。<u>每次出去玩儿的时候，我都带着照相机</u>，现在我已经拍了很多照片了。另外，<u>星期天，我也常和朋友们一起包饺子、做中国菜</u>。如果你们有兴趣，欢迎你们来做客！

(1) ＿＿＿＿＿＿＿＿＿＿＿＿＿＿？　　　CD C02
　① 李小东。　　　　　　② 李绍东。
　③ 李小同。　　　　　　④ 李绍同。

(2) ＿＿＿＿＿＿＿＿＿＿＿＿＿＿？
　① 去年十月。　　　　　② 前年四月。
　③ 去年四月。　　　　　④ 前年十月。

(3) ＿＿＿＿＿＿＿＿＿＿＿＿＿＿？
　① 东西太贵，不喜欢。　　② 东西不贵，比较喜欢。
　③ 东西比较贵，但是很喜欢。④ 东西不贵，但是不太喜欢。

(4) ＿＿＿＿＿＿＿＿＿＿＿＿＿＿？
　① 照相机。　　　　　　② 手机。
　③ 自行车。　　　　　　④ 点心。

(5) ＿＿＿＿＿＿＿＿＿＿＿＿＿＿？
　① 包饺子、做日本菜。　② 包饺子、做中国菜。
　③ 教汉语。　　　　　　④ 学日语。

B 中国語の文章を聞き、(6)～(10)の問いの答えとして最も適当なものを、それぞれ①～④の中から1つ選びなさい。とくに（　　）の部分に注意して聞きなさい。

（第57回）

　　　我叫林强，是东京一所大学的学生。我生在日本，(a　　　　)。我爸爸是中国人，我妈妈是日本人，(b　　　　)，所以我的汉语也不太好。
　　　上大学以后，我一个人去过两次中国，(c　　　　)，第二次是去北京和西安（d　　　　）。我很喜欢北京，还喜欢吃广东菜。我(e　　　　)就大学毕业了，我打算做和日中交流有关的工作。

(6) ＿＿＿＿＿＿＿＿＿＿＿＿＿＿＿＿＿＿？
① 爸爸的老家。　　② 北京。
③ 西安。　　　　　④ 日本。

(7) ＿＿＿＿＿＿＿＿＿＿＿＿＿＿＿＿＿＿？
① 东京人。　　　　② 北京人。
③ 西安人。　　　　④ 广州人。

(8) ＿＿＿＿＿＿＿＿＿＿＿＿＿＿＿＿＿＿？
① 不会。　　　　　② 会一点儿。
③ 不太好。　　　　④ 还可以。

(9) ＿＿＿＿＿＿＿＿＿＿＿＿＿＿＿＿＿＿？
① 回爸爸的老家。　② 旅游。
③ 找工作。　　　　④ 吃广东菜。

(10) ＿＿＿＿＿＿＿＿＿＿＿＿＿＿＿＿＿？
① 今年三月。　　　② 今年秋天。
③ 明年。　　　　　④ 后年。

2 記述体の文章

腕試し A

中国語を聞き、情報整理しながらメモを取り、(1)〜(5)の問いの答えとして最も適当なものを、それぞれ①〜④の中から1つ選びなさい。

CD C01

メモ

CD C02

(1) ①　　　　　　　　　　②
　　 ③　　　　　　　　　　④

(2) ①　　　　　　　　　　②
　　 ③　　　　　　　　　　④

(3) ①　　　　　　　　　　②
　　 ③　　　　　　　　　　④

(4) ①　　　　　　　　　　②
　　 ③　　　　　　　　　　④

(5) ①　　　　　　　　　　②
　　 ③　　　　　　　　　　④

2 記述体の文章

腕試し B

中国語を聞き、情報整理しながらメモを取り、(6)〜(10)の問いの答えとして最も適当なものを、それぞれ①〜④の中から1つ選びなさい。

CD C03

> **メモ**
>
>

CD C04

(6) ① ② ③ ④

(7) ① ② ③ ④

(8) ① ② ③ ④

(9) ① ② ③ ④

(10) ① ② ③ ④

2 記述体の文章

解説　トレーニング、腕試し　共通

A

原文のピンイン

　　Dàjiā hǎo! Wǒ lái zìwǒ jièshào yíxiàr, wǒ xìng Lǐ, jiào Lǐ Xiǎodōng, "dàxiǎo" de "xiǎo", "dōngxi" de "dōng", yǐhòu dàjiā kěyǐ jiào wǒ XiǎoLǐ, yě kěyǐ jiào wǒ Xiǎodōng. Wǒ shì qùnián sìyuè cóng Zhōngguó Dàlián lái de, xiànzài zhù zài Jīngdū. Jīngdū shì yí zuò fēicháng měilì de chéngshì, suīrán dōngxi bǐjiào guì, dànshì wǒ háishi hěn xǐhuan zhèli. Wǒ chángcháng qí zìxíngchē chūqu wánr. Měicì chūqu wánr de shíhou, wǒ dōu dài zhe zhàoxiàngjī, xiànzài wǒ yǐjīng pāi le hěn duō zhàopiàn le. Lìngwài, xīngqītiān, wǒ yě cháng hé péngyoumen yìqǐ bāojiǎozi、zuò Zhōngguó cài. Rúguǒ nǐmen yǒu xìngqu, huānyíng nǐmen lái zuòkè!

原文の和訳

　皆さん、こんにちは。自己紹介をさせていただきます。私は李と申します。名前は李小東と言います。「小」は「大小」の「小」、「東」は「東西」の「東」です。これから皆さんは、私を「小李」と呼んでも、「小東」と呼んでもいいと思います。私は去年4月に中国大連市から来たのです。今京都に住んでいます。京都はとても美しい街だと思います。物価は少し高いですが、私はこの街が大好きです。私はよく自転車で遊びに行きます。遊びに出掛ける時はいつもカメラを持っていきます。すでにたくさん写真を撮りました。また、日曜日は友人たちと餃子を作ったり、中華料理を作ったりしています。もし、興味があれば、是非遊びに来てください。

問いと答え

(1)　我叫什么名字？　Wǒ jiào shénme míngzi?
　　　私の名前は何と言いますか。

　　❶ 李小东。Lǐ Xiǎodōng.　李小東。
　　② 李绍东。Lǐ Shàodōng.　李紹東。
　　③ 李小同。Lǐ Xiǎotóng.　李小同。
　　④ 李绍同。Lǐ Shàotóng.　李紹同。

　①が正解。同じ発音の漢字は中国語にはたくさんあることから、中国人が自己紹介する時、よく名前の書き方について詳しく説明する。本文では"「小」は「大小」の「小」、「東」は「東西」の「東"」と言ったのはそのためである。選択肢はよく似た発音の漢字で作られているので、声調や子音の違いを聞き分ける必要がある。

2 記述体の文章

(2) 我是什么时候来日本的？ Wǒ shì shénme shíhou lái Rìběn de?
私はいつ日本に来たのですか。

① 去年十月。 Qùnián shíyuè. 去年の10月。
② 前年四月。 Qián nián sìyuè. 一昨年の4月。
❸ 去年四月。 Qùnián sìyuè. 去年の4月。
④ 前年十月。 Qián nián shíyuè. 一昨年の10月。

③が正解。"四"と"十"の発音の違いに注意を払おう。

(3) 我觉得京都怎么样？ Wǒ juéde Jīngdū zěnmeyàng?
私は京都をどのように感じていますか。

① 东西太贵，不喜欢。 Dōngxi tài guì, bù xǐhuan.
　物価が高過ぎますから、好きではありません。
② 东西不贵，比较喜欢。 Dōngxi bú guì, bǐjiào xǐhuan.
　物価は高くないので、わりと好きです。
❸ 东西比较贵，但是很喜欢。 Dōngxi bǐjiào guì, dànshì hěn xǐhuan.
　物価は比較的に高いですが、とても好きです。
④ 东西不贵，但是不太喜欢。 Dōngxi bú guì, dànshì bútài xǐhuan.
　物価は高くないですが、あまり好きではありません。

③が正解。

(4) 每次出去玩儿的时候，我都带着什么？
Měicì chūqu wánr de shíhou, wǒ dōu dàizhe shénme?
遊びに出掛ける時に、私はいつも何を持っていきますか。

❶ 照相机。 Zhàoxiàngjī. カメラ。
② 手机。 Shǒujī. 携帯電話。
③ 自行车。 Zìxíngchē. 自転車。
④ 点心。 Diǎnxīn. お菓子。

①が正解。

(5) 星期天，我常常和朋友们一起做什么？
Xīngqītiān, wǒ chángcháng hé péngyou men yìqǐ zuò shénme?
日曜日、私はいつも友人たちと一緒に何をしますか。

① 包饺子，做日本菜。 Bāojiǎozi, zuò Rìběncài.
　餃子を作ったり、日本料理を作ったりします。

2 記述体の文章

❷ 包饺子、做中国菜。 Bāojiǎozi、zuò Zhōngguó cài.
餃子を作ったり、中華料理を作ったりします。

③ 教汉语。 Jiāo Hànyǔ. 中国語を教えます。

④ 学日语。 Xué Rìyǔ. 日本語を習います。

②が正解。

解答 (1) ① (2) ③ (3) ③ (4) ① (5) ②

B

原文の漢字

　　我叫林强，是东京一所大学的学生。我生在日本，长在日本。我爸爸是中国人，我妈妈是日本人，一点儿汉语也不会说，所以我的汉语也不太好。

　　上大学以后，我一个人去过两次中国，第一次是回爸爸的老家广州，第二次是去北京和西安旅游。我很喜欢北京，还喜欢吃广东菜。我明年三月就大学毕业了，我打算做和日中交流有关的工作。

原文のピンイン

　　Wǒ jiào Lín Qiáng, shì Dōngjīng yìsuǒ dàxué de xuésheng. Wǒ shēng zài Rìběn, zhǎng zài Rìběn. Wǒ bàba shì Zhōngguórén, wǒ māma shì Rìběnrén, yìdiǎnr Hànyǔ yě bú huì shuō, suǒyǐ wǒ de Hànyǔ yě bútài hǎo.

　　Shàng dàxué yǐhòu, wǒ yígerén qù guo liǎng cì Zhōngguó, dìyī cì shì huí bàba de lǎojiā Guǎngzhōu, dì'èr cì shì qù Běijīng hé Xī'ān lǚyóu. Wǒ hěn xǐhuan Běijīng, hái xǐhuan chī Guǎngdōngcài. Wǒ míngnián sānyuè jiù dàxué bìyè le, wǒ dǎsuan zuò hé RìZhōng jiāoliú yǒuguān de gōngzuò.

原文の和訳

　　私は林強と言います。東京にある大学の学生です。私は日本で生まれ、日本で育ちました。父親は中国人で、母親は日本人です。母親は中国語が少しも話せません。そのため、私の中国語もあまりよくありません。

　　大学に入ってから、私は一人で2回中国へ行ったことがあります。1回目は父親の故郷の広州市へ里帰りしました。2回目は北京と西安へ旅行に行きました。私は北京が大好きです。広東料理も好きです。私は来年の3月いよいよ大学を卒業します。私は卒業したら日中交流と関わる仕事をしたいと考えています。

2 記述体の文章

問いと答え

(6) 林强是在哪里长大的？ Lín Qiáng shì zài nǎli zhǎngdà de?
　　林強さんはどこで育ったのですか。
　　① 爸爸的老家。 Bàba de lǎojiā. 父親の故郷。
　　② 北京。 Běijīng. 北京。
　　③ 西安。 Xī'ān. 西安。
　　❹ 日本。 Rìběn. 日本。
　④が正解。

(7) 林强的爸爸是哪里人？ Lín Qiáng de bàba shì nǎli rén?
　　林強さんのお父さんはどこの出身ですか。
　　① 东京人。 Dōngjīng rén. 東京の出身。
　　② 北京人。 Běijīngrén. 北京の出身。
　　③ 西安人。 Xī'ān rén. 西安の出身。
　　❹ 广州人。 Guǎngzhōu rén. 広州の出身。
　④が正解。お父さんは中国人であると最初に言っているが、故郷に言及していない。里帰りの話で広州は故郷であると分かる。

(8) 林强的妈妈会说汉语吗？ Lín Qiáng de māma huì shuō Hànyǔ ma?
　　林強さんのお母さんは中国語が話せますか。
　　❶ 不会。 Bú huì. 話せません。
　　② 会一点儿。 Huì yìdiǎnr. 少し話せます。
　　③ 不太好。 Bútài hǎo. あまりよくないです。
　　④ 还可以。 Hái kěyǐ. まあまあいいです。
　①が正解。"一点儿汉语也不会"は「少しも中国語が話せません」の意味。

(9) 林强第二次去中国是做什么？ Lín Qiáng dì'èr cì qù Zhōngguó shì zuò shénme?
　　林強さんの2回目の中国行きは何のためですか。
　　① 回爸爸的老家。 Huí bàba de lǎojiā. 父親の故郷に帰る。
　　❷ 旅游。 Lǚyóu. 旅行。
　　③ 找工作。 Zhǎo gōngzuò. 仕事をさがす。
　　④ 吃广东菜。 Chī Guǎngdōngcài. 広東料理を味う。
　②が正解。

2 記述体の文章

(10) 林强什么时候毕业？ Lín Qiáng shénme shíhou bìyè?
　　林強さんはいつ卒業しますか。

　　① 今年三月。　Jīnnián sānyuè.　今年の3月。
　　② 今年秋天。　Jīnnián qiūtiān.　今年の秋。
　　❸ 明年。　Míngnián.　来年。
　　④ 后年。　Hòunián.　再来年。

　③が正解。

解答　(6) ④　　(7) ④　　(8) ①　　(9) ②　　(10) ③

本文空欄の文字：
　　a 长在日本　　　　　　　　b 一点儿汉语也不会说
　　c 第一次是回爸爸的老家广州　d 旅游
　　e 明年三月

2　記述体の文章

2　先生

　先生のことを語る文章は2篇あって、1篇は日本人が留学先で出会った中国人先生について紹介するもので、もう1篇は中国人が自分の中学校時代の先生について紹介するものである。

　1つめは日本人が、中国人先生の性格、担当している授業、訪問時の発見、料理の得意な先生と日本の父親との違いなどについて語っている。2つめは中国人が、中学校時代の先生の外見、性格、担当の授業、授業の仕方などについて紹介している。

　人の容姿や性格を描写する語彙に注意しよう。授業の科目や語学授業の進め方などの言い方、語彙にも普段から留意しておきたい。

関連表現

□ 张老师人很热情。　Zhāng lǎoshī rén hěn rèqíng.
　張先生はとても親切な人です。

□ 他除了教我们汉语会话课和语法课之外，每星期还教我们一次书法课。
　Tā chúle jiāo wǒmen Hànyǔ huìhuàkè hé yǔfǎ kè zhīwài, měi xīngqī hái jiāo wǒmen yí cì shūfǎ kè.
　彼は私たちに中国語会話と文法を教える以外に、毎週1回書道も教えてくれます。

□ 张老师请我们在他家吃饭。　Zhāng lǎoshī qǐng wǒmen zài tā jiā chīfàn.
　張先生は私たちに彼の家での食事に招待してくれました。

□ 我觉得像张老师这样的中国男人太了不起了。
　Wǒ juéde xiàng Zhāng lǎoshī zhèyàng de Zhōngguó nánrén tài liǎobuqǐ le.
　私は張先生のような中国人男性はすごいと思います。

□ 高老师是我的英语老师。　Gāo lǎoshī shì wǒ de Yīngyǔ lǎoshī.
　高先生は私の英語の先生です。

□ 她个子不太高，很爱笑。　Tā gèzi bú tài gāo, hěn ài xiào.
　彼女は背があまり高くなく、よく笑います。

□ 她从初一就教我们英语，一直教了三年。
　Tā cóng chūyī jiù jiāo wǒmen Yīngyǔ, yìzhí jiāo le sān nián.
　彼女は中1から私たちに英語を教え、3年間教え続けました。

□ 我后来考北京外国语大学英语系，完全是受高老师的影响。
　Wǒ hòulái kǎo Běijīng wàiguóyǔ dàxué Yīngyǔ xì, wánquán shì shòu gāo lǎoshī de yǐngxiǎng.
　私がその後北京外国語大学英語科を受験したのも高先生の影響を受けたからです。

2 記述体の文章

- □ 每次上课时都让我们跟着录音带练习发音。
  Měicì shàngkè shí dōu ràng wǒmen gēnzhe lùyīndài liànxí fāyīn.
  毎回の授業時に私たちに録音について発音の練習をするように教えられました。
- □ 我喜欢上了英语。 Wǒ xǐhuanshang le Yīngyǔ.
  私は英語が好きになりました。
- □ 想当一名受学生喜爱的老师很难。
  Xiǎng dāng yì míng shòu xuésheng xǐ'ài de lǎoshī hěn nán.
  学生に好かれる先生になることはとても難しいです。

トレーニング

A 中国語の文章を聞き、(1)～(5)の問いの答えとして最も適当なものを、それぞれ①～④の中から1つ選びなさい。とくに下線を引いている部分に注意して聞きなさい。

(第76回) CD C05

> 我来杭州留学已经半年多了。上个星期天，我和几个同班的留学生一起去张老师家里玩儿了一天。张老师人很热情。他除了教我们汉语会话课和语法课之外，每星期还教我们一次书法课。中午，张老师请我们在他家吃饭，并且是他亲自为我们做菜。我很吃惊。我小声地问张老师："为什么不是您爱人做菜呢？ 平时也是您做菜吗？"张老师笑着说："平时都是我爱人做，不过，我做的菜比我爱人做的好吃，所以有客人来的时候，当然是我做啦。"听了张老师的回答，我更吃惊了。我在家里从来没有看到我父亲做过菜。有时候父亲回家早了，不是看报纸，就是看电视，等着妈妈把饭准备好。父亲在家里就像皇帝一样，什么也不做。我觉得像张老师这样的中国男人太了不起了。如果我将来能和张老师这样的男人结婚，那真的太幸福了。

(1) _____ ?　　　CD C06

　　① 上个星期天。　　　② 上个星期三。
　　③ 下个星期天。　　　④ 下个星期三。

(2) _____?

① 教我们汉语会话课和法语课。

② 教我们会话、语法和书法课。

③ 教我们语法课、会话课和法律课。

④ 教我们书法课和英语会话课。

(3) _____?

① 因为客人喜欢吃张老师做的菜。 ② 因为张老师做的菜更好吃。

③ 因为张老师的爱人不会做菜。 ④ 因为张老师的爱人不在家。

(4) _____?

① 我父亲下班早的时候就做菜。 ② 我父亲在家里和妈妈一起做菜。

③ 我父亲在家里从来不做菜。 ④ 我父亲一边看电视一边做菜。

(5) _____?

① 想和日本男人结婚。 ② 想和中国男人结婚。

③ 想和杭州的男人结婚。 ④ 想和像张老师那样的男人结婚。

2 記述体の文章

B 中国語の文章を聞き、(6)～(10)の問いの答えとして最も適当なものを、それぞれ①～④の中から1つ選びなさい。とくに（　　）の部分に注意して聞きなさい。

(第58回) CD C07

　　　高老师是（a　　　　　　　　　）。她（b　　　　　　　　　），笑起来特别可爱。她从初一就教我们英语，一直教了三年。我后来考北京外国语大学英语系，完全是受高老师的影响。

　　　记得刚开始学英语的时候，我们班好多同学都觉得（c　　　　　　　　　）。高老师想了很多办法，比如说，每次上课时（d　　　　　　　　　）；有时候让我们听很好听的英文歌曲；有时候还把她的外国朋友请来教我们发音。慢慢地，我喜欢上了英语，希望将来也像高老师那样，当一名受学生欢迎的英语教师。

　　　现在，（e　　　　　　　　　）。虽然要想当一名受学生喜爱的老师很难，但是我会努力的。

---

(6) _____ ： CD C08

① 我初中时代的老师。　　　　② 我大学时代的英语老师。
③ 我的小学老师。　　　　　　④ 我初中时的音乐老师。

(7) _____ ？

① 个子很高，很爱笑。　　　　② 个子不是很高，很爱笑。
③ 个子高高的，笑起来很可爱。④ 个子不高，不太爱笑。

(8) _____ ？

① 觉得语法太难。　　　　　　② 觉得发音太难。
③ 觉得高老师教得不好。　　　④ 觉得高老师的课没意思。

(9) _____ ？

① 跟高老师的外国朋友练习发音。② 跟高老师的外国朋友说英语。
③ 跟着录音带练习发音。　　　④ 听好听的英文歌曲。

(10) _____ ？

① 在大学学习。　　　　　　　② 在学校教英语。
③ 在外国留学。　　　　　　　④ 在公司工作。

腕試し A

中国語を聞き、情報整理しながらメモを取り、(1)〜(5)の問いの答えとして最も適当なものを、それぞれ①〜④の中から1つ選びなさい。

CD C05

メモ

CD C06

(1) ①　　　　　　　　　　②
　　 ③　　　　　　　　　　④

(2) ①　　　　　　　　　　②
　　 ③　　　　　　　　　　④

(3) ①　　　　　　　　　　②
　　 ③　　　　　　　　　　④

(4) ①　　　　　　　　　　②
　　 ③　　　　　　　　　　④

(5) ①　　　　　　　　　　②
　　 ③　　　　　　　　　　④

2 記述体の文章

腕試し B

中国語を聞き、情報整理しながらメモを取り、(6)～(10)の問いの答えとして最も適当なものを、それぞれ①～④の中から1つ選びなさい。

CD C07

メモ

CD C08

(6) ① ② ③ ④

(7) ① ② ③ ④

(8) ① ② ③ ④

(9) ① ② ③ ④

(10) ① ② ③ ④

解説　トレーニング、腕試し　共通

A

原文のピンイン

　　　Wǒ lái Hángzhōu liúxué yǐjīng bànnián duō le. Shàng ge xīngqītiān, wǒ hé jǐge tóngbān de liúxuéshēng yìqǐ qù Zhāng lǎoshī jiāli wánr le yì tiān. Zhāng lǎoshī rén hěn rèqíng. Tā chúle jiāo wǒmen Hànyǔ huìhuàkè hé yǔfǎ kè zhīwài, měi xīngqī hái jiāo wǒmen yí cì shūfǎ kè. Zhōngwǔ, Zhāng lǎoshī qǐng wǒmen zài tā jiā chīfàn, bìngqiě shì tā qīnzì wèi wǒmen zuò cài. Wǒ hěn chījīng. Wǒ xiǎoshēng de wèn Zhāng lǎoshī: "Wèishénme bú shì nín àiren zuò cài ne? Píngshí yě shì nín zuò cài ma?" Zhāng lǎoshī xiào zhe shuō: "Píngshí dōu shì wǒ àiren zuò, búguò, wǒ zuò de cài bǐ wǒ àiren zuò de hǎochī, suǒyǐ yǒu kèren lái de shíhou, dāngrán shì wǒ zuò la." Tīng le Zhāng lǎoshī de huídá, wǒ gèng chījīng le. Wǒ zài jiāli cónglái méiyǒu kàndào wǒ fùqin zuò guo cài. Yǒushíhou fùqin huíjiā zǎo le, bú shì kàn bàozhǐ, jiùshì kàn diànshì, děng zhe māma bǎ fàn zhǔnbèi hǎo. Fùqin zài jiāli jiù xiàng huángdì yíyàng, shénme yě bú zuò. Wǒ juéde xiàng Zhāng lǎoshī zhèyàng de Zhōngguó nánrén tài liǎobuqǐ le. Rúguǒ wǒ jiānglái néng hé Zhāng lǎoshī zhèyàng de nánrén jiéhūn, nà zhēnde tài xìngfú le.

原文の和訳

　　　私は杭州市に留学に来てからもう半年余りになりました。先週の日曜日、私はクラスの数人の留学生たちと一緒に張先生の家へ遊びに行きました。張先生はとても親切な人で、私たちに中国語の会話、文法の外に、週1回書道も教えてくれています。昼、張先生は家で昼ご飯を招待してくれました。しかもその料理は張先生自ら作ってくれたのです。私はびっくりしました。私は小さな声で張先生に「なぜ、奥さんは料理を作らないのですか。普段も先生が作るのですか」と聞きました。張先生は笑って「普段はいつも妻が作りますが、私の作った料理は妻より美味しいのです。だから、お客さんが来た時にはもちろん私が作るのですよ」と言いました。張先生の話を聞いて私はもっと驚きました。私は家で父が料理を作るのを見たことがありません。父が早く家に帰る時もありますが、その時は新聞を読んだり、テレビを見たりして、母の料理の出来上がりを待っているだけです。父は家で皇帝のように何もしないのです。私は張先生のような中国人の男性はえらいと感じました。もし、将来、私は張先生のような男性と結婚できるなら、これはどんなに幸せなことでしょう。

問いと答え
(1) 我们是什么时候去张老师家玩儿的?

2 記述体の文章

Wǒmen shì shénme shíhou qù Zhāng lǎoshī jiā wánr de?
私たちはいつ張先生の家へ遊びに行ったのですか。

❶ 上个星期天。　Shàng ge xīngqītiān.　先週の日曜日。
② 上个星期三。　Shàng ge xīngqīsān.　先週の水曜日。
③ 下个星期天。　Xià ge xīngqītiān.　来週の日曜日。
④ 下个星期三。　Xià ge xīngqīsān.　来週の水曜日。

①が正解。

(2) 张老师教我们什么课?　Zhāng lǎoshī jiāo wǒmen shénme kè?
張先生は私たちにどんな科目を教えていますか。

① 教我们汉语会话课和法语课。　Jiāo wǒmen Hànyǔ huìhuàkè hé Fǎyǔ kè.
私たちに中国語の会話とフランス語を教えています。
❷ 教我们会话、语法和书法课。　Jiāo wǒmen huìhuà、yǔfǎ hé shūfǎ kè.
私たちに会話、文法そして書道を教えています。
③ 教我们语法课、会话课和法律课。　Jiāo wǒmen yǔfǎ kè、huìhuàkè hé fǎlǜ kè.
私たちに文法、会話そして法律を教えています。
④ 教我们书法课和英语会话课。　Jiāo wǒmen shūfǎ kè hé Yīngyǔ huìhuàkè.
私たちに書道と英会話を教えています。

②が正解。本文にある"除了～之外，还～"は「～を除いて、また～」という意味。

(3) 为什么有客人来的时候，张老师要做菜?
Wèishénme yǒu kèren lái de shíhou, Zhāng lǎoshī yào zuò cài?
なぜ、お客さんが来た時には張先生が料理を作るのですか。

① 因为客人喜欢吃张老师做的菜。
Yīnwèi kèren xǐhuan chī Zhāng lǎoshī zuò de cài.
お客さんは張先生の作った料理が好きだから。
❷ 因为张老师做的菜更好吃。　Yīnwèi Zhāng lǎoshī zuò de cài gèng hǎo chī.
張先生の作った料理が最も美味しいから。
③ 因为张老师的爱人不会做菜。　Yīnwèi Zhāng lǎoshī de àiren bú huì zuò cài.
張先生の奥さんは料理ができないから。
④ 因为张老师的爱人不在家。　Yīnwèi Zhāng lǎoshī de àiren bú zàijiā.
張先生の奥さんは家にいないから。

②が正解。

(4) "我"的父亲在家里做不做菜？ "Wǒ" de fùqin zài jiāli zuò bu zuò cài?
「私」の父親は家で料理を作りますか。
　① 我父亲下班早的时候就做菜。 Wǒ fùqin xiàbān zǎo de shíhou jiù zuò cài.
　　 私の父親は早く家に帰った時には料理を作ります。
　② 我父亲在家里和妈妈一起做菜。 Wǒ fùqin zài jiāli hé māma yìqǐ zuò cài.
　　 私の父親は家で母親と一緒に料理を作ります。
　❸ 我父亲在家里从来不做菜。 Wǒ fùqin zài jiāli cónglái bú zuò cài.
　　 私の父親は家で全く料理を作りません。
　④ 我父亲一边看电视一边做菜。 Wǒ fùqin yìbiān kàn diànshì yìbiān zuò cài.
　　 私の父親は家でテレビを見ながら料理を作ります。

③が正解。"从来"は、後に必ず否定の表現がくる。「これまで～ない」という意味。

(5) "我"将来想和什么样的男人结婚? "Wǒ" jiānglái xiǎng hé shénmeyàng de nánrén jiéhūn?
「私」は将来どんな男性と結婚したいですか。
　① 想和日本男人结婚。 Xiǎng hé Rìběn nánrén jiéhūn.
　　 日本人の男性と結婚したいです。
　② 想和中国男人结婚。 Xiǎng hé Zhōngguó nánrén jiéhūn.
　　 中国人の男性と結婚したいです。
　③ 想和杭州的男人结婚。 Xiǎng hé Hángzhōu de nánrén jiéhūn.
　　 杭州の男性と結婚したいです。
　❹ 想和像张老师那样的男人结婚。
　　 Xiǎng hé xiàng Zhāng lǎoshī nàyàng de nánrén jiéhūn.
　　 張先生のような男性と結婚したいです。

④が正解。"如果～能～，那～"は、「もし～できるなら、それは～」という意味。

解答 (1) ①　　(2) ②　　(3) ②　　(4) ③　　(5) ④

B

原文の漢字

　高老师是我的英语老师。她个子不太高，很爱笑，笑起来特别可爱。她从初一就教我们英语，一直教了三年。我后来考北京外国语大学英语系，完全是受高老师的影响。

2 記述体の文章

記得刚开始学英语的时候，我们班好多同学都觉得发音太难，所以不太喜欢学。高老师想了很多办法，比如说，每次上课时都让我们跟着录音带练习发音；有时候让我们听很好听的英文歌曲；有时候还把她的外国朋友请来教我们发音。慢慢地，我喜欢上了英语，希望将来也像高老师那样，当一名受学生欢迎的英语教师。

现在，我的愿望实现了。虽然要想当一名受学生喜爱的老师很难，但是我会努力的。

原文のピンイン

　　Gāo lǎoshī shì wǒ de Yīngyǔ lǎoshī. Tā gè zi bú tài gāo, hěn ài xiào, xiào qǐlai tèbié kě'ài. Tā cóng chūyī jiù jiāo wǒmen Yīngyǔ, yì zhí jiāo le sān nián. Wǒ hòulái kǎo Běijīng wàiguóyǔ dàxué Yīngyǔ xì, wánquán shì shòu Gāo lǎoshī de yǐngxiǎng.

　　Jìde gāng kāishǐ xué Yīngyǔ de shíhou, wǒmen bān hǎoduō tóngxué dōu juéde fāyīn tài nán, suǒyǐ bú tài xǐhuan xué. Gāo lǎoshī xiǎng le hěn duō bànfǎ, bǐrú shuō, měicì shàngkè shí dōu ràng wǒmen gēnzhe lùyīndài liànxí fāyīn; yǒushíhou ràng wǒmen tīng hěn hǎotīng de Yīngwén gēqǔ; yǒushíhou hái bǎ tā de wàiguó péngyou qǐnglái jiāo wǒmen fāyīn. Mànmànde, wǒ xǐhuanshang le Yīngyǔ, xīwàng jiānglái yě xiàng Gāo lǎoshī nàyàng, dāng yì míng shòu xuésheng huānyíng de Yīngyǔ jiàoshī.

　　Xiànzài, wǒ de yuànwàng shíxiàn le. Suīrán yào xiǎng dāng yì míng shòu xuésheng xǐ'ài de lǎoshī hěn nán, dànshì wǒ huì nǔlì de.

原文の和訳

　高先生は私の英語の先生です。彼女は背があまり高くなく、よく笑います。笑うととても可愛いのです。中1から私たちに英語を教え始め、3年間教えてくれました。私がその後北京外国語大学の英語科を受験したのも高先生の影響を受けたからです。

　思い出せば、英語を習い始めた時には私たちのクラスの多くの生徒は発音が難しいと感じてあまり好きではありませんでした。高先生はいろいろ工夫してくれました。たとえば、毎回の授業の時に必ず私たちに録音のテープについて発音の練習をするよう教えられました。時にはメロディの美しい英語の歌を聞かせてくれました。また時には先生の外国人の友人に来てもらい、私たちに発音を教えてくれました。徐々に、私は英語が好きになりました。将来、高先生のように学生に好かれる英語の教員になりたいと思うようになりました。

　今、私の願いは実現しました。学生に喜ばれる教員になるのは難しいと思いますが、努力していきたいと思います。

問いと答え

(6) 高老师是： Gāo lǎoshī shì:
高先生は〜です。

- ❶ 我初中时代的老师。 Wǒ chūzhōng shídài de lǎoshī.
  私の中学校の時の先生です。
- ② 我大学时代的英语老师。 Wǒ dàxué shídài de Yīngyǔ lǎoshī.
  私の大学時代の英語の先生です。
- ③ 我的小学老师。 Wǒ de xiǎoxué lǎoshī.
  私の小学校の時の先生です。
- ④ 我初中时的音乐老师。 Wǒ chūzhōng shí de yīnyuè lǎoshī.
  私の中学校時代の音楽の先生です。

①が正解。直接に言及していないが、中1から3年間教えてくれたという表現があることから中学校時代の先生と分かる。

(7) 高老师是一个什么样的人？ Gāo lǎoshī shì yí ge shénmeyàng de rén?
高先生はどのような人ですか。

- ① 个子很高，很爱笑。 Gè zi hěn gāo, hěn ài xiào.
  背が高く、笑うのが好きな人です。
- ❷ 个子不是很高，很爱笑。 Gè zi bú shì hěn gāo, hěn ài xiào.
  背が高くなく、笑うのが好きな人です。
- ③ 个子高高的，笑起来很可爱。 Gè zi gāogāode, xiào qǐlai hěn kě'ài.
  背が高く、笑うととても可愛い人です。
- ④ 个子不高，不太爱笑。 Gè zi bù gāo, bú tài ài xiào.
  背が高くなく、あまり笑わない人です。

②が正解。

(8) 刚开始学英语的时候，我们为什么不喜欢学？
Gāng kāishǐ xué Yīngyǔ de shíhou, wǒmen wèishénme bù xǐhuan xué?
英語を習い始めた時、なぜ私たちは英語が嫌いだったのですか。

- ① 觉得语法太难。 Juéde yǔfǎ tài nán.
  文法が難しすぎると感じていたから。
- ❷ 觉得发音太难。 Juéde fāyīn tài nán.
  発音が難しすぎると感じていたから。
- ③ 觉得高老师教得不好。 Juéde Gāo lǎoshī jiāo de bù hǎo.
  高先生の教え方はよくないと感じていたから。

2 記述体の文章

④ 觉得高老师的课没意思。 Juéde Gāo lǎoshī de kè méiyìsi.
高先生の授業は面白くないと感じていたから。

②が正解。"因为～所以～"は因果関係複文を作る時に用いる接続詞である。

(9) 每次上课的时候，高老师都让我们做什么?
Měicì shàngkè de shíhou, Gāo lǎoshī dōu ràng wǒmen zuò shénme?
每回の授業時に高先生は私たちに何をさせますか。

① 跟高老师的外国朋友练习发音。
Gēn Gāo lǎoshī de wàiguó péngyou liànxí fāyīn.
高先生の外国の友人について発音の練習をします。

② 跟高老师的外国朋友说英语。
Gēn Gāo lǎoshī de wàiguó péngyou shuō Yīngyǔ.
高先生の外国の友人と英語で話をします。

❸ 跟着录音带练习发音。 Gēnzhe lùyīndài liànxí fāyīn.
録音のテープについて発音の練習をします。

④ 听好听的英文歌曲。 Tīng hǎotīng de Yīngwén gēqǔ.
メロディの美しい英語の歌を聞きます。

③が正解。

(10) 作者"我"现在做什么? Zuòzhě "wǒ" xiànzài zuò shénme?
作者の「私」は今、何をしていますか。

① 在大学学习。 Zài dàxué xuéxí. 大学で勉強しています。

❷ 在学校教英语。 Zài xuéxiào jiāo Yīngyǔ. 学校で英語を教えています。

③ 在外国留学。 Zài wàiguó liúxué. 外国で留学しています。

④ 在公司工作。 Zài gōngsī gōngzuò. 会社で働いています。

②が正解。中学時代の高先生のような英語の先生になりたいという夢を抱いていたが、本文の最後に"我的愿望实现了"「夢が叶った」と言っているから。

解答 (6) ①　　(7) ②　　(8) ②　　(9) ③　　(10) ②

本文空欄の文字：
　　a 我的英语老师　　　　　　b 个子不太高，很爱笑
　　c 发音太难，所以不太喜欢学　d 都让我们跟着录音带练习发音
　　e 我的愿望实现了

3 友達

　中国から日本に来た留学生と友達になったケース、留学先に出会ったアメリカ人と友達になったケース、小学校時代からの友人、中国へ留学に行った時に出会った中国人の友達の4篇があった。
　どのケースも知り合った時期や知り合ったきっかけ、友人の趣味、今どのような付き合いをしているか、連絡の方法、2人の使用言語、勉強中の外国語、一緒に遊んだ時の様子、旅行の計画、近況などについて語っている。関連語彙の勉強は普段からやっておきたい。また、どのケースもことばについての話題に言及している。ことばの勉学に関する表現も知っておきたい。

関連表現

☐ 他有一个特长，乒乓球打得特别棒。
　　Tā yǒu yí ge tècháng, pīngpāngqiú dǎ de tèbié bàng.
　　彼には特技があって、卓球がとてもうまいです。

☐ 我们俩就成了好朋友。　Wǒmen liǎ jiù chéng le hǎo péngyou.
　　私たち2人は親友になりました。

☐ 我现在还在跟小东学习汉语。　Wǒ xiànzài hái zài gēn Xiǎodōng xuéxí Hànyǔ.
　　私は今も小東さんに中国語を習っています。

☐ 我们乒乓球队的五个同学去小东的宿舍玩儿。
　　Wǒmen pīngpāngqiúduì de wǔ ge tóngxué qù Xiǎodōng de sùshè wánr.
　　私たち卓球チームのクラスメートの5人は小東さんの寮へ遊びに行きました。

☐ 大家玩得开心，吃得满意，度过了愉快的一天。
　　Dàjiā wán de kāixīn, chī de mǎnyì, dùguò le yúkuài de yìtiān.
　　皆楽しく遊び、満足に食べ、とても楽しい一日を過ごしました。

☐ 我们是五年前在北京留学的时候认识的。
　　Wǒmen shì wǔ niánqián zài Běijīng liúxué de shíhou rènshi de.
　　私たちは5年前北京留学の時に知り合ったのです。

☐ 我们平时通过伊妹儿联系。　Wǒmen píngshí tōngguò yīmèir liánxì.
　　私たちは普段メールで連絡しています。

☐ 有意思的是我们都是使用汉语。
　　Yǒu yìsi de shì wǒmen dōu shì shǐyòng Hànyǔ.
　　面白いのは私たち2人とも中国語を使っています。

2 記述体の文章

□ 我们计划下个月一起去上海旅行。
Wǒmen jìhuà xiàgeyuè yìqǐ qù Shànghǎi lǚxíng.
私たちは来月上海へ旅行に行く計画をしています。

□ 我和由里子从小学到初中一直是同学，也是好朋友。
Wǒ hé Yóulǐzǐ cóng xiǎoxué dào chūzhōng yìzhí shì tóngxué, yě shì hǎo péngyou.
私と由里子さんとは小学校から中学校までずっとクラスメートであり、親友でもあります。

□ 由里子经常给我写信或者发电子邮件。
Yóulǐzǐ jīngcháng gěi wǒ xiěxìn huòzhě fā diànzǐ yóujiàn.
由里子さんはよく私に手紙を書いたり、メールを送ったりします。

□ 由里子突然打电话给我。 Yóulǐzǐ tūrán dǎ diànhuà gěi wǒ.
由里子さんは突然私に電話を掛けてきました。

□ 下了课，我总是和她在一起。 Xià le kè, wǒ zǒngshì hé tā zài yìqǐ.
授業が終わったら私はいつも彼女と一緒にいます。

□ 我们有时候一起逛街，有时候一起去参加舞会。
Wǒmen yǒushíhou yìqǐ guàngjiē, yǒushíhou yìqǐ qù cānjiā wǔhuì.
私たちは一緒に街をぶらぶらする時もあれば、一緒にダンスパーティーに行く時もあります。

□ 王小华请我去她家吃饭。 Wáng Xiǎohuá qǐng wǒ qù tā jiā chīfàn.
王小華さんは私を彼女の家へ食事に招きました。

□ 还经常用电子邮件和我的中国朋友联系。
Hái jīngcháng yòng diànzǐ yóujiàn hé wǒ de Zhōngguó péngyou liánxì.
また頻繁にメールで私の中国の友人達と連絡を取っています。

トレーニング

A 中国語の文章を聞き、(1)～(5)の問いの答えとして最も適当なものを、それぞれ①～④の中から1つ選びなさい。とくに下線を引いている部分に注意して聞きなさい。

(第75回)　CD C09

今年我们班里来了一位中国留学生，名字叫陈小东。因为<u>刚来日本才半年</u>，日语还说得不太好。他有一个特长，乒乓球打得特别棒。据说<u>他上小学的时候得过全市小学生乒乓球比赛的冠军</u>。我也喜欢打乒乓球，所以我们俩就成了好朋友。我们俩还加入了我们大学的乒乓球队，现在每周的周一、周三和周五在大学体育馆练习打乒乓球。除了打乒乓

球以外，我现在还在跟小东学习汉语，<u>打算毕业以后去中国工作</u>。

　　上星期天，我们乒乓球队的五个同学去小东的宿舍玩儿。小东说："今天我教大家包饺子，怎么样？"大家都连声说"好！好！"于是，在小东的指导下，我们一起动手，两个小时饺子就包好了。<u>因为饺子是我们自己亲手包的，所以大家都觉得特别好吃</u>，大家玩得开心，吃得满意，度过了愉快的一天。

(1) ＿＿＿＿＿＿＿＿＿＿＿＿＿＿＿＿＿？　　　　CD C10
　　① 只有半个月。　　② 只有三个月。
　　③ 只有六个月。　　④ 快一年了。

(2) ＿＿＿＿＿＿＿＿＿＿＿＿＿＿＿＿＿？
　　① 上小学的时候。　　② 上中学的时候。
　　③ 上高中的时候。　　④ 上大学的时候。

(3) ＿＿＿＿＿＿＿＿＿＿＿＿＿＿＿＿＿？
　　① 每周在大学俱乐部练习两次。　　② 每周在大学宿舍练习三次。
　　③ 每周在大学体育馆练习三次。　　④ 每周在大学教室里练习两次。

(4) ＿＿＿＿＿＿＿＿＿＿＿＿＿＿＿＿＿？
　　① 打算去中国留学。　　② 打算去中国工作。
　　③ 打算去中国打乒乓球。　　④ 打算去中国学汉语。

(5) ＿＿＿＿＿＿＿＿＿＿＿＿＿＿＿＿＿？
　　① 因为饺子是他们自己买的。　　② 因为他们以前没吃过饺子。
　　③ 因为他们想天天吃饺子。　　④ 因为饺子是他们自己包的。

2 記述体の文章

B 中国語の文章を聞き、(6)〜(10)の問いの答えとして最も適当なものを、それぞれ①〜④の中から1つ選びなさい。とくに（　）の部分に注意して聞きなさい。

(第68回)　CD C11

> 　　请看这张照片。照片上我旁边的是一个美国人。他叫迈克，是我的好朋友。(a　　　　　　　　)。毕业以后，我回日本，他回美国，都参加了工作。我现在在一家银行当职员，他在一所中学当老师。
> 　　我们平时通过伊妹儿联系。有意思的是我们都是使用汉语。因为我的英语太差，他又不会日语。我们俩的汉语也不是完全没有问题，但是(b　　　　　　　　)。
> 　　我们计划（c　　　　　　　　）。迈克先来东京，然后我们(d　　　　　　　　)。我们打算在上海住一个星期。现在正在考虑到上海的什么地方去玩儿。我留学的时候已经去过两次上海，他也(e　　　　　　　　)。但是上海每年都在变化，已经有很多我们不知道的新地方了，想到这里我们就非常兴奋。

(6) ＿＿＿＿＿＿＿＿＿＿＿＿＿＿＿＿＿？　　CD C12
　　① 贸易公司的同事。　　② 留学时的同学。
　　③ 老师和学生。　　　　④ 同一家银行的职员。

(7) ＿＿＿＿＿＿＿＿＿＿＿＿＿＿＿＿＿？
　　① 因为我们日语、英语都不会。　　② 因为我们去过上海。
　　③ 因为用汉语最方便。　　　　　　④ 因为我们汉语说得很好。

(8) 下个月我们打算做什么？
　　① 去中国旅游。　　　② 在北京留学。
　　③ 回日本工作。　　　④ 来东京玩儿。

(9) ＿＿＿＿＿＿＿＿＿＿＿＿＿＿＿＿＿？
　　① 美国。　　② 东京。　　③ 北京。　　④ 上海。

(10) ＿＿＿＿＿＿＿＿＿＿＿＿＿＿＿＿＿？
　　① 两次。　　② 四次。　　③ 六次。　　④ 七次。

2 記述体の文章

腕試し A

中国語を聞き、情報整理しながらメモを取り、(1)～(5)の問いの答えとして最も適当なものを、それぞれ①～④の中から1つ選びなさい。

CD C09

メモ

CD C10

(1) ①　　　　　　　　　　②
　　 ③　　　　　　　　　　④

(2) ①　　　　　　　　　　②
　　 ③　　　　　　　　　　④

(3) ①　　　　　　　　　　②
　　 ③　　　　　　　　　　④

(4) ①　　　　　　　　　　②
　　 ③　　　　　　　　　　④

(5) ①　　　　　　　　　　②
　　 ③　　　　　　　　　　④

2 記述体の文章

腕試し B

中国語を聞き、情報整理しながらメモを取り、(6)〜(10)の問いの答えとして最も適当なものを、それぞれ①〜④の中から1つ選びなさい。

CD C11

> メモ

CD C12

(6) ①　　　　　　　　　　　②
　　 ③　　　　　　　　　　　④

(7) ①　　　　　　　　　　　②
　　 ③　　　　　　　　　　　④

(8) ①　　　　　　　　　　　②
　　 ③　　　　　　　　　　　④

(9) ①　　　　　　　　　　　②
　　 ③　　　　　　　　　　　④

(10) ①　　　　　　　　　　　②
　　 ③　　　　　　　　　　　④

2 記述体の文章

解説 トレーニング、腕試し 共通

A

原文のピンイン

　　　Jīnnián wǒmen bānli lái le yíwèi Zhōngguó liúxuéshēng, míngzi jiào Chén Xiǎodōng. Yīnwèi gāng lái Rìběn cái bànnián, Rìyǔ hái shuō de bútài hǎo. Tā yǒu yíge tècháng, pīngpāngqiú dǎ de tèbié bàng. Jùshuō tā shàng xiǎoxué de shíhou dé guo quánshì xiǎoxuéshēng pīngpāngqiú bǐsài de guànjūn. Wǒ yě xǐhuan dǎ pīngpāngqiú, suǒyǐ wǒmen liǎ jiù chéng le hǎo péngyou. Wǒmen liǎ hái jiārù le wǒmen dàxué de pīngpāngqiúduì, xiànzài měizhōu de zhōuyī, zhōusān hé zhōuwǔ zài dàxué tǐyùguǎn liànxí dǎ pīngpāngqiú. Chúle dǎ pīngpāngqiú yǐwài, wǒ xiànzài hái zài gēn Xiǎodōng xuéxí Hànyǔ, dǎsuan bìyè yǐhòu qù Zhōngguó gōngzuò.

　　　Shàng xīngqītiān, wǒmen pīngpāngqiúduì de wǔge tóngxué qù Xiǎodōng de sùshè wánr. Xiǎodōng shuō: "Jīntiān wǒ jiāo dàjiā bāojiǎozi, zěnmeyàng?" Dàjiā dōu liánshēng shuō "Hǎo! hǎo!" Yúshì, zài Xiǎodōng de zhǐdǎo xia, wǒmen yìqǐ dòngshǒu, liǎng ge xiǎoshí jiǎozi jiù bāo hǎo le. Yīnwèi jiǎozi shì wǒmen zìjǐ qīnshǒu bāo de, suǒyǐ dàjiā dōu juéde tèbié hǎochī, dàjiā wánde kāixīn, chīde mǎnyì, dùguò le yúkuài de yìtiān.

原文の和訳

　　今年、私たちのクラスには中国人留学生が入ってきました。名前は陳小東と言います。日本に来て半年しか経っていないので、日本語はまだうまく話せません。しかし、彼は特技を持っていて、卓球がとても上手です。小学校の時には全市の小学校卓球試合で優勝を勝ち取ったこともあるそうです。私も卓球が好きなので、私たち2人はよい友達になりました。私たち2人は大学の卓球チームに入っています。今、毎週の月、水、金は大学の体育館で卓球を練習しています。また、卓球の外に、私は小東さんに中国語を教わっています。卒業後、中国で働こうと考えています。

　　先週の日曜日、私たちのチームのクラスメート5人は小東さんの宿舎へ遊びに行きました。小東さんは、「今日、餃子の作り方を教えてあげたいのですが、どうでしょうか」と言いました。みんなは「いいよ、いいよ」と賛成しました。そして小東さんの指導のもとで、私たちは一緒に作り始め、2時間ぐらいで餃子を作り上げました。餃子は私たちが自分で作ったものなので、とても美味しいと感じました。私たちは楽しく遊び、美味しく食べて、とても楽しい一日を過ごしました。

問いと答え

(1) 小东来日本多长时间了？　Xiǎodōng lái Rìběn duōcháng shíjiān le?

2 記述体の文章

小東さんは日本に来てどのぐらい時間が経ちましたか。
① 只有半个月。 Zhǐyǒu bànge yuè.　半月しか経っていません。
② 只有三个月。 Zhǐyǒu sānge yuè.　三カ月だけです。
❸ 只有六个月。 Zhǐyǒu liùge yuè.　六カ月しか経っていません。
④ 快一年了。 Kuài yìnián le.　もうすぐ1年になります。
③が正解。"才半年"と"只有六个月"は同じ意味。

(2) 小东是什么时候得乒乓球冠军的?
Xiǎodōng shì shénme shíhou dé pīngpāngqiú guànjūn de?
小東さんはいつ卓球のチャンピオンを勝ち取りましたか。
❶ 上小学的时候。 Shàng xiǎoxué de shíhou.　小学校の時。
② 上中学的时候。 Shàng zhōngxué de shíhou.　中学校の時。
③ 上高中的时候。 Shàng gāozhōng de shíhou.　高校の時。
④ 上大学的时候。 Shàng dàxué de shíhou.　大学の時。
①が正解。

(3) 乒乓球队在哪儿练习? 每周练习几次?
Pīngpāngqiúduì zài nǎr liànxí? Měizhōu liànxí jǐ cì?
卓球チームはどこで練習をしていますか。週何回やっていますか。
① 每周在大学俱乐部练习两次。 Měizhōu zài dàxué jùlèbù liànxí liǎng cì.
　毎週、大学のクラブで2回練習しています。
② 每周在大学宿舍练习三次。 Měizhōu zài dàxué sùshè liànxí sān cì.
　毎週、大学の寄宿舎で3回練習しています。
❸ 每周在大学体育馆练习三次。 Měizhōu zài dàxué tǐyùguǎn liànxí sān cì.
　毎週、大学の体育館で3回練習しています。
④ 每周在大学教室里练习两次。 Měizhōu zài dàxué jiàoshìli liànxí liǎng cì.
　毎週、大学の教室で2回練習しています。
③が正解。毎週月水金と言っているので、週3回になる。

(4) "我"毕业以后打算做什么?　"Wǒ" bìyè yǐhòu dǎsuan zuò shénme?
「私」は卒業後何をやるつもりですか。
① 打算去中国留学。 Dǎsuan qù Zhōngguó liúxué.
　中国へ留学に行くつもりです。
❷ 打算去中国工作。 Dǎsuan qù Zhōngguó gōngzuò.

中国へ働きに行くつもりです。
③ 打算去中国打乒乓球。 Dǎsuan qù Zhōngguó dǎ pīngpāngqiú.
中国へ卓球をやりに行くつもりです。
④ 打算去中国学汉语。 Dǎsuan qù Zhōngguó xué Hànyǔ.
中国へ中国語の勉強に行くつもりです。
②が正解。

(5) 为什么大家都觉得饺子特别好吃？
Wèishénme dàjiā dōu juéde jiǎozi tèbié hǎochī?
なぜ、みんなは、餃子はとても美味しいと感じたのですか。
① 因为饺子是他们自己买的。 Yīnwèi jiǎozi shì tāmen zìjǐ mǎide.
餃子は彼ら自分で買ったものだから。
② 因为他们以前没吃过饺子。 Yīnwèi tāmen yǐqián méi chīguo jiǎozi.
以前餃子を食べたことがなかったから。
③ 因为他们想天天吃饺子。 Yīnwèi tāmen xiǎng tiāntiān chī jiǎozi.
彼らは毎日餃子を食べたいから。
❹ 因为饺子是他们自己包的。 Yīnwèi jiǎozi shì tāmen zìjǐ bāode.
餃子は彼ら自分で作ったものだから。
④が正解。因果関係を表す接続詞に注意すれば、正解が分かりやすい。

解答 (1) ③　　(2) ①　　(3) ③　　(4) ②　　(5) ④

B

原文の漢字

　请看这张照片。照片上我旁边的是一个美国人。他叫迈克，是我的好朋友。我们是五年前在北京留学的时候认识的。毕业以后，我回日本，他回美国，都参加了工作。我现在在一家银行当职员，他在一所中学当老师。
　我们平时通过伊妹儿联系。有意思的是我们都是使用汉语。因为我的英语太差，他又不会日语。我们俩的汉语也不是完全没有问题，但是用两个人都会的汉语交流最方便。
　我们计划下个月一起去上海旅行。迈克先来东京，然后我们从东京一起去上海。我们打算在上海住一个星期。现在正在考虑到上海的什么地方去玩儿。我留学的时候已经去过两次上海，他也去过四次。但是上海每年都在变化，已经有很多我们不知道的新地方了，想到这里我们就非常兴奋。

2 記述体の文章

原文のピンイン

　　　Qǐng kàn zhè zhāng zhàopiàn. Zhàopiàn shang wǒ pángbiān de shì yíge Měiguórén. Tā jiào Màikè, shì wǒ de hǎopéngyou. Wǒmen shì wǔniánqián zài Běijīng liúxué de shíhou rènshi de. Bìyè yǐhòu, wǒ huí Rìběn, tā huí Měiguó, dōu cānjiā le gōngzuò. Wǒ xiànzài zài yìjiā yínháng dāng zhíyuán, tā zài yìsuǒ zhōngxué dāng lǎoshī.

　　　Wǒmen píngshí tōngguò yīmèir liánxì. Yǒuyìsi de shì wǒmen dōu shì shǐyòng Hànyǔ. Yīnwèi wǒ de Yīngyǔ tài chà, tā yòu bú huì Rìyǔ. Wǒmen liǎ de Hànyǔ yě búshì wánquán méiyǒu wèntí, dànshì yòng liǎnggerén dōu huì de Hànyǔ jiāoliú zuì fāngbiàn.

　　　Wǒmen jìhuà xiàgeyuè yìqǐ qù Shànghǎi lǚxíng. Màikè xiān lái Dōngjīng, ránhòu wǒmen cóng Dōngjīng yìqǐ qù Shànghǎi. Wǒmen dǎsuan zài Shànghǎi zhù yíge xīngqī. Xiànzài zhèngzài kǎolǜ dào Shànghǎi de shénme dìfang qù wánr. Wǒ liúxué de shíhou yǐjīng qùguo liǎngcì Shànghǎi, tā yě qùguo sìcì. Dànshì Shànghǎi měinián dōu zài biànhuà, yǐjīng yǒu hěn duō wǒmen bù zhīdao de xīn dìfang le, xiǎngdào zhèli wǒmen jiù fēicháng xīngfèn.

原文の和訳

　この写真を見てください。写真に写っている私のそばの人はアメリカ人で、マイクと言います。彼は私の親友です。私たちは5年前北京留学の時に知り合ったのです。卒業後、私は日本に帰り、彼はアメリカに帰りました。2人とも仕事に就いています。私はある銀行の銀行員をやっています。彼はある中学校の教員をしています。

　普段、私たちはEメールで連絡を取っています。面白いことに私たち2人は中国語を使うのです。というのは、私は英語が下手で、彼も日本語ができないからです。私たち2人の中国語はまったく問題ないわけではないですが、2人ともできる中国語で交流するのが一番便利です。

　私たちは来月一緒に上海へ旅行にいく予定です。マイクはまず東京に来ます。その後、私たちは東京から一緒に上海へ行きます。上海に1週間滞在する予定です。上海のどこへ遊びに行ったらいいか、今考えているところです。私は留学の時に上海に2回行ったことがあり、彼も4回行ったことがあります。しかし、上海は毎年変化しており、私たちが知らないところがたくさんあります。これを思うだけで、私たちは興奮してしまいます。

問いと答え

(6) 我和迈克是什么关系？　　Wǒ hé Màikè shì shénme guānxi?
　　私とマイクはどのような人間関係ですか。

2 記述体の文章

① 贸易公司的同事。 Màoyì gōngsī de tóngshì. 貿易会社の同僚。
❷ 留学时的同学。 Liúxué shí de tóngxué. 留学時代のクラスメート。
③ 老师和学生。 Lǎoshī hé xuésheng. 先生と学生。
④ 同一家银行的职员。 Tóngyìjiā yínháng de zhíyuán. 同じ銀行の職員。

②が正解。留学時代に知り合ったという語句から分かる。

(7) 我们为什么用汉语联系? Wǒmen wèishénme yòng Hànyǔ liánxì?
私たちはなぜ中国語で連絡を取るのですか。

① 因为我们日语、英语都不会。 Yīnwèi wǒmen Rìyǔ、Yīngyǔ dōu bú huì.
私たちは日本語も英語もできないから。
② 因为我们去过上海。 Yīnwèi wǒmen qùguo Shànghǎi.
私たちは上海へ行ったことがあるから。
❸ 因为用汉语最方便。 Yīnwèi yòng Hànyǔ zuì fāngbiàn.
中国語を使うのが最も便利だから。
④ 因为我们汉语说得很好。 Yīnwèi wǒmen Hànyǔ shuō de hěn hǎo.
私たちは中国語をうまく話せるから。

③が正解。接続詞"因为"の後の文は長いので、注意する必要がある。

(8) 下个月我们打算做什么? Xiàgeyuè wǒmen dǎsuan zuò shénme?
来月、私たちは何をやる予定ですか。

❶ 去中国旅游。 Qù Zhōngguó lǚyóu. 中国へ旅行に行きます。
② 在北京留学。 Zài Běijīng liúxué. 北京で留学しています。
③ 回日本工作。 Huí Rìběn gōngzuò. 日本に帰って働きます。
④ 来东京玩儿。 Lái Dōngjīng wánr. 東京へ遊びに来ます。

①が正解。

(9) 我们打算去哪儿? Wǒmen dǎsuan qù nǎr?
私たちはどこへ行くつもりですか。

① 美国。 Měiguó. アメリカ。
② 东京。 Dōngjīng. 東京。
③ 北京。 Běijīng. 北京。
❹ 上海。 Shànghǎi. 上海。

④が正解。

2 記述体の文章

(10) 迈克去过几次上海？　Màikè qùguo jǐ cì Shànghǎi?
マイクは何回上海へ行ったことがありますか。

① 两次。Liǎng cì.　2回。
❷ 四次。Sì cì.　4回。
③ 六次。Liù cì.　6回。
④ 七次。Qī cì.　7回。

②が正解。

解答　(6) ②　　(7) ③　　(8) ①　　(9) ④　　(10) ②

本文空欄の文字：
　a 我们是五年前在北京留学的时候认识的
　b 用两个人都会的汉语交流最方便
　c 下个月一起去上海旅行
　d 从东京一起去上海
　e 去过四次

2 記述体の文章

4 留学

　日本人が中国へ留学に行ったことを紹介するものが2篇あって、その中の1つは日本にいる親への手紙の形となっている。

　中国に来た時期や帰国の日程、留学地の様子、自分の中国語学習の状態、クラスの環境、先生のこと、友達のことなどが主な内容である。これらの項目に関連する単語や表現を学習しておきたい。

関連表現

☐ 时间过得真快。　Shíjiān guò de zhēn kuài.
　時間が経つのは本当に早いです。

☐ 来北京都快一年了。　Lái Běijīng dōu kuài yì nián le.
　北京に来てもうすぐ一年になります。

☐ 下个月我就要回日本了。　Xiàgeyuè wǒ jiùyào huí Rìběn le.
　来月私はいよいよ日本に帰ります。

☐ 我刚来北京时只会说"你好，我叫佐藤美惠。"和"我是日本人"。
　Wǒ gāng lái Běijīng shí zhǐ huì shuō "Nǐ hǎo, wǒ jiào Zuǒténg Měihuì." hé "Wǒ shì Rìběnrén".
　北京に来たばかりの時は、私は「こんにちは。私は佐藤美恵です」、「私は日本人です」としか言えませんでした。

☐ 现在我已经可以用汉语跟中国人交流了。
　Xiànzài wǒ yǐjīng kěyǐ yòng Hànyǔ gēn Zhōngguórén jiāoliú le.
　今私はもう中国語で中国人とコミュニケーションできるようになりました。

☐ 我们在长城拍了很多照片。　Wǒmen zài Chángchéng pāi le hěn duō zhàopiàn.
　私たちは万里の長城でたくさんの写真を撮りました。

☐ 我要回国了。　Wǒ yào huíguó le.
　私はもうすぐ帰国します。

☐ 刚来的时候。　Gāng lái de shíhou.
　来たばかりの時。

☐ 我们每天上午上课，下午自由活动。
　Wǒmen měitiān shàngwǔ shàngkè, xiàwǔ zìyóu huódòng.
　私たちは毎日午前は授業を受け、午後は自由活動になります。

☐ 我们用汉语交谈，有时也说英语。
　Wǒmen yòng Hànyǔ jiāotán, yǒushí yě shuō Yīngyǔ.
　私たちは中国語で話をします。時には英語も使います。

2 記述体の文章

□ 自由活动时，我们不是出去逛商店，就是去游览名胜古迹。 Zìyóu huódòng shí, wǒmen bú shì chūqu guàng shāngdiàn, jiùshì qù yóulǎn míngshèng gǔjì.
自由活動の時、私たちは商店巡りに出かけたり、名所旧跡の見学に行ったりします。

□ 我在这儿一切都好，请放心。 Wǒ zài zhèr yíqiè dōu hǎo, qǐng fàngxīn.
私はここではすべて順調なので、ご安心ください。

トレーニング

A 中国語の文章を聞き、(1)～(5)の問いの答えとして最も適当なものを、それぞれ①～④の中から1つ選びなさい。とくに下線を引いている部分に注意して聞きなさい。

(第67回) CD C13

　　时间过得真快，来北京都快一年了。下个月我就要回日本了。我刚来北京时只会说"你好，我叫佐藤美惠。"和"我是日本人"。现在我已经可以用汉语跟中国人交流了。
　　在北京我交了很多中国朋友。王丽是我的家庭教师，也是我最好的朋友。她是中文系三年级的学生。我们经常一起去买东西，一起去学校门口的餐厅吃饭。上个星期我们还一起去了长城。我还是第一次去爬长城，非常兴奋。我们在长城拍了很多照片。我要回国了，王丽还让我这个星期天去她家一起包饺子吃呢。

---

(1) _____？　　　　CD C14

　① 已经一年多了。　　　② 才来了一个月。
　③ 下个月来。　　　　　④ 快一年了。

(2) _____？

　① 中文系一年级的学生。　② 日语系三年级的学生。
　③ 中文系三年级的学生。　④ 日语系一年级的学生。

(3) _____？

　① 学校食堂。　　　　　② 学校门口的餐厅。
　③ 朋友家。　　　　　　④ 王丽家。

(4) _____?
   ① 没去过。　　　　　② 去过一次。
   ③ 去过几次。　　　　④ 下次去。

(5) _____?
   ① 吃饭了。　　　　　② 包饺子了。
   ③ 拍照片了。　　　　④ 买东西了。

B　中国語の文章を聞き、(6)～(10)の問いの答えとして最も適当なものを、それぞれ①～④の中から1つ選びなさい。とくに（　　）の部分に注意して聞きなさい。

亲爱的爸爸、妈妈：
　　你们好！时间过得真快，我来北京（a　　　　　　　）。刚来的时候，北京天气特别冷，风也很大。不过（b　　　　　　　）。
　　我们每天上午上课，下午自由活动。两位老师教我们。一位是女老师，姓刘；另一位是男老师，姓陈。刘老师（c　　　　　　　）；陈老师爱开玩笑，下课后常跟我们一起聊天儿。
　　我的同学中，除了日本人以外，还有韩国人和美国人。我们用汉语交谈，有时也说英语。韩国同学（d　　　　　　　），美国同学常给我们听美国歌儿。自由活动时，（e　　　　　　　）。
　　我在这儿一切都好，请放心。请爸爸、妈妈保重身体。
　　　　　　　　　　　　　　　　　　　女儿　惠子

2 記述体の文章

(6) _____ ? CD C16
　① 她到北京四个多月了。　　② 她到北京五个月左右了。
　③ 她到北京三个星期了。　　④ 她到北京三个月了。

(7) _____ ?
　① 最近北京特别冷。　　　　② 最近北京风很大。
　③ 最近北京暖和起来了。　　④ 最近北京特别凉快。

(8) _____ ?
　① 她下午常常跟学生一起参加自由活动。
　② 她对学生很严格，经常留很多作业。
　③ 她下课后常跟学生聊天儿。
　④ 她跟陈老师一样爱开玩笑。

(9) _____ ?
　① 常给同学们听韩国音乐。
　② 常给同学们听美国歌儿。
　③ 常给同学们看韩国名胜古迹的 DVD。
　④ 常给同学们看韩国电视剧的 DVD。

(10) _____ ?
　① 他们或者逛商店，或者游览名胜古迹，或者在教室里复习功课。
　② 他们在教室里复习功课，不逛商店，也不游览名胜古迹。
　③ 他们逛商店，游览名胜古迹，但是不在教室里复习功课。
　④ 他们不在教室里复习功课，也不逛商店，只去游览名胜古迹。

2 記述体の文章

腕試し A

中国語を聞き、情報整理しながらメモを取り、(1)〜(5)の問いの答えとして最も適当なものを、それぞれ①〜④の中から1つ選びなさい。

CD C13

メモ

長文のリスニング問題

CD C14

(1) ① ②
    ③ ④

(2) ① ②
    ③ ④

(3) ① ②
    ③ ④

(4) ① ②
    ③ ④

(5) ① ②
    ③ ④

◆ 2 記述体の文章

腕試し B

中国語を聞き、情報整理しながらメモを取り、(6)〜(10)の問いの答えとして最も適当なものを、それぞれ①〜④の中から1つ選びなさい。

CD C15

メモ

CD C16

(6) ①　　　　　　　　　　②
　　 ③　　　　　　　　　　④

(7) ①　　　　　　　　　　②
　　 ③　　　　　　　　　　④

(8) ①　　　　　　　　　　②
　　 ③　　　　　　　　　　④

(9) ①　　　　　　　　　　②
　　 ③　　　　　　　　　　④

(10) ①　　　　　　　　　　②
　　　③　　　　　　　　　　④

2 記述体の文章

解 説　トレーニング、腕試し　共通

A

原文のピンイン

　　Shíjiān guò de zhēn kuài, lái Běijīng dōu kuài yì nián le. Xiàgeyuè wǒ jiùyào huí Rìběn le. Wǒ gāng lái Běijīng shí zhǐ huì shuō "Nǐ hǎo, wǒ jiào Zuǒténg Měihuì." hé "Wǒ shì Rìběnrén". Xiànzài wǒ yǐjīng kěyǐ yòng Hànyǔ gēn Zhōngguórén jiāoliú le.

　　Zài Běijīng wǒ jiāo le hěn duō Zhōngguó péngyou. Wáng Lì shì wǒ de jiātíng jiàoshī, yě shì wǒ zuìhǎo de péngyou. Tā shì Zhōngwénxì sān niánjí de xuésheng. Wǒmen jīngcháng yìqǐ qù mǎi dōngxi, yìqǐ qù xuéxiào ménkǒu de cāntīng chīfàn. Shànggexīngqī wǒmen hái yìqǐ qù le Chángchéng. Wǒ hái shì dìyīcì qù pá Chángchéng, fēicháng xīngfèn. Wǒmen zài Chángchéng pāi le hěn duō zhàopiàn. Wǒ yào huíguó le, Wáng Lì hái ràng wǒ zhège xīngqītiān qù tā jiā yìqǐ bāojiǎozi chī ne.

原文の和訳

　時間が経つのが本当に早いです。北京に来てそろそろ1年になります。来月いよいよ日本に帰ります。北京に来たばかりの時には「こんにちは、私は佐藤恵美といいます」、「私は日本人です」としか話せませんでしたが、今は中国語で中国人とコミュニケーションできるようになりました。

　私は北京でたくさんの友人を作りました。王麗さんは私の家庭教師であると同時に、私の最も仲の良い友人でもあります。彼女は中国語学部の3回生です。私たちはよく一緒に買い物をしたり、学校校門近くのレストランで食事をしたりしています。また、先週私たちは一緒に万里の長城を登りました。長城の登りは初めてで、大変感動しました。私たちは長城でたくさんの写真を撮りました。私がもうすぐ帰国しますので、王麗さんは今度の日曜日に彼女の家に餃子作りに行こうと誘ってくれました。

問いと答え

(1) 我来北京多长时间了？　Wǒ lái Běijīng duōcháng shíjiān le?
　　私は北京に来てどのぐらいの時間になりましたか。

　　① 已经一年多了。　Yǐjīng yì nián duō le.　もう1年あまりになりました。
　　② 才来了一个月。　Cái lái le yí ge yuè.　来て1か月しか経っていません。
　　③ 下个月来。　Xiàgeyuè lái.　来月来ます。
　　❹ 快一年了。　Kuài yìnián le.　いよいよ1年になります。
　　④が正解。"已经〜了"は「もうすでに〜」、"快〜了"は「もうすぐ〜にな

2 記述体の文章

る」。この違いが区別できるようにしたい。

(2) 王丽是哪个系、几年级的学生？　Wáng Lì shì nǎge xì、jǐ niánjí de xuésheng?
王麗さんはどの学部の何回生ですか。

① 中文系一年级的学生。Zhōngwénxì yīniánjí de xuésheng.
中国語学部の1回生です。

② 日语系三年级的学生。Rìyǔxì sānniánjí de xuésheng.
日本語学部の3回生です。

❸ 中文系三年级的学生。Zhōngwénxì sānniánjí de xuésheng.
中国語学部の3回生です。

④ 日语系一年级的学生。Rìyǔxì yīniánjí de xuésheng.
日本語学部の1回生です。

③が正解。

(3) 我们经常去哪儿吃饭？　Wǒmen jīngcháng qù nǎr chīfàn?
私たちはいつもどこで食事をしていますか。

① 学校食堂。Xuéxiào shítáng.　学校の食堂で。

❷ 学校门口的餐厅。Xuéxiào ménkǒu de cāntīng.　学校校門のレストランで。

③ 朋友家。Péngyou jiā.　友人の家で。

④ 王丽家。Wáng Lì jiā.　王麗さんの家で。

②が正解。

(4) 我以前去爬过长城吗？　Wǒ yǐqián qù pá guo Chángchéng ma?
私は以前長城登りに行ったことがありますか。

❶ 没去过。Méi qù guo.　行ったことがありません。

② 去过一次。Qù guo yí cì.　1回行ったことがあります。

③ 去过几次。Qù guo jǐ cì.　何回か行ったことがあります。

④ 下次去。Xiàcì qù.　今度行きます。

①が正解。先週行ったのが初めてと言っていた。

(5) 我们在长城做什么了？　Wǒmen zài Chángchéng zuò shénme le?
私たちは長城で何をしましたか。

① 吃饭了。Chīfàn le.　食事をしました。

② 包饺子了。Bāojiǎozi le.　餃子を作りました。

❸ 拍照片了。 Pāi zhàopiàn le. 写真を撮りました。
④ 买东西了。 Mǎi dōngxi le. 買い物をしました。
③が正解。

解答 (1) ④　(2) ③　(3) ②　(4) ①　(5) ③

B

原文の漢字

亲爱的爸爸、妈妈：

　你们好！时间过得真快，我来北京已经三个月了。刚来的时候，北京天气特别冷，风也很大。不过最近已经暖和起来了。

　我们每天上午上课，下午自由活动。两位老师教我们。一位是女老师，姓刘；另一位是男老师，姓陈。刘老师对我们非常严格，经常留很多作业；陈老师爱开玩笑，下课后常跟我们一起聊天儿。

　我的同学中，除了日本人以外，还有韩国人和美国人。我们用汉语交谈，有时也说英语。韩国同学常给我们看韩国电视剧的DVD，美国同学常给我们听美国歌儿。自由活动时，我们不是出去逛商店，就是去游览名胜古迹。当然，有时也在教室里复习功课。

　我在这儿一切都好，请放心。请爸爸、妈妈保重身体。

　　　　　　　　　　　　　　　　　　　　女儿　惠子

原文のピンイン

Qīn'àide bàba、māma:

　Nǐmen hǎo! Shíjiān guò de zhēn kuài, wǒ lái Běijīng yǐjīng sānge yuè le. Gāng lái de shíhou, Běijīng tiānqì tèbié lěng, fēng yě hěn dà. Búguò zuìjìn yǐjīng nuǎnhuo qilai le.

　Wǒmen měitiān shàngwǔ shàngkè, xiàwǔ zìyóu huódòng. Liǎng wèi lǎoshī jiāo wǒmen. Yíwèi shì nǚ lǎoshī, xìng Liú; lìng yíwèi shì nán lǎoshī, xìng Chén. Liú lǎoshī duì wǒmen fēicháng yángé, jīngcháng liú hěn duō zuòyè; Chén lǎoshī ài kāi wánxiào, xià kè hòu cháng gēn wǒmen yìqǐ liáotiānr.

　Wǒ de tóngxué zhōng, chúle Rìběnrén yǐwài, háiyǒu Hánguórén hé Měiguórén. Wǒmen yòng Hànyǔ jiāotán, yǒushí yě shuō Yīngyǔ. Hánguó tóngxué cháng gěi wǒmen kàn Hánguó diànshìjù de DVD, Měiguó tóngxué cháng gěi wǒmen tīng Měiguó gēr. Zìyóu huódòng shí, wǒmen bú shì chūqu guàng shāngdiàn, jiùshì qù yóulǎn míngshèng

2 記述体の文章

gǔjì. Dāngrán, yǒushí yě zài jiàoshìli fùxí gōngkè.

　　Wǒ zài zhèr yíqiè dōu hǎo, qǐng fàngxīn. Qǐng bàba、māma bǎozhòng shēntǐ.

Nǚ'ér Huìzǐ

原文の和訳

親愛なるお父さん、お母さん：

　こんにちは。時間が経つのは本当に早いですね。私は北京に来てもう3か月になりました。来た時には北京はとても寒く、風も強かったのですが、今はもう暖かくなってきました。

　私たちは毎日の午前は授業で、午後は自由活動です。私たちに教える先生は2人います。1人は女性の先生で、劉と言います。もう1人は男性の先生で、陳と言います。劉先生は厳しい先生で、いつもたくさんの宿題を出します。陳先生は冗談が好きで、授業後よく私たちと世間話をします。

　クラスメイトには日本人の外に韓国人、アメリカ人の学生もいます。私たちは中国語で話しています。時には英語も使います。韓国人の学生は時々私たちに韓国のテレビドラマのDVDを見せてくれます。アメリカ人の学生は時々アメリカの歌を聞かせてくれます。自由活動の時には、私たちは街に出かけて店を回ったり、名所旧跡を見学したりしています。もちろん、時には教室で授業の復習もしたりします。

　私はここではすべて順調なので、ご安心ください。お父さん、お母さんもお体をお大事にしてください。

娘　恵子より

問いと答え

(6) 惠子到北京多长时间了？　Huìzǐ dào Běijīng duōcháng shíjiān le?
　　 恵子さんは北京に来てどのぐらいの時間になりましたか。

　　① 她到北京四个多月了。 Tā dào Běijīng sìge duō yuè le.
　　　 彼女は北京に来て4ヶ月あまりになりました。

　　② 她到北京五个月左右了。 Tā dào Běijīng wǔge yuè zuǒyòu le.
　　　 彼女は北京に来て5ヶ月ぐらいになりました。

　　③ 她到北京三个星期了。 Tā dào Běijīng sānge xīngqī le.
　　　 彼女は北京に来て3週間になりました。

　　❹ 她到北京三个月了。 Tā dào Běijīng sānge yuè le.
　　　 彼女は北京に来て3ヶ月になりました。

　　④が正解。"已经三个月了"の"已经"という副詞に注意すること。

(7) 最近北京的天气怎么样？　Zuìjìn Běijīng de tiānqì zěnmeyàng?
　　最近北京の天気はどうですか。

　　① 最近北京特别冷。　Zuìjìn Běijīng tèbié lěng.
　　　 最近北京の天気はとても寒いです。

　　② 最近北京风很大。　Zuìjìn Běijīng fēng hěn dà.
　　　 最近北京は風がとても強いです。

　　❸ 最近北京暖和起来了。　Zuìjìn Běijīng nuǎnhuo qilai le.
　　　 最近北京は暖かくなってきました。

　　④ 最近北京特别凉快。　Zuìjìn Běijīng tèbié liángkuai.
　　　 最近北京はとても涼しいです。

　③が正解。寒かった時に来たのだから。

(8) 刘老师怎么样？　Liú lǎoshī zěnmeyàng?
　　劉先生はどうですか。

　　① 她下午常常跟学生一起参加自由活动。
　　　 Tā xiàwǔ chángcháng gēn xuésheng yìqǐ cānjiā zìyóu huódòng.
　　　 彼女は午後よく学生と一緒に自由活動に参加します。

　　❷ 她对学生很严格，经常留很多作业。
　　　 Tā duì xuésheng hěn yángé, jīngcháng liú hěn duō zuòyè.
　　　 彼女は学生に厳しく、いつもたくさんの宿題を出します。

　　③ 她下课后常跟学生聊天儿。　Tā xià kè hòu cháng gēn xuésheng liáotiānr.
　　　 彼女は授業後よく学生と世間話をします。

　　④ 她跟陈老师一样爱开玩笑。　Tā gēn Chén lǎoshī yíyàng ài kāi wánxiào.
　　　 彼女は陳先生と同じようによく冗談を言います。

　②が正解。

(9) 韩国同学常给同学们做什么？
　　Hánguó tóngxué cháng gěi tóngxuémen zuò shénme?
　　韓国の学生はいつもクラスメイトのために何をやっていますか。

　　① 常给同学们听韩国音乐。　Cháng gěi tóngxuémen tīng Hánguó yīnyuè.
　　　 いつもクラスメイトに韓国の音楽を聞かせます。

　　② 常给同学们听美国歌儿。　Cháng gěi tóngxuémen tīng Měiguó gēr.
　　　 いつもクラスメイトにアメリカの歌を聞かせます。

　　③ 常给同学们看韩国名胜古迹的 DVD。
　　　 Cháng gěi tóngxuémen kàn Hánguó míngshèng gǔjì de DVD.

◆ 2 記述体の文章

いつもクラスメイトに韓国の名所旧跡の DVD を見せます。
❹ 常给同学们看韩国电视剧的 DVD。
Cháng gěi tóngxuémen kàn Hánguó diànshìjù de DVD.
いつもクラスメイトに韓国のテレビドラマの DVD を見せます。

④が正解。

(10) 自由活动时，惠子他们做什么？ Zìyóu huódòng shí, Huìzǐ tāmen zuò shénme?
自由活動の時には恵子さんたちは何をやりますか。

❶ 他们或者逛商店，或者游览名胜古迹，或者在教室里复习功课。
Tāmen huòzhě guàng shāngdiàn, huòzhě yóulǎn míngshèng gǔjì, huòzhě zài jiàoshìli fùxí gōngkè.
彼らは店を回ったり、名所旧跡を見学したり、教室で授業の復習をしたりします。

② 他们在教室里复习功课，不逛商店，也不游览名胜古迹。
Tāmen zài jiàoshìli fùxí gōngkè, bú guàng shāngdiàn, yě bù yóulǎn míngshèng gǔjì.
彼らは教室で授業を復習します。店を回ったり、名所旧跡を見学したりしません。

③ 他们逛商店，游览名胜古迹，但是不在教室里复习功课。
Tāmen guàng shāngdiàn, yóulǎn míngshèng gǔjì, dànshì bú zài jiàoshìli fùxí gōngkè.
彼らは店を回ったり、名所旧跡を見学したりしますが、教室で授業を復習しません。

④ 他们不在教室里复习功课，也不逛商店，只去游览名胜古迹。 Tāmen bú zài jiàoshìli fùxí gōngkè, yě bú guàng shāngdiàn, zhǐ qù yóulǎn míngshèng gǔjì.
彼らは教室で授業を復習しません。店も回りません。名所旧跡の見学だけをします。

①が正解。"不是 A 就是 B" は、A か B かのどちらかという意味。"有时也" は「〜の時もある」。最後まで正しく聞き取る必要がある１問である。

解答 (6) ④　(7) ③　(8) ②　(9) ④　(10) ①

本文空欄の文字：

    a 已经三个月了　　　　　　　　b 最近已经暖和起来了
    c 对我们非常严格，经常留很多作业　d 常给我们看韩国电视剧的 DVD
    e 我们不是出去逛商店，就是去游览名胜古迹。当然，有时也在教室里复习功课

5 趣味

　趣味については2篇出題されている。1篇はパソコンに関するものである。パソコンの機能などについての基本単語を知っておく必要がある。もう1篇は留学先で言語学習も兼ねて買い物を趣味にした内容である。趣味はこれ以外もいろいろあるので、代表的な趣味に関連する単語や表現を覚えておきたい。

関連表現

☐ 我喜欢我的电脑。　Wǒ xǐhuan wǒ de diànnǎo.
　私は自分のパソコンが好きです。

☐ 它能给我带来很多方便。　Tā néng gěi wǒ dàilái hěn duō fāngbiàn.
　それは私に多くの便利さをもたらしてくれます。

☐ 有了它，我就能知道每天的天气怎么样。
　Yǒu le tā, wǒ jiù néng zhīdao měitiān de tiānqì zěnmeyàng.
　それがあれば、私は毎日の天気はどうであるかを知ることができます。

☐ 我喜欢和它在一起。　Wǒ xǐhuan hé tā zài yìqǐ.
　私はそれと一緒にいるのが好きです。

☐ 现在用的第三台是上个月妈妈送给我的生日礼物。
　Xiànzài yòng de dìsān tái shì shànggeyuè māma sòng gěi wǒ de shēngri lǐwù.
　今使っている3台目は先月お母さんが送ってくれたプレゼントです。

☐ 在我的生活中，已经离不开电脑了。
　Zài wǒ de shēnghuó zhōng, yǐjīng líbukāi diànnǎo le.
　私の生活においては、パソコンは欠かせない存在です。

☐ 我特别喜欢买东西。　Wǒ tèbié xǐhuan mǎi dōngxi.
　私は買い物が大好きです。

☐ 因为一个人买东西可以练习说汉语。
　Yīnwèi yí ge rén mǎi dōngxi kěyǐ liànxí shuō Hànyǔ.
　一人での買い物は中国語の会話の練習になるからです。

2 記述体の文章

― トレーニング ―

A 中国語の文章を聞き、(1)～(5)の問いの答えとして最も適当なものを、それぞれ①～④の中から1つ選びなさい。とくに下線を引いている部分に注意して聞きなさい。

(第74回) CD C17

> 我喜欢我的电脑，<u>它能给我带来很多方便</u>。有了它，我就能知道每天的天气怎么样。有了它，<u>我就能和朋友聊天儿</u>。有了它，我就不用买报纸，它能告诉我很多事，中国的、美国的、印度的、哪儿的事我都能知道。有了它，我还能写文章、学汉语、玩儿游戏。
>
> 电脑是我的好朋友，我喜欢和它在一起。<u>每天早上起床我都得先去看看它，再吃早饭</u>。
>
> 我已经用了三台电脑了。<u>现在用的第三台是上个月妈妈送给我的生日礼物</u>。我的第一台电脑是爸爸八年前送给我的，那时候我还不太会用电脑。<u>第二台是六年前我考上高中时，爷爷送给我的</u>。
>
> 我现在是大学三年级的学生，在我的生活中，已经离不开电脑了。

(1) _____? CD C18

① 和朋友聊天儿。　　　　② 每天早上买报纸。
③ 送给我生日礼物。　　　④ 和爸爸一起学汉语。

(2) _____?

① 先学汉语，再玩儿。　　② 先买报，再看新闻。
③ 先吃早饭，再看电脑。　④ 先看电脑，再吃早饭。

(3) _____?

① 考上高中的时候。　　　② 上个月过生日的时候。
③ 大学毕业的时候。　　　④ 高中毕业的时候。

(4) _____?

① 爸爸。　　　　　　　　② 妈妈。
③ 爷爷。　　　　　　　　④ 好朋友。

(5) _____?
① 因为电脑很方便。　　　② 因为可以去外国。
③ 因为很喜欢看报。　　　④ 因为是好朋友买的。

B 中国語の文章を聞き、(6)～(10)の問いの答えとして最も適当なものを、それぞれ①～④の中から1つ選びなさい。とくに（　　）の部分に注意して聞きなさい。

(第65回) CD C19

　　我特别喜欢买东西。刚来中国的时候我和朋友一起去，但是现在我经常一个人去。(a　　　　　　　　)。我喜欢去一家百货商店，(b　　　　　　　　)，骑自行车只要十来分钟，所以 (c　　　　　　)。商店不太大，东西不多，但是 (d　　　　　　)。商店里 (e　　　　　　　　)，因为我常去那儿买衣服，我们俩成了好朋友。她经常让我到她家去吃饭。我们还经常一起去旅游，前几天还一起去了西安呢。

(6) _____?　　CD C20
① 可以练习汉语。　　　② 可以和红红说话。
③ 可以骑自行车去。　　④ 可以买衣服。

(7) _____?
① 红红家附近。　　　　② 饭店的旁边。
③ 离学校不太远的地方。④ 离学校很远的地方。

(8) _____?
① 走着去。　　　　　　② 坐电车去。
③ 开车去。　　　　　　④ 骑自行车去。

(9) _____?
① 因为那家商店很大。　② 因为那里有我的好朋友。
③ 因为那里的东西很多。④ 因为那里的衣服很便宜。

◆ 2 記述体の文章

(10) _____?

① 在学校。　　　　　　　　② 在西安。
③ 在红红工作的商店里。　　④ 在红红的家里。

腕試し A

中国語を聞き、情報整理しながらメモを取り、(1)〜(5)の問いの答えとして最も適当なものを、それぞれ①〜④の中から1つ選びなさい。

CD C17

メモ

CD C18

(1) ①　　　　　　　　　②
　　③　　　　　　　　　④

(2) ①　　　　　　　　　②
　　③　　　　　　　　　④

(3) ①　　　　　　　　　②
　　③　　　　　　　　　④

(4) ①　　　　　　　　　②
　　③　　　　　　　　　④

長文のリスニング問題

(5) ①　　　　　　　　　　　②
　　③　　　　　　　　　　　④

腕試し B

中国語を聞き、情報整理しながらメモを取り、(6)～(10)の問いの答えとして最も適当なものを、それぞれ①～④の中から1つ選びなさい。

CD C19

メモ

CD C20

(6) ①　　　　　　　　　　　②
　　③　　　　　　　　　　　④

(7) ①　　　　　　　　　　　②
　　③　　　　　　　　　　　④

(8) ①　　　　　　　　　　　②
　　③　　　　　　　　　　　④

(9) ①　　　　　　　　　　　②
　　③　　　　　　　　　　　④

◆ 2 記述体の文章

(10) ①　　　　　　　　　　　②
　　　③　　　　　　　　　　　④

解説　トレーニング、腕試し　共通

A

原文のピンイン

　　　Wǒ xǐhuan wǒ de diànnǎo, tā néng gěi wǒ dàilai hěn duō fāngbiàn. Yǒu le tā, wǒ jiù néng zhīdao měitiān de tiānqì zěnmeyàng. Yǒu le tā, wǒ jiù néng hé péngyou liáotiānr. Yǒu le tā, wǒ jiù bú yòng mǎi bàozhǐ, tā néng gàosu wǒ hěn duō shì, Zhōngguó de、Měiguó de、Yìndù de、nǎr de shì wǒ dōu néng zhīdao. Yǒu le tā, wǒ hái néng xiě wénzhāng、xué Hànyǔ、wánr yóuxì.

　　　Diànnǎo shì wǒ de hǎo péngyou, wǒ xǐhuan hé tā zài yìqǐ. Měitiān zǎoshang qǐchuáng wǒ dōu děi xiān qù kànkan tā, zài chī zǎofàn.

　　　Wǒ yǐjīng yòng le sāntái diànnǎo le. Xiànzài yòng de dìsān tái shì shànggeyuè māma sònggěi wǒ de shēngri lǐwù. Wǒ de dìyī tái diànnǎo shì bàba bāniánqián sònggěi wǒ de, nà shíhou wǒ hái bú tài huì yòng diànnǎo. Dì'èr tái shì liù nián qián wǒ kǎoshang gāozhōng shí, yéye sònggěi wǒ de.

　　　Wǒ xiànzài shì dàxué sānniánjí de xuésheng, zài wǒ de shēnghuó zhōng, yǐjīng líbukāi diànnǎo le.

原文の和訳

　　　私はパソコンが好きです。パソコンは私に多くの便利さをもたらしてくれています。パソコンがあれば、毎日の天気を知ることができます。パソコンがあれば、友人たちとチャットすることができます。パソコンがあれば、新聞を買わなくても多くのことを知ることができます。中国の、アメリカの、インドの、どの国のことでも知ることができます。パソコンがあれば、文章を書くことや、中国語の勉強や、ゲーム遊びなどもできます。

　　　パソコンは私の良い友達であり、私はパソコンと一緒にいるのが大好きです。私は毎日起きて先ずパソコンを開いてみます。それをやってから朝ご飯を食べます。

　　　私はすでに３台のパソコンを使いました。現在使っている３台目は先月私の誕生日にお母さんが贈ってくれたプレゼントです。１台目はお父さんが８年前に買ってくれたものです。その時私はパソコンをあまり使いこなせなかったです。２台目は６年前に高校に進学した時にお爺ちゃんが買ってくれたものです。

　　　今私は大学の３回生です。私の生活は、もうパソコンとは切っても切れなくなりました。

2 記述体の文章

問いと答え

(1) 我有电脑就能做什么？　Wǒ yǒu diànnǎo jiù néng zuò shénme?
　　私はパソコンがあれば、どんなことができますか。

　　❶ 和朋友聊天儿。　Hé péngyou liáotiānr.
　　　友人たちとチャットします。

　　② 每天早上买报纸。　Měitiān zǎoshang mǎi bàozhǐ.
　　　毎朝新聞を買います。

　　③ 送给我生日礼物。　Sònggěi wǒ shēngri lǐwù.
　　　私に誕生日のプレゼントを贈ってくれます。

　　④ 和爸爸一起学汉语。　Hé bàba yìqǐ xué Hànyǔ.
　　　お父さんと一緒に中国語を学びます。

　①が正解。

(2) 我每天早上干什么？　Wǒ měitiān zǎoshang gàn shénme?
　　私は毎朝何をしますか。

　　① 先学汉语，再玩儿。　Xiān xué Hànyǔ, zài wánr.
　　　先ず中国語を勉強します。それから遊びます。

　　② 先买报，再看新闻。　Xiān mǎi bào, zài kàn xīnwén.
　　　新聞を買ってからニュースを読みます。

　　③ 先吃早饭，再看电脑。　Xiān chī zǎofàn, zài kàn diànnǎo.
　　　朝ご飯を食べてからパソコンを見ます。

　　❹ 先看电脑，再吃早饭。　Xiān kàn diànnǎo, zài chī zǎofàn.
　　　パソコンを見てから朝ご飯を食べます。

　④が正解。"它"は指示代名詞で物を指す時に使う。

(3) 我现在用的电脑是妈妈什么时候送给我的？
　　Wǒ xiànzài yòng de diànnǎo shì māma shénme shíhou sònggěi wǒ de?
　　今私が使っているパソコンはお母さんがいつ贈ってくれたのですか。

　　① 考上高中的时候。　Kǎoshang gāozhōng de shíhou.
　　　高校に進学した時。

　　❷ 上个月过生日的时候。　Shànggeyuè guò shēngri de shíhou.
　　　先月誕生日の時。

　　③ 大学毕业的时候。　Dàxué bìyè de shíhou.
　　　大学を卒業した時。

　　④ 高中毕业的时候。　Gāozhōng bìyè de shíhou.

高校を卒業した時。
②が正解。

(4) 第二台电脑是谁送给我的? Dì'èr tái diànnǎo shì shéi sònggěi wǒ de?
  2台目のパソコンは誰が贈ってくれたのですか。
  ① 爸爸。 Bàba. お父さん。
  ② 妈妈。 Māma. お母さん。
  ❸ 爷爷。 Yéye. おじいちゃん。
  ④ 好朋友。 Hǎo péngyou. 親友。
③が正解。

(5) 我为什么喜欢电脑? Wǒ wèishénme xǐhuan diànnǎo?
  私はなぜパソコンが好きですか。
  ❶ 因为电脑很方便。 Yīnwèi diànnǎo hěn fāngbiàn.
    パソコンはとても便利だから。
  ② 因为可以去外国。 Yīnwèi kěyǐ qù wàiguó.
    外国へ行くことができるから。
  ③ 因为很喜欢看报。 Yīnwèi hěn xǐhuan kàn bào.
    新聞を読むのが好きだから。
  ④ 因为是好朋友买的。 Yīnwèi shì hǎo péngyou mǎi de.
    親友が買ってくれたのだから。
①が正解。本文の最初に好きな理由を説明している。最後の設問の答えが文章の最初に出ている。

解答　(1) ①　(2) ④　(3) ②　(4) ③　(5) ①

B

原文の漢字

　　我特别喜欢买东西。刚来中国的时候我和朋友一起去，但是现在我经常一个人去。因为，一个人买东西可以练习说汉语。我喜欢去一家百货商店，那家商店离我们学校不太远，骑自行车只要十来分钟，所以我总是骑自行车去。商店不太大，东西不多，但是衣服很便宜，所以我很喜欢。商店里有个店员叫红红，因为我常去那儿买衣服，我们俩成了好朋友。她经常让我到她家去吃饭。我们还经常一起去旅游，前几天还一起去了西安呢。

2 記述体の文章

原文のピンイン

　　　Wǒ tèbié xǐhuan mǎi dōngxi. Gāng lái Zhōngguó de shíhou wǒ hé péngyou yìqǐ qù, dànshì xiànzài wǒ jīngcháng yīgerén qù. Yīnwèi, yīgerén mǎi dōngxi kěyǐ liànxí shuō Hànyǔ. Wǒ xǐhuan qù yìjiā bǎihuò shāngdiàn, nàjiā shāngdiàn lí wǒmen xuéxiào bú tài yuǎn, qí zìxíngchē zhǐyào shí lái fēnzhōng, suǒyǐ wǒ zǒngshì qí zìxíngchē qù. Shāngdiàn bú tài dà, dōngxi bù duō, dànshì yīfu hěn piányi, suǒyǐ wǒ hěn xǐhuan. Shāngdiàn li yǒu ge diànyuán jiào Hónghóng, yīnwèi wǒ cháng qù nàr mǎi yīfu, wǒmen liǎ chéng le hǎo péngyou. Tā jīngcháng ràng wǒ dào tājiā qù chīfàn. Wǒmen hái jīngcháng yìqǐ qù lǚyóu, qián jǐtiān hái yìqǐ qù le Xī'ān ne.

原文の和訳

　私は買い物が大好きです。中国に来た最初の頃はよく友人と一緒に買い物に行きました。しかし、今はよく1人で行きます。1人で行くのは中国語の会話の練習になるからです。私はよく行く店があります。その店は学校からそれほど遠くなく、自転車で10分ぐらいです。私はいつも自転車で行きます。店はあまり大きくなく、品物もそれほど多くないですが、服はとても安いです。それで私はその店が大好きになったのです。店には「紅紅」という店員がいます。私がよく服を買いに行っているので、私たち2人は仲のよい友達になりました。彼女はよく私を彼女の家に食事に招待してくれます。私たち2人はよく旅行に出かけます。先日私たちは西安に行ってきました。

問いと答え

(6) 我为什么经常一个人去买东西?
　　Wǒ wèishénme jīngcháng yí ge rén qù mǎi dōngxi?
　　私はなぜいつも1人で買い物に行きますか。

　　❶ 可以练习汉语。　Kěyǐ liànxí Hànyǔ.
　　　中国語の会話の練習になるからです。

　　② 可以和红红说话。　Kěyǐ hé Hónghóng shuōhuà.
　　　紅紅さんと話すことができるからです。

　　③ 可以骑自行车去。　Kěyǐ qí zìxíngchē qù.
　　　自転車で行けるからです。

　　④ 可以买衣服。　Kěyǐ mǎi yīfu.
　　　服を買うことができるからです。

　　①が正解。因果関係を示す接続詞に注意すれば、分かりやすくなる。

2 記述体の文章

(7) 我喜欢去的商店在哪儿？ Wǒ xǐhuan qù de shāngdiàn zài nǎr?
私の好きな店はどこにありますか。

① 红红家附近。 Hónghóng jiā fùjìn.
紅紅さんの家の近く。

② 饭店的旁边。 Fàndiàn de pángbiān.
レストランのとなり。

❸ 离学校不太远的地方。 Lí xuéxiào bútài yuǎn de dìfang.
学校から遠くない所。

④ 离学校很远的地方。 Lí xuéxiào hěn yuǎn de dìfang.
学校から遠い所。

③が正解。

(8) 我经常怎么去那家商店？ Wǒ jīngcháng zěnme qù nàjiā shāngdiàn?
私はいつもどのような手段でその店に行きますか。

① 走着去。 Zǒu zhe qù. 歩いていきます。

② 坐电车去。 Zuò diànchē qù. 電車で行きます。

③ 开车去。 Kāichē qù. 車で行きます。

❹ 骑自行车去。 Qí zìxíngchē qù. 自転車で行きます。

④が正解。

(9) 我为什么喜欢那家商店？ Wǒ wèishénme xǐhuan nàjiā shāngdiàn?
私はなぜその店が好きになったのですか。

① 因为那家商店很大。 Yīnwèi nà jiā shāngdiàn hěn dà.
その店が大きいから。

② 因为那里有我的好朋友。 Yīnwèi nàli yǒu wǒ de hǎo péngyou.
そこには私の親友がいるから。

③ 因为那里的东西很多。 Yīnwèi nàli de dōngxi hěn duō.
そこの品物が多いから。

❹ 因为那里的衣服很便宜。 Yīnwèi nàli de yīfu hěn piányi.
そこの服は安いから。

④が正解。

(10) 我和红红是在哪儿认识的？ Wǒ hé Hónghóng shì zài nǎr rènshi de?
私と紅紅さんはどこで知り合ったのですか。

① 在学校。 Zài xuéxiào. 学校で。

2 記述体の文章

　② 在西安。 Zài Xī'ān.　西安で。
　❸ 在红红工作的商店里。 Zài Hónghóng gōngzuò de shāngdiàn li.
　　紅紅さんが働く店で。
　④ 在红红的家里。 Zài Hónghóng de jiāli.
　　紅紅さんの家で。

　③が正解。店の店員の名前は紅紅だから、店で知り合っただろうと推測できる。

解答　(6) ①　　(7) ③　　(8) ④　　(9) ④　　(10) ③

本文空欄の文字：
　a 因为，一个人买东西可以练习说汉语
　b 那家商店离我们学校不太远
　c 我总是骑自行车去
　d 衣服很便宜，所以我很喜欢
　e 有个店员叫红红

6 余暇

　週末の過ごし方や花見に関するものが出題されている。週末の過ごし方については、朝の起床時間、帰宅の時間など土日の活動を詳しく紹介している。バイト、勉強、友達との遊び、食事など、学生の週末の典型的な過ごし方に関する言い方をできるだけ知っておきたい。また、学生以外の一般的な人の週末の過ごし方に関する言い方も勉強しておきたい。花見については、いつ、だれと、どこに集合するなど、またどんな食べ物を楽しむかなどを紹介している。

関連表現

☐ 田中也是个歌迷。　Tiánzhōng yě shì ge gēmí.
　田中さんも歌が大好きな人です。

☐ 我和田中约好星期六一起去那儿唱卡拉OK。
　Wǒ hé Tiánzhōng yuē hǎo xīngqīliù yìqǐ qù nàr chàng kǎlā OK.
　私は田中さんと一緒に土曜日にそこへカラオケをしに行くと約束しました。

☐ 星期五晚上，我们学校有活动。
　Xīngqīwǔ wǎnshang, wǒmen xuéxiào yǒu huódòng.
　金曜日の夜、私たちの学校ではイベントがあります。

☐ 吃了一个面包就去打工了。　Chī le yí ge miànbāo jiù qù dǎgōng le.
　パン1つ食べただけで、すぐバイトに行きました。

☐ 我只好一个人去逛街了。　Wǒ zhǐhǎo yí ge rén qù guàngjiē le.
　私は仕方なく一人で街をぶらぶらしに行きました。

☐ 我在一家服装店买了一件红色的毛衣。
　Wǒ zài yì jiā fúzhuāng diàn mǎi le yí jiàn hóngsè de máoyī.
　私は衣料品店で赤色のセーターを1枚買いました。

☐ 晚上在一家中国饭馆吃了一个炒青菜和三两水饺。
　Wǎnshang zài yì jiā Zhōngguó fànguǎn chī le yí ge chǎo qīngcài hé sān liǎng shuǐjiǎo.
　夜は中華レストランで野菜炒めと3両（小麦粉150グラム分）の水餃子を食べました。

☐ 明天和我们新来的同学一起去公园看樱花。
　Míngtiān hé wǒmen xīn lái de tóngxué yìqǐ qù gōngyuán kàn yīnghuā.
　明日私たち新入生と一緒に公園へ花見に行きます。

☐ 我们约好在公园对面的咖啡店里集合。
　Wǒmen yuē hǎo zài gōngyuán duìmiàn de kāfēidiàn li jíhé.
　私たちは公園の向かい側の喫茶店で待ち合わせると約束しました。

2 記述体の文章

□我还想把照相机带去，拍一些照片留念。
　Wǒ hái xiǎng bǎ zhàoxiàngjī dàiqu, pāi yìxiē zhàopiàn liúniàn.
　私はカメラも持っていこうと考えています。少し写真を撮り、記念にしたいと思います。

トレーニング

A 中国語の文章を聞き、(1)～(5)の問いの答えとして最も適当なものを、それぞれ①～④の中から1つ選びなさい。とくに下線を引いている部分に注意して聞きなさい。

(第61回)　CD C21

　　我们学校附近新开了一家卡拉OK店，听说里面有很多中文歌曲。因为田中也是个歌迷，所以我和田中约好星期六一起去那儿唱卡拉OK。
　　星期五晚上，我们学校有活动，我很晚才回家。星期六早上，我七点半才起床，吃了一个面包就去打工了，我从上午八点半开始打工，一直打到下午三点左右。我一打完工就给田中打了个电话，可是田中说，她星期一有汉语考试，她还没复习好，所以不想去了。没办法，我只好一个人去逛街了。我在一家服装店买了一件红色的毛衣，又在书店买了一本服装杂志。晚上在一家中国饭馆吃了一个炒青菜和三两水饺。八点半左右才回家。
　　等田中考完试，我还想约她一起去唱卡拉OK。

---

(1) ＿＿＿＿＿＿＿＿＿＿＿＿＿＿？　　　　　　　　　CD C22
　① 去打工了。　　　　② 去打棒球了。
　③ 打电话了。　　　　④ 参加考试了。

(2) ＿＿＿＿＿＿＿＿＿＿＿＿＿＿？
　① 因为她星期六要参加考试。　② 因为她星期六有汉语课。
　③ 因为她要复习汉语。　　　　④ 因为她要在家睡觉。

(3) ＿＿＿＿＿＿＿＿＿＿＿＿＿＿？
　① 我和田中去逛的街。　　　② 我自己去逛的街。
　③ 我和妈妈去逛的街。　　　④ 我跟朋友去逛的街。

(4) _____?

① 一条红色的裙子和一双鞋。
② 一双鞋和一件红色的毛衣。
③ 一本服装杂志和一件红色的毛衣。
④ 一本服装杂志和一件红色的旗袍。

(5) _____?

① 一碗拉面和一个炒青菜。　② 一个炒饭和三两水饺。
③ 三两水饺和一个炒青菜。　④ 二两水饺和一个炒饭。

B 中国語の文章を聞き、(6)～(10)の問いの答えとして最も適当なものを、それぞれ①～④の中から1つ選びなさい。とくに（　　）の部分に注意して聞きなさい。

(第59回) CD C23

　　櫻花开了。我刚来日本，还没有好好儿看过櫻花呢。我们的日语老师说（a　　　　　　）。听说公园很大，我们约好（b　　　　　　）。老师说，公园里有卖午饭的，不用自己带午饭。不过，我（c　　　　　　），因为我担心吃不惯公园里卖的东西。我还想把照相机带去，(d　　　　　　)，让爸爸妈妈也看看日本的櫻花。

(6) _____?　CD C24

① 夏天。　② 春天。
③ 秋天。　④ 冬天。

(7) _____?

① 同学和朋友。　② 新同学和老同学。
③ 朋友和老师。　④ 老师和同学。

(8) _____?

① 咖啡店。　② 公园。
③ 公共汽车站。　④ 地铁站。

● 2 記述体の文章

(9) _____?
① 喝咖啡。　　　　　　　　　② 吃自己带去的面包。
③ 吃公园里卖的东西。　　　　④ 喝饮料。

(10) _____?
① 留作纪念和寄给朋友。　　　② 留作纪念和寄给同学。
③ 留作纪念和寄给家里。　　　④ 留作纪念和寄给老师。

腕試し A

中国語を聞き、情報整理しながらメモを取り、(1)〜(5)の問いの答えとして最も適当なものを、それぞれ①〜④の中から1つ選びなさい。

CD C21

メモ

CD C22

(1) ①　　　　　　　　　　　　②
　　③　　　　　　　　　　　　④

(2) ①　　　　　　　　　　　　②
　　③　　　　　　　　　　　　④

(3) ①　　　　　　　　　　　　②
　　③　　　　　　　　　　　　④

2 記述体の文章

(4) ① ②
    ③ ④

(5) ① ②
    ③ ④

腕試し B

中国語を聞き、情報整理しながらメモを取り、(6)〜(10)の問いの答えとして最も適当なものを、それぞれ①〜④の中から1つ選びなさい。

CD C23

メモ

CD C24

(6) ① ②
    ③ ④

(7) ① ②
    ③ ④

(8) ① ②
    ③ ④

2 記述体の文章

(9) ①　　　　　　　　　　②
　　③　　　　　　　　　　④

(10) ①　　　　　　　　　　②
　　③　　　　　　　　　　④

2 長文のリスニング問題

解説　トレーニング、腕試し　共通

A

原文のピンイン

　　　Wǒmen xuéxiào fùjìn xīn kāi le yìjiā kǎlā OK diàn, tīngshuō lǐmiàn yǒu hěn duō Zhōngwén gēqǔ. Yīnwèi Tiánzhōng yě shì ge gēmí, suǒyǐ wǒ hé Tiánzhōng yuēhǎo xīngqīliù yìqǐ qù nàr chàng kǎlā OK.

　　　Xīngqīwǔ wǎnshang, wǒmen xuéxiào yǒu huódòng, wǒ hěn wǎn cái huíjiā. Xīngqīliù zǎoshang, wǒ qīdiǎnbàn cái qǐchuáng, chī le yíge miànbāo jiù qù dǎgōng le, wǒ cóng shàngwǔ bādiǎnbàn kāishǐ dǎgōng, yìzhí dàdào xiàwǔ sāndiǎn zuǒyòu. Wǒ yì dǎwángōng jiù gěi Tiánzhōng dǎ le ge diànhuà, kěshì Tiánzhōng shuō, tā xīngqīyī yǒu Hànyǔ kǎoshì, tā hái méi fùxíhǎo, suǒyǐ bùxiǎng qù le. Méibànfǎ, wǒ zhǐhǎo yígerén qù guàngjiē le. Wǒ zài yìjiā fúzhuāng diàn mǎi le yíjiàn hóngsè de máoyī, yòu zài shūdiàn mǎi le yìběn fúzhuāng zázhì. Wǎnshang zài yìjiā Zhōngguó fànguǎn chī le yíge chǎoqīngcài hé sānliǎng shuǐjiǎo. Bādiǎn bàn zuǒyòu cái huíjiā.

　　　Děng Tiánzhōng kǎowánshì, wǒ hái xiǎng yuē tā yìqǐ qù chàng kǎlā OK.

原文の和訳

　　私たちの学校の近くに新たに一軒のカラオケ店がオープンしました。この店には中国語の歌がたくさんあるそうです。田中さんも歌が大好きなので、田中さんと一緒に土曜日にあの店へカラオケに行こうと約束しました。

　　金曜日の夜は学校のイベントがあって、帰りはかなり遅かったです。土曜日の朝は7時半になってからやっと起きました。パンを1つ食べただけでバイトに出かけました。午前8時半から午後3時ぐらいまでずっとバイトでした。バイトが終わると田中さんに電話を掛けました。ところが、田中さんは、月曜日には中国語の試験が入っていて、その復習はまだできていないので、カラオケを中止したいと言いました。それで仕方なく、私は1人で街をぶらぶらすることにしました。私は衣料品店で赤いセーターを買いました。また、本屋でファッションの雑誌を1冊買いました。夜、中華レストランで野菜炒めと水餃子3両（小麦粉150グラム分約18個）を食べました。8時半になってようやく家に帰りました。

　　田中さんの試験が終わったら、また彼女を誘ってカラオケに行こうと考えています。

問いと答え

(1) 我星期六上午做什么了?　Wǒ xīngqīliù shàngwǔ zuò shénme le?

2 記述体の文章

土曜日の午前私は何をしましたか。

   ❶ 去打工了。 Qù dǎgōng le. バイトをしました。
   ② 去打棒球了。 Qù dǎ bàngqiú le. 野球をやりに行きました。
   ③ 打电话了。 Dǎ diànhuà le. 電話を掛けました。
   ④ 参加考试了。 Cānjiā kǎoshì le. 試験を受けました。

①が正解。

(2) 田中为什么不去唱卡拉OK了? Tiánzhōng wèishénme búqù chàng kǎlā OK le?
田中さんはなぜカラオケに行くのを中止しましたか。

   ① 因为她星期六要参加考试。 Yīnwèi tā xīngqīliù yào cānjiā kǎoshì.
      土曜日に試験があるから。
   ② 因为她星期六有汉语课。 Yīnwèi tā xīngqīliù yǒu Hànyǔ kè.
      土曜日に中国語の授業があるから。
   ❸ 因为她要复习汉语。 Yīnwèi tā yào fùxí Hànyǔ.
      中国語の復習をしなければならないから。
   ④ 因为她要在家睡觉。 Yīnwèi tā yào zài jiā shuìjiào.
      家で睡眠を取りたいから。

③が正解。テストがあるのは月曜日なので、①は不正解。

(3) 我跟谁去逛的街? Wǒ gēn shéi qù guàng de jiē?
私は誰と街を歩き回りましたか。

   ① 我和田中去逛的街。 Wǒ hé Tiánzhōng qù guàng de jiē.
      私は田中さんと街を歩き回りました。
   ❷ 我自己去逛的街。 Wǒ zìjǐ qù guàng de jiē.
      私は1人で街を歩き回りました。
   ③ 我和妈妈去逛的街。 Wǒ hé māma qù guàng de jiē.
      私はお母さんと街を歩き回りました。
   ④ 我跟朋友去逛的街。 Wǒ gēn péngyou qù guàng de jiē.
      私は友人と街を歩き回りました。

②が正解。本文には"一个人"と言っている。

(4) 我逛街时买了什么? Wǒ guàngjiē shí mǎi le shénme?
街を歩き回った時に何を買いましたか。

   ① 一条红色的裙子和一双鞋。 Yìtiáo hóngsè de qúnzi hé yìshuāng xié.
      赤いスカート1枚と靴1足。

② 一双鞋和一件红色的毛衣。　Yìshuāng xié hé yíjiàn hóngsè de máoyī.
　　靴1足と赤いセーター1枚。

❸ 一本服装杂志和一件红色的毛衣。
　　Yìběn fúzhuāng zázhì hé yíjiàn hóngsè de máoyī.
　　ファッション雑誌1冊と赤いセーター1枚。

④ 一本服装杂志和一件红色的旗袍。
　　Yìběn fúzhuāng zázhì hé yíjiàn hóngsè de qípáo.
　　ファッション雑誌1冊と赤いチャイナドレス1着。

③が正解。

(5) 我在中国饭馆吃了什么？　Wǒ zài Zhōngguó fànguǎn chī le shénme?
　　私は中華レストランで何を食べましたか。

① 一碗拉面和一个炒青菜。　Yìwǎn lāmiàn hé yíge chǎo qīngcài.
　　ラーメン1つと野菜炒め1つ。

② 一个炒饭和三两水饺。　Yíge chǎofàn hé sānliǎng shuǐjiǎo.
　　チャーハン1つと水餃子3両（約18個）。

❸ 三两水饺和一个炒青菜。　Sānliǎng shuǐjiǎo hé yíge chǎo qīngcài.
　　水餃子3両（約18個）と野菜炒め1つ。

④ 二两水饺和一个炒饭。　Èrliǎng shuǐjiǎo hé yíge chǎofàn.
　　水餃子2両（約12個）とチャーハン1つ。

③が正解。中国ではラーメンや餃子などの主食を頼む時、一人前とかの言い方ではなく、重量で注文する習慣がある。

解答　(1) ①　　(2) ③　　(3) ②　　(4) ③　　(5) ③

B

原文の漢字

　　櫻花開了。我剛來日本，還沒有好好兒看過櫻花呢。我們的日語老師說明天和我們新來的同學一起去公園看櫻花。聽說公園很大，我們約好在公園對面的咖啡店裡集合。老師說，公園裡有賣午飯的，不用自己帶午飯。不過，我還是想帶幾個麵包去，因為我擔心吃不慣公園裡賣的東西。我還想把照相機帶去，拍一些照片留念，也給家裡寄幾張去，讓爸爸媽媽也看看日本的櫻花。

2 記述体の文章

原文のピンイン

　　Yīnghuā kāi le. Wǒ gāng lái Rìběn, hái méiyǒu hǎohāor kàn guo yīnghuā ne. Wǒmen de Rìyǔ lǎoshī shuō míngtiān hé wǒmen xīn lái de tóngxué yìqǐ qù gōngyuán kàn yīnghuā. Tīngshuō gōngyuán hěn dà, wǒmen yuēhǎo zài gōngyuán duìmiàn de kāfēidiàn li jíhé. Lǎoshī shuō, gōngyuán li yǒu mài wǔfàn de, bú yòng zìjǐ dài wǔfàn. Búguò, wǒ háishi xiǎng dài jǐge miànbāo qù, yīnwèi wǒ dānxīn chībuguàn gōngyuán li mài de dōngxi. Wǒ hái xiǎng bǎ zhàoxiàngjī dàiqu, pāi yìxiē zhàopiàn liúniàn, yě gěi jiāli jì jǐ zhāng qù, ràng bàba māma yě kànkan Rìběn de yīnghuā.

原文の和訳

　　桜が咲きました。私は日本に来たばかりで、桜の花見はまだしたことがないです。私たちの日本語の先生は、明日私達新入生と一緒に公園へ花見に行こうと誘いました。公園はとても大きいそうです。私たちは公園の向かい側の喫茶店で待ち合わせることに決めました。先生は、公園には昼ご飯を売る店があり、自分で昼の弁当を持っていく必要はないと言いました。しかし、私はやはりパンを幾つか持っていくつもりです。公園で売っている食べ物には慣れないかもと心配しているからです。また、カメラも持っていきます。少し写真を取って記念に残しておきたいです。家族にも何枚か送るつもりです。お父さん、お母さんにも日本の桜を見てもらいたいのです。

問いと答え

(6) 现在是什么季节？　Xiànzài shì shénme jìjié?
　　今、どんな季節ですか。

　　① 夏天。Xiàtiān. 夏です。

　　❷ 春天。Chūntiān. 春です。

　　③ 秋天。Qiūtiān. 秋です。

　　④ 冬天。Dōngtiān. 冬です。

　②が正解。本文では直接今の季節に言及していないが、桜が咲く季節は春と決まっている。

(7) 我明天和谁去看樱花？　Wǒ míngtiān hé shéi qù kàn yīnghuā?
　　私は明日誰と一緒に花見に行きますか。

　　① 同学和朋友。Tóngxué hé péngyou. 同級生と友人。

　　② 新同学和老同学。Xīn tóngxué hé lǎo tóngxué. 新入生と先輩学生。

　　③ 朋友和老师。Péngyou hé lǎoshī. 友人と先生。

❹ 老师和同学。 Lǎoshī hé tóngxué.　先生と学生。

④が正解。本文にある"和我们新来的同学"は「私達新入生と一緒に」という意味。

(8) 我们在哪里见面？　Wǒmen zài nǎli jiànmiàn?
　　私たちはどこで待ち合わせますか。

　　❶ 咖啡店。 Kāfēidiàn.　喫茶店で。
　　② 公园。 Gōngyuán.　公園で。
　　③ 公共汽车站。 Gōnggòng qìchē zhàn.　バス停で。
　　④ 地铁站。 Dìtiězhàn.　地下鉄の駅で。
　①が正解。

(9) 午饭我想吃什么？　Wǔfàn wǒ xiǎng chī shénme?
　　昼ご飯は、私は何を食べたいですか。

　　① 喝咖啡。 Hē kāfēi.
　　　コーヒーを飲みます。
　　❷ 吃自己带去的面包。 Chī zìjǐ dàiqu de miànbāo.
　　　自分で持って行くパンを食べます。
　　③ 吃公园里卖的东西。 Chī gōngyuán li mài de dōngxi.
　　　公園で売っている食べ物を食べます。
　　④ 喝饮料。 Hē yǐnliào.
　　　飲み物を飲みます。

②が正解。直接何を食べるについて言っていないが、公園の売店のものに慣れないかもしれないと心配してパンを持参するつもりです。

(10) 我拍照片想干什么？　Wǒ pāi zhàopiàn xiǎng gàn shénme?
　　私は写真を撮って何に使いたいですか。

　　① 留作纪念和寄给朋友。 Liú zuò jìniàn hé jìgěi péngyou.
　　　記念に残し、友人にも送ります。
　　② 留作纪念和寄给同学。 Liú zuò jìniàn hé jìgěi tóngxué.
　　　記念に残し、クラスメイトにも送ります。
　　❸ 留作纪念和寄给家里。 Liú zuò jìniàn hé jìgěi jiāli.
　　　記念に残し、家族にも送ります。
　　④ 留作纪念和寄给老师。 Liú zuò jìniàn hé jìgěi lǎoshī.

2 記述体の文章

　　　　記念に残し、先生にも送ります。
　③が正解。

解答　(6) ②　　(7) ④　　(8) ①　　(9) ②　　(10) ③

本文空欄の文字：
　　a 明天和我们新来的同学一起去公园看樱花
　　b 在公园对面的咖啡店里集合
　　c 还是想带几个面包去
　　d 拍一些照片留念，也给家里寄几张去

7 旅行

　海外旅行や中国への旅行に関するものが2篇出題されている。旅行の日程、行先、行き方、毎日の行動、天候、食事、出会いなどを詳しく紹介している。外国の人名・地名や関連単語の学習が重要であることは言うまでもない。中国の都市名、有名な料理、文化などについて基礎的な知識があれば聞き取りやすくなる。

関連表現

☐ 今年的黄金周，我和几个同学去中国旅行了。
　Jīnnián de huángjīnzhōu, wǒ hé jǐge tóngxué qù Zhōngguó lǚxíng le.
　今年のゴールデンウイーク、私は何人かの同級生と中国へ旅行に行きました。

☐ 我们从关西机场出发。　Wǒmen cóng Guānxī jīchǎng chūfā.
　私たちは関西空港から出発しました。

☐ 在那儿待了三天。　Zài nàr dāi le sān tiān.
　そちらで3日間滞在しました。

☐ 从北京坐火车到西安。　Cóng Běijīng zuò huǒchē dào Xī'ān.
　北京から列車で西安に行きました。

☐ 从上海坐船回到了神户。　Cóng Shànghǎi zuò chuán huídào le Shénhù.
　上海から船で神戸に帰ってきました。

☐ 为了节省时间，多游览几个地方，我们很早就起来去了万里长城。
　Wèile jiéshěng shíjiān, duō yóulǎn jǐge dìfang, wǒmen hěn zǎo jiù qǐlai qù le Wànlǐchángchéng.
　時間を節約して少しでも多くの場所を見学するため、私たちはとても早く起きて万里の長城に行きました。

☐ 大家都很兴奋，照了很多相。　Dàjiā dōu hěn xīngfèn, zhào le hěn duō xiàng.
　皆興奮して、たくさんの写真を撮りました。

☐ 我们住的饭店离车站又很远。
　Wǒmen zhù de fàndiàn lí chēzhàn yòu hěn yuǎn.
　私たちが泊まったホテルは駅からも遠いです。

☐ 西安是这次旅游最难忘的地方。
　Xī'ān shì zhècì lǚyóu zuì nánwàng de dìfang.
　西安は今回の旅行で最も忘れ難い場所です。

☐ 我们游览了很多地方。　Wǒmen yóulǎn le hěn duō dìfang.
　私たちはたくさんの場所を見学しました。

2 記述体の文章

- □ 去外国可以接触到外国的历史文化。
  Qù wàiguó kěyǐ jiēchù dào wàiguó de lìshǐ wénhuà.
  外国に行けば外国の歴史や文化に触れることができます。
- □ 我已经去过四个国家。 Wǒ yǐjīng qù guo sì ge guójiā.
  私はすでに4カ国へ行ったことがあります。
- □ 大连给我留下最深的印象是花。
  Dàlián gěi wǒ liúxià zuì shēn de yìnxiàng shì huā.
  大連が私に残した最も深い印象は花です。
- □ 印象最好的城市就是大连。 Yìnxiàng zuìhǎo de chéngshì jiùshì Dàlián.
  印象の最もよい街が大連です。
- □ 听说去印度得坐八个小时的飞机。
  Tīngshuō qù Yìndù děi zuò bā ge xiǎoshí de fēijī.
  インドに行くには8時間飛行機に乗らなければならないそうです。

トレーニング

A 中国語の文章を聞き、(1)〜(5)の問いの答えとして最も適当なものを、それぞれ①〜④の中から1つ選びなさい。とくに下線を引いている部分に注意して聞きなさい。

(第77回) CD C25

今年的黄金周，我和几个同学去中国旅行了。我们从关西机场出发，先到北京，在那儿待了三天。然后，从北京坐火车到西安，在那儿旅游了两天。再从西安坐火车到上海。最后，从上海坐船回到了神户。

到北京的那天晚上，我们去吃了北京烤鸭。北京烤鸭很好吃，大家都吃了很多。我们还第一次喝了茉莉花茶。别的同学不太习惯茉莉花茶的味道，可是我很喜欢。

第二天，为了节省时间，多游览几个地方，我们很早就起来去了万里长城。到长城的时候，太阳刚升起来，景色非常美丽。大家都很兴奋，照了很多相。

到西安的那天，天气不太好，下着小雨，我们住的饭店离车站又很远。坐出租汽车的时候，我用汉语说了饭店的名字，又问司机，到那儿得多长时间。他都听懂了，还夸我的发音不错，我非常高兴。对我来说，西安是这次旅游最难忘的地方。

在上海，我们游览了很多地方，吃了早就想吃的小笼包，还去了世博公园。

(1) _____？
① 坐飞机去的，坐飞机回来的。　② 坐船去的，坐飞机回来的。
③ 坐飞机去的，坐船回来的。　　④ 坐船去的，坐船回来的。

(2) _____？
① 北京、上海。　② 上海、西安。
③ 上海、北京。　④ 北京、西安。

(3) _____？
① 喝过，但是不太习惯。　　② 没喝过，不过都很喜欢喝。
③ 我喝过，别的同学没喝过。④ 没喝过，但是我很喜欢喝。

(4) _____？
① 为了看美丽的景色。　　② 为了节省时间，多游览几个地方。
③ 为了多照相。　　　　　④ 为了早点儿看到万里长城。

(5) _____？
① 因为到西安的时候天气不太好。
② 因为出租汽车司机听懂了我的汉语。
③ 因为出租汽车司机说同学们的发音不错。
④ 因为我们住的饭店离车站很远。

2 記述体の文章

B 中国語の文章を聞き、(6)～(10)の問いの答えとして最も適当なものを、それぞれ①～④の中から1つ選びなさい。とくに（　）の部分に注意して聞きなさい。

（第70回）　CD C27

我的爱好（a　　　　　　　　　　　），特别喜欢去外国。（b　　　　　　　　　　　），还可以吃到各种各样的好吃的东西。我已经去过四个国家；蒙古、越南、韩国和中国。去年夏天我去了大连。（c　　　　　　　　　　　）。

大连的海鲜也相当好吃。在我去过的中国城市里，印象最好的城市就是大连。现在我最想去的地方是印度，因为（d　　　　　　　　　　　）。不过有一个问题，（e　　　　　　　　　　　）。听说去印度得坐八个小时的飞机，这是一件让我头疼的事儿。

---

(6) ＿＿＿＿＿＿＿＿＿＿＿＿＿＿＿？　　　　CD C28
① 去国外旅行。　　　　② 研究历史。
③ 去饭店吃饭。　　　　④ 学外国菜。

(7) ＿＿＿＿＿＿＿＿＿＿＿＿＿＿＿？
① 因为照相是我的爱好。　　　　② 因为我很喜欢大连的花。
③ 因为能坐八个小时的飞机。　　④ 因为能学习外国的历史文化。

(8) ＿＿＿＿＿＿＿＿＿＿＿＿＿＿＿？
① 很好喝。　　　　② 很漂亮。
③ 夏天很热。　　　④ 历史很长。

(9) ＿＿＿＿＿＿＿＿＿＿＿＿＿＿＿？
① 想去看花。　　　　② 想常常去。
③ 想喝红茶。　　　　④ 想吃海鲜。

(10) ＿＿＿＿＿＿＿＿＿＿＿＿＿＿＿？
① 坐飞机后头疼。　　　　② 长时间坐飞机。
③ 印度有很多红茶。　　　④ 印度人不会讲汉语。

2 記述体の文章

腕試し A

中国語を聞き、情報整理しながらメモを取り、(1)〜(5) の問いの答えとして最も適当なものを、それぞれ①〜④の中から1つ選びなさい。

CD C25

メモ

CD C26

(1) ①　　　　　　　　　②
　　③　　　　　　　　　④

(2) ①　　　　　　　　　②
　　③　　　　　　　　　④

(3) ①　　　　　　　　　②
　　③　　　　　　　　　④

(4) ①　　　　　　　　　②
　　③　　　　　　　　　④

(5) ①　　　　　　　　　②
　　③　　　　　　　　　④

2 長文のリスニング問題

2 記述体の文章

腕試し B

中国語を聞き、情報整理しながらメモを取り、(6)〜(10)の問いの答えとして最も適当なものを、それぞれ①〜④の中から1つ選びなさい。

CD C27

メモ

CD C28

(6) ①　　　　　　　　　　②
　　 ③　　　　　　　　　　④

(7) ①　　　　　　　　　　②
　　 ③　　　　　　　　　　④

(8) ①　　　　　　　　　　②
　　 ③　　　　　　　　　　④

(9) ①　　　　　　　　　　②
　　 ③　　　　　　　　　　④

(10) ①　　　　　　　　　　②
　　　③　　　　　　　　　　④

解説　トレーニング、腕試し　共通

A

原文のピンイン

　　　　Jīnnián de huángjīnzhōu, wǒ hé jǐge tóngxué qù Zhōngguó lǚxíng le. Wǒmen cóng Guānxī jīchǎng chūfā, xiān dào Běijīng, zài nàr dāi le sāntiān. Ránhòu, cóng Běijīng zuò huǒchē dào Xī'ān, zài nàr lǚyóu le liǎngtiān. Zài cóng Xī'ān zuò huǒchē dào Shànghǎi. Zuìhòu, cóng Shànghǎi zuò chuán huídào le Shénhù.

　　　　Dào Běijīng de nèi tiān wǎnshang, wǒmen qù chī le Běijīng kǎoyā. Běijīng kǎoyā hěn hǎochī, dàjiā dōu chī le hěn duō. Wǒmen hái dìyīcì hē le mòlìhuāchá. Biéde tóngxué bútài xíguàn mòlìhuāchá de wèidao, kěshì wǒ hěn xǐhuan.

　　　　Dìèrtiān, wèile jiéshěng shíjiān, duō yóulǎn jǐge dìfang, wǒmen hěn zǎo jiù qǐlai qù le Wànlǐchángchéng. Dào Chángchéng de shíhou, tàiyáng gāng shēng qilai, jǐngsè fēicháng měilì. Dàjiā dōu hěn xīngfèn, zhào le hěn duō xiàng.

　　　　Dào Xī'ān de nàtiān, tiānqì bútài hǎo, xià zhe xiǎoyǔ, wǒmen zhù de fàndiàn lí chēzhàn yòu hěn yuǎn. Zuò chūzūqìchē de shíhou, wǒ yòng Hànyǔ shuō le fàndiàn de míngzi, yòu wèn sījī, dào nàr děi duōcháng shíjiān. Tā dōu tīngdǒng le, hái kuā wǒ de fāyīn búcuò, wǒ fēicháng gāoxìng. Duì wǒ láishuō, Xī'ān shì zhècì lǚyóu zuì nánwàng de dìfang.

　　　　Zài Shànghǎi, wǒmen yóulǎn le hěn duō dìfang, chī le zǎo jiù xiǎng chī de xiǎolóngbāo, hái qù le Shìbógōngyuán.

原文の和訳

　今年のゴールデンウイーク、私は数人のクラスメートと中国へ旅行に行きました。私たちは関西空港から出発して北京へ行き、北京に3日間滞在しました。その後北京から汽車で西安に行き、西安で2日間観光しました。そして西安から汽車で上海に行きました。最後に上海から船で神戸に帰りました。

　北京に着いた日の夜、私たちは北京ダックを食べに行きました。北京ダックは美味しくてみんなたくさん食べました。また、私たちは初めてジャスミン茶を飲みました。他の学生はジャスミン茶の味には慣れませんでしたが、私はとても好きでした。

　2日目に私たちは時間を節約してより多くの所を回るために朝早く起きて万里の長城へ行きました。長城に着いた時、ちょうど朝日が昇った時で、景色はとても美しかったです。みんな感動してたくさんの写真を撮りました。

　西安に着いた日、天気が悪く、小雨が降っていました。私たちの泊まるホテルも駅から遠かったです。西安では、タクシーに乗った時、私は運転手に中国語でホテルの

2 記述体の文章

名前を言ったり、ホテルまでの時間を聞いたりしました。運転手は私の言った中国語をすべて理解し、私の発音が綺麗だと褒めてくれました。私はとても嬉しかったです。私にとっては西安は今回の旅行の最も忘れがたい所でした。

　上海では私たちは多くの観光地を回り、ずっと前から食べたかったショウロンポーも食べました。また、万博公園にも行きました。

問いと答え

(1) 我们怎么去的中国，怎么回来的?
　　Wǒmen zěnme qù de Zhōngguó, zěnme huílai de?
　　私たちはどのように中国に行き、どのように帰ってきたのですか。
　　① 坐飞机去的，坐飞机回来的。 Zuò fēijī qù de, zuò fēijī huílai de.
　　　 飛行機で行き、飛行機で帰ってきたのです。
　　② 坐船去的，坐飞机回来的。 Zuò chuán qù de, zuò fēijī huílai de.
　　　 船で行き、飛行機で帰ってきたのです。
　　❸ 坐飞机去的，坐船回来的。 Zuò fēijī qù de, zuò chuán huílai de.
　　　 飛行機で行き、船で帰ってきたのです。
　　④ 坐船去的，坐船回来的。 Zuò chuán qù de, zuò chuán huílai de.
　　　 船で行き、船で帰ってきたのです。
　③が正解。文章には空港出発という表現はあるので、飛行機で行ったことが分かる。

(2) 我们最先去的城市和最后去的城市是：
　　Wǒmen zuìxiān qù de chéngshì hé zuìhòu qù de chéngshì shì:
　　私たちが最初に行った都市と最後に行った都市は～です。
　　❶ 北京、上海。 Běijīng、Shànghǎi. 北京と上海。
　　② 上海、西安。 Shànghǎi、Xī'ān. 上海と西安。
　　③ 上海、北京。 Shànghǎi、Běijīng. 上海と北京。
　　④ 北京、西安。 Běijīng、Xī'ān. 北京と西安。
　①が正解。

(3) 大家以前喝过茉莉花茶吗? Dàjiā yǐqián hē guo mòlìhuāchá ma?
　　みんなは以前にジャスミン茶を飲んだことがありますか。
　　① 喝过，但是不太习惯。 Hē guo, dànshì bútài xíguàn.
　　　 飲んだことがありますが、慣れませんでした。

② 没喝过，不过都很喜欢喝。 Méi hē guo, búguò dōu hěn xǐhuan hē.
　　飲んだことがないですが、みんな好きです。
③ 我喝过，别的同学没喝过。 Wǒ hē guo, biéde tóngxué méi hē guo.
　　私は飲んだことがありますが、他の学生は飲んだことがありません。
❹ 没喝过，但是我很喜欢喝。 Méi hē guo, dànshì wǒ hěn xǐhuan hē.
　　飲んだことがないですが、私はとても好きです。

　④が正解。"第一次"は初めてという意味。

(4) 我们为什么很早就起来去万里长城？
　　Wǒmen wèishénme hěn zǎo jiù qǐlai qù Wànlǐchángchéng?
　　私たちはなぜ朝早く起きて万里の長城へ行ったのですか。

① 为了看美丽的景色。 Wèile kàn měilì de jǐngsè.
　　美しい景色を見るため。
❷ 为了节省时间，多游览几个地方。
　　Wèile jiéshěng shíjiān, duō yóulǎn jǐge dìfang.
　　時間を節約してより多くの場所を観光するため。
③ 为了多照相。 Wèile duō zhàoxiàng.
　　多くの写真を撮るため。
④ 为了早点儿看到万里长城。 Wèile zǎo diǎnr kàndào Wànlǐchángchéng.
　　早く万里の長城を見るため。

　②が正解。"为了"は「～のために」。目的を言う時によく使われる前置詞（介詞）。

(5) 为什么对我来说，西安是最难忘的地方？
　　Wèishénme duì wǒ láishuō, Xī'ān shì zuì nánwàng de dìfang?
　　なぜ私にとって西安は最も忘れがたい所ですか。

① 因为到西安的时候天气不太好。 Yīnwèi dào Xī'ān de shíhou tiānqì bútài hǎo.
　　西安に着いた時、天気が悪かったから。
❷ 因为出租汽车司机听懂了我的汉语。
　　Yīnwèi chūzūqìchē sījī tīngdǒng le wǒ de Hànyǔ.
　　タクシーの運転手は私の言った中国語が分かったから。
③ 因为出租汽车司机说同学们的发音不错。
　　Yīnwèi chūzūqìchē sījī shuō tóngxué men de fāyīn búcuò.
　　タクシーの運転手はクラスメイトたちの発音がうまいと褒めたから。
④ 因为我们住的饭店离车站很远。
　　Yīnwèi wǒmen zhù de fàndiàn lí chēzhàn hěn yuǎn.

2 記述体の文章

私たちの泊まるホテルは駅から遠かったから。

②が正解。文章の4段落目全体を注意して聞き取る必要がある。嬉しくないことも良かったこともあって、どっちが正解になるか、考えなければならない。

解答 (1) ③ (2) ① (3) ④ (4) ② (5) ②

B

原文の漢字

我的爱好是旅游，特别喜欢去外国。去外国可以接触到外国的历史文化，还可以吃到各种各样的好吃的东西。我已经去过四个国家；蒙古、越南、韩国和中国。去年夏天我去了大连。大连给我留下最深的印象是花，大街上开着很多花，漂亮极了。

大连的海鲜也相当好吃。在我去过的中国城市里，印象最好的城市就是大连。现在我最想去的地方是印度，因为我非常喜欢喝红茶，想去那儿尝尝印度奶茶。不过有一个问题，我不太喜欢坐飞机。听说去印度得坐八个小时的飞机，这是一件让我头疼的事儿。

原文のピンイン

Wǒ de àihào shì lǚyóu, tèbié xǐhuan qù wàiguó. Qù wàiguó kěyǐ jiēchù dào wàiguó de lìshǐ wénhuà, hái kěyǐ chī dào gèzhǒng gèyàng de hǎochī de dōngxi. Wǒ yǐjīng qù guo sìge guójiā; Měnggǔ、Yuènán、Hánguó hé Zhōngguó. Qùnián xiàtiān wǒ qù le Dàlián. Dàlián gěi wǒ liúxià zuì shēn de yìnxiàng shì huā, dàjiē shang kāi zhe hěn duō huā, piàoliang jíle.

Dàlián de hǎixiān yě xiāngdāng hǎochī. Zài wǒ qù guo de Zhōngguó chéngshìli, yìnxiàng zuìhǎo de chéngshì jiùshì Dàlián. Xiànzài wǒ zuì xiǎng qù de dìfang shì Yìndù, yīnwèi wǒ fēicháng xǐhuan hē hóngchá, xiǎng qù nàr chángchang Yìndù nǎichá. Búguò yǒu yíge wèntí, wǒ bútài xǐhuan zuò fēijī. Tīngshuō qù Yìndù děi zuò bāge xiǎoshí de fēijī, zhè shì yíjiàn ràng wǒ tóuténg de shìr.

原文の和訳

私の趣味は旅行です。特に外国への旅行が好きです。外国への旅行は外国の歴史や文化に触れることができるだけでなく、様々な美味しいものを食べることもできます。私はすでに4カ国へ行ったことがあります。モンゴル、ベトナム、韓国そして中国です。去年の夏私は大連市へ行きました。大連が残してくれた最も深い印象は花

です。街には花がいっぱい咲いていてとても美しかったです。
　大連の海鮮も美味かったです。私が行った中国の都市の中で印象の最も良い都市は大連です。今私が最も行きたい国はインドです。紅茶が大好きだからです。インドへ行ってインドのミルクティーを飲みたいのです。ただ、1つ困る問題があります。私は飛行機に乗るのが嫌いです。インドに行くには8時間飛行機に乗らなければならないそうです。私にとってはこれは頭の痛い問題です。

問いと答え
(6)　我的爱好是什么？　Wǒ de àihào shì shénme?
　　　私の趣味は何ですか。
　　　❶ 去国外旅行。　Qù guówài lǚxíng.　外国への旅行。
　　　② 研究历史。　Yánjiū lìshǐ.　歴史の研究。
　　　③ 去饭店吃饭。　Qù fàndiàn chīfàn.　レストランでの食事。
　　　④ 学外国菜。　Xué wàiguó cài.　外国料理の勉強。
　①が正解。最初に旅行が好きだと言ったし、その後も特に外国へ行くのが好きだと言ったから。

(7)　我为什么有这个爱好？　Wǒ wèishénme yǒu zhège àihào?
　　　私はなぜこのような趣味を持っているのですか。
　　　① 因为照相是我的爱好。　Yīnwèi zhàoxiàng shì wǒ de àihào.
　　　　写真の撮影が趣味だから。
　　　② 因为我很喜欢大连的花。　Yīnwèi wǒ hěn xǐhuan Dàlián de huā.
　　　　大連の花が大好きだから。
　　　③ 因为能坐八个小时的飞机。　Yīnwèi néng zuò bā ge xiǎoshí de fēijī.
　　　　8時間飛行機に乗れるから。
　　　❹ 因为能学习外国的历史文化。　Yīnwèi néng xuéxí wàiguó de lìshǐ wénhuà.
　　　　外国の歴史や文化を学ぶことができるから。
　④が正解。

(8)　大连给我留下的印象是什么？　Dàlián gěi wǒ liúxià de yìnxiàng shì shénme?
　　　大連が残してくれた印象は何ですか。
　　　① 很好喝。　Hěn hǎohē.　とても美味しい。
　　　❷ 很漂亮。　Hěn piàoliang.　とても美しい。
　　　③ 夏天很热。　Xiàtiān hěn rè.　夏はとても暑い。

2 記述体の文章

④ 历史很长。 Lìshǐ hěn cháng.　歴史が長い。

②が正解。最も深く印象に残ったのが大連の花で、街にたくさん咲き、綺麗だったと言っている。

(9) 我为什么想去印度？　Wǒ wèishénme xiǎng qù Yìndù?
　　私はなぜインドへ行きたいのですか。
　　① 想去看花。 Xiǎng qù kàn huā.　花を見に行きたいから。
　　② 想常常去。 Xiǎng chángcháng qù.　時々行きたいから。
　　❸ 想喝红茶。 Xiǎng hē hóngchá.　紅茶を飲みたいから。
　　④ 想吃海鲜。 Xiǎng chī hǎixiān.　海鮮を食べたいから。
　③が正解。

(10) 去印度我担心什么？　Qù Yìndù wǒ dānxīn shénme?
　　インドへ行くことに私は何を心配していますか。
　　① 坐飞机后头疼。 Zuò fēijī hòu tóuténg.
　　　飛行機に乗った後の頭痛のこと。
　　❷ 长时间坐飞机。 Cháng shíjiān zuò fēijī.
　　　長時間飛行機に乗ること。
　　③ 印度有很多红茶。 Yìndù yǒu hěn duō hóngchá.
　　　インドには紅茶がたくさんあること。
　　④ 印度人不会讲汉语。 Yìndùrén búhuì jiǎng Hànyǔ.
　　　インド人は中国語を話せないこと。

②が正解。理由を最初に述べてから結果を言う場合と、結果を述べてから理由を言うケースがある。ここでは飛行機に乗るのが好きでないことから、インドへの旅は8時間にも及ぶ長時間飛行が頭痛の原因になっていると述べた。

解答　(6) ①　(7) ④　(8) ②　(9) ③　(10) ②

本文空欄の文字：
　a 是旅游
　b 去外国可以接触到外国的历史文化
　c 大连给我留下最深的印象是花，大街上开着很多花，漂亮极了
　d 我非常喜欢喝红茶，想去那儿尝尝印度奶茶
　e 我不太喜欢坐飞机

8 勉学と仕事

　勉学に関するものが1つ出題されている。1日の学習生活について詳しく紹介している。起床から就寝までの学生生活についての基本単語や言い方を覚えておきたい。仕事に関するものは、中国の会社や社長のことについて紹介したり、社員数や成長ぶり、社長の家庭生活などを紹介したりする内容となっている。

関連表現

□ 我就要参加去中国留学的考试了。
Wǒ jiùyào cānjiā qù Zhōngguó liúxué de kǎoshì le.
私はもうすぐ中国留学の試験を受けることになります。

□ 下午我就在教室或者图书馆学习。
Xiàwǔ wǒ jiù zài jiàoshì huòzhě túshūguǎn xuéxí.
午後は私は教室か図書館で勉強します。

□ 马上又开始学习。 Mǎshàng yòu kāishǐ xuéxí.
またすぐに勉強を再開します。

□ 一直学到十二点才上床。 Yìzhí xué dào shí'èr diǎn cái shàngchuáng.
ずっと12時まで勉強し、その後やっとベッドに入ります。

□ 上床后我还要记十五分钟生词。
Shàngchuáng hòu wǒ hái yào jì shíwǔ fēnzhōng shēngcí.
ベットに入ってからもまた15分間新出単語を暗記します。

□ 我每天从早到晚都在准备考试。
Wǒ měitiān cóng zǎo dào wǎn dōu zài zhǔnbèi kǎoshì.
私は毎日朝から晩までずっと試験の準備をしています。

□ 我想，只要好好儿努力，明年春天我就一定能去中国留学。
Wǒ xiǎng, zhǐyào hǎohāor nǔlì, míngnián chūntiān wǒ jiù yídìng néng qù Zhōngguó liúxué.
しっかり努力さえすれば、来年の春には必ず中国へ留学に行けると思います。

□ 我们公司在上海浦东机场附近的一座大楼里。
Wǒmen gōngsī zài Shànghǎi Pǔdōng jīchǎng fùjìn de yí zuò dàlóu li.
私たちの会社は上海浦東空港近くのビルにあります。

□ 我们公司还有三家食品加工厂和十个农场。
Wǒmen gōngsī háiyǒu sān jiā shípǐn jiāgōngchǎng hé shí ge nóngchǎng.
わが社はまた食品加工工場3軒と農場10軒を所有しています。

2 記述体の文章

- □ 我们公司的总经理是个宁波人。
  Wǒmen gōngsī de zǒngjīnglǐ shì ge Níngbō rén.
  わが社の社長は寧波出身の人です。

- □ 总经理非常能干，她大学毕业就办起了公司。
  Zǒngjīnglǐ fēicháng nénggàn, tā dàxué bìyè jiù bànqǐ le gōngsī.
  社長は非常に有能で、大学を卒業してすぐ会社を起こしました。

- □ 一年比一年发展得快。 Yì nián bǐ yì nián fāzhǎn de kuài.
  年々発展が早くなります。

- □ 今天公司里一共有三千五百个职工了。
  Jīntiān gōngsī li yígòng yǒu sān qiān wǔ bǎi ge zhígōng le.
  現在、会社は全部で3500名の社員を有するようになりました。

トレーニング

A 中国語の文章を聞き、(1)～(5)の問いの答えとして最も適当なものを、それぞれ①～④の中から1つ選びなさい。とくに下線を引いている部分に注意して聞きなさい。

(第66回) CD C29

　　　现在我每天都很忙。因为再过一个多月，我就要参加去中国留学的考试了。我每天早上六点钟就起床，然后吃早饭。七点多去学校上课。从星期一到星期五，上午都有课，下午我就在教室或者图书馆学习。回家后，先吃晚饭，然后，看一会儿电视，马上又开始学习。一直学到十二点才上床，上床后我还要记十五分钟生词，然后才睡觉。现在，我每天从早到晚都在准备考试。我很累，但是我感到很愉快，因为我非常喜欢汉语。我想，只要好好儿努力，明年春天我就一定能去中国留学。

(1) ＿＿＿＿＿＿＿＿＿＿＿＿＿＿＿＿＿？　　　　CD C30

　① 因为我每天上午都有课。
　② 因为我在准备去中国留学的考试。
　③ 因为我每天在图书馆学习。
　④ 因为我在准备去中国旅行。

(2) _____?
① 一个多月以后。　　② 三天以后。
③ 明年春天。　　　　④ 星期五。

(3) _____?
① 在床上记生词。　　② 在教室上课。
③ 在家里看电视。　　④ 在教室或图书馆学习。

(4) _____?
① 十二点。　　　　　② 十二点十五分。
③ 十一点。　　　　　④ 十一点四十五分。

(5) _____?
① 因为我非常喜欢汉语。
② 因为我可以去中国留学了。
③ 因为我每天在图书馆学习汉语。
④ 因为我记了许多汉语生词。

B　中国語の文章を聞き、(6)～(10)の問いの答えとして最も適当なものを、それぞれ①～④の中から1つ選びなさい。とくに（　　）の部分に注意して聞きなさい。

(第69回)　CD C31

　　我们公司（a　　　　　　　　），是一家食品贸易公司。我们公司还有三家食品加工厂和十个农场。我们公司的总经理是个宁波人，四十八岁。她丈夫是医生，(b　　　　　　　　)，夫妻俩都喜欢音乐。他们有一个儿子。总经理非常能干，她大学毕业就办起了公司，开始的时候公司里除了她以外只有三个人，但是一年比一年发展得快，(c　　　　　　　　)。总经理虽然工作很忙，但是每天早上和晚上都给丈夫和儿子做饭，星期天一定在家跟家人一起过。(d　　　　　　　　)

2 記述体の文章

(6) _____? CD C32

① 浦东机场大楼里。　　② 食品加工厂附近。
③ 离机场不远的地方。　④ 宁波的农场旁边。

(7) _____?

① 现在主要领导有三个。　　② 职工大部分是女的。
③ 总公司以外还有十三个工厂。④ 现在职工超过了三千人。

(8) _____?

① 湖南人。　② 宁波人。
③ 上海人。　④ 河南人。

(9) _____?

① 三千五百年。　② 一九八三年。
③ 四十八年。　　④ 二十六年。

(10) _____?

① 演奏乐曲。　② 表演戏剧。
③ 料理家务。　④ 开办宴会。

2 記述体の文章

腕試し A

中国語を聞き、情報整理しながらメモを取り、(1)〜(5)の問いの答えとして最も適当なものを、それぞれ①〜④の中から1つ選びなさい。

CD C29

> **メモ**

CD C30

(1) ①　　　　　　　　　②
　　 ③　　　　　　　　　④

(2) ①　　　　　　　　　②
　　 ③　　　　　　　　　④

(3) ①　　　　　　　　　②
　　 ③　　　　　　　　　④

(4) ①　　　　　　　　　②
　　 ③　　　　　　　　　④

(5) ①　　　　　　　　　②
　　 ③　　　　　　　　　④

長文のリスニング問題

2 記述体の文章

腕試し B

中国語を聞き、情報整理しながらメモを取り、(6)～(10)の問いの答えとして最も適当なものを、それぞれ①～④の中から1つ選びなさい。

CD C31

メモ

CD C32

(6) ①　　　　　　　　　　②
　　 ③　　　　　　　　　　④

(7) ①　　　　　　　　　　②
　　 ③　　　　　　　　　　④

(8) ①　　　　　　　　　　②
　　 ③　　　　　　　　　　④

(9) ①　　　　　　　　　　②
　　 ③　　　　　　　　　　④

(10) ①　　　　　　　　　　②
　　　③　　　　　　　　　　④

解説 トレーニング、腕試し 共通

A

原文のピンイン

　　　Xiànzài wǒ měitiān dōu hěn máng. Yīnwèi zài guò yíge duō yuè, wǒ jiùyào cānjiā qù Zhōngguó liúxué de kǎoshì le. Wǒ měitiān zǎoshang liù diǎnzhōng jiù qǐchuáng, ránhòu chī zǎofàn. Qīdiǎn duō qù xuéxiào shàngkè. Cóng xīngqīyī dào xīngqīwǔ, shàngwǔ dōu yǒu kè, xiàwǔ wǒ jiù zài jiàoshì huòzhě túshūguǎn xuéxí. Huíjiā hòu, xiān chī wǎnfàn, ránhòu, kàn yíhuìr diànshì, mǎshàng yòu kāishǐ xuéxí. Yìzhí xué dào shí'èr diǎn cái shàngchuáng, shàngchuáng hòu wǒ háiyào jì shíwǔ fēnzhōng shēngcí, ránhòu cái shuìjiào. Xiànzài, wǒ měitiān cóng zǎo dào wǎn dōu zài zhǔnbèi kǎoshì. Wǒ hěn lèi, dànshì wǒ gǎndào hěn yúkuài, yīnwèi wǒ fēicháng xǐhuan Hànyǔ. Wǒ xiǎng, zhǐyào hǎohāor nǔlì, míngnián chūntiān wǒ jiù yídìng néng qù Zhōngguó liúxué.

原文の和訳

　今私は毎日とても忙しいです。これは後1カ月あまりで、私は中国留学の試験を受けなければならないからです。私は毎朝6時に起きます。それから朝ご飯を食べます。7時過ぎに学校へ行きます。月曜から金曜の午前は授業を受けます。午後は教室か図書館で学習します。帰宅後の夜、先ず晩ご飯を食べます。その後に短時間テレビを見ます。それから勉強を再開します。12時まで勉強してその後にベッドに入ります。しかし、ベッドに就いてからもさらに15分間新出単語を暗記します。その後にやっと寝ます。今、朝から晩まで受験の勉強をしていますので、たいへん疲れていますが、とても楽しいです。中国語は大好きだから。努力さえすれば、来年の春必ず中国へ留学に行けると信じています。

問いと答え

(1) 我为什么每天都很忙？　Wǒ wèishénme měitiān dōu hěn máng?
　　私はなぜ毎日忙しいですか。

　① 因为我每天上午都有课。　Yīnwèi wǒ měitiān shàngwǔ dōu yǒu kè.
　　毎日の午前は授業があるから。

　❷ 因为我在准备去中国留学的考试。
　　Yīnwèi wǒ zài zhǔnbèi qù Zhōngguó liúxué de kǎoshì.
　　中国留学の受験勉強をしているから。

　③ 因为我每天在图书馆学习。　Yīnwèi wǒ měitiān zài túshūguǎn xuéxí.
　　毎日図書館で勉強しいるから。

2 記述体の文章

④ 因为我在准备去中国旅行。 Yīnwèi wǒ zài zhǔnbèi qù Zhōngguó lǚxíng.
中国へ旅行に行く準備をしているから。

②が正解。文章全体は留学試験を準備していることに関するものとなっている。

(2) 我什么时候去参加考试？ Wǒ shénme shíhou qù cānjiā kǎoshì?
私はいつ試験を受けに行きますか。

❶ 一个多月以后。 Yíge duō yuè yǐhòu.　1 か月余りの後。
② 三天以后。 Sān tiān yǐhòu.　3 日後。
③ 明年春天。 Míngnián chūntiān.　来年の春。
④ 星期五。 Xīngqīwǔ.　金曜日。

①が正解。"再过一个多月"「1 カ月余り経ったら」試験を受けなければならないと言っている。

(3) 我每天下午干什么？ Wǒ měitiān xiàwǔ gàn shénme?
私は毎日の午後何をしますか。

① 在床上记生词。 Zài chuángshang jì shēngcí.
ベットで新出単語を暗記します。
② 在教室上课。 Zài jiàoshì shàngkè.
教室で授業を受けます。
③ 在家里看电视。 Zài jiāli kàn diànshì.
家でテレビを見ます。
❹ 在教室或图书馆学习。 Zài jiàoshì huò túshūguǎn xuéxí.
教室か図書館で勉強します。

④が正解。

(4) 我每天晚上几点睡觉？ Wǒ měitiān wǎnshang jǐdiǎn shuìjiào?
私は毎晩何時に寝ますか。

① 十二点。 Shí'èr diǎn.　12 時。
❷ 十二点十五分。 Shí'èr diǎn shíwǔ fēn.　12 時 15 分。
③ 十一点。 Shíyī diǎn.　11 時。
④ 十一点四十五分。 Shíyī diǎn sìshiwǔ fēn.　11 時 45 分。

②が正解。12 時にベットに入ってから更に 15 分間単語を暗記して就寝となっているから。

(5) 我为什么感到很愉快？　Wǒ wèishénme gǎndào hěn yúkuài?
私はなぜ楽しく感じているのですか。

❶ 因为我非常喜欢汉语。　Yīnwèi wǒ fēicháng xǐhuan Hànyǔ.
中国語が大好きだから。

② 因为我可以去中国留学了。　Yīnwèi wǒ kěyǐ qù Zhōngguó liúxué le.
中国へ留学に行けるから。

③ 因为我每天在图书馆学习汉语。
Yīnwèi wǒ měitiān zài túshūguǎn xuéxí Hànyǔ.
毎日図書館で中国語を勉強しているから。

④ 因为我记了许多汉语生词。　Yīnwèi wǒ jì le xǔduō Hànyǔ shēngcí.
中国語の新出単語をたくさん覚えたから。

①が正解。

解答　(1) ②　　(2) ①　　(3) ④　　(4) ②　　(5) ①

B

原文の漢字

　　我们公司在上海浦东机场附近的一座大楼里，是一家食品贸易公司。我们公司还有三家食品加工厂和十个农场。我们公司的总经理是个宁波人，四十八岁。她丈夫是医生，湖南人，夫妻俩都喜欢音乐。他们有一个儿子。总经理非常能干，她大学毕业就办起了公司，开始的时候公司里除了她以外只有三个人，但是一年比一年发展得快，二十六年后的今天公司里一共有三千五百个职工了。总经理虽然工作很忙，但是每天早上和晚上都给丈夫和儿子做饭，星期天一定在家跟家人一起过。她的爱好是弹钢琴，丈夫和儿子都会拉小提琴，一家三口星期天经常在家里开家庭音乐会。

原文のピンイン

　　Wǒmen gōngsī zài Shànghǎi Pǔdōng jīchǎng fùjìn de yízuò dàlóu li, shì yìjiā shípǐn màoyì gōngsī. Wǒmen gōngsī hái yǒu sānjiā shípǐn jiāgōngchǎng hé shíge nóngchǎng. Wǒmen gōngsī de zǒngjīnglǐ shì ge Níngbō rén, sìshíbā suì. Tā zhàngfu shì yīshēng, Húnán rén, fūqī liǎ dōu xǐhuan yīnyuè. Tāmen yǒu yíge érzi. Zǒngjīnglǐ fēicháng nénggàn, tā dàxué bìyè jiù bànqi le gōngsī, kāishǐ de shíhou gōngsī li chúle tā yǐwài zhǐyǒu sānge rén, dànshì yìnián bǐ yìnián fāzhǎn de kuài, èrshíliù nián hòu de jīntiān gōngsī li yígòng yǒu sānqiān wǔbǎi ge zhígōng le. Zǒngjīnglǐ suīrán gōngzuò hěn máng, dànshì měitiān zǎoshang hé wǎnshang dōu gěi zhàngfu hé érzi zuòfàn, xīngqītiān yídìng zàijiā gēn jiārén yìqǐ guò. Tā de àihào shì tán gāngqín, zhàngfu hé érzi dōu huì lā xiǎotíqín, yìjiā sān kǒu xīngqītiān jīngcháng zài jiāli kāi jiātíng yīnyuèhuì.

原文の和訳

　私たちの会社は食品貿易の会社で、上海浦東空港近くのビルにあります。会社は食品加工工場3軒、農場10軒を有しています。社長は寧波出身の人で、48歳です。社長の主人はお医者さんで、湖南省出身の人です。2人は音楽が好きです。息子が1人います。社長はとても有能で、大学を卒業してからすぐ会社を起こしました。設立当初、会社は社長を除いたら社員は3人しかいなかったのですが、その後年々急速な発展を遂げ、26年後の今日、会社は3500人の従業員を有するようになりました。社長は仕事が忙しいのですが、毎日朝晩、主人と息子のために料理を作っています。日曜日は必ず家族と一緒に過ごすようにしています。彼女の趣味はピアノを弾くことです。主人も息子もバイオリンを弾くことができます。日曜日に家族3人が家でよく家庭音楽会を開きます。

問いと答え

(6) 我们公司在哪儿？　Wǒmen gōngsī zài nǎr?
　　私たちの会社はどこにありますか。

　　① 浦东机场大楼里。　Pǔdōng jīchǎng dàlóu li.
　　　浦東空港のターミナルビルにあります。

　　② 食品加工厂附近。　Shípǐn jiāgōngchǎng fùjìn.
　　　食品加工工場の近くにあります。

　　❸ 离机场不远的地方。　Lí jīchǎng bù yuǎn de dìfang.
　　　空港から遠くない所にあります。

　　④ 宁波的农场旁边。　Níngbō de nóngchǎng pángbiān.
　　　寧波の農場の近くにあります。

　③が正解。①を選んでしまわないように注意すること。

(7) 我们公司有多大？　Wǒmen gōngsī yǒu duōdà?
　　私たちの会社の規模はどのぐらいですか。

　　① 现在主要领导有三个。　Xiànzài zhǔyào lǐngdǎo yǒu sān ge.
　　　現在、主要なリーダーは3人います。

　　② 职工大部分是女的。　Zhígōng dàbùfen shì nǚ de.
　　　従業員の大半は女性です。

③ 总公司以外还有十三个工厂。 Zǒnggōngsī yǐwài háiyǒu shísān ge gōngchǎng.
　　本社以外に13軒の工場があります。
❹ 现在职工超过了三千人。 Xiànzài zhígōng chāoguò le sānqiān rén.
　　今、従業員は3000人を超えています。

④が正解。会社の規模については従業員数や、本社以外の工場や農場の数に言及している。③は本文の内容に合っていない。

(8) 总经理的丈夫是哪里人？ Zǒngjīnglǐ de zhàngfu shì nǎli rén?
　　社長のご主人はどこの人ですか。
　❶ 湖南人。 Húnán rén.　湖南省出身の人。
　② 宁波人。 Níngbō rén.　寧波出身の人。
　③ 上海人。 Shànghǎi rén.　上海出身の人。
　④ 河南人。 Hénán rén.　河南省出身の人。
①が正解。②は社長の出身である。

(9) 我们公司有多少年的历史？ Wǒmen gōngsī yǒu duōshao nián de lìshǐ?
　　私たちの会社はどのぐらいの歴史がありますか。
　① 三千五百年。 Sānqiān wǔbǎi nián.　3500年。
　② 一九八三年。 Yījiǔ bāsān nián.　1983年。
　③ 四十八年。 Sìshibā nián.　48年。
　❹ 二十六年。 Èrshiliù nián.　26年。
④が正解。会社設立当初云々から26年後の今日までと述べていたから。

(10) 总经理一家人的爱好是什么？ Zǒngjīnglǐ yìjiārén de àihào shì shénme?
　　社長一家の趣味は何ですか。
　❶ 演奏乐曲。 Yǎnzòu yuèqǔ.　音楽の演奏。
　② 表演戏剧。 Biǎoyǎn xìjù.　演劇。
　③ 料理家务。 Liàolǐ jiāwù.　家事をすること。
　④ 开办宴会。 Kāibàn yànhuì.　パーティーを開くこと。
①が正解。家でコンサートを開催すると言っていた。

解答　(6) ③　　(7) ④　　(8) ①　　(9) ④　　(10) ①

2 記述体の文章

本文空欄の文字：

    a 在上海浦东机场附近的一座大楼里

    b 湖南人

    c 二十六年后的今天公司里一共有三千五百个职工了

    d 她的爱好是弹钢琴，丈夫和儿子都会拉小提琴，一家三口星期天经常在家里开家庭音乐会

2 記述体の文章

9 子供

　子供に関するものが2篇出題されている。1篇は親が息子を紹介するもので、子供の年齢、小学校、好きな授業、放課後の活動、親の希望などが主な内容となっている。もう1篇は自分の子供時代の電話に関する思い出を紹介するものである。関連表現を覚えよう。

関連表現

□ 我有一个儿子，今年八岁。　Wǒ yǒu yí ge érzi, jīnnián bā suì.
　私は息子が1人います。今年8歳です。

□ 在我家附近的一所小学上学。　Zài wǒjiā fùjìn de yì suǒ xiǎoxué shàngxué.
　家の近くの小学校に通っています。

□ 儿子长得又瘦又高，很喜欢运动。
　Érzi zhǎng de yòu shòu yòu gāo, hěn xǐhuan yùndòng.
　息子は細身で背が高く、運動が大好きです。

□ 孩子们有的说喜欢语文课，有的说喜欢算术课，还有的说喜欢美术课。
　Háizimen yǒu de shuō xǐhuan yǔwén kè, yǒu de shuō xǐhuan suànshù kè, háiyǒu de shuō xǐhuan měishù kè.
　子供たちは国語の授業が好きという子もいれば、算数の授業が好きという子もいます。また美術の授業が好きという子もいます。

□ 他白天在学校一下课就去操场。　Tā báitiān zài xuéxiào yí xià kè jiù qù cāochǎng.
　彼は昼間に学校での授業が終わるとすぐグランドに行きます。

□ 他说长大后要当棒球运动员。
　Tā shuō zhǎngdà hòu yào dāng bàngqiú yùndòngyuán.
　彼は大きくなったら野球選手になりたいと言っています。

□ 我希望儿子做一个身体好、学习好、品德好的三好学生。
　Wǒ xīwàng érzi zuò yí ge shēntǐ hǎo、xuéxí hǎo、pǐndé hǎo de sānhǎo xuésheng.
　私は、息子に、体が健康、勉強が優秀で、品性が高いという「三優学生」になってほしいです。

□ 记得我上幼儿园的时候，家里才有了电话。
　Jìde wǒ shàng yòu'éryuán de shíhou, jiāli cái yǒu le diànhuà.
　私が、幼稚園に行った頃に、家にはやっと電話が開設されたと覚えています。

□ 我还以为奶奶在电话里。　Wǒ hái yǐwéi nǎinai zài diànhuà li.
　私はおばあちゃんが電話の中にいると思い込みました。

2 記述体の文章

□ 现在差不多每个孩子都用上了手机。
　Xiànzài chābuduō měige háizi dōu yòngshang le shǒujī.
　今はほとんど全ての子供が携帯を使うようになりました。

□ 我还是喜欢自己充满想像的童年时代。
　Wǒ háishi xǐhuan zìjǐ chōngmǎn xiǎngxiàng de tóngnián shídài.
　私はやはり想像に満ちた自分の子供時代が好きです。

トレーニング

A 中国語の文章を聞き、(1)〜(5)の問いの答えとして最も適当なものを、それぞれ①〜④の中から1つ選びなさい。とくに下線を引いている部分に注意して聞きなさい。
(第72回) CD C33

> 我有一个儿子，今年八岁，在我家附近的一所小学上学。儿子长得又瘦又高，很喜欢运动。记得刚上小学的时候，老师问同学们最喜欢上什么课。孩子们有的说喜欢语文课，有的说喜欢算术课，还有的说喜欢美术课。我儿子说什么呢，他说他喜欢上体育课。他白天在学校一下课就去操场，跟同学们一起高高兴兴地跑着玩儿。每天放学回到家后又马上去公园打球。他说长大后要当棒球运动员。儿子喜欢运动，我很高兴。不过，我也经常跟他说："你可不要忘了学习。"我希望儿子做一个身体好、学习好、品德好的三好学生。

(1) ＿＿＿＿＿＿＿＿＿＿＿＿＿＿？　　CD C34
　① 十岁了。　　　　　② 七岁了。
　③ 十二岁了。　　　　④ 八岁了。

(2) ＿＿＿＿＿＿＿＿＿＿＿＿＿＿？
　① 语文课。　　　　　② 算术课。
　③ 体育课。　　　　　④ 美术课。

2 記述体の文章

(3) _____?
① 到外边儿跑步。　　　　② 去公园打球。
③ 在家里看电视。　　　　④ 在家里学习。

(4) _____?
① 棒球运动员。　　　　　② 网球运动员。
③ 老师。　　　　　　　　④ 医生。

(5) _____?
① 你可不要在外边儿打球。　② 你可不要在外边儿跑步。
③ 你可不要忘了洗手。　　　④ 你可不要忘了学习。

長文のリスニング問題

B 中国語の文章を聞き、(6)～(10)の問いの答えとして最も適当なものを、それぞれ①～④の中から1つ選びなさい。とくに（　　）の部分に注意して聞きなさい。

(第60回) CD C35

　　　记得我上幼儿园的时候，(a　　　　　　　　)。一装上电话，我就要给奶奶打电话。当听见电话里奶奶亲切的声音时，(b　　　　　　　　)。于是，我就拼命地拍打电话，想把奶奶"救"出来。(c　　　　　　　　)，我急得哭了起来。现在差不多每个孩子都用上了手机，他们都用它打电话、(d　　　　　　　　)，再也不会像我小时候那样了。不过，我还是喜欢（e　　　　　　　　）。

(6) _____? CD C36
① 电话。　　　　　　② 手机。
③ 电脑。　　　　　　④ 收音机。

(7) _____?
① 在幼儿园里。　　　② 在房间里。
③ 在电话里。　　　　④ 在商店里。

407

2 記述体の文章

(8) _____？
① 因为我把电话拍打坏了。　② 因为奶奶不出来。
③ 因为奶奶不让我打电话。　④ 因为妈妈不给我买手机。

(9) _____？
① 发短信。　② 看电视。
③ 学英语。　④ 玩儿游戏。

(10) _____？
① 因为可以听到奶奶亲切的声音。
② 因为可以用手机听音乐。
③ 因为我不喜欢用手机打电话。
④ 因为我的童年充满了想像。

腕試しA

中国語を聞き、情報整理しながらメモを取り、(1)～(5)の問いの答えとして最も適当なものを、それぞれ①～④の中から1つ選びなさい。

CD C33

メモ

CD C34

(1) ①　②
　　③　④

2 記述体の文章

(2) ① ②
　　 ③ ④

(3) ① ②
　　 ③ ④

(4) ① ②
　　 ③ ④

(5) ① ②
　　 ③ ④

腕試し B

中国語を聞き、情報整理しながらメモを取り、(6)〜(10)の問いの答えとして最も適当なものを、それぞれ①〜④の中から1つ選びなさい。

CD C35

```
メモ



```

CD C36

(6) ① ②
　　 ③ ④

2 記述体の文章

(7) ① ②
　　③ ④

(8) ① ②
　　③ ④

(9) ① ②
　　③ ④

(10) ① ②
　　③ ④

2 記述体の文章

解説 トレーニング、腕試し 共通

A

原文のピンイン

　　Wǒ yǒu yí ge érzi, jīnnián bā suì, zài wǒjiā fùjìn de yìsuǒ xiǎoxué shàngxué. Érzi zhǎng de yòu shòu yòu gāo, hěn xǐhuan yùndòng. Jìde gāng shàng xiǎoxué de shíhou, lǎoshī wèn tóngxué men zuì xǐhuan shàng shénme kè. Háizimen yǒu de shuō xǐhuan yǔwén kè, yǒu de shuō xǐhuan suànshù kè, hái yǒu de shuō xǐhuan měishù kè. Wǒ érzi shuō shénme ne, tā shuō tā xǐhuan shàng tǐyùkè. Tā báitiān zài xuéxiào yí xià kè jiù qù cāochǎng, gēn tóngxué men yìqǐ gāogāoxìngxìng de pǎo zhe wánr. Měitiān fàngxué huídào jiā hòu yòu mǎshàng qù gōngyuán dǎ qiú. Tā shuō zhǎngdà hòu yào dāng bàngqiú yùndòngyuán. Érzi xǐhuan yùndòng, wǒ hěn gāoxìng. Búguò, wǒ yě jīngcháng gēn tā shuō: "Nǐ kě bú yào wàng le xuéxí." Wǒ xīwàng érzi zuò yí ge shēntǐ hǎo、xuéxí hǎo、pǐndé hǎo de sānhǎo xuésheng.

原文の和訳

　　私は息子が1人います。今年は8歳で、家の近くの小学校に通っています。息子は痩せて背が高く、スポーツが大好きです。小学校に通い始めたばかりの時のことと思いますが、先生は生徒にどんな科目が好きですかと聞きました。子供たちは国語と答えたり、算数と答えたり、さらに美術と答えたりしていましたが、私の息子は何と答えたでしょう。体育が好きと答えたのです。昼間、息子は学校で授業が終わるとすぐ運動場に行き、生徒たちと楽しそうに走ったりして遊んでいます。放課後家に帰った後もまた公園へ行って球技をしたりしています。息子は大きくなったら野球選手になりたいと言っています。息子がスポーツが好きなのはとても嬉しく思いますが、「勉強を忘れてはいけない」と常に息子に話しています。私は、息子に、体が丈夫で、勉強が良くできて、品性も優れる「三優学生」になってほしいと願っています。

問いと答え

(1) 我儿子今年几岁了？　Wǒ érzi jīnnián jǐsuì le?
　　私の息子は今年何歳ですか。

　　① 十岁了。　Shí suì le.　10歳になりました。

　　② 七岁了。　Qī suì le.　7歳になりました。

　　③ 十二岁了。　Shí'èr suì le.　12歳になりました。

　　❹ 八岁了。　Bā suì le.　8歳になりました。

　　④が正解。

(2) 我儿子说最喜欢上什么课？ Wǒ érzi shuō zuì xǐhuan shàng shénme kè?
息子が最も好きな科目は何ですか。

① 语文课。 Yǔwén kè.　国語です。
② 算术课。 Suànshù kè.　算数です。
❸ 体育课。 Tǐyù kè.　体育です。
④ 美术课。 Měishù kè.　美術です。

③が正解。

(3) 我儿子每天回家后干什么？ Wǒ érzi měitiān huíjiā hòu gàn shénme?
息子は家に帰った後は何をしますか。

① 到外边儿跑步。 Dào wàibianr pǎobù.　外で走り回ります。
❷ 去公园打球。 Qù gōngyuán dǎ qiú.　公園へ行って球技をします。
③ 在家里看电视。 Zài jiāli kàn diànshì.　家でテレビを見ます。
④ 在家里学习。 Zài jiāli xuéxí.　家で勉強をします。

②が正解。

(4) 我儿子长大后要当什么？ Wǒ érzi zhǎngdà hòu yào dāng shénme?
息子は大きくなったら何になりたいですか。

❶ 棒球运动员。 Bàngqiú yùndòngyuán.　野球選手。
② 网球运动员。 Wǎngqiú yùndòngyuán.　テニス選手。
③ 老师。 Lǎoshī.　先生。
④ 医生。 Yīshēng.　医者。

①が正解。

(5) 我经常跟儿子说什么？ Wǒ jīngcháng gēn érzi shuō shénme?
私はいつも息子に何を言っていますか。

① 你可不要在外边儿打球。 Nǐ kě bú yào zài wàibianr dǎ qiú.
外で球技をしないで。
② 你可不要在外边儿跑步。 Nǐ kě bú yào zài wàibianr pǎobù.
外で走り回らないで。
③ 你可不要忘了洗手。 Nǐ kě bú yào wàng le xǐ shǒu.
手を洗うのを忘れないで。
❹ 你可不要忘了学习。 Nǐ kě bú yào wàng le xuéxí.
勉強を忘れないで。

④が正解。

解答 (1) ④　(2) ③　(3) ②　(4) ①　(5) ④

B

原文の漢字

　　记得我上幼儿园的时候，家里才有了电话。一装上电话，我就要给奶奶打电话。当听见电话里奶奶亲切的声音时，我还以为奶奶在电话里。于是，我就拼命地拍打电话，想把奶奶"救"出来。我大声地喊奶奶，可是奶奶怎么也不出来，我急得哭了起来。现在差不多每个孩子都用上了手机，他们都用它打电话、看时间、发短信，有的手机还可以听音乐、拍照片，再也不会像我小时候那样了。不过，我还是喜欢自己充满想像的童年时代。

原文のピンイン

　　Jìde wǒ shàng yòu'éryuán de shíhou, jiāli cái yǒu le diànhuà. Yì zhuāng shang diànhuà, wǒ jiù yào gěi nǎinai dǎ diànhuà. Dāng tīngjiàn diànhuà li nǎinai qīnqiè de shēngyīn shí, wǒ hái yǐwéi nǎinai zài diànhuà li. Yúshì, wǒ jiù pīnmìng de pāidǎ diànhuà, xiǎng bǎ nǎinai "jiù" chulai. Wǒ dàshēng de hǎn nǎinai, kěshì nǎinai zěnme yě bù chūlai, wǒ jí de kū le qǐlai. Xiànzài chābuduō měige háizi dōu yòngshang le shǒujī, tāmen dōu yòng tā dǎ diànhuà、kàn shíjiān、fā duǎnxìn, yǒu de shǒujī hái kěyǐ tīng yīnyuè、pāi zhàopiàn, zài yě bú huì xiàng wǒ xiǎo shíhou nàyàng le. Búguò, wǒ háishi xǐhuan zìjǐ chōngmǎn xiǎngxiàng de tóngnián shídài.

原文の和訳

　　幼稚園に通っていた時のことと思いますが、家はやっと電話が開通しました。開通した後にすぐおばあちゃんに電話を掛けました。おばあちゃんの優しい声を聞くと、おばあちゃんが電話の中にいると思いました。そこで、私は必死に電話機を叩いて、おばあちゃんを救い出したいと思いました。私は大声でおばあちゃんを呼びましたが、いくら呼んでも出てきませんでした。私は焦って泣いてしまいました。今では殆どの子供は携帯電話を持つようになり、携帯で電話を掛けたり、時計として使ったり、メールを送ったりしています。また、音楽が聞け、写真が撮れる携帯もあります。私の子供時代のようなことはもうありえなくなってしまいました。しかし、私はやはり想像に満ちた自分の子供時代が好きです。

2 記述体の文章

問いと答え

(6) 我上幼儿园的时候家里才有了什么？
Wǒ shàng yòu'éryuán de shíhou jiāli cái yǒu le shénme?
私が幼稚園に通っていた時には、家では何が初めてあるようになりましたか。

❶ 电话。 Diànhuà.　電話。
② 手机。 Shǒujī.　携帯電話。
③ 电脑。 Diànnǎo.　パソコン。
④ 收音机。 Shōuyīnjī.　ラジオ。

①が正解。

(7) 我以为奶奶在哪里？ Wǒ yǐwéi nǎinai zài nǎli?
私はおばあちゃんがどこにいると思いましたか。

① 在幼儿园里。 Zài yòu'éryuán li.　幼稚園に。
② 在房间里。 Zài fángjiān li.　部屋に。
❸ 在电话里。 Zài diànhuà li.　電話機に。
④ 在商店里。 Zài shāngdiàn li.　店に。

③が正解。

(8) 我为什么哭了起来？ Wǒ wèishénme kū le qǐlai?
私はなぜ泣いてしまいましたか。

① 因为我把电话拍打坏了。 Yīnwèi wǒ bǎ diànhuà pāidǎ huài le.
私が電話機を叩き壊したから。

❷ 因为奶奶不出来。 Yīnwèi nǎinai bùchūlai.
おばあちゃんが出てこなかったから。

③ 因为奶奶不让我打电话。 Yīnwèi nǎinai búràng wǒ dǎ diànhuà.
おばあちゃんが私に電話をさせなかったから。

④ 因为妈妈不给我买手机。 Yīnwèi māma bù gěi wǒ mǎi shǒujī.
お母さんが携帯を買ってくれなかったから。

②が正解。

(9) 现在的孩子除了打电话以外，还用手机干什么？
Xiànzài de háizi chúle dǎ diànhuà yǐwài, hái yòng shǒujī gàn shénme?
今の子供は携帯を電話以外に何に使っていますか。

❶ 发短信。 Fā duǎnxìn.　メールを送信する。

2 記述体の文章

② 看电视。 Kàn diànshì. テレビを見る。
③ 学英语。 Xué Yīngyǔ. 英語を習う。
④ 玩儿游戏。 Wánr yóuxì. ゲームをやる。

①が正解。

(10) 我为什么喜欢自己的童年时代？ Wǒ wèishénme xǐhuan zìjǐ de tóngnián shídài?
私はなぜ自分の子供時代が好きなのですか。

① 因为可以听到奶奶亲切的声音。
Yīnwèi kěyǐ tīngdào nǎinai qīnqiè de shēngyīn.
おばあちゃんの優しい声が聞けるから。

② 因为可以用手机听音乐。 Yīnwèi kěyǐ yòng shǒujī tīng yīnyuè.
携帯で音楽が聞けるから。

③ 因为我不喜欢用手机打电话。 Yīnwèi wǒ bù xǐhuan yòng shǒujī dǎ diànhuà.
携帯で電話するのが嫌いだから。

❹ 因为我的童年充满了想像。 Yīnwèi wǒ de tóngnián chōngmǎn le xiǎngxiàng.
私の子供時代は想像に満ちていたから。

④が正解。

解答 (6) ①　(7) ③　(8) ②　(9) ①　(10) ④

本文空欄の文字：

　a 家里才有了电话
　b 我还以为奶奶在电话里
　c 我大声地喊奶奶，可是奶奶怎么也不出来
　d 看时间、发短信，有的手机还可以听音乐、拍照片
　e 自己充满想像的童年时代

2 記述体の文章

10 思い出

思い出に関するものが2篇あって、1篇は同窓会のスピーチの形式で出題されている。現在の感想、昔の出来事、これからの願いなどで構成されている。もう1篇は母校を訪問し、母校の今と昔を比較した。学校の施設などに関する語彙を学習しておきたい。

関連表現

☐ 今天我非常高兴来参加咱们班的聚会。
　Jīntiān wǒ fēicháng gāoxìng lái cānjiā zánmen bān de jùhuì.
　今日私はわがクラスの集まりに参加できてとても嬉しく思います。

☐ 毕业已经二十年了，我们的变化太大了。
　Bìyè yǐjīng èrshí nián le, wǒmen de biànhuà tài dà le.
　卒業してすでに20年になりました。私たちの変化はとても大きいものです。

☐ 大家都还记得我吧？　Dàjiā dōu hái jìde wǒ ba?
　皆さんはまだ私のことを覚えているでしょうか。

☐ 记得有一次。　Jìde yǒu yí cì.
　あの日のことを覚えています。

☐ 转眼间二十年过去了。　Zhuǎnyǎn jiān èrshí nián guòqu le.
　瞬く間に20年が過ぎました。

☐ 希望我们以后多联系，互相多关照。
　Xīwàng wǒmen yǐhòu duō liánxì, hùxiāng duō guānzhào.
　私たちは今後よく連絡を取り、助け合うことを願っています。

☐ 我从大学毕业到现在已经二十年了。
　Wǒ cóng dàxué bìyè dào xiànzài yǐjīng èrshí nián le.
　私は大学を卒業してから既に20年になりました。

☐ 时间过得很快。　Shíjiān guò de hěn kuài.
　時間が経つのがとても速いです。

☐ 这几天我常常想起大学的生活。
　Zhè jǐ tiān wǒ chángcháng xiǎngqǐ dàxué de shēnghuó.
　この頃、私はよく大学時代の生活を思い出します。

☐ 学校门前的路比以前平多了。　Xuéxiào ménqián de lù bǐ yǐqián píng duō le.
　学校前の道路は以前より随分平らになりました。

☐ 路边卖杂志的那家小店不见了。
　Lùbiān mài zázhì de nà jiā xiǎodiàn bújiàn le.
　雑誌を売る道端のあの小さな店がなくなりました。

☐ 让我高兴的是饭菜的味道和以前一样，还是那么香。
　Ràng wǒ gāoxìng de shì fàncài de wèidao hé yǐqián yíyàng, háishi nàme xiāng.
　私を喜ばせたのは料理の味が以前と変わらず、とても美味しかったことです。

トレーニング

A 中国語の文章を聞き、(1)～(5)の問いの答えとして最も適当なものを、それぞれ①～④の中から1つ選びなさい。とくに下線を引いている部分に注意して聞きなさい。

（第60回）　CD C37

　　同学们，今天我非常高兴来参加咱们班的聚会。毕业已经二十年了，我们的变化太大了。大家都还记得我吧？　二十年前，我是班长，大家都叫我小胖子。那时候，咱们一起上学，一起上课，放学以后总是在学校旁边的小公园玩儿到天黑才回家。记得有一次，咱们在小公园踢球，把附近人家的玻璃窗打碎了，吓得大家躲在树后一直不敢回家。转眼间二十年过去了，但是我们的友谊是永远存在的，希望我们以后多联系，互相多关照，我们永远是好朋友！

(1) ＿＿＿＿＿＿＿＿＿＿＿＿＿＿＿＿？　　　　　CD C38
　① 公司聚会。　　　　　② 新年晚会。
　③ 同学聚会。　　　　　④ 足球比赛。

(2) ＿＿＿＿＿＿＿＿＿＿＿＿＿＿＿＿？
　① 班长。　　　　　　　② 运动员。
　③ 好朋友。　　　　　　④ 老师。

(3) ＿＿＿＿＿＿＿＿＿＿＿＿＿＿＿＿？
　① 学校的教室里。　　　② 学校的操场上。
　③ 学校附近的同学家里。④ 学校旁边的小公园。

2 記述体の文章

(4) ＿＿＿＿＿＿＿＿＿＿＿＿＿＿＿＿？

① 因为天黑了。　　　　　　② 因为踢球打碎了玻璃窗。
③ 因为没有写作业。　　　　④ 因为在公园玩儿得太久了。

(5) ＿＿＿＿＿＿＿＿＿＿＿＿＿＿＿＿？

① 希望大家以后多联系。　　② 希望大家一起上学。
③ 希望再去小公园玩儿。　　④ 希望每天能早点儿回家。

B 中国語の文章を聞き、(6)～(10)の問いの答えとして最も適当なものを、それぞれ①～④の中から1つ選びなさい。とくに（　　）の部分に注意して聞きなさい。

(第71回)　CD C39

　　我（a　　　　　　　　）。这些年来，我一直很忙，找工作、谈恋爱、结婚、买房子、搬家。时间过得很快，我已经四十三岁了。不知道为什么，这几天我常常想起大学的生活，我决定回母校看一看。我是（b　　　　　　），出了地铁站，就是我们学校的大门。因为以前这里没有地铁，所以我觉得特别方便。学校门前的路比以前平多了，路边卖杂志的那家小店不见了。我上大学的时候，几乎所有的杂志都是在那家店买的，（c　　　　　　　　）。走进学校，看到一个新的图书馆，还有一个新的游泳池。有很多学生正在游泳。我去了二十年前常去的食堂，虽然食堂看上去有点儿旧，但是（d　　　　　　）。我觉得（e　　　　　　　　），走在校园里，我非常快乐。

(6) ＿＿＿＿＿＿＿＿＿＿＿＿＿＿＿＿？　　CD C40

① 二十年。　　　　② 二十三年。
③ 四十年。　　　　④ 四十三年。

(7) ＿＿＿＿＿＿＿＿＿＿＿＿＿＿＿＿？

① 有了地铁。　　　② 有了新的食堂。
③ 有了图书馆。　　④ 有了卖杂志的小店。

(8) _____?

① 因为图书馆没有了。　　② 因为卖杂志的小店没有了。
③ 因为游泳池不见了。　　④ 因为学校搬家了。

(9) _____?

① 比以前好吃多了。　　　② 没有以前那么好吃。
③ 味道和以前一样，很好吃。　④ 味道和以前一样，不太好吃。

(10) _____?

① 因为学校变年轻了。　　② 因为很多学生正在游泳。
③ 因为坐上了地铁。　　　④ 因为见到了老同学。

腕試し A

中国語を聞き、情報整理しながらメモを取り、(1)～(5)の問いの答えとして最も適当なものを、それぞれ①～④の中から1つ選びなさい。

CD C37

メモ

CD C38

(1) ①　　　　　　　　　②
　　③　　　　　　　　　④

◆ 2 記述体の文章

(2) ① ②
　　③ ④

(3) ① ②
　　③ ④

(4) ① ②
　　③ ④

(5) ① ②
　　③ ④

腕試し B

中国語を聞き、情報整理しながらメモを取り、(6)～(10)の問いの答えとして最も適当なものを、それぞれ①～④の中から1つ選びなさい。

CD C39

メモ

CD C40

(6) ① ②
　　③ ④

2 記述体の文章

(7) ① ②
    ③ ④

(8) ① ②
    ③ ④

(9) ① ②
    ③ ④

(10) ① ②
     ③ ④

長文のリスニング問題

2 記述体の文章

解説 トレーニング、腕試し 共通

A

原文のピンイン

　　Tóngxué men, jīntiān wǒ fēicháng gāoxìng lái cānjiā zánmen bān de jùhuì. Bìyè yǐjīng èrshí nián le, wǒmen de biànhuà tài dà le. Dàjiā dōu hái jìde wǒ ba? Èrshí nián qián, wǒ shì bānzhǎng, dàjiā dōu jiào wǒ xiǎo pàngzi. Nèi shíhou, zánmen yìqǐ shàngxué, yìqǐ shàngkè, fàngxué yǐhòu zǒngshì zài xuéxiào pángbiān de xiǎo gōngyuán wánr dào tiānhēi cái huíjiā. Jìde yǒu yí cì, zánmen zài xiǎo gōngyuán tī qiú, bǎ fùjìn rénjiā de bōlichuāng dǎsuì le, xià de dàjiā duǒ zài shù hòu yìzhí bù gǎn huíjiā. Zhuǎnyǎn jiān èrshí nián guòqu le, dànshì wǒmen de yǒuyì shì yǒngyuǎn cúnzài de, xīwàng wǒmen yǐhòu duō liánxì, hùxiāng duō guānzhào, wǒmen yǒngyuǎn shì hǎo péngyou!

原文の和訳

　同級生のみなさん、本日、私たちのクラスの同窓会に参加できてとても嬉しく思っています。卒業してもう20年も経ち、私たちの変化もとても大きいです。みなさん、まだ、私のことを覚えているでしょうか。20年前、私は「班長」でした。みんなは私をデブちゃんと呼んでいましたね。あの頃、私たちは一緒に学校に行き、一緒に授業を受けました。放課後もいつも学校近くの公園で暗くなるまで遊んでいました。覚えていますか。ある日、私たちは公園でサッカーをしていて、ボールが近くの家の窓ガラスを割ってしまいました。みんなは怖くなり、木の下に隠れて、なかなか家に帰れませんでしたね。あっという間に20年が経ちましたが、私たちの友情は永遠に続くと思います。今後もよく連絡を取りあい、互いに助け合うことを願っています。私たちは永遠に友達です。

問いと答え

(1) 今天他们是来参加什么活动的？
　　Jīntiān tāmen shì lái cānjiā shénme huódòng de?
　　今日、彼らはどんな活動に参加しに来たのですか。

　　① 公司聚会。　Gōngsī jùhuì.　会社の会合。
　　② 新年晚会。　Xīnnián wǎnhuì.　新年のパーティー。
　　❸ 同学聚会。　Tóngxué jùhuì.　同窓会。
　　④ 足球比赛。　Zúqiú bǐsài.　サッカーの試合。

　③が正解。

(2) 二十年前，我是： Èrshí nián qián, wǒ shì: 20年前、私は～でした。
- ❶ 班长。 Bānzhǎng. 班長（学級委員）。
- ② 运动员。 Yùndòngyuán. 選手。
- ③ 好朋友。 Hǎo péngyou. 親友。
- ④ 老师。 Lǎoshī. 先生。

①が正解。

(3) 放学以后我们总是在哪里玩儿？ Fàngxué yǐhòu wǒmen zǒngshì zài nǎli wánr?
放課後、私たちはいつもどこで遊んでいましたか。
- ① 学校的教室里。 Xuéxiào de jiàoshì li.
学校の教室で。
- ② 学校的操场上。 Xuéxiào de cāochǎng shang.
学校の運動場で。
- ③ 学校附近的同学家里。 Xuéxiào fùjìn de tóngxué jiāli.
学校近くの同級生の家で。
- ❹ 学校旁边的小公园。 Xuéxiào pángbiān de xiǎo gōngyuán.
学校近くの公園で。

④が正解。

(4) 那一次，大家为什么不敢回家？ Nà yí cì, dàjiā wèishénme bù gǎn huíjiā?
あの時、なぜ、みんなは家に帰るのが怖かったのですか。
- ① 因为天黑了。 Yīnwèi tiānhēi le.
暗くなったから。
- ❷ 因为踢球打碎了玻璃窗。 Yīnwèi tī qiú dǎsuì le bōlichuāng.
球技中にボールが窓ガラスを割ったから。
- ③ 因为没有写作业。 Yīnwèi méiyǒu xiě zuòyè.
宿題をやらなかったから。
- ④ 因为在公园玩儿得太久了。 Yīnwèi zài gōngyuán wánr de tài jiǔ le.
公園で長く遊んでいたから。

②が正解。

(5) 我希望以后怎么样？ Wǒ xīwàng yǐhòu zěnmeyàng?
私は今後どうなるように願っていますか。
- ❶ 希望大家以后多联系。 Xīwàng dàjiā yǐhòu duō liánxì.
今後みんなよく連絡を取り合うよう願っています。

2 記述体の文章

② 希望大家一起上学。 Xīwàng dàjiā yìqǐ shàngxué.
一緒に学校へ行くのを願っています。
③ 希望再去小公园玩儿。 Xīwàng zài qù xiǎo gōngyuán wánr.
再び公園へ遊びに行くことを希望しています。
④ 希望每天能早点儿回家。 Xīwàng měitiān néng zǎo diǎnr huíjiā.
毎日早く家に帰れることを希望しています。

①が正解。

解答 (1) ③　　(2) ①　　(3) ④　　(4) ②　　(5) ①

B

原文の漢字

　　我从大学毕业到现在已经二十年了。这些年来，我一直很忙，找工作、谈恋爱、结婚、买房子、搬家。时间过得很快，我已经四十三岁了。不知道为什么，这几天我常常想起大学的生活，我决定回母校看一看。我是坐刚刚开通的地铁来到大学的，出了地铁站，就是我们学校的大门。因为以前这里没有地铁，所以我觉得特别方便。学校门前的路比以前平多了，路边卖杂志的那家小店不见了。我上大学的时候，几乎所有的杂志都是在那家店买的，现在没有了，我有点儿感到可惜。走进学校，看到一个新的图书馆，还有一个新的游泳池。有很多学生正在游泳。我去了二十年前常去的食堂，虽然食堂看上去有点儿旧，但是让我高兴的是饭菜的味道和以前一样，还是那么香。我觉得学校越来越年轻了，走在校园里，我非常快乐。

原文のピンイン

　　Wǒ cóng dàxué bìyè dào xiànzài yǐjīng èrshí nián le. Zhèxiē nián lái, wǒ yìzhí hěn máng, zhǎo gōngzuò、tán liàn'ài、jiéhūn、mǎi fángzi、bānjiā. Shíjiān guò de hěn kuài, wǒ yǐjīng sìshisān suì le. Bù zhīdao wèishénme, zhè jǐ tiān wǒ chángcháng xiǎngqǐ dàxué de shēnghuó, wǒ juédìng huí mǔxiào kàn yi kàn. Wǒ shì zuò gānggāng kāitōng de dìtiě láidào dàxué de, chū le dìtiězhàn, jiùshì wǒmen xuéxiào de dàmén. Yīnwèi yǐqián zhèlǐ méiyǒu dìtiě, suǒyǐ wǒ juéde tèbié fāngbiàn. Xuéxiào ménqián de lù bǐ yǐqián píng duō le, lùbiān mài zázhì de nèi jiā xiǎodiàn bújiànle. Wǒ shàng dàxué de shíhou, jīhū suǒyǒu de zázhì dōu shì zài nèijiā diàn mǎi de, xiànzài méiyǒu le, wǒ yǒudiǎnr gǎndào kěxī. Zǒujìn xuéxiào, kàndào yí ge xīn de túshūguǎn, háiyǒu yí ge xīn de yóuyǒngchí. Yǒu hěn duō xuésheng zhèngzài yóuyǒng. Wǒ qù le èrshí nián qián cháng qù de shítáng, suīrán shítáng kànshangqu yǒudiǎnr jiù, dànshì ràng wǒ gāoxìng de shì fàncài de wèidao hé yǐqián yíyàng, háishi nàme xiāng. Wǒ juéde xuéxiào yuèláiyuè niánqīng le, zǒu zài xiàoyuán li, wǒ fēicháng kuàilè.

原文の和訳
　私は大学を卒業してもう20年になりました。この20年、仕事探し、恋愛、結婚、住宅の購入、引っ越しなどで、ずっと忙しかったです。時間が経つのは本当に早いです。私はもう43歳になりました。どうしたのか、最近、私は時々大学時代の生活を思い出します。私は母校に帰って回ってみることにしました。私は、開通したばかりの地下鉄で大学に来ました。地下鉄の駅を出ると、大学の正門はすぐそこにあります。以前この辺りには地下鉄がなかったので、今はとても便利になったと痛感しました。学校前の道路も平らになり、道端の雑誌の店も無くなりました。少し惜しい気持がしました。学校に入ると、新しい図書館が目に入り、新しいプールも見えました。プールには大勢の学生が泳いでいました。私は20年前の食堂へ行きました。食堂はすこし古くなっていると感じましたが、嬉しいことには、料理の味は以前と変わらず美味しかったです。私は学校がますます若くなったと感じました。大学のキャンパスを回ってとても楽しかったです。

問いと答え
(6) 我大学毕业多少年了？　Wǒ dàxué bìyè duōshao nián le?
　　私は大学を卒業して何年になりましたか。

　　❶ 二十年。　Èrshí nián.　20年。
　　② 二十三年。　Èrshisān nián.　23年。
　　③ 四十年。　Sìshí nián.　40年。
　　④ 四十三年。　Sìshisān nián.　43年。
　①が正解。

(7) 大学附近有了什么变化？　Dàxué fùjìn yǒu le shénme biànhuà?
　　大学の近くはどんな変化がありましたか。

　　❶ 有了地铁。　Yǒu le dìtiě.　地下鉄が開通しました。
　　② 有了新的食堂。　Yǒu le xīn de shítáng.　新しい食堂が開設されました。
　　③ 有了图书馆。　Yǒu le túshūguǎn.　図書館が建てられました。
　　④ 有了卖杂志的小店。　Yǒu le mài zázhì de xiǎodiàn.
　　　雑誌を売る店が設けられました。

2 記述体の文章

　①が正解。設問は大学付近の変化についてなので、要注意。④も大学付近についてだが、内容が違う。②③はキャンパス内に関するもので、かつ本文の内容と異なる。

(8) 我为什么有点儿感到可惜？　Wǒ wèishénme yǒudiǎnr gǎndào kěxī?
　　私はなぜ惜しい気持がしたのですか。
　　① 因为图书馆没有了。　Yīnwèi túshūguǎn méiyǒu le.
　　　 図書館が無くなったから。
　　❷ 因为卖杂志的小店没有了。　Yīnwèi mài zázhì de xiǎodiàn méiyǒu le.
　　　 雑誌を売る店が無くなったから。
　　③ 因为游泳池不见了。　Yīnwèi yóuyǒngchí bújiàn le.
　　　 プールが無くなったから。
　　④ 因为学校搬家了。　Yīnwèi xuéxiào bānjiā le.
　　　 学校は引っ越したから。
　②が正解。

(9) 食堂饭菜的味道怎么样？　Shítáng fàncài de wèidao zěnmeyàng?
　　食堂の料理の味はどうでしたか。
　　① 比以前好吃多了。　Bǐ yǐqián hǎochī duō le.
　　　 以前よりだいぶ美味しくなりました。
　　② 没有以前那么好吃。　Méiyǒu yǐqián nàme hǎochī.
　　　 以前ほど美味しくありませんでした。
　　❸ 味道和以前一样，很好吃。　Wèidao hé yǐqián yíyàng, hěn hǎochī.
　　　 味は以前と同じようにとても美味しかったです。
　　④ 味道和以前一样，不太好吃。　Wèidao hé yǐqián yíyàng, bútài hǎochī.
　　　 味は以前と同じようにあまり美味しくなかったです。
　③が正解。

(10) 走在校园里，我为什么非常快乐？
　　 Zǒu zài xiàoyuán li, wǒ wèishénme fēicháng kuàilè?
　　 キャンパスを歩いていた時、私はなぜとても楽しかったのですか。
　　❶ 因为学校变年轻了。　Yīnwèi xuéxiào biàn niánqīng le.
　　　 学校は若くなったから。
　　② 因为很多学生正在游泳。　Yīnwèi hěn duō xuésheng zhèngzài yóuyǒng.
　　　 多くの学生が泳いでいたから。

③ 因为坐上了地铁。 Yīnwèi zuòshang le dìtiě.
地下鉄に乗ったから。

④ 因为见到了老同学。 Yīnwèi jiàndào le lǎo tóngxué.
同級生に会えたから。

①が正解。

解答　(6) ①　　(7) ①　　(8) ②　　(9) ③　　(10) ①

本文空欄の文字：
　a 从大学毕业到现在已经二十年了
　b 坐刚刚开通的地铁来到大学的
　c 现在没有了，我有点儿感到可惜
　d 让我高兴的是饭菜的味道和以前一样，还是那么香
　e 学校越来越年轻了

◆ 2 記述体の文章

リハーサル ⑤

中国語の文章聞き、(1)～(5)の問いの答えとして最も適当なものを、それぞれ①～④の中から1つ選びなさい。
(第63回) CD C41

メモ

CD C42

(1) ①　　②　　③　　④

(2) ①　　②　　③　　④

(3) ①　　②　　③　　④

(4) ①　　②　　③　　④

(5) ①　　②　　③　　④

2 記述体の文章

リハーサル ⑥

中国語の文章聞き、(6)～(10)の問いの答えとして最も適当なものを、それぞれ①～④の中から1つ選びなさい。

(第62回)　CD C43

メモ

CD C44

(6) ①　　②　　③　　④

(7) ①　　②　　③　　④

(8) ①　　②　　③　　④

(9) ①　　②　　③　　④

(10) ①　　②　　③　　④

2 長文のリスニング問題

◆ 2 記述体の文章

▶受験テクニック◀

　記述体長文は、長文そのものや、設問と答えの選択肢は一切提示されない場合と、設問だけ提示される場合がある。最近は提示される傾向になっている。それぞれ対策法が異なる。まず一切提示されない場合について説明する。
　記述形式の長文の場合は1人の語り手が延々と話していくのがほとんどである。大量かつ類似している情報を整理しながらメモしておく必要がある。1回目の長文の音声を聞く時、長文のテーマや大まかな内容を把握し、複数の人物が出る場合は人物を軸に、日にちが複数の場合は日にちを軸に、事柄が多い場合は事柄を軸に、項目を立てて情報を整理しながらメモを取ることをお勧めしたい。
　例えば、家族を紹介するテーマの場合は、次のような整理項目を立てればよい。

テーマ：家族

人物	年齢	趣味	仕事	いつ	どこ	なにを	方式	時間	～
A 妈妈	44		老师	星期一		学汉语			
B 爸爸	45	旅游	职员						
C～									
D									
E									

　問題冊子にメモスペースがあるので、それを利用して上述のような項目を立てて整理するだけでよい。わざわざ表を作る必要はない。自分さえ分かれば、中国語でも日本語でもどんな文字でもよい。省略形でもよい。要するに、聞く作業の邪魔にならないように、自分に合った方法を工夫することである。最初は時間がかかるかもしれないが、繰り返して練習しておけば、効率よく早くメモできるようになる。
　長文の後に設問が流されるが、どれぐらい設問が聞き取れるかは、どれぐらい正解できるかに繋がる。1回目の設問の音声を聞く時には、主語、述語、目的語の順に、特に疑問詞、つまり何について聞かれているのかをメモしておきたい。答えの選択肢が流される時には、メモした長文の内容に合うものに仮丸

付けをする。

　2回目に長文の音声が流される時には、設問の答えとなる部分を中心に聞き、メモする。設問と答えの選択肢の音声が流される時には、正答を確認して丸付けをする。

　設問が提示される場合は、1回目の長文の音声が流される前にできるだけ早く設問に目を通し、長文の内容を推測する。内容が予測できれば、長文の内容を聞き取りやすくなる。音声が流れ始めたら、設問の答えになるものだけを中心に聞き、メモすればよい。しかし、答えの語句が文章にない場合がある。例えば、「お姉さんは23歳です」と話し、しばらくの後に「私がお姉さんより3歳下です」というような話に対して、「私はいくつですか」という設問をする。設問の答えがそのまま文章中にない場合は、それに関連する内容をメモしたり考えたりする必要がある。答えの選択肢の音声が流れてきたら、メモしたものと一致するものに丸付けをする。2回目以降も同じ作業をする。

　記述体長文のテーマとしては、まず人の紹介である。そのうち、友人紹介が最も多い。また自己紹介、先生の紹介の外に子供の紹介もある。次に多いのは主人公の生活を紹介する内容である。特に留学生活に関するものが多い。そのほかのテーマとしては、趣味、余暇、旅行、勉学と仕事、母校やクラスの思い出などがある。

　記述体の長文の内容や形式、設問の出し方などを、過去問を使って練習し、慣れておきたい。

リハーサルの解説と解答

第1章　会話のリスニング問題

リハーサル　①

(1) 你能给我照一张相吗?　Nǐ néng gěi wǒ zhào yì zhāng xiàng ma?
　　写真を撮っていただけますか。

　　① 行，你给他们照吧。　Xíng, nǐ gěi tāmen zhào ba.
　　　いいですよ。彼らを撮ってあげてください。

　　❷ 行，你把照相机给我吧。　Xíng, nǐ bǎ zhàoxiàngjī gěi wǒ ba.
　　　いいですよ。カメラをください。

　　③ 行，请他给我们照一张相。　Xíng, qǐng tā gěi wǒmen zhào yì zhāng xiàng.
　　　いいですよ。彼に撮ってもらいましょう。

　　④ 行，我给你一张相片。　Xíng, wǒ gěi nǐ yì zhāng xiàngpiàn.
　　　いいですよ。写真を1枚あげます。

　②が正解。①と③は後続文が「誰が誰に対して」の部分に対応していない。④は述語が質問文と対応していない。

(2) 小王，这个字怎么念?　XiǎoWáng, zhège zì zěnme niàn?
　　王さん、この字はどう読みますか。

　　① 这个字我不会写。　Zhège zì wǒ bú huì xiě.
　　　この字、私は書けません。

　　② 我在念课文。　Wǒ zài niàn kèwén.
　　　私は本文を朗読しています。

　　❸ 念"chá"，"乌龙茶"的"茶"。　Niàn "chá", "wūlóngchá" de "chá".
　　　"chá" と読みます。ウーロン茶の茶です。

　　④ 我喝乌龙茶。　Wǒ hē wūlóngchá.
　　　私はウーロン茶を飲みます。

　③が正解。読み方を聞いているので。

(3) 山本，你今天怎么没去上课?　Shānběn, nǐ jīntiān zěnme méi qù shàngkè?
　　山本さん、あなたは今日どうして授業に行かなかったのですか。

　　① 下了课，我想去一趟银行。　Xià le kè, wǒ xiǎng qù yí tàng yínháng.
　　　授業が終わったら、銀行に行きたいです。

　　② 我也喜欢吃四川菜。　Wǒ yě xǐhuan chī Sìchuān cài.
　　　私も四川料理が好きです。

　　③ 我爸爸也打算来北京。　Wǒ bàba yě dǎsuan lái Běijīng.

父親も北京に来る予定です。
- ❹ 我去机场接我妈妈了。　Wǒ qù jīchǎng jiē wǒ māma le.
私は母親を迎えに空港に行きました。

④が正解。①と③は予定である。②は授業に行かなかった理由にはならない。

(4) 你学几年汉语了？　Nǐ xué jǐ nián Hànyǔ le?
あなたは中国語を何年間習いましたか。
- ① 汉语非常难。　Hànyǔ fēicháng nán.
中国語はとても難しいです。
- ❷ 我是去年开始学的。　Wǒ shì qùnián kāishǐ xué de.
私は去年習い始めたのです。
- ③ 我学九年英语了。　Wǒ xué jiǔ nián Yīngyǔ le.
私は9年間英語を勉強しました。
- ④ 我来日本两年了。　Wǒ lái Rìběn liǎng nián le.
私は日本に来て2年になりました。

②が正解。①は何年を答えていない。③は目的語が合わない。④は質問文に対応していない。

(5) 你今天玩儿得怎么样？　Nǐ jīntiān wánr de zěnmeyàng?
今日は楽しんできましたか。
- ① 他每天都出去玩儿。　Tā měitiān dōu chūqu wánr.
彼は毎日遊びに出かけています。
- ❷ 玩儿得很好，就是有点儿累。　Wánr de hěn hǎo, jiùshì yǒudiǎnr lèi.
楽しく遊びましたが、すこし疲れました。
- ③ 我们昨天玩儿得很愉快。　Wǒmen zuótiān wánr de hěn yúkuài.
私たちは昨日楽しく遊びました。
- ④ 我明天打算去他家玩儿。　Wǒ míngtiān dǎsuan qù tā jiā wánr.
私は明日彼の家に遊びに行くつもりです。

②が正解。①は主語が合わない。③は時間詞が合わない。④は予定である。

解答　(1) ②　(2) ③　(3) ④　(4) ②　(5) ②

リハーサルの解説と解答

リハーサル　②

(1) A：你在找什么呢？　Nǐ zài zhǎo shénme ne?
何を探していますか。

B：你看见我的手机了吗？　Nǐ kànjiàn wǒ de shǒujī le ma?
　　　　　私の携帯を見かけましたか。
　　　A：① 我给你发了一个短信。　Wǒ gěi nǐ fā le yí ge duǎnxìn.
　　　　　あなたにショートメールを送りました。
　　　　❷ 刚才还在桌子上呢。　Gāngcái hái zài zhuōzi shang ne.
　　　　　つい先程までテーブルの上にありましたよ。
　　　　③ 他的手机真漂亮啊！　Tā de shǒujī zhēn piàoliang a!
　　　　　彼の携帯は綺麗ですね。
　　　　④ 你的手表在桌子上。　Nǐ de shǒubiǎo zài zhuōzi shang.
　　　　　あなたの腕時計は机の上にあります。

最初のAの発話で探し物の時の会話だと分かる。BはAの質問に直接答えず、聞き返しの質問文で答える。よって、後続文のAは聞き返された質問に答える必要がある。②が正解。①と③は流れに合わない。④は"手表"と"手机"の違いに注意しよう。

(2) A：服务员，我们点菜。　Fúwùyuán, wǒmen diǎncài.
　　　　すみません、注文します。
　　　B：你们吃点儿什么？　Nǐmen chī diǎnr shénme?
　　　　何にしますか。
　　　A：❶ 来两碗米饭、一个麻婆豆腐。　Lái liǎng wǎn mǐfàn、yí ge Mápó dòufu.
　　　　　ライス2つとマーボー豆腐1つください。
　　　　② 我要一本词典。　Wǒ yào yì běn cídiǎn.
　　　　　私は辞書が1冊ほしいです。
　　　　③ 我吃了一碗炒饭，你呢？　Wǒ chī le yì wǎn chǎofàn, nǐ ne?
　　　　　私はチャーハンを1つ食べましたが、あなたは？
　　　　④ 我明天想吃面条。　Wǒ míngtiān xiǎng chī miàntiáo.
　　　　　私は明日麺を食べたいです。

Aの発話から食事に関連する会話だと分かる。Bは店員で、注文を取っている。①が正解。②は料理に関することではない。③は"了"が入っているので、終わったことになる。④は時間詞が将来になっている。

(3) A：你学了几年汉语了？　Nǐ xué le jǐ nián Hànyǔ le?
　　　　あなたは中国語を何年間習いましたか。
　　　B：我学了两年了，你呢？　Wǒ xué le liǎng nián le, nǐ ne?
　　　　私は2年間習いましたが、あなたは？

A：❶ 我去年才开始学。　Wǒ qùnián cái kāishǐ xué.
　　　私は去年から習い始めたばかりです。

　　② 我爸爸也学了两年了。　Wǒ bàba yě xué le liǎng nián le.
　　　父親も2年間習いました。

　　③ 我今年大学三年级了。　Wǒ jīnnián dàxué sān niánjí le.
　　　私は今年大学3回生になりました。

　　④ 我妈妈也想学汉语。　Wǒ māma yě xiǎng xué Hànyǔ.
　　　母親も中国語を習いたいです。

　ABは中国語の学習歴について話している。Bは"你呢？"という質問を出しているが、これは"你学了几年"の省略形である。これに答えたのが①である。②④は主語が違う。③は話題が違う。

(4)　A：喂，是小张吗？　Wèi, shì XiǎoZhāng ma?
　　　もしもし、張さんですか。

　　B：我姓王，您找谁？　Wǒ xìng Wáng, nín zhǎo shéi?
　　　王と申しますが、誰をお呼びですか。

　　A：① 您好！张先生。初次见面！
　　　Nín hǎo! Zhāng xiānsheng. Chūcì jiànmiàn!
　　　こんにちは、張さん。はじめまして。

　　② 我是铃木，他是谁？　Wǒ shì Língmù, tā shì shéi?
　　　私は鈴木と申しますが、彼はどなたですか。

　　❸ 对不起，我打错了。　Duìbuqǐ, wǒ dǎ cuò le.
　　　すみません。私はかけ間違いました。

　　④ 好久不见了！您还是这么年轻！
　　　Hǎojiǔ bújiànle! Nín háishi zhème niánqīng!
　　　お久しぶりです。いつも若々しいですね。

　電話での会話。Aの質問を間接的に否定したBは、誰に電話をかけたいかを確認する。①④は対面時の会話。電話では言わない。②はBの質問に答えていない。③が正解。

(5)　A：星期天你去哪儿了？　Xīngqītiān nǐ qù nǎr le?
　　　日曜日あなたはどこへ行きましたか。

　　B：哪儿也没去，睡了一天。　Nǎr yě méi qù, shuì le yì tiān.
　　　どこにも行きませんでした。家で1日寝ていました。

　　A：① 太好了，我也想喝水。　Tài hǎo le, wǒ yě xiǎng hē shuǐ.

それは良かった。私も水を飲みたいです。

② 太好了，我也想去买东西。　Tài hǎo le, wǒ yě xiǎng qù mǎi dōngxi.
良かった。私も買い物に行きたいです。

③ 我也去过那儿。　Wǒ yě qù guo nàr.
私もそちらへ行ったことがあります。

❹ 你怎么了？生病了吗？　Nǐ zěnme le? Shēng bìng le ma?
どうしましたか。病気になったのですか。

　日曜の行動についての会話だが、Bの発話で、健康についての会話に展開した。Aの質問に対してBはどこにも行かなかった。その理由は一日寝ていたからと答えた。Aはそれはなぜかと聞き返した④が正解。①②は話題が違う。"水"と"睡"の発音の違いにも注意しよう。

解答　(1) ②　　(2) ①　　(3) ①　　(4) ③　　(5) ④

第2章　長文のリスニング問題

リハーサル　③

原文の漢字、ピンイン、和訳

（敲门声）(qiāomén shēng)（ドアノックの音）

男：谁啊？　Shéi ā?
　　どなたですか。

女：山田，我是王红！　Shāntián, wǒ shì Wáng Hóng!
　　山田さん、王紅です。

男：我正在等你呢。快请进。你怎么一个人？小刘呢？
　　Wǒ zhèngzài děng nǐ ne. Kuài qǐng jìn. Nǐ zěnme yí ge rén? XiǎoLiú ne?
　　お待ちしていましたよ。どうぞお入りください。どうして1人だけなのですか。
　　劉さんは？

女：我和她一起出来的，路上她发现没带钱包就回去拿了。因为咱们约好两点见面，所以我就先来了。小刘两点半就能到。　Wǒ hé tā yìqǐ chūlai de, lùshang tā fāxiàn méi dài qiánbāo jiù huíqu ná le. Yīnwèi zánmen yuē hǎo liǎng diǎn jiànmiàn, suǒyǐ wǒ jiù xiānlái le. XiǎoLiú liǎng diǎn bàn jiù néng dào.
　　彼女と一緒に出ましたが、途中、彼女は財布を忘れたことに気づいて、取りに戻りました。私たちは2時に会うと約束していたから、それで私は先に来ました。劉さんは2時半頃に来られると思います。

男：请坐吧。　Qǐng zuò ba.

どうぞお掛けください。

女：你的电视真大！ Nǐ de diànshì zhēn dà!
あなたのテレビが大きいですね。

男：因为我喜欢用电视看 DVD 学习汉语。
Yīnwèi wǒ xǐhuan yòng diànshì kàn DVD xuéxí Hànyǔ.
私はテレビで DVD を見て中国語を勉強するのが好きだから。

女：你常看什么 DVD？ Nǐ cháng kàn shénme DVD?
いつもどんな DVD を見ていますか。

男：我常看中国电影和电视剧，故事片、动画片、纪录片，我什么都喜欢看。你也喜欢看吗？ Wǒ cháng kàn Zhōngguó diànyǐng hé diànshìjù, gùshipiàn, dònghuàpiàn, jìlùpiàn, wǒ shénme dōu xǐhuan kàn. Nǐ yě xǐhuan kàn ma?
いつも中国の映画やテレビドラマを見ていますが、劇映画、アニメ、ドキュメンタリーなど、なんでも好きです。あなたも好きですか。

女：我不太喜欢看，可是小刘很喜欢看动画片。
Wǒ bú tài xǐhuan kàn, kěshì XiǎoLiú hěn xǐhuan kàn dònghuàpiàn.
私はあまり好きではないですが、劉さんはアニメが好きです。

（敲门声） (qiāomén shēng) （ドアノックの音）

女：一定是小刘来了。 Yídìng shì XiǎoLiú lái le.
劉さんが来たと思います。

問いと答え

(1) 他们在哪儿谈话呢？ Tāmen zài nǎr tánhuà ne?
彼らはどこで話をしていますか。
　① 小王的房间。 XiǎoWáng de fángjiān. 王さんの部屋。
　② 小刘的房间。 XiǎoLiú de fángjiān. 劉さんの部屋。
　❸ 山田的房间。 Shāntián de fángjiān. 山田さんの部屋。
　④ 他们老师的房间。 Tāmen lǎoshī de fángjiān. 彼らの先生の部屋。

　③が正解。ドアノックの音がしたあと部屋の主人は"谁啊"と尋ね、来客の返答で部屋の主人は山田さんであると分かる。

(2) 小刘为什么来晚了？ XiǎoLiú wèishénme lái wǎn le?
劉さんはなぜ遅れましたか。
　① 因为她家比较远。 Yīnwèi tā jiā bǐjiào yuǎn.
　　彼女の家は遠いから。
　② 因为她正在等王红。 Yīnwèi tā zhèngzài děng Wáng Hóng.

彼女は王紅さんを待っているから。

③ 因为她一直在看电影。 Yīnwèi tā yìzhí zài kàn diànyǐng.
彼女はずっと映画を見ていたから。

❹ 因为她回去拿钱包了。 Yīnwèi tā huíqu ná qiánbāo le.
彼女は家へ財布を取りに戻ったから。

④が正解。

(3) 他们约定几点见面？ Tāmen yuēdìng jǐ diǎn jiànmiàn?
彼らは何時に会うと約束しましたか。

① 九点。 Jiǔ diǎn. 9時。
② 九点半。 Jiǔ diǎn bàn. 9時半。
❸ 两点。 Liǎng diǎn. 2時。
④ 两点半。 Liǎng diǎn bàn. 2時半。

③が正解。④は劉さんが来る時間。

(4) 山田常看什么DVD？ Shāntián cháng kàn shénme DVD?
山田さんはいつもどんなDVDを見ていますか。

① 日本电影和电视剧。 Rìběn diànyǐng hé diànshìjù.
日本映画とテレビドラマ。
❷ 中国电影和电视剧。 Zhōngguó diànyǐng hé diànshìjù.
中国映画とテレビドラマ。
③ 中国电影和汉语讲座。 Zhōngguó diànyǐng hé Hànyǔ jiǎngzuò.
中国映画と中国語講座。
④ 中国电影和日本电视剧。 Zhōngguó diànyǐng hé Rìběn diànshìjù.
中国映画と日本のテレビドラマ。

②が正解。

(5) 小刘喜欢看什么？ XiǎoLiú xǐhuan kàn shénme?
劉さんはどんなものを見るのが好きですか。

❶ 动画片。 Dònghuàpiàn. アニメ。
② 纪录片。 Jìlùpiàn. ドキュメンタリー。
③ 故事片。 Gùshipiàn. 劇映画。
④ 明信片。 Míngxìnpiàn. はがき。

①が正解。②③は鈴木さんが好きなもの。

解答 (1) ③　(2) ④　(3) ③　(4) ②　(5) ①

リハーサル　④
原文の漢字、ピンイン、和訳

女：欢迎光临！你们几位？　Huānyíng guānglín! Nǐmen jǐ wèi?
　　いらっしゃいませ。何名様ですか。

男：三个人。还有一个人，一会儿过来。一共4个。
　　Sān ge rén. Hái yǒu yí ge rén, yíhuìr guòlai. Yí gòng sì ge.
　　3人ですが、1人は後から来ます。全部で4人です。

女：知道了。这边请。请坐。先喝点儿什么吗？
　　Zhīdao le. Zhè bian qǐng. Qǐng zuò. Xiān hē diǎnr shénme ma?
　　分かりました。こちらへどうぞ。お掛けください。先に何か飲みますか。

男：来两瓶啤酒和一杯乌龙茶吧。　Lái liǎng píng píjiǔ hé yìbēi wūlóngchá ba.
　　ビールを2本とウーロン茶を1つ持ってきてください。

女：好。给您菜单。现在点菜吗？　Hǎo. Gěi nín càidān. Xiànzài diǎncài ma?
　　はい。これはメニューですが、今注文しますか。

男：你们餐厅最受欢迎的菜是什么？
　　Nǐmen cāntīng zuì shòu huānyíng de cài shì shénme?
　　この店の人気料理は何ですか。

女：我们的麻婆豆腐非常好吃，可以尝尝。
　　Wǒmen de Mápó dòufu fēicháng hǎochī, kěyǐ chángchang.
　　ここのマーボー豆腐は美味しいです。食べてみる価値があります。

男：有没有别的？我们不太爱吃辣的。
　　Yǒu mei yǒu biéde? Wǒmen bú tài ài chī là de.
　　ほかに何かありますか。私たちは辛いものはあまり好きではありません。

女：还有烤鸭，也是我们的拿手菜。　Hái yǒu kǎoyā, yě shì wǒmen de náshǒu cài.
　　北京ダックもあります。これもこちらの得意料理です。

男：烤鸭？你们广州也有烤鸭吗？　Kǎoyā? Nǐmen Guǎngzhōu yě yǒu kǎoyā ma?
　　北京ダック？広州にも北京ダックがあるのですか。

女：名字叫"北京烤鸭"，但是全国各地都有。
　　Míngzi jiào "Běijīng kǎoyā", dànshì quánguó gèdì dōu yǒu.
　　北京ダックと呼びますが、全国のどこにでもありますよ。

男：一只烤鸭四个人吃，够不够？　Yì zhī kǎoyā sì ge rén chī, gòu bu gòu?
　　4人にはダック1羽で足りますか。

女：我觉得差不多。一百五一只。　Wǒ juéde chābuduō. Yì bǎi wǔ yì zhī.
　　足りると思います。1羽150元です。

男：价钱还可以。 Jiàqián hái kěyǐ.
手頃な価格ですね。

問いと答え

(1) 店里来了几位客人？ Diàn li lái le jǐ wèi kèren?
店にはお客さんが何人来ましたか。

① 一个。Yí ge. 1人。
② 两个。Liǎng ge. 2人。
❸ 三个。Sān ge. 3人。
④ 四个。Sì ge. 4人。

③が正解。

(2) 客人为什么不要麻婆豆腐？ Kèren wèishénme bú yào Mápó dòufu?
お客さんはなぜマーボー豆腐を注文しないのですか。

❶ 他们不喜欢吃辣味儿的。 Tāmen bù xǐhuan chī làwèir de.
彼らは辛いものが嫌いだから。
② 他们觉得麻婆豆腐没有意思。 Tāmen juéde Mápó dòufu méiyǒu yìsi.
彼らはマーボー豆腐はありきたりだと思っているから。
③ 他们想要便宜的菜。 Tāmen xiǎng yào piányi de cài.
彼らは安い料理がほしいから。
④ 他们不要餐厅的拿手菜。 Tāmen bú yào cāntīng de náshǒu cài.
彼らは店のお得意料理がほしくないから。

①が正解。

(3) 餐厅的服务员说什么了？ Cāntīng de fúwùyuán shuō shénme le?
店の店員は何と言いましたか。

① 四个人吃一只烤鸭有点儿不够。 Sì ge rén chī yì zhī kǎoyā yǒudiǎnr bú gòu.
4人で1羽ではちょっと足りません。
② 烤鸭的价钱非常便宜。 Kǎoyā de jiàqián fēicháng piányi.
ダックの値段はとても安いです。
③ 广州有北京烤鸭，觉得奇怪。 Guǎngzhōu yǒu Běijīng kǎoyā, juéde qíguài.
広州にもダックがあるのにびっくりしました。
❹ 这家餐厅的麻婆豆腐很好吃。 Zhè jiā cāntīng de Mápó dòufu hěn hǎochī.
このレストランのマーボー豆腐は美味しいです。

④が正解。③はお客さんが感じたこと。

(4) 这家餐厅在哪儿? Zhè jiā cāntīng zài nǎr?
このレストランはどこにありますか。

① 四川。 Sìchuān. 四川。
② 全国各地。 Quánguó gèdì. 全国各地。
③ 北京。 Běijīng. 北京。
❹ 广州。 Guǎngzhōu. 広州。

④が正解。"你们广州也有烤鸭?"から広州と分かる。

(5) 这家餐厅的烤鸭多少钱一只? Zhè jiā cāntīng de kǎoyā duōshao qián yì zhī?
この店のダックは1羽いくらですか。

① 一百零五块钱。 Yì bǎi líng wǔ kuài qián. 105元。
❷ 一百五十块钱。 Yì bǎi wǔ shí kuài qián. 150元。
③ 一百块钱左右。 Yì bǎi kuài qián zuǒyòu. 100元ぐらい。
④ 一百块钱。 Yì bǎi kuài qián. 100元。

②が正解。中国語で数える時、"一百五"は"一百五十"を略した言い方。"一千五"は"一千五百"の意味。

解答 (1) ③   (2) ①   (3) ④   (4) ④   (5) ②

リハーサル ⑤

原文の漢字

　我和由里子从小学到初中一直是同学，也是好朋友。

　初中毕业后，我上了高中，然后考上了大学。她呢，因为她爸爸被公司派到美国工作了，所以她和妈妈、弟弟也跟着去了美国。

　到美国后，由里子经常给我写信或者发电子邮件。刚到美国的时候，英语说不好，她很烦恼。可是一两年后她就不再烦恼了。她在电子邮件中说，她已经能讲一口流利的英语了，而且越来越喜欢美国的生活了。

　前几天，由里子突然打电话给我，说她爸爸要回日本工作了，她妈妈准备带上弟弟一起回日本。她还在读大学三年级，只好一个人留在美国。 不过她有很多朋友，所以不会想家。

原文のピンイン

　Wǒ hé Yóulǐzǐ cóng xiǎoxué dào chūzhōng yìzhí shì tóngxué, yě shì hǎo péngyou.

Chūzhōng bìyè hòu, wǒ shàng le gāozhōng, ránhòu kǎoshang le dàxué. Tā ne, yīnwèi tā bàba bèi gōngsī pài dào Měiguó gōngzuò le, suǒyǐ tā hé māma、dìdi yě gēnzhe qù le Měiguó.

　　Dào Měiguó hòu, Yóulǐzǐ jīngcháng gěi wǒ xiěxìn huòzhě fā diànzǐ yóujiàn. Gāng dào Měiguó de shíhou, Yīngyǔ shuōbuhǎo, tā hěn fánnǎo. Kěshì yī liǎng nián hòu tā jiù bú zài fánnǎo le. Tā zài diànzǐ yóujiàn zhōng shuō, tā yǐjīng néng jiǎng yìkǒu liúlì de Yīngyǔ le, érqiě yuèláiyuè xǐhuan Měiguó de shēnghuó le.

　　Qián jǐ tiān, Yóulǐzǐ tūrán dǎ diànhuà gěi wǒ, shuō tā bàba yào huí Rìběn gōngzuò le, tā māma zhǔnbèi dàishang dìdi yìqǐ huí Rìběn. Tā hái zài dú dàxué sān niánjí, zhǐhǎo yígerén liú zài Měiguó. Búguò tā yǒu hěn duō péngyou, suǒyǐ bú huì xiǎng jiā.

原文の和訳
　私と由里子さんは小中学校でずっとクラスメイトで、仲のよい友人でした。
　中学校卒業後、私は高校に入り、そして大学に進学しました。由里子さんは、お父さんが会社からアメリカの勤務を命じられたため、お母さんや弟と一緒にアメリカに行きました。
　アメリカに行ってから由里子さんはよく私に手紙やEメールを送ってくれました。彼女はアメリカに行った最初の頃は英語がうまく話せなくたいへん悩みました。しかし、1、2年後に彼女の悩みは消えました。今、彼女は流暢な英語が話せるようになり、アメリカでの生活もますます好きになったとEメールで教えてくれました。
　先日、由里子さんは突然電話を掛けてきました。お父さんがまもなく日本に帰って仕事することになったため、お母さんは弟を連れて日本に帰る予定です。由里子さんは大学の3年生なので、1人アメリカに残ることになりました。彼女は多くの友人がいるので、ホームシックにはならないと思います。

問いと答え
(1) 我和由里子是什么时候的同学？　Wǒ hé Yóulǐzǐ shì shénme shíhou de tóngxué?
　　私と由里子さんはいつ頃のクラスメイトですか。
　　① 是大学同学。　Shì dàxué tóngxué.　大学時代のクラスメイトです。
　　② 是在美国留学时的同学。　Shì zài Měiguó liúxué shí de tóngxué.
　　　アメリカに留学した時のクラスメイトです。
　　❸ 小学、初中都是同学。　Xiǎoxué、chūzhōng dōu shì tóngxué.
　　　小学校の時も中学校の時もクラスメイトでした。
　　④ 高中时的同学。　Gāozhōng shí de tóngxué.
　　　高校の時のクラスメイトです。

③が正解。

(2) 由里子的爸爸是为什么去美国的?
Yóulǐzǐ de bàba shì wèishénme qù Měiguó de?
由里子さんのお父さんは何のためにアメリカに行ったのですか。

① 他去美国开会。 Tā qù Měiguó kāihuì.
会議のためにアメリカに行ったのです。

❷ 他去美国工作。 Tā qù Měiguó gōngzuò.
仕事のためにアメリカに行ったのです。

③ 他带着家里人去旅游。 Tā dài zhe jiālirén qù lǚyóu.
家族を連れて旅行に行くためです。

④ 他去美国学英语。 Tā qù Měiguó xué Yīngyǔ.
英語の勉強のためにアメリカに行ったのです。

②が正解。"她爸爸被公司派到美国工作"の受け身構文に注意してください。

(3) 刚到美国的时候，由里子为什么很烦恼?
Gāng dào Měiguó de shíhou, Yóulǐzǐ wèishénme hěn fánnǎo?
アメリカに行った最初の頃は、由里子さんはなぜ悩みましたか。

❶ 因为她英语说不好。 Yīnwèi tā Yīngyǔ shuōbuhǎo.
英語がうまく話せなかったから。

② 因为她没有朋友。 Yīnwèi tā méiyǒu péngyou.
友人がいなかったから。

③ 因为她不喜欢吃美国的饭菜。 Yīnwèi tā bù xǐhuan chī Měiguó de fàncài.
アメリカの料理が嫌いだから。

④ 因为她很想家。 Yīnwèi tā hěn xiǎng jiā. ホームシックになったから。

①が正解。

(4) 由里子的爸爸要回日本了，家里人怎么办?
Yóulǐzǐ de bàba yào huí Rìběn le, jiāli rén zěnme bàn?
由里子さんのお父さんは日本に帰りますが、その家族たちはどうする予定ですか。

① 妈妈跟着爸爸回日本，由里子和弟弟留在美国。
Māma gēnzhe bàba huí Rìběn, Yóulǐzǐ hé dìdi liú zài Měiguó.
お母さんはお父さんについて日本に帰りますが、由里子さんと弟はアメリカに残ります。

❷ 妈妈和弟弟跟着爸爸回日本，由里子留在美国。

Māma hé dìdi gēnzhe bàba huí Rìběn, Yóulǐzǐ liú zài Měiguó.
お母さんと弟はお父さんについて日本に帰りますが、由里子さんはアメリカに残ります。

③ 爸爸一个人回日本，妈妈、弟弟和由里子留在美国。
Bàba yígerén huí Rìběn, māma、dìdi hé Yóulǐzǐ liú zài Měiguó.
お父さんは1人で日本に帰りますが、お母さん、弟、由里子さんはアメリカに残ります。

④ 弟弟跟着爸爸回日本，妈妈和由里子留在美国。
Dìdi gēnzhe bàba huí Rìběn, māma hé Yóulǐzǐ liú zài Měiguó.
弟はお父さんについて日本に帰りますが、お母さんと由里子さんはアメリカに残ります。

②が正解。"只好一个人留在美国"は一人で残らざるを得ないという意味。

(5) 由里子现在在美国做什么？ Yóulǐzǐ xiànzài zài Měiguó zuò shénme?
由里子さんは今アメリカで何をしていますか。
① 她在公司工作。 Tā zài gōngsī gōngzuò. 会社で働いています
② 她在找工作。 Tā zài zhǎo gōngzuò. 仕事を探しています。
③ 她在读高中三年级。 Tā zài dú gāozhōng sān niánjí. 高校3年生です。
❹ 她在读大学三年级。 Tā zài dú dàxué sān niánjí. 大学3年生です。
④が正解。

解答 (1) ③　(2) ②　(3) ①　(4) ②　(5) ④

リハーサル ⑥
原文の漢字

　　我叫田中纪香，是大学二年级的学生。我已经学了一年半汉语了。可是我汉语说得还不好。为了学习汉语，我今年三月去北京留学了。在北京，我认识了许多中国朋友，同时也认识了一些韩国朋友。其中，王小华是我最好的朋友。下了课，我总是和她在一起，我们有时候一起逛街，有时候一起去参加舞会。在中国的每一天，我都过得很愉快。
　　一个月马上就过去了。回日本的前两天，王小华请我去她家吃饭，她妈妈包了三鲜馅儿的饺子，还做了回锅肉等许多好吃的菜。在王小华家吃完饭，我又去给爸爸买了一盒乌龙茶，给妈妈买了一件衬衫，还给姐姐买了一条围巾。
　　我现在虽然回到了日本，但是还经常用电子邮件和我的中国朋友联系。

原文のピンイン

　　Wǒ jiào Tiánzhōng Jìxiāng, shì dàxué èrniánjí de xuésheng. Wǒ yǐjīng xué le yī nián bàn Hànyǔ le. Kěshì wǒ Hànyǔ shuō de hái bù hǎo. Wèile xuéxí Hànyǔ, wǒ jīnnián sānyuè qù Běijīng liúxué le. Zài Běijīng, wǒ rènshi le xǔduō Zhōngguó péngyou, tóngshí yě rènshi le yìxiē Hánguó péngyou. Qízhōng, Wáng Xiǎohuá shì wǒ zuì hǎo de péngyou. Xià le kè, wǒ zǒngshì hé tā zài yìqǐ, wǒmen yǒushíhou yìqǐ guàngjiē, yǒushíhou yìqǐ qù cānjiā wǔhuì. Zài Zhōngguó de měiyìtiān, wǒ dōu guò de hěn yúkuài.

　　Yíge yuè mǎshang jiù guòqu le. Huí Rìběn de qián liǎngtiān, Wáng Xiǎohuá qǐng wǒ qù tā jiā chīfàn, tā māma bāo le sānxiān xiànr de jiǎozi, hái zuò le huíguōròu děng xǔduō hǎochī de cài. Zài Wáng Xiǎohuá jiā chī wán fàn, wǒ yòu qù gěi bàba mǎi le yìhé wūlóngchá, gěi māma mǎi le yíjiàn chènshān, hái gěi jiějie mǎi le yìtiáo wéijīn.

　　Wǒ xiànzài suīrán huídào le Rìběn, dànshì hái jīngcháng yòng diànzǐ yóujiàn hé wǒ de Zhōngguó péngyou liánxì.

原文の和訳

　私は田中紀香と言います。大学2年生です。私は1年半中国語を勉強しましたが、中国語はまだうまく話せません。中国語を勉強するために今年の3月北京へ留学に行きました。私は北京で多くの友人を作りました。韓国の友人もできました。その中で王小華さんは私の最も仲の良い友人です。授業が終わった後、私はいつも彼女と一緒にいました。私たちは時には街を回り、時にはダンスパーティーに行きました。中国滞在の毎日私はとても楽しく過ごしました。

　1か月間はあっという間に過ぎました。日本に帰る数日前に王小華さんは私を彼女の家に招待しました。彼女のお母さんは3種の具材入りの餃子を作ってくれました。また、ホイコーローなどたくさんの美味しい料理を作ってくれました。王さんの家で食事をした後、私は父のためにウーロン茶を買いに行きました。また、母にはシャツを、姉にはスカーフを買いました。

　私は今日本に戻りましたが、よく中国の友人たちとEメールで連絡を取っています。

問いと答え

(6) 田中纪香学了多长时间汉语了？
　　　Tiánzhōng Jìxiāng xué le duōcháng shíjiān Hànyǔ le?
　　　田中紀香さんはどのぐらい中国語を習いましたか。

　　① 两年。 Liǎng nián.　2年間。

　　❷ 一年半。 Yì nián bàn.　1年間半。

③ 三个月。 Sān ge yuè.　3か月。

④ 一个月。 Yí ge yuè.　1か月。

②が正解。

(7) 田中纪香在中国时经常和谁在一起?
Tiánzhōng Jìxiāng zài Zhōngguó shí jīngcháng hé shéi zài yìqǐ?
田中紀香さんは中国でいつも誰と一緒にいましたか。

❶ 王小华。 Wáng Xiǎohuá.　王小華さん。

② 她的韩国朋友。 Tā de Hánguó péngyou.　彼女の韓国の友人。

③ 王小华的妈妈。 Wáng Xiǎohuá de māma.　王小華さんのお母さん。

④ 王小华的姐姐。 Wáng Xiǎohuá de jiějie.　王小華さんのお姉さん。

①が正解。"总是"と"经常"はここでは同じ意味を表す副詞である。

(8) 回国的前两天，王小华请田中纪香去她家做什么?
Huíguó de qián liǎng tiān, Wáng Xiǎohuá qǐng Tiánzhōng Jìxiāng qù tā jiā zuò shénme?
帰国の数日前、王小華さんは何のために田中紀香さんに自分の家に来てもらいましたか。

① 去学汉语。 Qù xué Hànyǔ.　中国語を習うため。

② 去参加舞会。 Qù cānjiā wǔhuì.　ダンスパーティー参加のため。

❸ 去吃饭。 Qù chīfàn.　食事をするため。

④ 去教日语。 Qù jiāo Rìyǔ.　日本語を教えるため。

③が正解。

(9) 田中纪香给姐姐买了什么礼物?
Tiánzhōng Jìxiāng gěi jiějie mǎi le shénme lǐwù?
田中紀香さんは姉のためにどんなプレゼントを買いましたか。

① 一盒乌龙茶。 Yìhé wūlóngchá.　ウーロン茶1箱。

② 一件衬衫。 Yíjiàn chènshān.　シャツ1枚。

③ 一盒点心。 Yìhé diǎnxīn.　お菓子1箱。

❹ 一条围巾。 Yìtiáo wéijīn.　スカーフ1枚。

④が正解。

(10) 现在田中纪香怎么和中国朋友联系?
Xiànzài Tiánzhōng Jìxiāng zěnme hé Zhōngguó péngyou liánxì?

田中紀香さんは今どのような手段で中国の友人たちと連絡を取っていますか。

❶ 她们用电子邮件联系。 Tāmen yòng diànzǐ yóujiàn liánxì.
電子メールで連絡を取っています。

② 她们用传真联系。 Tāmen yòng chuánzhēn liánxì.
ファックスで連絡を取っています。

③ 她们用电话联系。 Tāmen yòng diànhuà liánxì.
電話で連絡を取っています。

④ 她们用手机联系。 Tāmen yòng shǒujī liánxì.
携帯で連絡を取っています。

①が正解。

解答 (6) ②　(7) ①　(8) ③　(9) ④　(10) ①

● 監修

斎藤敏康（さいとう　としやす）
立命館大学教授。主な編著書に、『原典で読む図説中国20世紀文学―解説と資料』（共編著、1995年、白帝社）、『福本和夫の思想―研究論文集成』（共著、2005年、こぶし書房）がある。

● 編著者

文　楚雄（ぶん　そゆう）
立命館大学教授。主な編著書に、『中国のことばと文化・社会』（2006年、時潮社）、『〈改訂版〉楽しい中国語会話　―中級―』（共編著、2006年、晃洋書房）がある。

陳　敏（ちん　びん）
立命館大学嘱託講師。主な編著書に、『中国語検定試験3級　一ヶ月でできる総仕上げ』（共編著、2006年、白帝社）、『チャイニーズセンテンスの理解と実践』（共編著、2010年、晃洋書房）がある。

よくわかる中国語検定3級〈リスニング篇〉
2014年11月20日　初版発行

監　修　　斎　藤　敏　康
編著者　　文　　楚　雄　　陳　　　敏
発行者　　大　井　敏　行
発行所　　株式会社　郁文堂
　　　　　113-0033　東京都文京区本郷5-30-21
　　　　　電話［営業］03-3814-5571　［編集］03-3814-5574
　　　　　振替　00130-1-14981

印刷・製本　音羽印刷

ISBN978-4-261-07323-2　　許可なく複製・転載すること、ならびに
©2014　Printed in Japan　　部分的にもコピーすることを禁じます。

中検対策の参考書

出題傾向を掴んで合格力UP！

よくわかる中国語検定

斎藤 敏康 監修　文 楚雄／陳 敏 編著

3級〈筆記篇〉	2色刷・A5判・(予価)1,500円
3級〈リスニング篇〉	2色刷・A5判・CD3枚付・2,500円
4級〈筆記篇〉	2色刷・A5判・1,500円
4級〈リスニング篇〉	2色刷・A5判・CD3枚付・2,000円

出題方式別に過去問を徹底分析！出題傾向がよくわかる！試験突破の要点を丁寧に解説！重要項目が確実に身に付く！「腕試し」や「リハーサル」コーナーで準備万端！短期間で効率よく要点整理・実力UPができる！〈筆記篇〉と〈リスニング篇〉を併せて使用するとさらに合格力UP！！

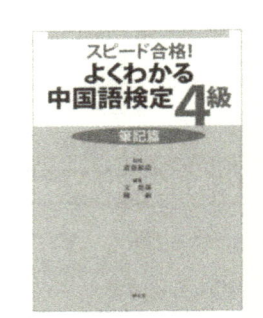

1日2ページで合格する力がつく！

中検合格らくらく30日

〈2級〉	橋本 幸枝／西条 正 編著	A5判・CD付・(予価)2,000円
〈3級〉	橋本 幸枝／鄭 暁青 編著	A5判・CD付・1,800円
〈4級〉	橋本 幸枝／王 聡 編著	A5判・CD付・1,800円

過去問を徹底解析した問題構成と丁寧な文法説明！1日2頁、30日で試験突破の力がらくらく身につく！本番の試験そっくりの模擬テストで総仕上げ！各級に必須の重要単語集付き。試験1ヶ月前からの総復習としても使用できる！

厳選した予想問題をドリルで練習！

中検合格力養成ドリル
〈4級〉／〈準4級〉

山田 留里子／長野 由季 著　　　　　B5判・CD2枚付・各1,500円

出題傾向をしっかり掴んだドリルは中検対策に最適！頻出項目を重点的に出題！ドリルは1頁完結型なので短時間で効率よく練習できる！付属のCDを使ったリスニング用の問題も多く収録！巻末の模擬試験で実力試しも出来る！

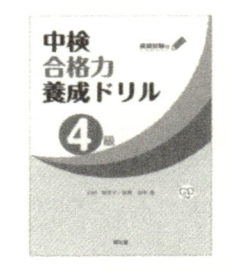

ご注文は書店または弊社への電話・Fax・メール・HP（「お問い合わせ」より）にて承っております。

郁文堂　東京都文京区本郷5-30-21
eigyoubu@ikubundo.com
TEL 03-3814-5571　Fax 03-3814-5576
http://www.ikubundo.com

〈価格は税別。重版に際しては価格が変更されることがあります。〉